新时代　新需求　新高度　新发展

——山大教改　威海样板

王湘云　主编

山东大学出版社
SHANDONG UNIVERSITY PRESS
·济南·

图书在版编目(CIP)数据

新时代　新需求　新高度　新发展:山大教改　威海样板/王湘云主编.—济南:山东大学出版社,2022.9

ISBN 978-7-5607-7647-7

Ⅰ.①新…　Ⅱ.①王…　Ⅲ.①高等学校－教学改革－研究－威海　Ⅳ.①G642.0

中国版本图书馆 CIP 数据核字(2022)第 188767 号

责任编辑　祝清亮
文案编辑　朱若翌
封面设计　王秋忆

新时代　新需求　新高度　新发展
XINSHIDAI XINXUQIU XINGAODU XINFAZHAN

出版发行　山东大学出版社
社　　址　山东省济南市山大南路 20 号
邮政编码　250100
发行热线　(0531)88363008
经　　销　新华书店
印　　刷　山东和平商务有限公司
规　　格　720 毫米×1000 毫米　1/16
　　　　　21.25 印张　376 千字
版　　次　2022 年 9 月第 1 版
印　　次　2022 年 9 月第 1 次印刷
定　　价　79.00 元

编委会

前　言

“教育兴则国家兴，教育强则国家强。”中国的高等教育从精英化到大众化，再到今天的普及化，在国家统筹布局和战略引领下，历经几代教育工作者和全国人民的共同努力，目前已经整体步入“世界水平高等教育第一方阵”。

在如此振奋士气、鼓舞人心的时代背景下，作为教育部直属重点综合性大学和世界一流大学建设高校，在“融合发展”战略引领下，山东大学威海校区（以下简称“校区”）秉承“为天下储人材，为国家图富强”的办学宗旨，积极响应教育部“深化新教改，打造新形态，提高新质量”的工作要求，强化一流大学担当，践行一流大学使命，聚焦改革创新，强化特色发展，探索教育教学规律，寻找新思路，运用新方法，努力推动教育理念重塑、教学方式重造、教学体系重构，激发高等教育事业发展的新活力。2020 年，校区在总结本科教育教学改革与研究方面的新突破与新亮点的基础上，出版了《新时代　新使命　新内涵　新路径——山东大学（威海）新文科教育教学改革与实践》《高等学校教学改革与教学管理论丛》等多部著作。2021 年，在“‘四新’建设新融合”“课程思政新实践”“课程教改新探索”“教育创新新思考”和“服务教学新亮点”等方面开展了新思考，取得了新成果，集校区之合力，凝众人之智慧，为新时代的山大教改提供了威海样板。

在“四新”建设方面，校区坚持问题导向，以学科交叉为着力点，通过思政引领和双创引领，在人才培养环节做到专业、科教、产教融合，构建了新工科人才“一二三”培养新模式，为培养具备国际化视野、宽口径知识背景、出众创新能力的复合型新工科人才提供了重要途径。校区以推进“新专业、新课程、新模式、新研究、新教师”建设为抓手，狠抓人才培养“新基建”，“五位一体”，齐抓共建，构建起中国特色、山大风格、威海亮点的新文科人才培养体系，开创了文文、文理、文工等学科专业交叉融合，开放合作的育人育才“大格局”，为培养有家国情怀、有全球视野、信念坚定、专业过硬、素质全面的新时代文科人才，付出了努力，取得了成就。全国新文科教育研究中心主任、山东大学校长樊丽明教授对校区新文科建设成就给予了高度评价。她指出，在新时代文科发展的融合化上，威海校区做得最为突出；在新文科人才培养方面亮点频出，“威海校区新文科建设实践走在前列，值得学习”。2021 年，校区发布并实施《山东大学(威海)新工科建设工作方案(2021～2022 年)》和《山东大学(威海)2021 年新文科建设工作方案》;《立足新时代，办好新文科；夯实新基建，引领新发展——新文科建设与实践》和《复合型新工科人才“一二三”人才培养体系探索与实践》分获山东省第九届省级教学成果奖(高等教育类)一等奖和二等奖。

在课程思政建设方面，校区广大教师牢固树立课程思政意识，学习教育教学规律，强化育人意识，找准育人角度，提升育人能力，充分发挥专业课堂和教学基地的课程思政“主战场”和“主渠道”作用，结合“翻转课堂”“混合式教学”等“师生互动”强化型教学方法，不断丰富和完善“党建引领与教书育人相结合，校园文化与校外基地相结合，思政课程与课程思政相结合，第一课堂与第二课堂相结合”的“大思政”体系，克服“大水漫灌”，力求“精准滴灌”，寓价值观引导于知识传授和能力培养之中，使各类课程与思政课程同向同行，形成协同效应，构建了全员、全程、全方位育人的大格局。

在课程教改方面，校区高度重视课程是人才培养“核心要素”的教育理念，创造性地提出并切实贯彻“凝练思想性，提升高阶性，突出创新性，注重实践性，增加挑战度”的课程建设标准，于2021年出台了《山东大学(威海)一流本科课程建设工作方案(试行)》，并大力开展课堂教学改革，不断促进教学内容和方式方法的变革，在对案例教学、翻转课堂、BOPPPS微格教学、情景模拟教学、探究式教学、任务式教学、混合式教学、TBL教学等教学方法的运用及拓展方面进行了新研究，取得了新经验，有效地推动了课堂教学的质量革命，形成学生主动学习、自主学习，教师注重启发、强化引导的教学新常态。

在教育创新方面，威海校区深刻认识到“改革创新是教育发展的根本动力”，坚持高等教育“面向世界科技前沿、面向经济主战场、面向国家重大需求、面向人民生命健康、面向文化大繁荣”，以创新驱动为发展战略，不断以教改促创新，以创新促内涵提升，逐步提高教改水平，提高人才培养质量。在创新创业教育、文科的创新性发展、工科的课程群创新性建设、学生社会实践创新性拓展、劳动美育的实践新路径等方面“大做文章，做大文章”。

在服务教学方面，校区教务部门坚持“虽然我们不是教育家，也许我们永远也不可能成为教育家，但是我们要学一点教育，学一些教育，学更多教育”的教育教学管理与服务理念，立志打造一支“懂教育的教育教学管理与服务队伍”，做好高等教育人才培养模式的“设计者”和“参与者”，做好学科建设的“稳定器”和“压舱石”。围绕本科教育教学管理、课程思政建设、本科实践教学、考试组织与管理、智慧教室建设与管理、教务管理数字化转型、毕业论文线上系统管理、学院教务工作规范化等课题开展了新实践，打造了新样板。

早在20世纪初，陶行知先生就曾提出教学合一的三个理由：“一，先生的责任在教学生学；二，先生教的法子必须根据学的法子；三，先生须一面教一面学。”他还指出，好的先生“必是一方面指导学生，一方面研究学问”。百余年后的今天，我国高等教育已经步入世界“关键领跑”的发展时期，作为“双一流”建设高校，作为新时代的教育工作者，我们责无旁贷，立足“两个大局”，心怀“国之大者”，准确把握新发展阶段，全面贯彻新发展理念，服务构建新发展格局，持之以恒地“以实践助推创新，以创新凝练理论，以理论升华实践”，推进“以教促研，以研助教”的良性循环，发挥高等教育“国之重器”作用，致力培养堪当民族复兴重任的时代新人。

编　者

2022年4月

目　录

第一编　“四新”建设新融合

新时代　新使命　新变化　新成就
——山东大学(威海)新文科建设改革与实践 …………… 王湘云　李　楠(3)
发挥马克思主义理论学科的思想领航作用
——山东大学(威海)马克思主义学院新文科建设实践探索 ………………………………………………………………………… 申泽睿　焦　佩(8)
人文社会学科交叉融合打造区域国别学卓越人才培养体系
——山东大学(威海)东北亚学院新文科建设探索与实践 ……… 郑冬梅(16)
文理融合　打造“新商科”卓越人才培养体系
——山东大学(威海)商学院新文科建设实践 ………………………………………………………………… 夏　辉　陈　茜　徐　婷(24)
新文科理念引领新法科特色化人才培养
——山东大学(威海)法学院新文科建设工作探索与实践 ……… 姜世波(28)
一体发展　分类培养　凝练特色　提升内涵
——山东大学(威海)文化传播学院新文科建设探索与实践 …… 周新顺(37)
立足新时代　打造新外语
——山东大学翻译学院新文科建设探索与实践 ……………………………………………………… 申富英　李万军　崔　英　李　杰(44)
新文科建设视域下“新艺科”教育的创新与发展
——山东大学(威海)艺术学院新文科建设实践 ………………… 赵　鸿(50)

第二编　课程思政新实践

课程思政理念下混合教学模式的应用研究 ……… 续焕英　齐海涛　杨　秀(59)
“互联网+”时代高校思政课教学中的师生互动初探 ……… 和春红　赵　昆(66)
“国际服务贸易”课程思政建设的几个切入点 ……………………… 马卫红(73)

"形势与政策"课的"魂"与"理" …………………………………………… 赵　昆(78)
研读英译中国经典著作提高国学素养和文化自信 ……………………… 孙凤芹(84)

第三编　课程教改新探索

新法科视野下法学本科案例教学法的开展 ………………… 黄兰松　汪全胜(93)
关于概率论课程翻转课堂的教学改革 …………………………………… 周　丽(102)
论深度学习视域下翻转课堂的有效条件及教学策略 ……… 马　莲　时　琳(108)
基于 BOPPPS 模式的遗传学教学设计
——以"杂种优势"为例 ……………………………………… 吕新芳　张建民(116)
BOPPPS 微格教学模式在《计量经济学》教学中的探索与实践 ……………………
………………………………………………… 苑　迪　夏　辉　马卫红(121)
情景模拟教学法在韩国语教学中的策略性运用 ……………………… 郑　艳(129)
中国大学阶段英语学习者的间接言语行为能力研究 ………………… 张殿玉(139)
基于探究式学习的英语语法教学模式构建 ………………… 李　杰　李　楠(157)
"任务"驱动,打造活力法语课堂 ………………………………………… 邢路威(162)
基于团队的学习模式(TBL)在大学英语听说混合式教学模式中的
应用研究 ………………………………………………………………… 孙立华(167)
基于"产出导向法"的大学英语口语教学课堂实践研究 ……………… 李　彦(174)
基于科技实践创新能力培养的混合式教学模式探索
——以"化妆品设计与创新实践"课程为例 ………………………………………
…………………………………………… 苗晓庆　周燕霞　陆　榕　张　伟(180)

第四编　教育创新新思考

山东省高校创新创业教育评价与改革方案初探
——基于山东省 16 地市高校的调研 ……… 徐　萍　侯　慧　陈　莹(187)
新文科价值理念刍议
——以中国古典文学教研为中心 …………………………… 朱新林　袁　伟(201)
面向解决复杂工程问题能力培养的嵌入式技术课程群建设 ………………………
…………………………………………… 李素梅　贺　红　王小利　张　亮(208)
聚焦根本任务　拓展育人空间
——山东大学(威海)翻译学院学生社会实践工作纪实 ……………………………
…………………………………………………………………… 申富英　韦福林(214)

新商科背景下高校学生创业创新能力实验教学体系构建研究 ……………………………………………………… 蒋守芬 孙 洁 韩 冰 薛 峰(221)
新文科背景下《电子政务》课程学习模式研究 ……………… 孙卓华 马晓慧(227)
数字化时代中的外国文学教学 ………………………………………… 郑 薇(237)
基于在线教育技术的"海洋牧场工程学"教学模式创新与实践 ……… 姜昭阳(244)
实践、课程与文化
——高校劳动美育实践路径的构建 ………………………………… 刘 楷(249)
养成教育助力大学生提升就业能力初探 ……………………………… 赵天舒(255)

第五编 服务教学新亮点

打造一支懂教育的教育教学管理与服务队伍 ……………… 袁 伟 李 楠(263)
立德树人,回归本来;守渠种田,遍地花开
——山东大学(威海)课程思政建设工作纪实 ………… 王湘云 袁 伟(270)
一体发展 共商共建 资源整合 共享共赢
——山东大学(威海)本科教育教学资源共建共享工作新路径 ……………………………………………… 王湘云 宋 嵩 李 楠 袁 伟(276)
以理论升华实践 以实践助推创新
——山东大学(威海)本科实践教学探索与实践 ……… 韩秀峰 赵 梅(282)
共担风雨 共享阳光 守正创新 平安考试
——山东大学(威海)2021 年考试工作纪实 ……………………………………… 王湘云 边 婧 祝 君 谷凌燕 马泽中(288)
凝心聚力 砥砺前行
——山东大学(威海)全国硕士研究生招生考试工作纪实 ……………………………………………… 薛 峰 边 婧 徐 越 戚伟良(293)
改善教学环境 提升教学体验 助力教学改革
——山东大学(威海)智慧教室二期全面投入使用 ……………………………………………………… 姜学思 刘立山 袁胜忠(298)
大数据在高校教务管理工作中的应用研究 ……………………………… 薛 峰(304)
基于知网山东大学(威海)毕业论文管理系统的应用实践 … 赵 梅 韩秀峰(310)
"强院兴校"背景下学院教务员在院校两级教学管理中的职责研究 ……………………………………………………… 陈 茜 车路刚 李 丹(316)
教务工作助力高校新文科建设的几点思考 …………………………… 钟玉珍(322)

第一编

“四新”建设新融合

新时代　新使命　新变化　新成就

——山东大学(威海)新文科建设改革与实践*

王湘云　李　楠

植华夏大地，处孔孟之乡，存齐鲁文脉，倡文化引领。山东大学威海校区与校本部一脉相承，是教育部直属重点综合性大学，世界一流大学建设高校(A类)，现有12个学院和1个教学部，其中7个学院为文科学院，沿袭了“文史见长”的学术特色，致力于一体发展。在中共中央、教育部提出“新文科”概念之初，校区即以敏锐的触觉、大胆的设想、果敢的行动、超强的合力，早起步，迈大步，以“继承与创新、交叉与融合、协同与共享”为途径，在新文科建设方面走在了前列，走出了方向，走出了亮点，走出了山大风格。

一、高度重视，紧抓契机，做好顶层设计，挑起文化担当，践行文化使命

2018年8月，中共中央在发文中提出“高等教育要努力发展新工科、新医科、新农科、新文科”，正式提出“新文科”这一概念。2019年4月，教育部召开“六卓越一拔尖”2.0启动大会，全国新文科建设正式拉开帷幕。2019年8月，全国高等学校“新文科”建设座谈会在山东大学威海校区举行。教育部新文科建设工作组组长、山东大学校长樊丽明在会上指出，新文科建设要重点聚焦新专业(或方向)、人才培养新模式、新课程和新理论四个方面，进一步更新观念，加强顶层设计，立足高校实际，突破重点环节。2019年9月，山东大学新文科建设研讨会在威海校区举行，校领导结合校区文科发展现状，要求校区着眼专业瘦身、学科交叉、优化目标、突出特色，聚焦新专业、新课程和新模式，按照“厚基础、宽口径、办特色”的思路办

* 本文为2021年山东省本科教学改革研究项目重点项目“新时代　新格局　多场域　大外语——大学外语教育教学综合改革研究”(项目编号:Z2021222)和山东大学(威海)2021年度教学研究与教学改革项目重点项目“山东大学(威海)新文科人才培养模式管理与推广机制研究”(项目编号:Z2021017)的阶段性成果。

好本科专业。2020 年 11 月，教育部在威海校区召开新文科建设工作会议，教育部新文科建设工作组组长、山东大学校长樊丽明宣读《新文科建设宣言》，明确了新文科建设的共识，公布了新文科建设的遵循和任务，新文科建设开启了新征程，步入新阶段。2021 年 1 月，全国新文科教育研究中心 2021 年第一次工作会议在校本部召开，研究中心主任、山东大学校长樊丽明指出，山东大学要进一步提高认识，增强自信，发挥思想引领和实践示范作用，一校三地要协同发力，共同谋划新文科建设的山大方案，探索新文科建设的山大模式。

威海校区充分吸收历次会议精神，紧抓契机，勇挑重担，综观国际发展大势，服从国家战略需求，主动识变、应变、求变，明确目标，持续研究，在“四新”建设中合理规划，有序推进，不断进行“交叉融合再创新”，致力构建世界水平、中国特色的文科人才培养体系，推进高等教育现代化，切实践行“双一流”大学肩负的文化使命。

二、立足新时代，回应新需求，持续推进“专业更优”

2018 年至今，为优化学科专业结构，促进学科专业交叉融合，打造特色优势专业，威海校区坚持“一体发展”和“彰显特色”相统一，以“瘦身长高变强”为目标导向，以“新增一批，整合一批，撤并一批，优化一批”为工作准则，持续推进专业升级改造工作。

（一）新增与优化专业

世界迎来百年未有之大变局，中国整体发展进入新时代，新成就、新需求推动着高等教育不断步入实现内涵式发展的新阶段，威海校区直面新考验，应对新变化，满足新需求。近 3 年来，经科学论证，新增国际政治、政治学与行政学、供应链管理等 3 个文科专业。其中，国际政治专业是学校重点打造的东北亚新兴交叉学科的专业平台，突出政治、经济、语言教学交叉融合的新文科教学特点。政治学与行政学旨在培养具有一定管理能力和政策分析能力，适应公共治理现代化需要的创新型管理人才。供应链管理专业是 2020 年经教育部审批通过的新文科专业。

（二）整合与撤并专业（方向）

为推动高质量发展，在打造特色优势专业的同时，升级改造传统专业，淘汰不适应社会需求的专业。2019～2020 年，校区共停招 8 个文科专业，并对现有专业进行调整。朝鲜语专业设置经贸、翻译两个方向；工商管理专业整合为组织与人力资本管理方向、数字营销方向、创新创业管理方向、商务智能方向、旅游与大数据方向和旅游与大数据方向中法国际实验班；日语专业改造为“英日方向”，并入翻译学院“英语＋X 语种”方向。截至目前，校区已开设英语＋德语、英语＋法语、英语＋

西班牙语、英语＋俄语、英语＋日语等5个复语方向，潜心培养能够参与国际治理、传播中国优秀传统文化的新时代国际化人才。

（三）建设国家级、省级一流专业

威海校区与校本部统筹申报国家级、省级一流本科专业。2021年初，教育部和山东省教育厅公布了2020年度国家级和省级一流本科专业建设点评审结果，威海校区的国家级一流专业由此增至22个，其中文科类占13个，舞蹈编导为校区独有专业。原有省级一流专业大部分升级为国家级一流专业，现有省级一流专业3个，其中文科类1个。截至目前，校区共有文科专业20个，获批国家级、省级一流专业的占比高达70%；其余6个专业或为新增专业，或正根据专业特色和社会需求进行升级优化。威海校区积势蓄势，整装待发，对于第三批一流专业的审批工作成竹在胸。

三、打破壁垒，交叉融合，持续推进“模式更新”

（一）学院（院院）跨界融合施教

根据学科专业特点，结合领域发展趋势，法学院（威海）积极探索，开创先河，改进原有管理制度和运行模式，淡化专业概念、打破系所和教研室屏障，成立法学理论、民商法学、政治与行政学、司法社会工作、公法学、国际法学、交叉法学等7个教学团队，形成以法学为体，政治学与行政管理和社会学与社会工作为翼的学科布局，走出了一条“交叉融合，特色教育”的新路径。同时，法学院（威海）和翻译学院、数学与统计学院、文化传播学院联合开展的“法学＋英语”双学士学位班、计算法学特色班、新闻法学特色班、党内法规和监察法学特色班、法学与行政管理特色班、司法社会工作特色班等，已经形成了一个相对成熟且影响广泛的、面向国家战略需求和社会实际需要的特色教育系列。

（二）跨学院联合培养

以新兴交叉学科建设为出发点，确立培养“双优生”的人才培养理念。东北亚学院与商学院联合创设“国际政治＋国际经济与贸易”五年制双学士学位项目，翻译学院与法学院（威海）联合创设“英语＋法学”五年制双学士学位项目，翻译学院与商学院联合创设“英语＋国际经济与贸易”五年制双学士学位项目。同时，商学院和法学院（威海）面向全校本科生，共开设4个辅修第二学士学位项目。

（三）跨校区联合培养

一校三地一体发展，协同共进。2018年至今，威海校区共有20名本科生入选校本部尼山学堂，10名入选崇新学堂，7名入选泰山学堂，9名入选强基计划。

2020年5月,山东大学微专业项目正式启动,其中,9个微专业(含文科)面向一校三地统一招生。2021年春,威海校区正式启动微专业建设项目,9个新文科项目获得微专业建设立项。威海校区深入推进与哈工大(威海)的通识教育课程交流合作,截至2020年,共为其提供20门文化教育优质课程。

(四)国际化联合培养

威海校区立足中国,面向世界,以培养具全球视野、站中国立场、富国际能力、堪当民族复兴大任的新时代复合型人才为己任,充分调动校内外资源,开展多样化中外合作办学项目。商学院与澳大利亚、法国、美国、英国、西班牙、韩国、新西兰等国著名高校开展2+2、1+2+1、3+1+1、3+1.5等本科及本硕合作办学项目。在国际卓越人才培养方面,设立中澳商科国际课程班(含金融学、保险学)、会计学(国际实验班)、国际经济与贸易(中法国际实验班)、旅游管理(中法国际实验班),培养“商科+英语”“商科+英语+法语”的复合型、国际化经管人才。翻译学院与俄罗斯彼尔姆大学合作“英语(英俄双语方向)1+1+1+(1)”培养模式,为增强我国的国际表达力和国际话语权努力培养高端复语人才。艺术学院先后与美国、韩国、日本、乌克兰等国多所知名高校建立了合作关系,为对外国际交流和教学打下了良好基础。

四、坚持“两性一度”标准,持续推进“课程更好”

(一)打破学校、学科壁垒,夯实“高阶性、创新性和挑战度”标准,开发或开设新课程

威海校区着眼于培养适应新时代新要求的交叉复合型人才,实现院际互通,校区联合,文文、文理兼容,不断开发或开设新课程。视觉传达设计专业开设多门经济学基础及企业管理方面的课程;环境设计专业设立传统聚落与文化遗产、生态与旅游、历史与考古等课程模块;国际政治专业开设“知识讲堂(理学、医学等方面知识储备)”;新闻学专业开设高等数学、Python编程等课程;翻译专业开发译后编辑等专业课程,开设Trados机辅翻译专业课程;舞蹈编导专业将“数字媒体技术”引入专业教学。

(二)着力打造线下、线上、混合式、虚拟仿真、社会实践等5类“金课”

英语国家文化等12门文科课程在中国大学MOOC或智慧树网上线,其中,7门课程入选山东省高等学校在线开放课程平台。大众传播学入选国家级“金课”;市场营销学、基础会计学、毛泽东思想和中国特色社会主义理论体系概论等3门课程入选省级“金课”。

(三)推进“课程思政”与“思政课程”无缝对接

威海校区围绕落实立德树人根本任务,以学生成长发展为中心,充分发挥哲学

社会科学育人功能，依托儒家文化发祥地的资源优势和文史见长的学科优势，进一步深化思政教育教学改革，以文化人、以德润心，强化课程思政和专业思政建设，增加“思政课程外围课程”。吴文新教授的人学与人生课程和马秋丽教授的儒学思想导论课程，实现由“思政课程”向“课程思政”的顺利过渡，以春风化雨、润物无声的方式，提升学生的文化品位、人文素养，树立学生正确的人生观、价值观和世界观。

五、守正创新，步步跟进，持续推进“研究更深”

威海校区坚持“以立项促教改，以教改促创新，以创新促内涵提升”。近 3 年，校区资助建设文科类教学研究项目 110 余项，其中，23 个文科类在线开放课程建设项目、7 个文科类金课培育项目和 11 个文科类精品教材建设项目为校区重点项目。2020 年，威海校区与校本部统一部署山东大学首届新文科项目申报工作，7 个项目获得立项。2018 年省级教改项目立项中，威海校区共 4 个项目获得立项，含 2 个文科类项目；2020 年，在山东省省级教改项目立项中，校区共 8 个项目获得立项，含 4 个文科类项目。2018 年，2 项成果获省级教学成果奖二等奖。2020 年，与校本部统筹推荐“首届国家级优秀教材”评审，《市场营销学》入围国家级评审。

校区校院两级教学管理人员和一线任职教师无缝对接，齐心发力，持续发声，致力于懂一点教育，懂一些教育，懂更多教育，做到“会学习，懂教育，善总结，有发表”，厚积薄发，全面总结，于 2020 年 9 月出版新文科建设阶段性成果《新时代　新使命　新内涵　新路径——山东大学(威海)新文科教育教学改革与实践》，领先高校新文科建设，成为新文科建设前期工作的里程碑，今后工作的助推器，校区工作的展示台。全国新文科教育研究中心主任。山东大学校长樊丽明表示，“威海校区新文科建设实践研究走在了前列，值得学习”。在全国新文科建设全面启动的新阶段，威海校区将再接再厉，不断提升，及时总结和积极推广新文科建设新理念、新经验，发挥好一流本科培养模式的设计者和参与者作用。

黄海之滨，玛珈山下，山大威海，文脉蔚然。新文科建设是提升中国文化软实力、推动中华民族伟大复兴的一步重棋，威海校区势当只争朝夕，真抓实干，深度融合，集成创新，深化改革，寻求突破，凝文化之息，聚各方合力，展浩然之气，现一流魅力，为天下储材，著千秋伟业。

(原文发表于 2021 年 2 月 22 日《齐鲁晚报》，
2021 年 2 月 24 日新华网全文转载，收录时有改动)

发挥马克思主义理论学科的思想领航作用

——山东大学(威海)马克思主义学院新文科建设实践探索*

申泽睿　焦　佩

2018年8月,中共中央在发文中提出"高等教育要努力发展新工科、新医科、新农科、新文科","新文科"这一概念第一次以中央文件的形式出现在大众视野中。2019年6月,吴岩在高等学校专业设置与教学指导委员会第一次全体会议上的讲话中提出,"要比新工科跑得更快,飞得更高,特别是文科","我们一定要让新文科这个翅膀硬起来,中国高等教育飞得才能平衡、飞得高"①,我国的新文科建设从此正式起步。

2019年8月,高等学校新文科建设座谈会在山东大学威海校区举行。会上,山东大学校长樊丽明表示,建设新文科要引领人文社会科学新发展,从而服务于社会主义现代化建设中"人的现代化"建设目标的实现。② 可见,新文科的建设是一个以问题为导向的、学科交叉相融的过程,不仅有文理科的交叉,而且有人文科学和社会科学内部的相融。马克思主义理论学科作为社会科学的一部分,以其在思想上的领航和掌舵作用以及在方法论上的先进性和科学性,在新文科建设中的作用不容小觑。山东大学(威海)马克思主义学院立足学科基础,以习近平新时代中国特色社会主义思想为指导,认真贯彻教育部和学校关于新文科建设的相关通知以及习近平给《文史哲》编辑部的回信精神,积极探索马克思主义理论学科在新文科建设中的"山大道路"。

---

* 本文为山东大学(威海)2021年度教学研究与教学改革项目重点项目"山东大学(威海)新文科人才培养模式管理与推广机制研究"(项目编号:Z2021017)的阶段性成果。

① 吴岩司长在高等学校专业设置与教学指导委员会第一次全体会议上的讲话,2020年3月7日,https://jdx.cdtu.edu.cn/info/2042/3358.htm。

② 参见樊丽明、杨灿明、马骁、刘小兵、杜泽逊:《新文科建设的内涵与发展路径(笔谈)》,《中国高教研究》2019年第10期。

一、马克思主义理论学科和新文科建设中的内在共性

学界对新文科建设的探讨如火如荼，但就其原则来讲，无不主张新文科建设应以立德树人为根本目的，注重文科发展与中国实际相结合，坚持跨学科相融交叉，紧密与传统文化相连相通。马克思主义理论作为我国的思想根基，作为中国特色社会主义理论体系的源头活水，在新文科建设中具有不可替代的作用。

新文科建设的根本目的在坚持立德树人。习近平总书记在学校思想政治理论课教师座谈会的讲话中提到，“新时代贯彻党的教育方针，要坚持马克思主义指导地位，贯彻新时代中国特色社会主义思想，坚持社会主义办学方向，落实立德树人的根本任务”①。新文科建设出发点是打破学科界限，丰富文科内容，丰富完善文科教学的内容和模式，不但让学生，而且还让教师在学习和实践中能够潜移默化地成长。马克思主义理论学科和新文科建设在根本目的上有着内在一致性，将马克思主义理论学科的思想引领作用贯穿在新文科建设的全过程，加强马克思主义基本原理和中国特色社会主义理论教育，从而使每个文科学生可以扣好“人生第一粒扣子”，用正确的价值观引导新文科建设。

新文科建设的内涵在于回答新时代的问题。新文科建设具有鲜明的价值导向，即适应新时代我国社会主要矛盾的变化、新时代经济社会发展新需要，以促进中国特色社会主义建设和满足广大人民的根本利益为目的，总结新时代的实践，打造新时代的哲学和社会科学体系。2016 年 5 月 17 日，习近平总书记在哲学社会科学工作座谈会上发表讲话，谈及“加快构建中国特色哲学社会科学”的问题，认为中国特色哲学社会科学应该具有三个特征，在讲到第二个特征“体现原创性、时代性”时指出：“我国哲学社会科学应该以我们正在做的事情为中心。”②这也是马克思主义理论学科在新文科建设中应该把握的核心要义。当前我们正在推进中国特色社会主义事业取得更大的胜利，以实现中华民族伟大复兴的“中国梦”，随着我国一系列新问题和新变化，传统文科已经不能很好地解决新时代中国发展面临的一系列问题，推进新文科建设成为时代要求。新文科建设需要与中国发展实际相符合，解决中国新时代的现实问题。相反，如果文科发展脱离了中国实际这个大框架，背离了这个大方向，不仅实践价值将不复存在，而且理论价值也变得“皮之不存，毛将焉附”。马克思主义理论学科要把中国特色社会主义理论体系的研究放在更加突出

① 《习近平谈治国理政》第 3 卷，外文出版社 2020 年版，第 328 页。

② 《习近平谈治国理政》第 2 卷，外文出版社 2017 年版，第 344 页。

的位置，要提升中国特色社会主义道路和制度探索的理论境界，要体现马克思主义当代发展的新概括和新提炼，要凸显马克思主义基本理论的时代内涵、时代精神和时代风格。[①]

新文科建设的途径在于融合发展。在横向上，新文科建设力求打破传统的文科界限，实现人文社科各学科以及同理科之间的融合发展，用学科交叉的内容和方法来解释新问题，寻求新答案。在纵向上，新文科建设主张传统文化与中国实际相互融合，在学科建设中寻找中国传统文化的根基，实现学科建设的中国化。一方面，马克思主义理论因其将唯物主义与辩证法紧密结合，可以为学术研究提供正确的方法论指导；另一方面，马克思主义理论作为与中国传统文化紧密结合的"外来思想"，经过一百多年的发展，已经深深与中国文化、中国实际融为一体，成为中国文化的一部分。在新文科建设中发挥马克思主义理论学科作用，可以确保新文科建设不走弯路。

二、针对时代问题，体现文科建设新内容

新文科建设的提出密切反映时代要求。当前，我们深化改革开放，积极构建人类命运共同体，加强与世界的交流合作，许多西方的学说和思想涌入，部分学科开始引入西方体系，运用西方逻辑，对我国文科建设产生了较大影响。新时代的马克思主义理论研究始终遵循把马克思主义理论与中国具体实际相结合的方法思路。"当代中国的伟大社会变革，不是简单延续我国历史文化的母版，不是简单套用马克思主义经典作家设想的模板，不是其他国家社会主义实践的再版，也不是国外现代化发展的翻版，不可能找到现成的教科书。"[②]对此，只有学会用自己的头脑独立思考问题，才能在新时代中国特色社会主义道路上走稳、走远。盲目地照搬照抄前人或他人的方法思路无法称为"新文科建设"，更遑论中国特色社会科学研究。处在历史新节点，传承中华优秀文化根脉，创新文化发展，树牢文化自信，促进多元文化交流交融是文科的新使命，即文科的时代性要求。[③]

新文科建设需要宏观把握方向，进行整体理论研究工作，关注新文科建设中的现实问题。马克思主义学院（威海）重视依托四个学术团队，推进新文科方面的系

---

① 参见顾海良：《高校马克思主义理论学科建设的新境界——学习习近平总书记在全国宣传思想工作会议上的讲话》，《思想理论教育导刊》2013 年第 10 期。

② 《习近平谈治国理政》第 2 卷，外文出版社 2017 年版，第 344 页。

③ 参见樊丽明：《"新文科"：时代需求与建设重点》，《中国大学教学》2020 年第 5 期。

统研究。2018 年以来，四个学术团队在团队负责人的带领下，通过举办学术沙龙、专题会议等形式，定期围绕新文科建设等相关问题进行研讨，依托学院厚博论坛，邀请国内知名专家学者对相关科研项目和论文进行“面对面、点对点”指导和点评。近年来，学院在学术论文发表、著作出版和成果获奖等多个层面都取得了优异成绩，特别是发表了一系列与马克思主义和新文科密切相关的文章。例如，《新时代高校思政课实践教学系统化初探》《以教学学术化解思政课学理性提升困境的研究》《高校思想政治理论课对话教学：价值、困境与路径》《新文科因“化”而新，因“合”而成》等，为院校进行新文科建设提供基本理论遵循。

三、加强交叉研究，实现文科建设新使命

新文科建设强调“新”，但同时不能忽视对过去的继承与发展，尤其是对中国优秀传统文化的继承与发展。新文科建设的一大重点就是挖掘中国优秀传统文化与文科学科的内在关系。我国“新文科”政策并非全盘否定传统文科，而是在继承、完善和发展基础上强调对中国优秀传统文化的执着坚守和传承。[①] 马克思主义理论学科建设不断取得新突破，离不开优秀传统文化的滋养。“我们要善于把弘扬优秀传统文化和发展现实文化有机统一起来，紧密结合起来，在继承中发展，在发展中继承。”[②]

新文科建设不是一家独大，而是百花齐放。学院鼓励学科交叉研究，特别在马克思主义与中国优秀传统文化的结合、马克思主义与智库建设的结合、马克思主义与服务地方的结合等三个层面上发力。2020 年，学院成功举办“哲学与文化”专题研讨会、“中国共产党百年文化足迹：政党文化与世界多样化文明互鉴”第三届世界文化论坛暨第二届中国文化分论坛、“中国共产党人精神谱系与网络思政创新”论坛等国际国内学术会议，吸引了 10 多个国家的 100 余位专家学者参加会议。此外，学院还持续举办名家讲坛、厚博论坛、学术报告百余场。这些都为探索马克思主义理论学科与传统文化融合发展集思广益，共寻方向。

新文科建设不单是学术探讨，更是理论体系的形成和学术观点的呈现。学院筹办并发行《马克思主义文化研究》期刊，努力使其成为重要理论园地，推出一系列

---

① 参见田晓明、黄启兵：《论我国“新文科”建设之中国特色》，《苏州大学学报》（教育科学版）2021 年第 3 期。

② 习近平：《在纪念孔子诞辰 2565 周年国际学术研讨会暨国际儒学联合会第五届会员大会开幕会上的讲话》，《人民日报》2014 年 9 月 25 日。

有分量、有深度、能够引起理论反响与学术争鸣的高质量研究成果，把期刊的栏目建设与马克思主义学科建设结合起来，为推动马克思主义理论学科建设建言献策。[①] 目前，《马克思主义文化研究》已经出版近五年(每年 2 期)，赢得了马克思主义文化研究界的认可和支持。围绕马克思主义与中国优秀传统文化的结合，学院完成或发表《孟子“平治天下”思想研究》《“小康社会”概念的演化及其文化创新启示》《孟子的“与民同乐”思想对公职人员群众路线开展的价值》《马克思主义与中华优秀传统文化融通性论要》《墨家规范伦理学范式刍议》等理论文章，在红色文化融入思想政治教育方面获得国家社科基金立项，成为山东大学威海校区新文科建设的一大阵地。

四、深化“大思政”建设，践行文科教育新理念

新文科建设的根本在于培养适合新时代具有中国特色的新文科人才，不但从知识上，而且还从思想上增强文科学生的文化自信。而思想政治教育的关键是立德树人，“思想政治理论课作为大学生思想政治教育的主渠道，其根本目的是促进大学生的全面发展，为改革开放和社会主义现代化建设培养高素质的人才”[②]。培育能够担当民族复兴大任的时代新人，必须贯彻落实习近平总书记“大思政课，要善用之”的要求。学院在思想政治教育中培育和践行“大思政”理念并将其与新文科建设结合，打造高素质教师队伍，建设“大思政”教育第一阵地。

(一)完善高水平高素质的思政课教师队伍

学院按照“八个统一”的要求提高思政课专职教师的素质，即政治性和学理性相统一、价值性和知识性相统一、建设性和批判性相统一、理论性和实践性相统一、统一性和多样性相统一、主导性和主体性相统一、灌输性和启发性相统一、显性教育和隐性教育相统一。打造“厚博工作坊”特色品牌项目，并将其作为学院“我为群众办实事”项目长期推进，形成每月一次的“厚博论坛制度”，帮助学院老师提高办公软件使用能力和科研论文写作技巧，优化教学质量管理与评价机制，形成了以绩效为导向的精细化管理。在质量督导方面，形成以学校督导—学院督察—教研室督学—学生评教四级评价，并与老师的业绩绩效挂钩的督导与评价机制。学院设

---

① 参见《马克思主义文化研究》编辑部:《〈马克思主义文化研究〉发刊词》,《马克思主义文化研究》2018 年第 1 期。

② 秦宣:《将立德树人贯穿于马克思主义理论学科与思想政治理论课建设全过程》,《思想理论教育》2015 年第 9 期。

立“教学奖励金”，奖励各类在教学方面有突出贡献的教师，实行“全员听课，全课被听”制度。教师听课的具体情况及其课程评价由教研室每月汇总并交流、讨论，及时发现问题，由教育教学指导委员会提出意见建议以及落实改进措施，“学院的每一位教师都应该对马克思主义真学、真懂、真信，做到‘在马研马、在马言马’，必须坚持正确的政治立场和政治方向”[①]。

(二)积极构筑课外“大思政”体系

学院协同其他专业教师，拓宽“大思政”教育范围。在思想政治类的各类大学生比赛上与学校其他学院教师组成思政教育协同小组，将技术、美育、体育和德育进行有机结合。在各类社会实践指导活动中，思政教师和专业教师紧密合作，共同指导，多次获得“优秀指导老师”称号。2021 年，在第十七届“挑战杯”全国大学生学术科技作品竞赛中，学院教师参与指导的作品“党建就是生产力——寻找脱贫攻坚中的红色引擎”获得特等奖。

(三)持续推进“大思政”教学改革

学院党委始终把思政课教学作为立德树人的根基，举办教学竞赛、教学研讨会、集体备课会和教学沙龙等活动，依托红色社团，充分发挥思政课第二课堂作用，扎实推进思政课教学改革，努力提高教学质量。学院教学改革及各项事业发展被中央电视台、“学习强国”、山东新闻联播等媒体多次报道，在《光明网》发表党史学习专题文章多篇。目前，学院已经全面推行线上线下混合式教学，打造并提升思政慕课质量，规范细化集体备课会制度，深入共建实践基地，强化“五育”并举，完善“十大育人”体系。

五、注重课程思政质量，引领文科建设新方向

习近平总书记多次指出，做好高校思想政治工作，要遵循思想政治工作规律，遵循教书育人规律，遵循学生成长规律，思政课建设要向改革创新要活力，要满足学生成长发展需求和期待。在新文科建设中，如果不能做到思政课和专业课的同向同行，那么思政课的主渠道作用也就会被完全消解。“课程思政”其实质不是增开一门课，也不是增设一项活动，而是将高校思想政治教育融入课程教学和改革的

① 陈占安、张雷声、钟明华、佘双好、艾四林、韩喜平、武东生：《加强马克思主义理论学科建设，提升马克思主义理论学科的引领作用——学习贯彻〈关于进一步加强和改进新形势下高校宣传思想工作的意见〉笔谈》，《思想理论教育导刊》2015 年第 2 期。

各环节、各方面，实现立德树人润物无声。[①] 因而，在教学过程中，需要关注学生需求，在潜移默化中将思政课育才作用予以展现，同时充分利用好社会实践第二课堂，丰富学生实践能力，体现社会课堂育德功能，培养理论上合格、行动上自觉的社会主义建设者和接班人。

(一)注重提升本科生思政课程教学质量

学院对照"六要""八个相统一"要求，以教学团队为平台，深化专题教学，凝练适合不同专业、不同群体学生成长的教学模块，创新"课堂教学—社会实践—网上学习"三位一体的教学模式，对"马克思主义基本原理概论""毛泽东思想与中国特色社会主义理论体系概论""思想道德修养与法律基础""中国近代史纲要"课进行了专题化教学内容改革，2018 年出版了《中国化的马克思主义专题研究》。学院在全国率先开设"习近平中国特色社会主义思想概论"课，进行专题化教学，并成立专门教研室进行系统教学与研究，同时还牵头与各学院课程思政联系人建立了课程思政协同小组，编写不同专业类型的思政案例，与专业课教师协同完成教材审核、课程思政设计、课程思政编写等任务，为扣好学生"人生第一粒扣子"保驾护航。

(二)积极创新实践教学方式

学院连续 12 年举办思政课教学竞赛品牌活动，形成了"4＋4＋2"具有山大特色的实践教学模式。教学模式主体是课内实践模块的"登台实践＋读书笔记＋基地考察＋教学互动"，课外实践模块的"刘公岛考察＋红色之歌演唱赛＋中华经典诵读比赛＋大学生思想政治风采大赛"以及形势政策课与党课模块、红色社团(联盟)模块及其系列活动，现已建立 20 多个"山东大学思想政治教育实践基地"。2016 年出版了《探索培育信仰之道——山东大学(威海)思想政治理论课教学探索文萃》，并即将出版《山东大学(威海)思想政治理论课实践报告专辑》，努力上好学生人生第一堂思政课。学院思政课教学改革做法被中央电视台、"学习强国"、山东省电视台、光明日报等多家媒体报道，"毛泽东思想和中国特色社会主义理论体系概论"课程入选 2019 年山东省一流本科社会实践课程建设，以实践活动助力学生思政课理解。

(三)不断改善研究生培养质量

学院连续三年成功举办全国优秀大学生暑期夏令营，来自全国高校 200 余人参与，学院研究生教育影响力逐步扩大，生源质量稳步提升。2019 年，启动与校本

---

① 参见高德毅、宗爱东：《从思政课程到课程思政——从战略高度构建高校思想政治教育课程体系》，《中国高等教育》2017 年第 1 期。

部一体的新培养方案，招生人数进一步增加，在校生达到52人。硕士生思政课全部申报学校混合式教学“金课”建设，博士生“中国马克思主义与当代”课程率先实现多人协同的教学模式。针对马克思主义理论学科的研究生培养，构建起学术和就业双目标下的课程质量、学术讨论、论文审核、实习实践、国际交流等多环节培养过程体系。

（四）积极开辟课程思政新领域

学院尝试打破课程思政教学传统模式，利用新课程、新模式推广思政教学。一方面，学院鼓励思政课教师开设通识课程，打造出“人学与人生”“儒学思想导论”“国家记忆”等“思政课外围课程”，每门课选课人数均高于平均水平；另一方面，学院推进网络思政，成功上线三门思政在线慕课进行线上教学，推出“马克思主义在山东的早期传播”虚拟仿真课程，创新思政教育表达方式。同时，学院还坚持推广“仁侠青春”公众号，运用新媒体，用学生喜闻乐见的形式拓宽讲述的渠道，将思政教学融入学生生活。

新文科建设必须坚持马克思主义指导地位，不断推进实践基础上的理论创新。学院在新文科建设中，针对新时代面临的新考验、新问题，注重用马克思主义中国化最新理论成果凝聚共识，即深入学习和研究习近平新时代中国特色社会主义思想，用来指导新文科建设的实践，将新时代的马克思主义研究写在中国大地上；推动交叉融合研究，积极弘扬中华优秀传统文化，以习近平给《文史哲》编辑部的回信精神为核心，把传统文化与马克思主义理论有机结合，打造具有中国特色的理论体系、话语体系，更好地弘扬中国精神，凝聚中国力量；将马克思主义研究落实到立德树人的“大思政”活动中，提升思想政治理论课这一主渠道的质量，做好新时代高校思政工作，努力打造一支思想理论好、综合素质高、工作经验丰富的思政教师与专业教师相互协同的“大思政”队伍；积极创新课程思政模式，从理论课程建设和课外社会实践两方面着手，将课程思政贯通本科和研究生教学的全过程和各方面，使思政课的育才育德作用统一到育人这一根本目的上。学院将积极探索新文科建设模式，一马当先发挥马克思主义理论学科的思想引领作用，培养新时代“坐下来能写，站起来能说，走出去能做”的新文科学生。

人文社会学科交叉融合打造区域国别学卓越人才培养体系

——山东大学(威海)东北亚学院新文科建设探索与实践*

郑冬梅

东北亚学院依托山东大学一流学科群，结合经济社会文化发展和学生学科教育发展需要，继续大力推进人文学科与社会科学专业间的交叉融合，把东北亚国家的语言文化与政治、经济专业密切地联系在一起，逐渐形成了“多学科交叉融合，追踪学术前沿，开放和国际化”的人才培养模式，在新文科建设工作方面取得积极成效。

一、基本思路

(一)进一步提高站位，进一步解放思想，把对学院发展和学科建设的认识统一到“强院兴校”和实现山东大学“由大到强”历史转变的高度上

充分发挥学院党委的领导核心作用，强化政治引领，解放思想，勇于创新，以夯实学院主体地位为契机，推动学院党建工作、学科建设、行政管理适应新形势、新任务的需要，把全院教职员工的精气神凝聚到快速发展、高质量发展、内涵式发展上来，形成推动学院发展的强大动力。

(二)牢固树立一体化发展理念，推进学科融合、协同发展

东北亚研究新兴交叉学科建设急需整合全校资源，打通相关专业的壁垒，实现学科交叉、课题融合、团队协作、合作培养，建设一校三地共享科研平台，形成有竞

* 本文为2021年山东省本科教学改革研究项目重点项目“新时代　新格局　多场域　大外语——大学外语教育教学综合改革研究”(项目编号：Z2021222)和山东大学(威海)2021年度教学研究与教学改革项目重点项目“山东大学(威海)新文科人才培养模式管理与推广机制研究”(项目编号：Z2021017)的阶段性成果。

争力的学科力量，培育多专业融合、协同发展的高水平学科。

(三)高起点规划学科发展，明确新文科建设的基本理念

东北亚学院学科建设目标是前沿性、高水平和特色化，建设方向是一流的人才培养、一流的学术研究和高端智库，建设路径是多学科交叉融合、跟踪学术前沿和国际化，建设依据是国家和社会的战略需求。

(四)以制度创新激发学院发展活力

学院围绕学科建设目标任务，结合学校夯实学院主体地位的一系列举措，建立健全学院管理制度和运行机制，提升治理水平和治理能力。根据学院发展规划，合理配置学院资源，确保形成制度和机制优势，最大限度地激发学院发展的活力。

二、特色理念

(一)多学科交叉

东北亚学院利用自己的学科优势，努力促进国际政治、世界经济、世界史、语言学(朝鲜语、日语)等专业的学科交叉。

(二)多学科多平台融合

在多学科交叉的基础上，融合一校三地学术资源和平台，融合校内外和国内外学术资源和平台。

(三)国际化创新培养

学院通过拓展国际化领域、提升国际化人才比例、夯实国际化项目、建立国际化课程体系等具体措施，开展国际化培养。首先在拓展国际化领域方面，在既有日韩合作的基础上，拓展欧美合作。其次在夯实国际化项目方面，已与美国、日本、英国等国家的高校和科研院所展开国际合作项目。最后在建立国际化课程体系方面，已在国际政治、世界经济、亚非语言三个专业建立起三门全英课程。

三、主要举措

做“强”、做“特”、做“精”东北亚新兴交叉学科，是东北亚学院实施“强院兴校”战略的核心。东北亚学院在新文科建设方面重点推进了以下七个方面的工作：

(一)以一体发展为引领，协同三地优势，凝练学术方向，建设新文科高水平学术团队

学科方向和学术团队是学科建设的基础。建院以来，东北亚学院进一步凝练三个学科方向，即东北亚政治经济与国际关系、东北亚语言文学、东北亚历史文化。

强化四个高水平学术团队，即国际经济治理与东北亚区域合作团队、海洋战略团队、亚非语言文学团队、东北亚历史文化团队。不断推动三个方向和四个团队的相互交叉与融合，进一步凸显学科优势。同时，东北亚学院还打通了与外国语学院、政治学与公共管理学院（以下简称“政管学院”）、翻译学院、商学院、经济学院的学术联系，依托三地学术资源，着力凝练新文科学科方向，打造有竞争力的学术团队。

（二）以一流人才的培养夯实学科建设的基础

1.优化培养目标，修订完善培养方案

根据新文科建设需要，东北亚学院对原有的培养方案进行了调整和修订，充分利用东北亚学院和其他学院所拥有的国际政治、国际经济、世界历史师资资源，为朝鲜韩国系、日本系增加国际政治、国际经济基础课，朝韩日政治、经济、历史文化专业课教育，培养具有综合知识的“朝鲜通”“韩国通”“日本通”，给学生更多的选择。

2.优化升级现有专业，推进学院现有学科专业间的深度交叉融合

整体上，语言类专业进一步向“外语＋专业”方向进行课程调整，提升政治、经济、历史、文化等专业知识的授课内容比例，以扩大与国际政治、国际经济的交叉衔接面。继续巩固朝鲜语专业优势，明确翻译和经贸两个专业方向，强化其应用性。2020年，朝鲜语专业成功获批国家级一流专业。在停招日语专业本科生的情况下，加强国际政治与双学位班的日语（二外）教育，加强日本政治、经济、历史、文化专业课的教育。同时，学院还与翻译学院、法学院合作，开办英日班和法学班（日语背景法学教育），积极探索新文科背景下日语教育的新路径。

3.与政管学院共建国际政治省级一流专业

国际政治专业是东北亚学科的重要交叉融合平台，旨在以国际政治国标教学培养为基础，突出东北亚专业知识教育和东北亚语言文化教育特色、强化实践教学，培养适应新时代需要的具备复合型知识结构的国际政治本科生。在政管学院暂停招收国际政治本科生的情况下，2021年，东北亚学院与政管学院国际政治专业建立共建机制，联合申报了省级一流专业，旨在共同打造山东大学一流国际政治学科。

4.“国际政治＋国际经济与贸易”双学位班持续招生，推进高端复合型人才培养

以东北亚学院的师资团队为基础，与政管学院和商学院合作，利用东北亚学院聘请的国内外兼职教授队伍资源，组建联合培养教师队伍，并借助山东大学资助的中、日、韩、美大学交流项目，扩大国际交流。新修订的培养方案中，本院教师占47

名任课教师的35%,跨学院、跨学科教师和校外教师占46%,外籍教师占19%,充分体现学科的交叉融合。学生既吃“主粮”,也吃“杂粮”,广泛涉猎知识,高水平本科生的培养效果初显。

5.大力推进线上、线下、线上线下混合课程以及实践课程建设

在努力提升线下课程质量的同时,认真总结疫情期间线上授课经验,积极推进线上课程和线上线下混合课程的开发与建设,特别是重点推进实践课程建设,为今后的“金课”建设奠定了良好基础。

6.推进教学研究和教学方法改革

在提升校级优秀教学成果奖项数量与等级的基础上,积极培育有竞争潜力的教师冲击更高层级的教学成果奖。加快专业课程的国际化建设,外语类专业已经基本实现了使用对象国语言进行授课。同时,也进一步提升了国际政治专业和“国际政治+国际经济与贸易”双学位实验班的双语授课课程和全英文授课比例,计划从三年级开始,所有专业核心课程进行全英文授课或双语授课。

(三)建设一流的研究创新平台,争取进入教育部区域国别研究重点基地

“1+5”平台建设,即一个国际问题研究院,五个研究中心,是学院学科建设的重点任务。

1.以打造国内一流的高端智库为目标,全力推进山东大学国际问题研究院的建设

按照建设高等研究院的定位,2021年,学院在学术规划、研究团队建设、科研工作、智库成果方面初见成效。研究院的科研成果主要体现在:(1)组织撰写《智库报告》《智库专报》《调研报告》《年度报告》。(2)组织撰写与出版《国际观察》系列丛书。(3)编辑出版《东亚评论》集刊。(4)组织重要课题,承接交办课题,组织申请并完成批准的各类课题。(5)公开发表的学术论文。(6)负责管理的《山大国际观察》公众号。国际问题研究院有助于提升东北亚学院的教学研究,拓展东北亚学院的教学研究视野和合作平台,特别有助于双学位班学生的综合培养。研究院将按照教育部人文社科重点基地的目标和标准,推进建设。

2.以现有的五个研究中心为基础,建设集研究、人才培养与智库建设于一体的东北亚区域与国别研究创新基地

创新基地承担重点研究项目,开展相关学术活动,并纳入东北亚学院的考核绩效。(1)山东大学东北亚研究中心(教育部备案),重点研究东北亚地区的人文思想交流,东北亚区域合作,东北亚国别历史、政治、经济、外交、文化等。(2)朝鲜半岛研究中心(教育部备案)以朝鲜半岛现实问题研究为重点,为智库型研究平台。(3)

东北亚语言文化研究中心，重点研究东北亚地区民族语言和文化，以朝鲜、日本语言与文化为主。(4)东北亚历史与文献研究中心，重点研究东北亚历史，包括国别史、区域关系史与历史文献。(5)中日韩思想库网络研究基地(外交部挂牌授权)，重点研究中日韩合作机制、自贸区建设，为智库型研究平台。研究基地主要成果体现在发表研究论文，出版专著(列入东北亚学院已经规划和实施的“东北亚研究丛书”)和智库调研报告。

(四)推进科研工作上层次、上水平

自 2017 年 10 月建院至今，东北亚学院科研工作水平进一步提升，召开学术会议 47 次，立项国家级重大项目 1 项、冷门绝学研究专项学术团队项目 1 项、一般项目 7 项，教育部项目 3 项，省级项目 7 项、地厅级项目 6 项、横向项目 21 项，获大韩民国学术院优秀学术图书奖 2 项、省级社会科学优秀成果奖 3 项、地厅级社科优秀成果奖 13 项。

目前学院承担的重要课题有：国家社科基金项目 14 项(含重大项目 2 项)、教育部项目 2 项、全球汉籍合璧工程子课题 1 项、山东省社科规划研究项目 8 项、山东大学人文社科重大项目 2 项、山东人文社会科学研究项目自由探索类 1 项。完成国际问题研究报告 71 期、国际问题研究专报 37 期。完成疫情的研究报告 15 期、专报 13 期。学校采纳的智库报告为 18 期。出版集刊《东亚评论》6 辑，影响力扩大。

(五)充实人才队伍，壮大学科力量

人才队伍是学科建设的基石。东北亚学院根据学科建设的需要，正着力打造一支老中青结构合理的科研和教学骨干队伍。首先，重视人才引进和培育工作，东北亚学院建院以来引进 4 名高端人才，同时积极培养青年人才，争取更多学院教师被吸纳进国家层次优秀人才体系。其次，加强博士后工作站建设。东北亚学院通过讲席教授、荣聘教授、特聘教授和杰青职位，出站 2 名博士后。再次，鼓励教师赴国内外进修。东北亚学院积极动员教师申报国家留学基金委、山东省教育厅、山东大学等各级各类研修项目，更新教学思想观念，拓宽学术研究视野，增强学术氛围。最后，重视已有青年骨干师资的培育。青年骨干教师是学院事业发展的基础，也是学院事业跃上新台阶的潜在动力源泉。学院通过实施“骨干提升计划”和建立助力高峰学科发展的单独考核、评价制度，激发了现有教师在人才培养和科学研究上的潜力。

(六)建设新文科实验室

构建良好的体制机制、搭建学科交叉融合交流平台是促进新文科建设发展的重要举措。实验室是新文科建设的重要抓手，东北亚学院在新的时代背景下，积极落实新文科建设工作会议精神，加快推进人文社科科研创新发展的实验室建设。在借鉴吸收国内高校新文科建设经验的基础上，建设面向未来新型交叉学科教学研究的“同声传译实验室”和“东亚数字人文实验室”，致力于培养适应新时代发展和区域国别学研究的新型人才。

“同声传译实验室”采用了一体化设计、高分辨率触摸屏、高清视频传输等新技术，主要应用于交替传译和同声传译等语言教学，具有实现翻译教学、翻译训练、同传会议、翻译考试及系统管理等功能，可以开展同传教学、交传教学、模拟同传会议等教学活动，并可应用于召开小型国际会议。“同声传译实验室”的建成和使用满足了同声传译听、说、译等技能培养的专业化、技能化、实战化的需求，为学生提供了将理论学习与实践训练相结合的平台，让学生在国际翻译实战、人与人工智能组合实战等各个场景中，不断锻炼提升实践能力，与时俱进。该实验室语言场景涵盖朝鲜语、日本语、英语，今后将不断增设语种，并扩大实战背景，让学生获得精深而广博的体验，培养其情境意识、人文意识、创新意识与实战意识。

“东亚数字人文实验室”是东北亚学院牵头，整合山东大学各院系相关学科的研究力量，吸引多学科专家，共同构筑的跨学科、多层次、协同创新的数字人文实验室。该实验室通过多学科之间的交叉融合，建立人文社科学者与理工科专家的交流和协作渠道，实现大数据背景下人文社会科学与自然科学在多语言环境中的深度合作，推动大数据、人工智能等数字技术在人文社科领域的应用。同时，学院还以实验室为依托，积极开展学术交流活动，培养高端学术人才，推动跨学科、跨地域、跨文化的东亚数字人文研究项目。

（七）推进国际化建设

学院国际化是强院的重要路径之一。建院以来，东北亚学院采取拓展国际化领域、提升国际化人才比例、夯实国际化项目、建立国际化课程体系等具体措施，深入推进国际化建设。

1.夯实东北亚，拓展欧美

学院在既有日韩合作基础上，拓展欧美合作。目前学院已与韩国湖西大学技术管理学院签订谅解备忘录；与韩国成均馆大学、韩国仁荷大学、韩国延世大学、韩国济州发展研究院、韩国圆光大学、韩国世宗研究所、韩国首尔市立大学、韩国高丽大学、日本神户大学、日本冈山大学、日本北海商科大学、日本明樱大学、泰国皇太后大学等签署了合作协议；与英国伯明翰大学的本科“2＋2”合作已进入协议签订阶段；与俄罗斯远东科学大学的协议正在商讨阶段，合作领域包括共同举办国际学术会议、推进共同研究与项目课题合作、开展研究人员与学生的交流等。

2.注重教师的国际化，鼓励教师出国研修

东北亚学院积极利用国家、学校以及与国内外高校机构的合作项目，一方面，选拔有潜力的中青年学者赴国外一流高校学习深造，或进行访学研究交流；另一方面，鼓励资深学者进行海内外学术休假。学院将实现教师出国进修和学生对外交流的常态化，力求整体打造具有国际化视野、先进教育理念、国际合作承载能力的团队。逐步开展多方位、多层次、多形式的合作交流项目，实现现有学科国内外合作办学方式的多样性和稳定性发展。完善教师访学制度和国外留学生来院资助、管理制度等。

3.全面提升学院的国际化领域和国际化人才比例

东北亚学院在鼓励本学院教师出国培训的同时，聘用外籍教师，引进具有丰富国际履历与知识背景的人才，引进学科建设急需的短缺人才组建国际化教师团队。在既有日韩外籍教师的基础上，引进欧美籍教师，进一步提升多元化外籍教师比例。

4.重视学生海外经历工作，培养学生国际化思维，构建国际化格局

学生国际化培养是东北亚学院人才培养的特色之一，学院一向积极开辟高水平的学生联合培养项目，为学生海外访学交流提供更多高质量的平台和渠道。目前朝鲜韩国系和日本系本科生均在三年级赴日韩交换学习，研究生在二年级赴日韩交换学习。学院继续与学校相关部门探讨落实大学生海外实习基地，拓展日韩之外其他国家的学生海外学习项目，包括学生到海外大学短期交换学习、到海外科研机构开展短期学术研究、参加国际性会议、赴国际组织实习等。

5.积极推进国外优质课程体系引进工作

东北亚学院注重跨学科融合型教学与研究，重视教材的国际化，计划将国际最权威教材引入教学环节，使学生能够在接触国内新知的同时接触世界范围内的前沿规范教材中的知识，对世界其他国家本专业学生所学有所了解。学院将争取在朝鲜韩国系、日本系、国际政治与经济系各个专业均引进1～2种权威教材，纳入学生培养环节的具体培养教学工作中。

四、存在的问题及努力方向

从整体上看，新兴学科和交叉学科的发展困境一般会有两个方面。一方面，在传统单一学科研究方面沉浸太久的学者，已形成了固定的思维评价范式，用单一学科的标准来评价交叉学科，对跨学科探索持被动态度；另一方面从事交叉学科探索

研究的学者，跨学科经验还不够丰富，致使有的研究不够深入，难以有效实现不同学科的有机结合。

除以上共性问题外，学院在推进新文科建设的道路上也遇到了一些其他问题。一方面，跨学科教学团队和创新实践教学平台有待继续加强。现行教育发展仍存在不同学科交叉融合度低、学科知识之间壁垒重重、资源管理分散封闭等问题，需要通过组建先进跨学科教学设计团队、适应多学科交叉融合的创新实践活动教学服务平台等方式，满足新文科背景下学生跨学科合作学习的需要；另一方面，多学科交叉融合能力达成的质量监控体系有待完善。目前学院尚未建立对于交叉学科的评价标准和质量控制体系，无法科学判定多学科的整合能力，不能有效考查学生对于多学科交叉融合的学习成果。

鉴于以上问题，今后学院将有针对性地进行努力，除不断进行观念更新和加强跨学科团队建设外，在相应的监控体系和评价体系建设方面加大工作力度。首先，加强学科交叉教学，积极开展跨学科渗透教学与提高学生综合能力的研究；其次，基于跨学科课程动态重构的模块化系统，开展培训跨学科教育的教学设计；最后，研究跨学科教育教学能力的定量关系函数、权重系数和权重能力培养数据，探索教学发展的定量评价方法，建立多学科交叉融合创新能力达成的质量管理监控体系。

五、总结

当代科学的发展和重大科学技术成就的取得，越来越依赖于不同学科间的交叉与融合。作为山东大学新兴交叉学科学术研究与人才培养的东北亚学院，将不断探索科研与管理机制创新，推动基础条件建设，招聘和引进优秀科研人才，组织学术交流与研究项目申请等工作，促进学院体制建设、学科建设和队伍建设。目前，东北亚学院正着力打造的“国际政治＋国际经济与贸易”双学位实验班将成为未来几年研究和试点的重要课题。学院将成立专门的跨学科建设委员会或研究中心，将此模式复制到其他学院学科，让山东大学更多的特色学科凸显出来，实现更多学科跨入全国“双一流”行列的目标。

文理融合　打造"新商科"卓越人才培养体系

——山东大学(威海)商学院新文科建设实践*

夏　辉　陈　茜　徐　婷

培养一流人才是中国高等教育新时代内涵式发展的最核心标准，围绕"立德树人"根本任务，山东大学商学院在学校党委的领导下，全面落实教育部新文科建设工作会议、《山东大学新文科建设工作方案(2019～2021)》和《山东大学(威海)2021年新文科建设工作方案》精神，切实贯彻《新文科建设宣言》，持续推进"五大金课"和课程思政建设，加大教育教学改革和一流专业建设力度，构建"新商科"卓越人才培养体系，不断提高一流本科人才培养质量，教改探索和新文科建设走在校区前列。

一、创新思路，助力培养"新商科"卓越人才

为突出应用型、文理融合以及国际化培养特色，围绕强院兴校和一流本科人才培养目标，商学院科学谋划以下新文科发展思路：以利用数智时代新技术和满足国家重大战略需求为抓手，打通大经管学科平台，促进学科融合与创新，打造文理融合的新文科专业；积极探索与人文和理工学科的交叉融合与创新，整合优质教学资源，推动课程思政建设和课堂教学革命；与校本部经济学院和管理学院错位发展，集中力量办好一流专业，突出商学特色。

以上思路对于培养富有科学精神、创新意识和实践能力，具有国际视野、本土响应和创造能力，拥有数据思维和商业分析能力的未来商业领袖和创新人才提供了有力支撑。

二、一体统筹，全面推进优质资源共建共享

自2017年起，商学院与校本部管理学院、经济学院、软件学院开展共建共享工

---

* 本文为山东大学(威海)2021年度教学研究与教学改革项目重点项目"山东大学(威海)新文科人才培养模式管理与推广机制研究"(项目编号：Z2021017)的阶段性成果。

作，实现一校三地教学资源一体统筹，资源共享。

与此同时，学院还积极推动校区内部资源共享。2019 年开始，学院与翻译学院联合开办“国际经济与贸易＋英语”五年制双学位项目，为东北亚学院“国际政治＋国际经济与贸易”五年制双学位实验班提供教学支持。

此外，商学院与中国海洋大学、哈尔滨工业大学（威海）、山东财经大学等省内知名高校开展资源共建共享工作。

一体统筹、资源共享、优势互补的本科教育教学管理模式，给商学院各专业本科学生提供了一个系统完善、理念先进、具有竞争力的教学平台，为“新商科”卓越人才培养打下了坚实基础。

三、文理融合，立起人才培养的“四梁八柱”

一流专业和一流课程是一流人才培养的重要支撑，学院坚持“以人为本”，围绕“立德树人”根本任务，以建设面向未来、适应需求、引领发展、理念先进、保障有力的一流专业为目标，构建“新商科”卓越人才培养体系，实现一流本科人才培养内涵式高质量发展。

（一）专业转型升级，探索“新商科”培养模式

为适应社会对高级工商管理人才的新需求，自 2020 级开始，商学院将 5 个管理类专业合并在国家一流本科专业建设点“工商管理”之下，成为 5 个方向；物流管理专业升级改造为教育部批准的新文科专业——供应链管理专业；保险学专业与金融学专业优化整合为金融学专业，下设证券、银行方向和保险学两个方向。2021 年 5 月起，面向全校招收“金融科技与金融标准化”和“商业数据分析”两个文理融合的新文科微专业。

（二）进一步优化“新商科”一流人才培养方案

金融学专业将金融科技成果引入课程体系，在培养方案中增设了“Python 语言”“区块链原理与应用”“大数据技术及应用”“金融科技概论”“金融科技应用”等金融科技课程；数字营销方向开设的特色课包括“数字营销概论”“数字营销战略”“数据可视化”“Python 语言”“数据库管理与应用”等，并聘请艺术学院教师为学生开设广告学课程；旅游管理专业与艺术学院、海洋学院合作，开设“旅游规划课程”“目的地管理”“旅游地理学”等课程，增加景观设计、海洋旅游等内容，将跨学科跨专业的课程内容相融合。

四、创新合力，深度融合创新产学研项目

企业、高校、科研机构以创新资源共享、优势互补为基础，产学研协同创新，实现企业、高校和科研院所等产学研主体的深度融合，形成创新合力。

（一）教学实践基地建设

商学院与威海国际物流园股份有限公司、迪尚集团有限公司、青岛酷特智能股份有限公司、上海谦玛网络科技有限公司等行业知名企业合作建立教学实践基地。

（二）虚拟仿真实验中心建设

虚拟仿真实验教学是新时代高等教育内涵式发展背景下卓越拔尖人才培养的重要举措，是推动人才培养质量提升的"新基建"，也为科学研究提供有力支撑。商学院结合"大、智、物、移、云"等新兴技术，建成了"数字营销虚拟仿真实验室"和"供应链虚拟仿真实验室"，新上"区块链金融应用实践创新平台软件"等 6 个虚拟仿真实验平台，极大地提升了数智化虚拟仿真实验教学水平。

（三）校校、校企深度合作

商学院加入浙江大学"中国跨境电子商务研究院"；与迪尚集团合建了"服装大数据中心"，与百度共建"百度新商科 VR 智能实验室"，与财智未来（北京）教育科技有限公司共建"数智财经研究所"。

（四）以服务社会助力专业建设

旅游管理专业发挥专业实践性强的优势，先后主持了聊城、潍坊、烟台、威海等地的旅游规划项目和 A 级景区提升规划项目，近年来在乡村振兴中开展了大量美丽乡村建设和乡村振兴样板片区规划和咨询工作，主持的 20 多个乡镇的规划项目先后获得省级、国家级美丽乡村荣誉。大水泊镇作为成功范例，被世界旅游组织面向全世界推广。

五、积极推动，建设"五大金课"和课程思政

商学院积极推动建设"五大金课"和课程思政，鼓励教师加强线上课程、线上线下混合课程、虚拟仿真实验课程、社会实践课程，坚持理论性和实践性相统一，坚持"思政元素"与"专业课程"相融合，坚持"思政小课堂"与"社会大课堂"相结合，实现一流本科人才培养的高质量发展。

（一）一流课程建设

学院"市场营销学""基础会计学""国际贸易"获评省级一流课程；"市场营销学""跟着电影去旅游""基础会计学""供应链管理"正在参评 2021 年度国家线上一

流课程；“数智时代的商业变革”线上课程已经完成教学录制，即将在智慧树上线；2021 年，“市场营销学”“基础会计学”“国际贸易”“人力资源管理”“供应链管理”和“金融学”等六门课程获评为智慧树平台一流高校精品课程（专业课）。目前，学院已有 14 门课程在智慧树和中国大学 MOOC 平台运行，效果良好。

（二）虚拟仿真实验金课建设

学院“基于场景体验的网红服装产品开发管理虚拟仿真实验”正在参评 2020 年度国家虚拟仿真一流课程；“基于 VR 技术与信息交互的供应链制造虚拟仿真实验系统”课程正在积极打磨，也按照虚拟仿真实验“金课”“两性一度”的高标准加强建设。

（三）课程思政建设

学院出台《商学院“课程思政”工作实施方案》，充分发挥课堂主渠道在思想政治工作中的作用，有效推进“课程思政”工作深入开展，促进思政教育和专业教育有效融合，提升思政工作水平；建立“国际经济与贸易专业课程思政教学案例库”，共有完整的课程思政教学案例设计 40 余个、视频资源 70 余个、拓展案例 100 余个，该案例库已获评 2021 年度山东大学课程思政建设示范项目。作为我院课程思政的优秀代表，周宏燕副教授主讲的“国际投资学”课程获评首批山东省本科课程思政示范项目，同时本人被评为省级课程思政教学名师。

新文科之“新”之于商学院，在于全面推进优质资源共建共享，在于探索“新商科”培养模式，在于创新产学研融合的“新商科”人才培育模式，在于加强交叉学科创新人才和团队建设。在《新文科建设宣言》中，新时代、新使命要求文科教育必须加快创新发展，要坚持走中国特色的文科教育发展之路，构建世界水平、中国特色的文科人才培养体系。商学院正蓬勃并积极地踏上新文科建设道路，任重道远，慎终如始。

（原文发表于 2022 年 1 月 11 日《齐鲁晚报》，收录时有改动）

新文科理念引领新法科特色化人才培养

——山东大学(威海)法学院新文科建设工作探索与实践*

姜世波

法学院(威海)一向坚持立德树人、教育立院,现有三个专业:法学、政治学与行政学、社会工作。法学专业发端于1995年的法律系,2004年6月改系建院后,成为法学院下设的三个专业之一。法学专业以学生成长为中心,以培养一流法科生为根本使命,深化教育教学改革,实现人才培养与科学研究、服务社会深度融合,加强本科生教学团队建设,以本科生特色教育,造就"就业竞争最强实力、学业深造最大潜力、思想和实践最具创造力"的一流法科生。政治学与行政学专业前身是行政管理专业,属于管理学学科。2018年,学院为实施新文科背景下的学科交叉一体化培养,以法学学科强学科背景为依托,将行政管理专业改为政治学与行政学专业后,该专业在统一的大法学背景下招生,并实施一体化人才培养。同时,学院将社会工作专业与法学学科交叉融合,突出司法社会工作特色,形成了法学为主体,政治学与行政学、社会工作为两翼的"一体两翼"人才培养体系。为满足能够适应中国特色的法治国家、法治政府、法治社会一体建设的法治国家建设战略需要,学院不断统筹新法科人才培养体系,对两翼进行学科优化和课程体系升级。

一、培养理念的革新:新文科理念引领特色法科教育

自2018年以来,山东大学(威海)法学院加快落实教育立院战略,瞄准培养国内一流法科生的法学教育终极目标,深化学科和专业建设,推动多学科交叉融合和各专业交汇复合,重构学科体系和专业体系,形成教育教学改革的基本支撑和主要

* 本文为2021年山东省本科教学改革研究项目重点项目"新时代　新格局　多场域　大外语——大学外语教育教学综合改革研究"(项目编号:Z2021222)和山东大学(威海)2021年度教学研究与教学改革项目重点项目"山东大学(威海)新文科人才培养模式管理与推广机制研究"(项目编号:Z2021017)的阶段性成果。

依托，在全国首创计算法学、党内法规与监察法学本科特色实验班，并逐步推进行政管理与法学、新闻法学、司法社会工作等本科特色教育，积极探索就业竞争最具实力、学业深造最有潜力的一流本科生培养路径。

近年来，学院坚持新文科理念引领教育教学改革和法科人才培养工作，确立了计算法学、党内法规与监察法学、社会法学、应急法学等新兴学科领域研究生优势培养体系，与本科生特色教育体系相衔接，形成了特色鲜明的山东大学（威海）法科人才培养体系。2021 年，计算法学特色班升级为校级实验班，面向校区新生选拔。

为适应卓越涉外法律人才培养需求，学院分别与翻译学院、东北亚学院合作，开办了“法学＋英语”五年制双学位班和日语背景法学教育特色班。前者已经招收三届，后者自 2021 年起招生。

目前计算法学、党内法规与监察法学本科实验班已招收三届，硕博士生已招收两届，实现本硕博连线，“横向打通、纵向贯通”的法科人才培养体系正在形成。为适应新文科建设对人才培养的全新要求，学院加快相关本科生教学团队和研究生导师团队建设，制订了体现新法科培养理念的培养方案，执行“特色班”培养方案；加大力度推进新法科课程与教材建设和教学研究，目前正在编写的教材包括地方立法学、党规学、党章学、计算社会科学概论等。为激励广大教师积极参与课外教学教研活动，学院出台了“学院课外教学绩效量化考核办法”，对教师参与学生第二课堂活动给予课时补助，极大地调动了老师们全方位参与人才培养的积极性，努力以一流人才培养工作诠释“双一流”建设核心要义和精神实质。

二、教学方式的革新：建立以教学团队为主导的教学组织体系

在新文科背景下，法学教育由单纯的法学专业（甚至是某个特定的法学领域）走向法学、政治学、管理学、社会学、经济学等相关学科相结合的综合性社会治理体系，甚至与自然科学相结合衍生出一些新学科，比如计算法学。这就使得传统的以专业为基础的学科研究组织和教学组织难以再适应新的人才培养和科学研究的需要。

目前学院拥有法学、政治学与行政学、社会工作三个系，分别对应法治治理、国家治理、社会治理三个宏大的治理领域。自党的十八大以来，以法治为引领的“共建共治共享”社会治理机制要求法科生不仅要掌握法律知识，而且还要掌握政治学、管理学、社会学等多学科知识。为了达到这一目标，学院淡化学院内部系和教研室、研究所的概念，不再详细区分各学系，而是围绕科研和教学的需要，根据学院的实际情况，设立学科团队和教学团队，以此主导学院的科研和教学工作。

为了更好地开展法学院特色教育，学院成立了法学理论、民商法学、政治与行政学、司法社会工作、公法学、国际法学、交叉法学等七个教学团队。出于学术研究的深入和高端人才培养的需要，学院联合数学与统计学院等单位共同努力，于2019年9月正式获批了计算社会科学“学科交叉导师创新团队”和“计算社会科学”博士点。从学科团队和教学团队的成员来看，已经打破了原来的系和教研室、研究所的界限，甚至吸收了其他学院的教师。

为了推进教学团队的改革，学院专门制订了教学团队量化考核办法，对教学团队的活动开展进行指引。目前很多教学活动的开展都是以教学团队的形式开展的，比如培养方案的修改、课程体系的设置、教研活动的开展、科研班主任配置等。

三、涉外法治人才的培养模式革新：依托区域优势的涉外法治人才培养

坚持统筹推进国内法治和涉外法治是习近平法治思想的重要内容。涉外法治人才的培养作为高校法学教育的一项任务已经上升到国家战略层面。学院一直强调涉外法治人才培养。2019年以前一直处于理念强化阶段，鼓励有条件的老师开设双语课和外语课程。2014～2015年，法学院开设的“国际法务班”虽然被冠以实验班的形式，但由于只是增设了一些纯英语课程，所以在实质上仍应被视为理念强化阶段。

2019年，为适应涉外法治人才的需求，山东大学（威海）法学院与翻译学院联合开办了五年制“法学＋英语双学位”特色班。该特色班的培养目标设定为“具有国际视野，通晓国际规则，能够参与国际法律事务和维护国家利益的拔尖涉外法治及外语人才”，强调学生法律素养与外语能力的深度融合，力求将学生培养成为既具有相当外语水平，又具备深厚法律素养的复合型人才。该特色班从法学院和翻译学院一年级新生中选拔成员，授予符合毕业要求的学生法学学士学位和文学学士学位。该特色班通过学校通识教育类课程来培养学生的人文素养、爱国情怀；通过法学类课程来培养学生的法学理论和实践能力（侧重于国际事务的处理）；通过跨专业课程来培养学生的经贸、财税、审计等专业技术知识和技能；通过英语类课程来培养学生语言能力和跨文化交际能力。以上课程的结合和融合，可以满足培养解决国际事务、参加制订国际规则的涉外法治人才的需求。

学院的另一个涉外法治人才培养的目标定位是将涉外法治人才培养与高校所在区域的地域优势和市场需求联系起来。山东省地处东北亚的核心经济区，与日本、韩国有着紧密的经济联系。为适应山东省与日本的区域优势和人才需求，从2021年开始，学院开设了“日语背景法学教育”特色班。该特色班培养拥有系统的

法学学科专业知识与实务技能，扎实的日语运用能力，具备强烈国家情怀、全球意识、世界视野和国际竞争力的复合型人才。事实上，国内已有不少高校采用这一涉外人才培养目标定位，比如西南政法大学国际法学院“一带一路”法律人才实验班与东盟相联系，要求学生熟悉一个东盟国家法律体系，掌握一门东盟国家小语种语言。

四、培养质量评价标准的革新：毕业五年后的就业质量分析

法学专业以兴办法学特色教育为目标，依据教育部法学本科专业教学质量国家标准，从 2018 年起，积极探索本科人才特色化培养创新模式，培养具有“国际视野、国内一流、富有特色”的高端应用型法律人才。基于法科生就业的特殊性，学院将培养质量评价标准设定为毕业五年后的就业质量，即学生“毕业五年后，能够成为党政机关、司法机关、律师事务所、企事业单位中业务骨干，或者能够在国内外高水平大学攻读博士学位”。

为了达成这一目标，学院与用人单位长期保持密切联系，积极访问用人单位，获取毕业生就业工作情况，通过调研用人单位对于学院毕业生的起薪水平、岗位稳定率、适应与发展情况、需求趋势等，针对学院人才培养结构不断进行完善优化。

通过调研，学院毕业生毕业五年后，大都发展较为稳定，就业质量、就业层次、就业稳定性都比较高，有超过 60%的毕业生在党政机关、公检法部门、事业单位就业，有超过 10%的毕业生在国家部委、大型跨国企业、大型国有企业就业，有超过 50%的毕业生从事与自己专业相关的职业。他们大都知识扎实、业务突出，有较高的道德追求和职业素养，受到用人单位较高的评价。

从调研结果来看，行政机构希望学院更加注重学生的理想信念、人格品德培养，强化大学生的集体意识、大局意识。国有企事业类用人单位希望学院重视培养大学生的组织能力、业务能力及社会适应能力。外企类用人单位建议学院在培养大学生时，以全球化视野和国际化的措施培养具有开放思维、多元适应、积极探索的高素质全面人才。民营企业类用人单位，建议学院注重引导大学生着眼现实，脚踏实地，既有长远目标也能把握好细节，培养有见识、能务实的优秀大学生。众多律师事务所给学院的建议，大都聚焦在培养学生的专业实务能力，深挖学生的专业兴趣，训练学生的自我学习和自主研究的能力方面，他们期望大学生能够为纷繁复杂的法律实务工作树立坚实的个人品格和积累扎实的学业基础。整体而言，多数用人单位对于岗位要求必须具备的能力为语言文字能力、理解判断能力、社会活动能力与组织协调能力，这要求学院在今后人才培养过程中，应更加注重提升学生的

综合素养，促进学生能力得到全面发展。

学院通过多年来与用人单位的沟通交流，加深了校企之间的合作深度与广度，用人单位对学院专业设置及人才培养的诉求，夯实了校企合作的基础，对学院的人才培养目标、人才培养方案修订起到了较好的引导作用。

五、新法科人才培养过程中遇到的困难和问题

近年来，随着山东大学一体化战略的铺开，人才引进标准以及未来对青年教师职称评审标准的统一，对于与各专业对标的人才引进呈现日益困难的局面，近三年来几乎未能引进应届博士，教师增量主要依赖从省属院校调入的一些学术优秀人才，这种增长模式势必影响学院的未来发展。

(一)交叉学科发展面临精通多学科人才短缺的制约

学院目前以法学专业为基础，与政治学、社会学等学科交叉融合，初步形成了特色化法学人才培养模式，但由于教师学科背景的较大差异，很多老师要实现跨学科并不容易，存在畏难情绪。而新文科理念近年才兴起，跨学科人才本身就短缺，因此，无论是计算法学还是新闻法学、司法社会工作方面的教学与研究，都缺乏既精通法学又精通计算科学、新闻传播学、社会工作的人才，这给本科人才培养工作带来一定困难。

近几年，随着科技和产业的发展和变革，社会和产业对高层次创新型、复合型人才的需求越发迫切，这也助推了学科之间的深度交叉融合。各高校已经开始认识到学科交叉的重要性，即便如此，交叉学科的发展仍受到传统学科院系间的较大阻力。制约其发展的根本原因不言而喻，是我国高校在现有院系划分前提下，体制、机制、资源配置等方面都较大幅度局限于传统的单一学科，交叉学科团队建设过程中就表现出了很多问题。

以往的高等教育体制，导致具有交叉学科知识结构的教师人数较少。当前高校教职人员是在以往强调专业细分的高等教育体制下培育出来的，即按照国务院学位委员会和教育部共同制定的学科门类，建立院、系、所，根据细分专业把相关、相近的课程组合在一起。这有利于某项专业人才的精深发展，但与目前交叉学科的发展趋势有所冲突，其培养出来的教职人员自然也难以具备交叉学科教学的知识结构。

(二)高校当前的组织机构和考核体系阻碍了交叉学科的发展

基于当前的组织机构，交叉学科的工作开展是在两个或多个不同院系间协同进行的，由于目前各学科所在的固有院系划分明确，这在客观上造成了资源配置的

壁垒，跨学院的交叉学科工作难以发挥出“1+1>2”的作用。基于当前各自学院的行政管理体系，教师、资金和设备等资源由不同学院提供，难以统筹考虑、统一调度，资源的整合、共享和信息互通互动的局面较难形成，阻碍了交叉学科人才培养工作的开展。

由于固有院系组织机构的原因，交叉学科教师的考核存在体制管理上的障碍。教师人事管理隶属传统院系，在课题申报、成果归属、人事考核评价等方面存在一定掣肘。目前高校对教职人员的考核体系，主要从授课、学术论文发表、科研经费及其他突出成果几个方面着手，对于不同岗位、职称有相应金额的科研经费要求，论文的发表要求也不同，这些关系教职人员切身利益的考核评价直接影响课题或项目的确立和开展，从承接前的资源和任务分配，直到最后科研成果的归属。以非交叉科研项目为例，通常由该项目承接的课题组的带头人进行项目分配，相应就会依托该带头人所在的学院可提供的相应保障条件和评价机制，项目参与成员也都在同一院系内履行相同的规章制度。在上述这种院系间行政和考核评价基本没有关联和协调机制的基础上，若两个不同院系联合承接学科交叉的科研项目，且在项目承接前未明确权益归属，后续项目进行过程中就可能会造成一些不必要的麻烦。但若在项目承接前明确了权益归属，则带头人所在学院的相关科研人员必然积极性很高，对应被联合的学院的总体积极性也会降低，并且被联合学院会衡量承接该项目和另行新承接属于本院系牵头项目的投入产出关系。目前，我国高校对教师的考核评价中，十分看重作为科研项目第一负责人的指标，这种机制尤其不利于交叉学科团队的形成。当前，大部分在交叉学科科研工作中起到基础作用的基础学科（如数学、计算机科学）的教师，通常是以进行辅助性工作的身份参与项目，很难成为第一负责人，参与交叉学科研究反而可能不如承接本学科的研究项目在各考核指标上贡献更大，这就极大地挫伤了这部分教师开展交叉学科研究的积极性。虽然有的院校正在积极探索成立独立的交叉学科研究机构，但这种机构仍挂靠原学院体制，即使教师跨学科成果在原属院系和交叉研究机构互认，但越往上申报高层次的荣誉，单位的政绩考核导向越会给交叉学科教师带来必须归属某一传统学科、传统学院的压力。

（三）缺乏交叉学科的评价机制

由于学科间的差异，不同学科的评价体系、模式和程序各不相同，长期以来各学科也形成了各自的评价机制。尽管2013年教育部出台了《关于深化高等学校科技评价改革的意见》（教技〔2013〕3号），对传统学科而言，经过近十年的改革后，高校科技评价机制仍存在不少问题。真正符合学科发展规律的评价机制尚不够健全，在提升科研质量和驱动创新发展方面未能充分发挥应有作用。而面对新兴的交叉学科，考虑到其需要多学科的知识领域和研究范式之间的交叉融合，想要有针对性地对其制定长效、科学的评价机制并非易事。

传统学科团队往往并不精通交叉学科所具有的非传统学科知识和理论。如传统法学专业评审人员往往不懂计算科学和大数据研究方法，而计算科学技术方面的专家又不精通法学，加之目前尚不具备明确的交叉学科二级学科门类，也就没有相应的学术标准和规范，无论是学生还是教师，都担心自己的跨学科研究成果得不到传统学科专家的肯定。

凡此种种问题，都需要首先从团队组织管理体制入手加以改革，针对问题产生原因对症下药，为交叉学科的人才培养打通“肠梗阻”。

(四)新冠肺炎疫情给学生实习、社会调查等实践性教学环节带来挑战

就目前情况而言，学生到司法机关、行政机关、社区等集体实习存在较大困难，实习单位不愿意接收较大规模的学生实习，实践性教学环节面临“松、散、难”的问题。

(五)随着学校行政管理改革权力下放、强院兴校战略的实施，学院面临教学管理压力

学校下放到学院的权力越来越大，一方面增强了学院办学的适应性和灵活性，另一方面，学院的教学事务管理压力也越来越大，管理人员面临严重不足，学院不得不通过自行招聘非事业编制人员来解决教学管理人员不足问题，但非事业编制人员流动性较强，不利于教学管理工作的持续和稳定。

六、改革建议

20 世纪六七十年代，欧美主要国家就已经普及高等教育。随着高校办学规模的不断扩大，学科结构也开始有所变化，新型高校开始兴起，高等教育体系也步入改革阶段，改革的主要方向就包含有导入跨学科的教学和研究体制。受之影响，日本在 1973 年创建了以交叉学科教育和研究为特色之一的国立筑波大学。1997 年，美国国家科学基金会出台了“研究生教育与科研训练一体化项目”，并专门设置了一定比例的交叉学科。2021 年 1 月，我国教育部增设了“交叉学科”门类，“交叉学科”成为我国第 14 个学科门类。由此可见，我国在战略上已经十分重视交叉学科，但就目前交叉学科发展现状来看，仍只是随经济和产业发展过程中所产生的需求，按照传统学科的范式，被动、机械发展，尚未形成适用交叉学科本身发展的规律，重要原因之一是目前传统学科的体制机制无法直接套用于交叉学科之上。

(一)建立交叉学科人才培养体制的顶层架构

尽快组成计算法学、党内法学与监察法学教学指导委员会。以计算法学为例，首先，在当前无法直接设立计算法学学科门类的情况下，建议在法学、工学或理学等与计算法学相关的各学科门类下增加计算法学相关的一级或二级学科，提升计算法学在各院系的形式上的地位。其次，统一计算法学学科的交叉学科性质、名称(目前有“计算法学”“人工智能法学”“大数据法学”“数字法学等”各种名称)，着手对高校计算法学教学领域的理论和实践进行研究，以学科专业建设统领人才培养体系建设。最后，高校的交叉学科专业建设要明确人才培养目标、课程体系、教材体系、实验室建设、实践性教学环节要求等人才培养要求，并组织有关教学工作的师资培训、学术研讨和信息交流。形成一套可持续的学科发展体系，指导计算法学学科长效健康发展。其他交叉学科亦应如此进行整体上的学科和人才培养体系规划，给各学校的新文科人才培养体系以规范化指导，由各学校自主探索逐渐过渡到以国家构建的学科、专业为主导的人才培养体系建设。

(二)设立交叉学科的独立院系

2018 年，习近平总书记在北京大学考察时明确指出“要下大气力组建交叉学科群”。针对传统学科所属院系的固有体制机制先天不利于交叉学科发展又难以改变的现状，应组织设立交叉学科的独立院系，使其摆脱现有院系的体制机制，摆脱其他限制和干预，形成一套独立的系统化的人事管理、学术评价机制，从而更容易发现并适应交叉学科本身的发展规律。

(三)建立适合交叉学科的学术评价机制

在当前计算法学、党内法规与监察法学、新闻法学等交叉学科形成初期，高校才刚刚着手组建学科和人才培养体系，对于高校内部来讲，为推动交叉学科发展，可以自主调整评价指标，降低本学科指标的评价要求，向所交叉的学科倾斜。尤其对于文章发表的要求，传统法学文章发表的格局已相对稳定，而交叉学科发展对于法学的期刊来讲，相对反应滞后，可根据校内科研人员所研究的交叉学科具体方向，周期性地总结当前该方向在法学期刊的文献等级和规模等方面的情况，酌情放宽要求，从而提升校内科研人员的研究积极性。要重点强调交叉学科研究人员在传统学科等学科上的研究成果的互认，相关院系在职称评定、课题申报、研究成果评奖等管理事项上的互认以及在对相关院系的政绩考核上的互认。

(四)调整组织和管理体制

可在高校的管理人员和机构设置中，设置专门负责推进交叉学科工作的副校长和管理委员会，从组织结构上形成跨院系的、多学科间的交叉教学和科研的顶层设计。在各自院系教职人员的聘任和评估上，也要拓宽教师的学科专业领域，同时也要为院系内现有教师提供交叉学科的进修和提升的机会。

（五）重视交叉学科发展初期的横向科研项目

社会一旦有技术上的需要，则这种需要就会比十所大学更能把科学推向前进。以计算法学这一交叉学科目前的发展情况为例，最为体现其交叉意义所在的，主要还是在于近几年大量的数据和其之上的计算、分析所产生的结论和规律，给传统法学研究打开了新的局面。这一定程度上也是当前社会、产业和学科之间的发展规律。所以在当前阶段，要重视社会和产业的实际需求，这也是产教融合的延伸和提升。通过对清华大学、东南大学、四川大学、华东政法大学等高校的计算法学发展情况的调研也可以发现，目前发展团队和科研发展较快的高校主要是依托横向课题或项目，尤其学科发展初期，论文成果尚未形成稳定发展的情况下，横向项目是推动交叉学科发展的重要支撑。目前，法学院（威海）已经开始相关的探索与实践。学院提供课题研究经费，由有课题的老师为主导，博士生全方位参与，带领计算法学实验班学生通过参与科研课题的方式，以研究带学习，由知识灌输型学习转向探究性学习，培养学生对新法科、交叉学科的学习兴趣，形成法学为主导、多方向研究的趋向，为培养未来多学科复合型人才开辟新路径。

一体发展 分类培养 凝练特色 提升内涵

——山东大学(威海)文化传播学院新文科建设探索与实践*

周新顺

文化传播学院植根于百廿山大的悠久历史和深厚积淀,是山东大学“文史见长”传统在异地办学实践中开枝散叶的生动体现。学院前身为中文系,于1987年开始招收本科生,是威海校区最早招本科生的院系之一;2004年4月在中文系的基础上成立新闻传播学院,2012年11月更名为“文化传播学院”。学院现有汉语言文学、汉语国际教育、新闻学3个本科专业,均已入选国家一流本科专业建设点。学院下设中文、新闻、对外汉语、汉语文化4个教学系和13个教研室,拥有专任教师57人。学院目前已形成本科生、研究生和留学生的完整人才培养体系,现有各类在校学生1205人,其中本科生934人,硕士、博士研究生89人,各类留学生182人。

近年来,文化传播学院落实立德树人根本任务,深入领会贯彻山东大学新文科建设一系列思路和举措,按照“交叉融合再创新”要求,逐步厘清新文科建设的目标与思路,深入推进各项建设举措,取得了良好的成效。

一、目标和思路

深入开展新文科建设以来,学院领导班子注重学习,不断深化和提高对新文科建设工作的思想认识,多次召开专题会议研讨新文科建设工作,并于2020年年底成功召开了文化传播学院发展规划专家咨询会,为学院未来发展尤其是“新文科”建设思路出谋划策。

---

* 本文为2021年山东省本科教学改革研究项目重点项目“新时代 新格局 多场域 大外语——大学外语教育教学综合改革研究”(项目编号:Z2021222)和山东大学(威海)2021年度教学研究与教学改革项目重点项目“山东大学(威海)新文科人才培养模式管理与推广机制研究”(项目编号:Z2021017)的阶段性成果。

在广泛征求意见和深入调研的基础上，文化传播学院确立"新文科"建设人才培养目标。本着"传承文化、创新学术、涵养德行"的院训精神，围绕"构建世界水平中国特色的文科人才培养体系"这一总体目标，按照"双一流"标准和新文科理念不断推动专业升级改造，培养身心健康、人格健全，具有深厚人文素养、扎实专业基础、良好创新思维和全面职业素质的优秀本科生。

围绕这一人才培养目标，文化传播学院新文科建设的基本思路是一体发展，凝练特色，分类培养，提升内涵。在此基础上，文化传播学院进一步明确了新文科建设"三个统一"的工作思路：把新文科建设和"双一流"建设相统一，以"一流专业""一流课程"建设带动新文科建设；把"新文科"建设和学科建设相统一，以学科建设带动新文科建设；把新文科建设和学院发展规划及任期目标相统一，以"十四五"规划的实施带动新文科建设。

二、做法和成效

（一）一体发展，人才培养方案和质量标准向中心校区看齐，进一步加强教学资源共建共享

近年来，文化传播学院进一步深入落实一校三地"一体化"发展战略，在人才培养方案修订上与中心校区文学院、新闻传播学院开展密切合作与协同，顺利完成了汉语言文学专业、新闻学专业人才培养方案的修订工作。修订后的人才培养方案，按照国家级"一流专业"建设目标，与中心校区相应专业执行统一的培养目标和质量标准、统一的课程体系结构和专业课程设置方案。新人才培养方案的专业基础课程、专业核心课程和学科基础平台课程与中心校区相应专业完全一致或尽量靠拢，在专业选修课的设计上则根据文化传播学院的学科优势和新文科建设思路，保持并进一步凝练了自身的特色。

同时，学院重点在新闻专业的本科教学资源上，进一步加强了与中心校区的共建共享。全年共有"马克思主义新闻思想"（中心校区刘明洋主讲）、"国际传播与跨文化传播"（中心校区邱凌主讲）、"新闻传播前沿报告"（中心校区展宁、冯强主讲）、"出镜记者与现场报道"（威海校区张超主讲）、"新生研讨课"（两地教师合作讲授）等5门课程实现了两校区的共建共享。此外，由文化传播学院张超老师策划、设计，新闻传播学院出资建设的"出镜记者与现场报道"虚拟仿真课程也即将完成，该建设项目完成后将共同服务两校区的"出镜记者与现场报道"课程教学。

（二）分类培养，以"通专结合"原则主导专业升级改造，培育专业新方向

文化传播学院在广泛征求师生意见、深入调研并充分参考专家咨询意见的基

础上，针对汉语言文学和新闻学两个专业，形成了新文科人才分类培养的不同模式。

汉语言文学专业作为一个传统老牌专业，面临的最大问题就是专业领域过于宽泛，被称为“万金油”专业，文学、语言学，方方面面都有涉及，平均用力，重点不突出。从学科发展的趋势看，文学作为传统人文学科的核心，越来越朝向价值守护、审美建构和心灵关怀的方向纵深发展，在应用上则越来越多地与文化产业、创意产业相关联。语言学作为一种社会科学则更多与自然科学交叉融合，尤其是应用语言学越来越多与信息技术、人工智能技术和高科技产业革命相结合而形成学科热点，比如科大讯飞的语音识别、语言互译以及与此相关的各种语言产业的兴起。总之，文学与语言学两个方向之间的分野越来越大，不宜继续捆绑在一起。因此，汉语言文学专业提出的改革目标是求“专”，也就是在专业中细分出文学方向和语言方向，按不同方向培养更专、更精、更深的专门人才。这一思路也符合欧美国家及港澳地区主流的学科和专业布局状况。

在进一步凝聚共识的基础上，汉语言文学专业在新的培养方案中进一步突出了文学和语言学两个不同方向的选修课模块设计，做好了在大二对学生进行培养方向分流的准备。

新闻学专业升级改造主要目标是求“通”，即以学科交叉融合为主，顺应信息技术和传播方式日新月异的变革，不断与新兴领域和新兴产业寻求交叉融合，以培养通才为目标，实现人才的特色培养。

自 2019 年开始，新闻学专业即尝试与法学专业交叉融合，开办了法治新闻传播特色班；2021 年，新闻学专业对法治新闻传播方向的培养方案又做了进一步论证和完善。目前该特色方向已有两届学生，培养效果和学生反响良好。

此外，2021 年，新闻学专业还进一步在人才引进、课程建设等方面，重点推动新闻与互联网技术和新媒体产业的交叉融合，为培育另一个特色、培养新方向即新媒体传播与治理方向做好准备。该方向侧重于从融合新闻、数据新闻、网络治理等方面进行课程建设和人才培养。

（三）凝练特色，在学科建设上进一步突出重点、形成亮点

文化传播学院现有中国语言文学和新闻传播学两个一级学科，并成立了马克思主义文艺理论研究中心、现代诗歌研究中心、新闻传播研究所、中韩传媒研究所、汉字研究所、全球胜任力研究院、书法研究院等七个学术研究机构。学院在文艺学、中国现当代文学、比较文学与世界文学、语言学与应用语言学、新闻学等二级学科招收硕士研究生，在中国现当代文学、文艺学、语言学与应用语言学、新闻传播学

等二级学科招收博士研究生。

近年来，全院教师潜心学术，躬耕讲坛，取得了一批引人注目的教学科研成果。尤其是近五年来，全院教师承担国家级、省部级各类科研项目近50项，发表高水平(CSSCI收录)学术论文160多篇，出版学术专著20多部。

从学科建设亮点上看，中国语言文学学科在马克思主义文艺理论研究、中国现当代文学及诗学研究、西方现代主义文学研究、语言学及应用语言学研究等领域，产生了较大影响，逐步跻身国内学术前沿；新闻传播学学科在大数据新闻、融合新闻、新媒体传播与治理、媒介文化研究及全球胜任力研究等领域也已形成研究特色，在国内学界受到积极评价。

在此基础之上，文化传播学院进一步明确了凝练特色、错位发展的发展战略，确定了以“大文化传播”理念为核心，凝聚学院在中国文学与文化研究、中西文学与文化比较研究、语言文化研究、媒介文化研究、全球胜任力研究和国际语言文化教育与交流等领域的特色和优势，重点打造“大文化传播”学术团队，以进一步推动学科建设的突破性进展，提升和彰显学院在“大山东大学”格局中的地位和贡献。

围绕上述发展战略和学科建设重点，文化传播学院在新文科建设方面，积极“立足新时代，回应新需求”，重点按新专业(方向)、新模式、新课程、新理论的“四新”要求开展探索和实践。2021年，汉语言文学专业进一步加强了“中文写作训练”等学科平台基础课程的建设，新开设了“创意写作”等双创教育类通识核心课程，并在此基础上成功立项开设了“新媒体创意写作”和“语言产业”两个微专业，以提高人才培养的针对性和适应性。新闻学专业进一步深化新闻与法学交叉融合新模式的探索和实践，“法治新闻传播”特色方向在培养模式上日趋成熟；加大了MOOC和SPOC课程项目的开发建设力度，线上及线上线下混合式教学资源更加丰富；加强从融合新闻、数据新闻、新媒体传播与治理等学科方向进行课程建设和人才培养，开设“高等数学”“Python编程”等课程，培养“通专结合，文理兼修”的优秀创新型人才。

(四)提升内涵，狠抓教学创新、课程建设，积极开展教改研究和教学成果培育，进一步丰富和完善实践教学

近年来，学院深入领会“新文科”建设思路和“双一流”建设要求，狠抓专业升级改造，努力提升内涵质量，加大了教学创新、课程建设、教改研究、教学成果培育和实习实践基地建设等方面的促进和支持力度，各方面的工作均取得了优异的成绩。

1.教学创新

学院创造条件并鼓励广大教师积极开展教学改革，创新教学方式方法，取得了

良好效果，青年骨干教师的创新表现尤其引人注目。其中张毅老师的“传播学概论”课程在首届山东大学教师教学创新大赛中荣获二等奖，“大众传播学”课程在第三届全国高校混合式教学设计创新大赛山东大学校赛中获得二等奖；朱新林（国学基础）、张毅（传播学概论）在校区优秀教案评选活动中分别荣获二等奖和三等奖；郑薇和李艳娇老师在2021年度山东大学青年教师教学比赛中分获一等奖和三等奖。

2.课程建设

学院集中人力、智力和财力，设立专项经费，加大一流课程建设力度。2020年，在首批国家一流本科课程认定申报中，张毅老师领衔申报的“大众传播学”成功被认定为首批国家级一流课程。2021年，学院一方面加大“大众传播学”课程的后续建设支持，另一方面进一步加大了第二批国家一流课程的培育和推荐申报力度，共推荐“国学基础”和“出镜记者与现场报道”两门课程参与2021年国家一流课程申报，其中朱新林老师领衔的“国学基础”课程成功获评省级一流课程。

3.继续加大力度持续推进“课程思政”建设，重点打造优质样板发挥示范引领作用

张毅老师的“传播学概论”获评全国首届“智慧树杯”课程思政示范案例教学大赛本科赛道“卓越奖”，受到学校分管领导的高度重视和赞许。

4.积极动员青年教师开展暑期学校国际师资课程、创新创业及信息社会类通识核心课程的建设和申报工作

学院全年共开设暑期学校国际师资课程1门，新增7门全校通识核心课程。

5.设立专项经费，加大教研项目的立项申报和资助

2021年，学院在预算编制中加大了本科生教改研究经费的投入力度，设立12万元专项资助经费，积极引导和鼓励教改研究立项，全院教师开展教改研究立项的积极性明显增强。2021年上半年共有11位老师申报校级教改研究项目，经评审共有9个项目获批立项；下半年共有5位老师申报省级教改研究项目。总体上，申报数量、立项数量和资助金额均较往年有了明显提升。

6.加大了重点教学成果的提炼和培育，成果产出引人注目

在2021年校区教学成果奖评选及山东大学教学成果奖推荐工作中，威海校区只有18个获奖成果，文化传播学院朱新林和张毅两位老师领衔申报的两个教学成果分别荣获一等奖和二等奖。

7.教学实习实践

学院先后与山东省昌乐县人民政府、临沂职业学院、威海二中和山东融媒有限

公司开展合作，分别建成4个本科生校外教学实习实践基地，为学生实习实践活动增加了更新更好的平台。

（五）人才培养质量稳步提升

近年来，学院坚持以学生为中心、以发展需求为中心的人才培养理念，紧紧围绕立德树人根本任务，系统推进新文科综合改革，本科教学和人才培养质量稳步提升。

从应届毕业生的学业完成情况看，2021届毕业生273人，获得学位并如期毕业的有271人，应届本科生总体毕业率为99.26%。其中汉语言文学专业117人，2人延期毕业，应届毕业率为98.29%；新闻学专业、汉语国际教育专业应届毕业率均为100%。

从应届毕业生的就业和升学深造情况看，2021届273名本科毕业生中，推荐免试研究生33人，考取研究生50人，18人出国深造，升学深造率达37.0%，总体就业率达96.7%，各项指标较上年有明显提升，本科就业率在全校各学院中名列前茅。

在2022届本科毕业生中，目前共有33名（其中尼山学堂4名）优秀学生被推荐到北京大学、中国人民大学、复旦大学、上海交通大学、山东大学等高校免试攻读硕士研究生，占全体毕业生总数的12.55%，推免数量、比例和质量较上年均有显著提高。

此外，2021年汉语言文学专业学生参加尼山学堂古典学术人才培养实验班选拔，共13名学生被录取，录取数量在三个校区再次拔得头筹。

三、问题和展望

在新文科建设方面，文化传播学院目前主要面临两个方面的问题。一方面，师资队伍建设和发展遭遇瓶颈。近年来随着人才的新老自然更替及部分人才的流失，学院师资队伍现状不容乐观。主要表现是梯队结构不合理问题日益突出，部分关键学科领域缺乏领军人物，部分新兴的学科领域专任教师紧缺。另一方面，在一校三地“一体化”发展战略下如何实现学院的特色发展和错位发展，缺乏更加清晰可行的思路。

下一步，学院新文科建设工作有两个重点。

（一）引育并举，积极推进“大文化传播”学术团队建设

一方面以超常规举措加大领军人才和青年教师的引进工作，另一方面采取凝练学科方向和模块化合作并行的学科和专业建设思路，改变传统的科研理念和合

作理念，让不同学科方向和其他学科方向的学者自由搭配，取长补短，在学院内部形成“大文化传播”框架下的跨二级学科学术团队，以期突破学院在人才和师资队伍方面遭遇的瓶颈。

（二）继续在人才的特色培养、分类培养上开拓空间、有所作为

学院积极探索新文科人才的“一体五维”培养模式，重点在新闻学专业开发和建设学科交叉融合新方向：新媒体传播与治理。该方向是新闻传播学与计算机互联网科学、数据科学、管理学、社会学、修辞学、语言学等学科的交叉融合，以学科交叉为“体”，在人才培养模式上则从教师跨学科转型、课程优化升级、课外学习协同、导师团队育人、全球胜任力提升五个“维度”同时发力。

立足新时代　打造新外语

——山东大学翻译学院新文科建设探索与实践*

申富英　李万军　崔　英　李　杰

2019年4月，教育部召开“六卓越一拔尖”2.0启动大会，全国新文科建设正式拉开帷幕。同年，全国高等学校“新文科”建设座谈会和山东大学新文科建设研讨会在山东大学威海校区召开。2020年11月，教育部在山东大学威海校区召开新文科建设工作会议，发布了《新文科建设宣言》，对新文科建设作出了全面部署。根据历次会议精神，基于历年来学院在外语教育教学方面的坚实根基，翻译学院立足新时代，打造新外语，对标国家新一轮对外开放战略和“一带一路”建设需求，在培养高素质复合型外语人才的道路上走深走实，硕果累累。

一、优化专业，丰富3M专业人才培养体系

(一)“英语＋X专业”五年制双学位班的跨学科交叉融合

为了培养跨学科复合型人才，翻译学院对原有的英语学科与其他学院的相关学科进行了交叉融合。从2019级新生开始，分别和法学院(威海)、商学院联合设置了“英语＋法学”“英语＋国际经济与贸易”五年制双学位班，旨在为社会培养涉外法律人才和国际经贸人才，更好地服务于中国的经济发展。该双学位项目自创办以来深受学生的欢迎，报名积极性较高。

(二)“英语＋X语种”双语方向专业交叉融合

为服务国家战略和响应经济社会发展需求，培养“一精多会、一专多能”的高端复语人才，翻译学院多年来一直在积极探索“英语＋X语种”复语人才培养模式。

---

* 本文为2021年山东省本科教学改革研究项目重点项目“新时代　新格局　多场域　大外语——大学外语教育教学综合改革研究”(项目编号：Z2021222)和山东大学(威海)2021年度教学研究与教学改革项目重点项目“山东大学(威海)新文科人才培养模式管理与推广机制研究”(项目编号：Z2021017)的阶段性成果。

截至目前，已经开设了“英语＋德语”“英语＋法语”“英语＋西班牙语”“英语＋俄语”“英语＋日语”等双语方向，形成了具有山大特色、校区亮点的“英语＋X 语种”复语人才培养体系。在强调“英语＋X 语种”双语融通教育的同时，更加注重外语人才培养过程中的思政教育和价值引领，以“复语＋思政”双管齐下的思路和实践，进一步将该模式发展成为“立足全球坐标”“服务国家战略”“履行时代使命”“彰显中国风采”的新文科复语人才培养模式。

（三）建设外语类微专业，优化学生知识结构

外语类微专业建设项目是山东大学 3M 本科人才培养体系的重要组成部分。3M 本科人才培养体系是三个英文单词“Major”“Minor”“Micro”的组合，分别指本科教育中的本科专业、辅修专业和微专业。这三种类型的专业设置互补性强，为学生的个性化培养和专业的交叉融合提供了极大的便利。在威海校区新文科建设工作背景下，根据《山东大学关于修订本科人才培养方案的指导意见（2020）》，校区外语类微专业建设项目于 2021 年正式启动。通过线上、线下、线上线下相结合等多种授课方式，翻译学院推出了“国际沟通、谈判与领导力提升”“德语语言与德国研究”“俄语与中俄跨文化交际”等微专业建设项目，旨在培养具有全球视野，通晓国际规则，熟练运用外语，精通中外交流、谈判和沟通，“一精多会、一专多能”的高素质复合型国际化高端人才。其中，“国际沟通、谈判与领导力提升”微专业，利用山东大学暑期学校海外师资课程的便利条件，聘请了国外多所高水平大学的优秀师资，为山东大学一校三地学生提供了优质的课程，形成了跨校区、跨专业、跨国界的协同育人机制。

二、升级课程，丰富多元语种课程体系

（一）转变思维，提升课程现代化水平

2019 年，英语专业获评国家级一流专业建设点，为山东大学的外语学科建设带来了良好机遇。翻译学院紧抓契机，积极谋划，除做好英语专业双语方向以及双学位班的特色发展外，重点打造线上、线下、线上线下混合式优质课程，以此服务一流专业建设。

2019 年，学院完成“英语语言学”在线开放课程的制作并将课程成功上线运行。截至目前，该课程已吸引上海外国语大学、大连外国语大学、西安外国语大学等 36 所高校选课，累计选课 8759 人，互动次数 2.86 万人次。2019 年，该课程成功入选“山东省高等学校在线开放课程”；2020 年，获智慧树网“双一流高校专业课程 TOP100”称号；2021 年，获智慧树“一流高校精品课程（专业课）”称号，并成功进入

第二批国家级一流课程评审阶段。2020年，“英语国家文化”课程成功上线运行。截至目前，累计共9所学校，1099人选修该课程，互动次数达2.79万人次。2020年，该课程成功入选“山东省高等学校在线开放课程”；2022年，获智慧树“一流高校精品课程(专业课)”称号。同时，针对这两门课程，学院在校内采取SPOC翻转课堂授课模式，广受学生好评。

线下精品课程“英语句法学”由翻译学院青年骨干教师牵头建设，教学团队集中了山东大学威海、济南校区多个学院的精英教师，通过课程共建共享，拓宽了学生视野，扩大了课程辐射范围。“英语文体学”课程旨在教授英语文体学的基础理论，并通过大量实例展示文体分析的具体方法，引导学生使用所学理论知识对不同类型文本进行文体分析，学以致用。目前，为进一步扩大学院教学影响力，延展受益学生范围，学院正在积极筹划，推动两门课程的线上录制与运行工作。

线上线下混合课程“中国文化概论”“齐鲁创业之创业管理”等课程充分利用智慧树平台的优质在线课程，结合教师的线下授课，做到了线上线下资源的优势互补。

(二)开设新课，改善环境提升内涵

随着人工智能领域科技的飞速发展，翻译学院也在积极探索如何将人工智能技术引入翻译专业的学生培养中，使这一专业能随技术的发展而发展。在原有“Trados机辅翻译”课程基础上，学院在2021年新修订的翻译专业本科人才培养方案中增设“译后编辑”课程，为学生将来的翻译工作打下良好的技术基础。2021年，山东大学完成了翻译专业的国家一流专业建设申报，建成了“交替式口译实训室”，为翻译专业的学生开展口译课程教学与训练提供了良好的软硬件环境，也为一流专业建设提供了设备保障。

(三)编写教材，服务一流课程建设

为了建设一流课程，翻译学院于2021年资助编写多部专业教材，包括《基础法语(1～2)》《中级法语(1)》《基础德语(1～2)》《中国文化概要》《英汉互译实战教程：文本、工具、与能力》《西方修辞学教程》《德汉应用文笔译理论与实践》等。《基础法语(1～2)》和《中级法语(1)》在新文科精神指导下，融入了混合式教学法、翻转课堂的新理念、课程思政元素等内容，满足了新时代对外语教材提出的新要求。《基础德语(1～2)》教材的编写符合新时代外语教材要求，并能够充分利用英语语言学习的正迁移作用，在课时、教学进度、内容强度上适合双语方向的学生学习。《中国文化概要》教材在课程内容和课后练习两个方面融入课程思政元素，使学生在了解中国文化的灿烂辉煌时，不忘中华民族曾经经受的苦难以及先辈们的奉献精神和勇于探索精神，培养学生的民族自豪感和爱国主义情怀。《英汉互译实战教程：文本，工具，与能力》教材与国内外同类教材相比，有以下两个特色。一方面，加入新时代元素，讨论当今翻译教学必须面对的问题，如人工智能、机器翻译等。教材将系统讲述翻译软件，机器翻译的原理以及译前、译后编辑的技巧等实战技能。另一方面，秉承立德树人的原则，加入课程思政内涵，具体体现在语料选择、译员素质与综合能力等方面。《西方修辞学教程》选取代表性新修辞学家的修辞思想，并融入了21世纪新修辞学代表人物的修辞思想，也融入修辞批评、修辞能力、共情修辞等修辞理论。《德汉应用文笔译理论与实践》教材的编写致力于提升学生对德语翻译的应用能力，为学生提供新时代背景下的训练素材和在未来的职业中所需要的技能训练。

三、广开渠道，拓展第二课堂教学体系

通过“学院规划”“师生营造”和“建章立制”，依托各语种的学生团队和兴趣小组，学院大力实施第二课堂实践教学，整合规范外语学习类校园文化活动。“外语文化节”和“外语百老汇”等活动已连续举办多届并成为学校品牌活动。外语角、外语沙龙、外语晚会、外语讲座、外语演讲、外语辩论、外文歌曲大赛、外文朗诵赛、外国经典电影赏析等第二课堂也丰富多彩。同时，学院对学生在第二课堂中取得的成绩给予足够认定，由此建构了具有“普遍性、默化性、感染性、长效性、多元化”的第二课堂教学体系，有效地激发了学生的学习和实践兴趣，提升了其学习的价值感和获得感，陶冶了其人文情操，磨炼了其意志品质。

通过学院组织，优秀教师指导，学生积极参加“‘外研社国才杯’英语演讲比赛、写作比赛、阅读比赛”等活动，不仅可以感受外语的魅力，聆听世界的声音，而且还可以品味外语学习的乐趣，体验人文之善、艺术之美。以上活动的开展和参与，充分发挥了外语学科独特的浸润、熏陶、感染、共情、唤醒、激发教育作用。

学习之余，学院还全力组织学生积极参与社会实践，用外语知识反馈、服务社会。多年来，学生作为外语志愿者参加了国际渔具展、铁人三项等多项大型国际性赛事的语言服务活动；圆满完成威海市公示语翻译、刘公岛旅游宣传翻译、威海市商业银行股份有限公司翻译等多项翻译项目。通过丰富多样的实习实践，不仅实现了专业学习的社会应用价值，磨炼了学生的综合实力，而且还于无形中展现了新时代中国大学生的风采，提升了中国教育、中国文化的国际影响力。

四、守正创新，开展大学外语教育教学综合改革

中国高等教育迈入了新时代，地位作用、发展阶段、类型解构等都发生了变化。要实现高等教育高质量发展，就需要新时代的新教改。作为新文科建设的重要组成部分，大学外语教育应超前识变、积极应变、主动求变，立足新阶段、把握新要求、作出新贡献。在校区顶层设计和统一引领下，学院把握新时代经济社会发展新要求，回应外语学习新需求，注重体现新时代的新文科特色，先行先试，率先开展大学外语教育教学综合改革。

一是以大学英语改革为基准点，构建起相对成熟的大学英语分级教学体系，在此基础上，参考教育部《大学英语教学指南》(2020 版)，将校区大学英语课程设置整合为通用英语课程、通用学术英语课程以及跨文化交际类课程。通过以上课程的开设，进一步助推学生向站稳中国立场，广具全球视野，熟练运用英语，满足国际沟通的高素质复合型国际化人才奋进。

二是以大学外语多元语种教学为关键点，以国家战略为导向，以学生需求为中心，着眼学生未来职业发展和人生规划，充分利用现有的多语种教师的资源优势和校区其他学院外语师资力量，系统规划，科学设计，反复论证，分期推进，将大学俄语、大学法语、大学德语、大学日语、大学朝鲜语、大学西班牙语等逐步纳入大学外语课程体系中，构建起非英语类多元语种课程体系。

三是以交叉融合多模式培养为创新点，增设多类型大学英语通识教育课程。推进大学外语多元语种特色课程资源体系建设；鼓励英语专业教师、大学英语教师、其他语种教师打破系所屏障，突破语种限制，组建多元语种教学团队；通过线上、线下、线上线下相结合等多种方式，整合各学院相关资源，推出“国际沟通、谈判与领导力提升”“德语语言与德国研究”“俄语与中俄跨文化交际”“国际区域学理论与实践”等微专业建设项目；持续推进“英语＋国际经济与贸易”“英语＋法学”五年制双学士学位班建设；协同法学院(威海)，建设“日语背景法学教育特色班”。通过以上举措，发挥外语兼具工具性和人文性的重要学科作用，以其与其他学科交叉融合之力，助推众多学科专业的特色发展，努力为“一带一路”建设贡献人才力量。

四是以外语文化实践活动为辐射点，让学生“走出去”“练起来”，让知识“活起来”“动起来”。通过开展多样化外语类课内外实践活动，引导学生“以实践助推创新，以创新凝练理论”，实现其理论提升和实践创新的良性互动，实现大学外语教育的社会应用价值。

综上所述，威海校区以翻译学院为主，逐步构建起具有国际视野、一流水平、山

大风格、校区特色的多场域、多语种大学外语教育教学综合改革体系，着力引导学生在全球事务中发好中国强劲声音，在世界舞台亮好中国立体形象，倾力培养具有国际视野、通晓国际规则、富有家国情怀，能够学好世界语言、讲好中国故事、传好中国声音、树好中国形象的、适应新时代国际传播需要并能将中华优秀传统文化和新时代“中国智慧”“中国方案”发扬世界的高质量国际化复合型人才。

翻译学院围绕国家级一流专业建设，通过改造与升级原有专业、开展课程现代化建设、创办外语类微专业、打造精品教材、拓展第二课堂活动等措施，落实新文科建设精神，满足社会需求，体现时代特征，切实提升学生对语言的应用能力，培养学生跨学科贯通知识的素养与视野。同时，锐意进取，敢行敢试，对大学外语教育教学进行了综合改革，在我国日益步入世界舞台中央的新发展阶段，为培养面向未来、专业扎实、外语精通、能够在世界舞台中央舞出中国风格的未来舞者贡献了有生力量。

（原文发表于 2022 年 2 月 22 日《齐鲁晚报》，收录时有改动）

新文科建设视域下“新艺科”教育的创新与发展

——山东大学(威海)艺术学院新文科建设实践*

赵 鸿

2020年11月3日,由教育部新文科建设工作组主办的新文科建设工作会议在山东大学(威海)召开。会议不仅研究了新时代中国高等文科教育创新发展举措,而且还发布了《新文科建设宣言》,对新文科建设进行了全面部署。文科教育的振兴关乎中国高等教育的未来,艺术学科作为人文学科板块的重要组成部分,无疑需要站在更高层面进行战略规划与顶层设计。从战略层面看,全面构筑“新艺科”,能够推动艺术学科高质量、高水平发展,助力社会主义文化强国建设。“新艺科”的“新”不仅是强调形式的“新”,而且还是思维理论的“新”、应用实践的“新”。同样,“新艺科”建设还需要发现新的研究对象,探索新的研究范式,适应新的社会需求,只有这样才能真正助力民族文化自信的全面提升。

近两年来,山东大学艺术学院(威海)在学校以“新专业”“新课程”“新模式”“新理论”为核心的四位一体的新文科建设模式引领下,立足国情、省情、校情,坚持守正创新,强化价值引领,持续推动“理论创新、课程提质、专业优化、实践深入”,积极构建具有山大风格的艺术学科人才培养体系,努力培养担当民族复兴大任的新时代艺术人才,为中国高等艺术教育贡献山大力量。

一、理论创新

富有创新张力的、能够回应时代需求的艺术理论研究可以拓展高等教育艺术实践视野,充实新内容,创造新方法,提供新动力。自学校新文科建设工作启动以来,学院分别获批新文科相关研究项目3项,包括山东省社科规划一般项目2项,威海校区新文科建设项目1项。

* 本文为山东大学(威海)2021年度教学研究与教学改革项目重点项目“山东大学(威海)新文科人才培养模式管理与推广机制研究”(项目编号:Z2021017)的阶段性成果。

其中，“综合类大学艺术学科与其他学科交叉教学改革研究”以艺术学科相关专业的内部交叉为主，以艺术学科与视觉传播、软件工程、数字媒体技术、旅游管理、应用化学、生态学、应用物理学等学科交叉为辅，推进艺术学科更新换代，以期达到以下四个方面的目的。首先，充分发挥山东大学综合性大学的办学优势，通过学科间交叉，发展新型学科，构建创新型人才培养模式。其次，通过艺术与其他学科的渗透互补，优化教育资源配置和重组。再次，通过不同学科、不同专业学生的参与，提高学生的配合能力和协调性，培养新时期高素质人才。最后，对专业艺术教育的单一性进行有效补充。目前，以此项研究为基础进行拓展的“‘新文科’背景下高等艺术教育学科与其他学科交叉教学改革研究”项目已被山东大学推荐参选全国教育科学规划课题。

“‘生态’＋‘设计’”项目依据学科和专业定位，拟构建“两大体系，五大模块”。两大体系，即生态与设计；五大模块，即生态美学教学模块、生态学教学模块、专业核心课程模块、方法与工具模块和方向性课程模块，以此来实现艺、文、理、工的交叉融合。专业核心课程模块主要包括设计基础类课程和环境设计核心课程，旨在帮助学生打下扎实的专业基础；生态美学教学模块重点在于引导学生树立正确的生态哲学观和审美理念，掌握中国传统思想资源生态转化途径；生态学教学模块则帮助学生掌握生态学的基本理论；方法与工具模块注重“数字”技术与方法的运用，以此弥补学生分析和理性思维能力的短板，呈现更具艺术感染力的景观设计效果。各模块内部可以根据社会需求和专业建设需要进行动态调整，以提升环境设计专业建设质量，拓宽学生的视野，培养其创新与创造能力。

“齐鲁民俗舞蹈的传承发展与公共文化建设”项目则依托山东大学儒学高等研究院民俗学研究所，在舞蹈学研究中，引入了民俗学、人类学、社会学等学科的相关研究方法，以期拓展舞蹈学跨学科视角，提升理论研究的学理水平。

二、课程提质

课程是高等学校教学建设的基础，课程建设是学校教学基本建设的重要内容之一。课程的改革与创新对于促进人才培养、提升教育质量具有非常重要的意义。近年来，在国家新文科与新艺科建设理念的双重引领下，学院在课程思政、专业课程、MOOC、一流本科课程、通识教育以及创新创业等课程建设方面取得了较为丰硕的成果。

（一）课程思政建设

近年来，学院围绕落实立德树人根本任务，以学生成长发展为中心，进一步深化思政教育教学改革，加强“课程思政”建设，以沉浸式、互动型、春风化雨、润物无声的教学方式帮助学生树立正确的人生观、价值观和世界观，充分发挥了艺术学科育人功能。

2020～2021 学年，学院共有两门课程获山东大学课程思政示范项目立项，其中“植物造景基础”获课程思政示范项目立项，“区域民间舞教学实践(1)”获课程思政培育项目立项。

（二）专业课程建设

“创作实习”系列课程是学院舞蹈编导专业的主干课程，该课程以学校新文科建设理念为导向，积极探索“一课双师制”，借助威海校区机电与信息工程学院计算机专业新建的虚拟实验室以及计算机学科领域中的诸多新媒体技术，帮助舞蹈编导专业的学生在创作中更加准确、全面、有效地了解动作运行的轨迹，提升动作质感，从而解决传统舞蹈编导技法课程中学生创作周期长、舞蹈艺术语言创新难等实际问题。

学生通过该课程的学习，能够了解多媒体舞蹈的发展以及技术应用，同时掌握多种媒体制作技术的基础知识，例如视频剪辑组合和特效制作等编辑技术。此外，在掌握基础知识的基础上，学生还能够熟练使用剪映、Premiere、After Effects 等软件，按舞蹈创意要求完成合成任务，同时具备分析素材、描述问题、利用资源的能力，对视频制作的流程和方法有比较全面的了解和掌握。

在文化传播学院的大力支持下，学院视觉传达设计、环境设计两个专业在 2021 级人才培养方案“学科基础课程模块”中增设了“古代汉语”“中国学术思想史”“中文写作训练”“西方学术思想史”“中外文化交流史”等跨学科课程。这些课程的设置，为设计专业学生提供了较为宏观的背景支撑，提升了他们在设计领域中贯通古今与融通中西的能力。

其中，“中国学术思想史”以专题形式讲授中国学术思想的演变，主要涉及先秦学术思想史、两汉学术思想史、魏晋学术思想史等教学内容。同时，课程还利用相关文献的精读，帮助学生从整体上把握中国学术思想史。

“西方学术思想史”主要通过对西方思想史的系统梳理及讲授，使学生能够切实感知和了解西方学术思想，同时基本体察自古希腊至当代的西方思想的特征、主潮与发展脉络，进而初步了解当前国内外的最新研究成果。同时，本课程还对西方思想史进行全景式描述，力争使西方学术思想中的重要人物、流派、概念和事件得以讲授和传达。

“古代汉语”主要讲授古代汉语的基础知识，如汉字的构造、古今词义异同、词的本义与引申义、词类活用、古代汉语的词序、古代汉语的被动表示法、古书注解、古书标点、古音语音的异同、上古音简说等，并配合字词解释以及文选的阅读，为学生提高古文阅读能力和写作能力提供理论支撑，使学生提高运用和分析古代汉语的能力，以感性认识和理性认识相结合的方式对先秦以来形成的上古书面语和唐宋以来形成的古白话有基本的了解。

（三）MOOC 建设

学院积极响应《山东大学（威海）2021 年新文科建设工作方案》中“深入推进‘课堂革命’，深化课堂教学模式改革”等要求，大力推动 MOOC 建设和应用，推进优质课程资源共享；推动混合式翻转课堂教学，促进现代信息技术与教学的深度融合。“舞蹈编导技法”和“民族音乐概论”等课程完成了 MOOC 建设，“俄罗斯流派古典芭蕾教学法”和“西方音乐史”等课程实现了 SPOC 混合式翻转课堂教学。

（四）一流本科课程建设

为配合校区“构建校级、省级及国家级一流课程培育评选体系”的课程建设思路，着力打造一批具有高阶性、创新性和挑战度的“一流课程”，学院以增强课程的“思想性、高阶性、创新性、实践性和挑战度”为建设标准，大力开展一流本科课程建设。经积极筹备，精心设计，2021 年，学院共有两门课程获得了省级一流本科课程，分别为“植物造景基础”与“区域民间舞教学实践(1)”。

（五）通识教育与创新创业课程建设

高校是文化育人的重要场所，“新艺科”除了培养专门的艺术人才外，同时也在高校美育工作中发挥着不可替代的作用。2020 年 10 月，中共中央办公厅、国务院办公厅颁布了《关于全面加强和改进新时代学校美育工作的意见》，提出“把美育纳入各级各类学校人才培养模式全过程”。2021 年，校区在新文科建设工作举措中，大力推进通识教育核心课程、创新创业课程和国际化课程量的积累，力求质的飞跃。学院在上级文件指引下，提高认识，加强统筹，共有 5 门课程获批了学校通识教育核心课程，1 门课程获批了创新创业课程。

其中，“精品音乐赏析”在课程性质上具有以史为主、以史带赏、史赏兼顾、理情俱求的“史学的审美性”特点，使相对孤立的赏析行为获得具有普遍历史联系的“审美史学性”特点和多课程目标俱求的“目标的综合性”特点。该课程以中国音乐和西方音乐的发展脉络为主线，通过对不同时期重要音乐作品题材、体裁、乐器、演唱、演奏艺术、音乐理论的解读与分析，增强学生对中西方音乐历史的兴趣，提高学生对中西方传统优秀音乐作品的认知水平。

“识谱乐理”是学生学习音乐过程中非常实用且必要的一门课程。该课程融理论性、技术性、实践性于一身，是一切从事理论、创作、表演以及音乐爱好者的必修课程。课程从讲授音乐体系、五线谱记谱法、简谱记谱法、节奏、音符时值、半音、全音、等音、音程、和弦、调及调性等基础知识入手，结合有代表性的谱例，通过视唱、试听、做乐理题等方法，达到能读谱、识谱、独立写出简单的乐谱等技能。切实解决学生在接触音乐中面临的音准把握、节奏速记、阅谱视唱、音程、和弦等面临的识谱乐理知识问题。

"红色经典音乐文化与实践"课程将红色音乐文化与高校思想政治教育相结合，通过艺术实践的不同表现形式，解读红色经典音乐的内涵与意义，让学生切身感受"美"的含义及价值，体验红色经典音乐所具有的鲜明时代性和音乐艺术的精品性特质。

"音乐的流派与人文"课程结合古今中外不同流派的经典音乐作品，以特定历史背景、不同时代、不同区域、不同文化底蕴为多元视角，深入挖掘音乐作品所反映的人物故事、地域风貌、文化传统、宗教历史等。在关照当代人文价值的同时，特别向学生阐释艺术作品的创新性与审美趣味。

"足尖上舞出的优美——品鉴芭蕾舞蹈艺术"课程以经典芭蕾舞剧作品赏析为主要教学内容，通过厘定基本概念和品鉴芭蕾两大环节，逐一梳理和介绍芭蕾艺术每个发展阶段的相关概念、代表人物以及代表性舞剧作品的艺术特色和成功之处。课程以线上线下混合式教学方式为主。线上部分主要依托课程负责人于 2020 年自建并上传至中国大学 MOOC 教学平台的同名课程为依托，线下课程则为具体实践环节，通过一些基础的芭蕾训练让学生切身体悟"芭蕾舞蹈"的独特艺术魅力。

"微电影艺术创作"为创新课程。在本门课程里，学生可以学习到微电影相关的理论和操作实践，熟悉整个微电影艺术的制作流程，并通过实际项目的操作，基本掌握微电影创作的基本技能与流程。

三、专业优化

如果说新文科建设是文科教育的创新发展，那么推动融合发展则是新文科建设中"专业优化"的必然选择。这种融合性的发展模式打破了现有传统学科和专业的壁垒，通过推动文科专业之间深度融通、文科与理工农医交叉融合以及现代信息技术赋能文科等具体方式，为学生提供了更为综合性的跨学科学习途径，并在培养其创新思维的同时扩展了他们的知识面。在这种"融通式"学科和专业创新发展理念的引领下，学院舞蹈编导专业 2019 年荣获国家首批一流本科专业建设点，2020 年学院音乐学专业也获批了国家一流本科专业建设点。2021 年，学院美术学、视觉传达设计、环境设计3个专业也相继完成了国家级与省级一流本科专业建设点的申报工作。

在5G时代下，大量新兴技术的出现引发了新一轮的科技革命。艺术学科不可能故步自封，应当不断拓宽各专业的发展视野。近年来，学院舞蹈编导专业在国家艺术与科技相融合的专业发展理念指引下，开始更多地关注科技的发展，并将其纳入舞蹈编导专业的长远发展与规划之中。

2010年，学院舞蹈编导专业举办首届毕业生舞蹈专场晚会，从此舞蹈编导专业就一直同机电与信息工程学院数字媒体技术专业保持着紧密合作。在十余年的合作过程中，两个专业一直致力于将多媒体技术与舞蹈编导艺术进行有机结合，在如何增强舞美效果、增强舞者与投影内容的交互性等方面进行了积极尝试，从而放大了舞者肢体的延伸感，丰富了舞台艺术的表现力，给观众带来了新的视觉冲击与感受，达到了烘托舞台演出的实际效果。

2021年6月，学院舞蹈编导专业举办了《“逝年”——环境舞蹈系列作品展演暨2017级舞蹈编导班毕业创作演出》。同时，该专业还同校区机电与信息工程学院数字媒体专业合作，将展演编创成了舞蹈影像艺术作品，在艺术学院网络平台进行展播。演出共由四个不同主题作品构成。《“箱”逢》依托校园道路环境表现出刚入校时的喜悦与激动。《斑驳中的光亮》则将演员化身为校园树林中的“精灵”，以白色丝绸为纽带展现面对困难时的坚定。《第61秒》则以学生宿舍24号楼为背景，以动感的舞姿与巧妙的剧情设计展现春心萌动时的甜蜜与美好。《无尽的阶梯》借助特定空间的隐喻性，在图书馆的台阶上表现山大学子面对学业压力时永不放弃的奋斗精神。此次“环境舞蹈”与“舞蹈影像”相融合的跨界艺术创作不仅是舞蹈编导专业教学在“新文科”发展理念引领下的一次创新性探索，而且还在时代发展需要的导向中展现了当代大学生的审美情感与精神风貌。现场演出及网络展播吸引了校区师生及社会各界近万人次观看，观众对这场“青春告白”给予了热烈的赞扬。这场融合“环境舞蹈”与“舞蹈影像”的舞蹈跨界艺术展演在国内舞蹈编导专业教学领域具有首创意义，是艺术表达与校园文化的一次创新性融合，更是在“新文科”发展理念引领下，当代舞蹈艺术在学科探索中一次创新性实践。

此外，近年来，设计专业不断加强环境设计与历史学、考古学、文化遗产和博物馆学等学科之间的深度交叉融合，利用数字化信息采集、建模技术和虚拟现实技术，形成了基于历史维度的“历史遗址数字化复原与活化”研究特色，致力于服务国家文化公园建设。

四、实践深入

在学校各级领导的鼎力支持下，学院所有专业在教研项目、教学竞赛、教学实践等方面均取得了较为丰硕的成果。

2021 年，学院教研项目、竞赛获奖共计 125 项。其中，第十二届中国舞蹈“荷花奖”现代舞入围奖 1 项，教育部全国大学生艺术展演优秀案例评选一等奖 1 项，大学生艺术实践工作坊二等奖 1 项，第九届全国高校数字艺术设计大赛（未来设计师 NCDA 大赛）国家级二等奖 2 项、三等奖 4 项，省级一等奖 9 项、二等奖 7 项、三等奖 7 项；山东省第六届大学生艺术展演一等奖 3 项、二等奖 8 项、三等奖 3 项、优秀创作奖 1 项，荣获山东省第八届音乐舞蹈专业师生基本功大赛一等奖 4 项、二等奖 3 项、三等奖 1 项。另外，学院共举办音乐、舞蹈展演 37 场，美术、设计展览 17 场。其中，舞蹈系全体师生与音乐系部分师生共同参加了庆祝山东大学建校 120 周年音乐舞蹈晚会的排练和演出；美术系部分师生参加了山东大学建校 120 周年校庆美术大展；舞蹈系师生受邀参加了 2021 年山东电视台“一起上春晚”节目的录制工作。

五、结语

中国教育已进入全面提质的创新时代。“新文科”语境下的山东大学（威海）艺术学院“新艺科”建设，应当始终以“理论研究、课程提质、专业优化”为重要抓手，在尊重艺术学科特点和人才成长规律的基础上，进一步探索跨界交叉融合的“新艺科”育人模式，培养学生的科学精神与人文精神，强化使命意识，助力和推动国家“新艺科”教育的创新与发展。

第二编

课程思政新实践

课程思政理念下混合教学模式的应用研究*

续焕英 齐海涛 杨 秀

为深入贯彻落实习近平总书记关于教育的重要论述和全国教育大会精神，教育部《高等学校课程思政建设指导纲要》明确指出，全面推进课程思政建设是落实立德树人根本任务的战略举措，是全面提高人才培养质量的重要任务。要紧紧抓住教师队伍“主力军”、课程建设“主战场”、课堂教学“主渠道”，深入挖掘各类课程和教学方式中蕴含的思想政治教育资源，让所有高校、所有教师、所有课程都承担好育人责任，把思想政治教育贯穿人才培养体系，将价值塑造、知识传授和能力培养紧密融合，坚持显性教育和隐性教育相统一，挖掘其他课程和教学方式中蕴含的思想政治教育资源，实现全员、全程、全方位育人。2019 年，在以“教育报国”为主题的党课上，教育部部长陈宝生说：“近代以来中国教育的历史深刻说明，除了学习我们无路可走，除了革命我们无路可走，除了建设我们无路可走，除了改革我们无路可走，除了创新我们无路可走。今天中国教育的发展，比历史上任何时期都具有更深厚的资源条件、更强大的内在动力。”2015 年，教育部出台的《关于加强高等学校在线开放课程建设应用与管理的意见》指出，大规模在线开放课程 MOOC 等新型在线开放课程正在促进教学内容、方法、模式和教学管理机制发生变革，给高等教育教学改革发展带来了新的机遇和挑战。

在教育改革势不可挡的大环境下，高校教育工作者如何抓住 MOOC 带来的新机遇，开创新型教学模式，使这些优质教育资源发挥最大的价值，更好地服务大学教育呢？本文旨在探讨课程思政理念下构建“MOOC＋SPOC＋翻转课堂”的混合教学新模式并实践于概率论与数理统计课程，希望为大学数学课程改革提供有益借鉴，助力一流本科课程建设。

一、“概率统计”教学现状

“概率论与数理统计”（简称“概率统计”）是理工类本科生必修的一门重要的公

* 本文受山东省课程思政示范项目、山东大学“课程思政”示范建设项目（项目编号：2021S24）和山东大学（威海）教育教学改革研究项目（项目编号：Z2021006）资助。

共基础课程，主要研究自然界中随机现象及其统计规律性，具有高度的抽象性、严密的逻辑性和广泛的应用性等特点。在数据科学时代，概率统计在经济管理、金融保险和生物医药等方面的应用更加凸显。目前，大多数高校“概率统计”课程的教学仍停留在“多媒体＋黑板”的教学模式，虽然也尝试在一定程度上对这种传统的教学形式进行丰富，但具体教学过程中仍以教师讲授为主，学生参与课堂的积极性并不高。古希腊著名教育家苏格拉底说：“教育不是灌输，而是点燃火焰。”要想点燃学生的学习热情，激发学生的学习兴趣，真正做到从以教师为中心的“传道授业解惑”走向以学生为中心的“悟道求业生惑”，回归教育的本质，势必要优化传统的教学模式。①

二、混合教学模式的发展历程

MOOC 是新近涌现出的一种在线课程开发模式，其意义在于共享全球的优质资源。② 纵然 MOOC 有诸多优势，但在服务大学教学方面还有待提高，仍无法取代传统的课堂教学。为更科学地将 MOOC 融入传统课堂教学实现优势互补，加州大学伯克利分校 MOOC Lab 的课程主任阿曼多·福克斯(Armando Fox)教授于 2013 年率先提出“SPOC”(Small Private Online Course)这一名词，意为“小众私密在线课程”③，它是一种比 MOOC 更精致、更小众的在线开放课程形式，提倡线上网络教学与线下课堂教学相结合，而翻转课堂正是混合式教学的一种高级形态。翻转课堂的“翻转”主要体现在把传统教学方式中“学生先听教师讲解，再回家做作业”颠倒为一种新的教学方式，“课前先听看教师的视频讲解，课堂上再在教师指导下做作业”④，这种教学方式改变了教师的教学模式和学生的学习模式，极大地提高了学生的课堂参与度，充分地发挥了学生的主体地位。北京大学冯菲等对北京大学基于慕课进行翻转课堂教学的 11 门课程分析研究后总结出四种翻转教学模式。⑤ 哈尔滨工业大学战德臣等提出了基于“MOOC＋SPOC”进行大学计算机课

---

① 参见陆国栋：《如何打造真正的大学课堂》，《中国大学教学》2016 年第 2 期。

② 参见肖莉：《慕课模式下“概率论与数理统计”课程教学改革初探》，《高教探索》2016 年第 7 期。

③ 参见贺斌、曹阳：《SPOC：基于 MOOC 的教学流程创新》，《中国电化教育》2015 年第 3 期。

④ 参见何克抗：《从“翻转课堂”的本质看“翻转课堂”在我国的未来发展》，《电化教育研究》2014 年第 7 期。

⑤ 参见冯菲、于青青：《基于慕课的翻转课堂教学模式研究》，《中国大学教学》2019 年第 6 期。

程改革的若干建议。[①] 哈尔滨工业大学的苏小红等也探索了以 MOOC/SPOC 为依托在大班进行翻转课堂教学的混合教学模式。[②]

MOOC 在大学教学中的应用和发展为“概率统计”课程改革开辟了新的思路，如何根据“概率统计”课程自身的特点，合理将 MOOC 的优质教学资源融入教学环节，以期提高教学效率进而提高教学质量、推动教学改革，这是目前高校教学亟须解决的问题。同时，要切实做好教书与育人的有机统一，将思政元素融入教学的各个环节以达到全过程育人，在潜移默化中坚定学生的理想信念，厚植爱国主义情怀，培养学生科学的思维方法和正确的科学伦理以及探索未知、追求真理、勇攀科学高峰的责任感和使命感。根据国家的人才培养需求和教育部 2019 年 10 月 24 日发布的《教育部关于一流本科课程建设的实施意见》，考虑到山东大学一校三地的办学现状，结合作者十余年本课程的教学经验，基于课程思政理念的“MOOC＋SPOC＋翻转课堂”混合教学模式是目前更适合我校“概率统计”课程的教学形式，以下详细说明这种新的教学模式在本课程中的实施策略。

三、课程思政理念下“MOOC＋SPOC＋翻转课堂”混合教学模式的实践

2017 年，山东大学数学学科概率统计教学团队在“以学生为中心”教学理念的引领下精心打造了“概率统计”MOOC 课程。2020 年，本课程获国家级线上一流本科课程，由 46 个授课视频和 53 个非视频资源等组成，视频时长 657 分钟，覆盖了概率统计的全部内容。凭借着精致的课程设计、丰富的教学内容和通俗易懂的授课风格，该课程自上线以来一直深受社会学习者、在校学生和同行的喜爱，至今已开课 10 期。根据爱课程网的反馈数据，截至 2021 年上半年，全国有超过 800 多所大专院校学生和社会学习者选择本课程进行学习，选课人数突破 10 万人次。此外，黑龙江大学和山东大学(威海)在本 MOOC 课程基础上开设了 SPOC 课程。

本课程自 2017 年上线以来，我们一直在探索如何科学合理地将本 MOOC 课程的优质教学资源融入教学环节，实现科技助力教学。2019 年至今，笔者面向本校部分理工学院学生在“概率统计”课程教学中摸索实施了课程思政理念下“MOOC＋SPOC＋翻转课堂”的混合教学模式，注重引导学生用随机现象的统计

---

① 参见战德臣等：《大学计算机课程基于 MOOC＋SPOCs 的教学改革实践》，《中国大学教学》2015 年第 8 期。

② 参见苏小红等：《基于大班翻转课堂的混合教学模式探索与实践》，《中国大学教学》2017 年第 7 期。

规律性科学合理地分析问题,优化了教学流程,取得了较好的教学效果。这种新的教学模式主要包括三个教学环节:课前线上网络教学、课堂线下翻转教学、课后线上完善提升。混合教学新模式流程如图1所示。

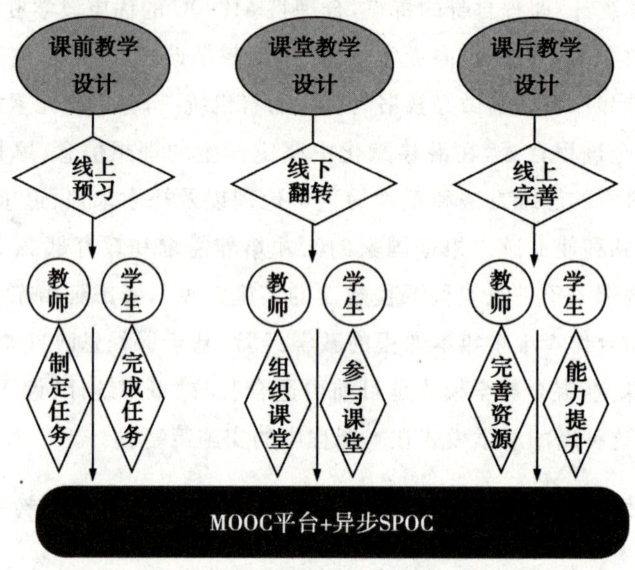

图1 混合教学新模式流程

(一)课前教学设计:线上网络教学

学生课前基于MOOC平台的自主学习是成功开启翻转课堂的基础。课前教师根据教学大纲的要求,依托我校的“概率统计”MOOC课程综合考虑各方面因素(比如学时、学生学习基础等)动态优化慕课信息,借助SPOC平台发布符合相关专业特色的教学资源。课前预习环节遇到的疑难问题在讨论区讨论,不同观点碰撞交融,激发了学习兴趣,培养了数学思维及多学科交叉融合的思想,增进了师生和生生之间的交流。

(二)课堂教学设计:线下翻转教学

根据“布鲁姆教育目标分类法”,结合“概率统计”课程自身的特点,我们将本课程课堂教学分为三个篇章:理论知识基础篇、学以致用演练篇和画龙点睛升华篇。针对不同的教学侧重点,采用不同的课堂教学方式。基础理论知识篇以知识梳理和扩展为主,教师凝练重要知识点并穿插适当的课堂互动活动,重在对理论知识的理解,培养学生严谨认真的求学态度。学以致用演练篇以练习题为主,引导学生充分练习,重在对知识的运用,提升学生缜密的数学思维。画龙点睛升华篇以综合应用题为主，采用小组讨论的方式，激发学生参与课堂的积极性，注重理论联系实际，实现多学科交叉融合，树立正确的世界观、人生观和价值观。这三个篇章分别对应了以下三种不同的翻转模式。

1.以问题为导向的知识梳理和扩展型翻转模式

这是一种在问题引领下以教师讲授为主，穿插课堂随机互动活动的教学方式，是对传统教学的优化。这种翻转模式重在对理论知识的梳理和深化，适合基础理论知识教学，比如在“最大似然估计法”的理论知识教学中[①]，教师设计三个问题：如何建立似然函数？如何寻求似然函数的最大值点？求解总体未知参数最大似然估计值的一般解题步骤是什么？由似然函数的建立到似然函数最大值点的求解，再到求解总体未知参数最大似然估计值解题步骤的总结，通过层层设问将复杂抽象的问题简单具体化，遵循了学生学习的认知规律，提高了学生的课堂参与度，调动了学生学习的积极性。这种翻转方式把思维的权利交给了学生，充分启发学生主动思考，同时又保留了传统教学中知识讲解的系统性，一定程度上也缓解了课时紧张的问题。

2.以练习为导向的“独立思考—结对讨论—全班交流”翻转模式

这是一种就教师提出的问题首先由学生独立思考，然后与邻座两人一组结对讨论，其次必要时还可以跟其他小组再结对探讨，最后教师随机抽取几个小组代表在全班分享结果的教学方式。这种翻转模式适合对典型例题和习题的教学，重在知识的运用，比如在随机变量的方差教学活动中，针对六大特殊分布的方差，有了前一节对这些分布数学期望的学习，首先由学生独立思考动手演练，其次就近结对讨论，最后教师请几位同学分享结果并做点评。这种翻转方式把实际操作的过程还给了学生，顾及到了学生由知识接受者到课堂参与者的转变，遵循了循序渐进的规律，学生就近组队，小范围研讨，更利于同学之间勇敢地表达自己，有助于增强学生的自信心。

3.以价值引领为导向的小组讨论翻转模式

根据班级人数的不同，将每 8～10 人为一个学习小组，针对教师提出的问题以小组为单位展开讨论并在全班分享成果。这种翻转模式适合对综合应用题的教学，将理论知识与实际问题相结合，有助于提高学生运用知识解决实际问题的能力，真正达到学以致用的效果，是整个课堂教学环节的升华。比如介绍假设检验问

---

① 参见刘建亚、吴臻、胡发胜：《概率论与数理统计》，高等教育出版社 2011 年版，第 208 页。

题时，教师给出检验新药疗效方面的应用问题，学生以小组讨论的形式作答，教师顺势渗透思政元素，介绍中国首位诺贝尔医学奖获得者屠呦呦与青蒿素的故事，充分发挥榜样的力量，激发学生探索未知、追求真理、勇攀科学高峰的责任感和使命感，同时让学生感受到身为中国人的自豪和荣耀，增强学生的爱国意识，将爱国情、强国志和报国行融入学生的血液。以价值引领为导向的小组讨论翻转模式充分发挥了课堂教学立德树人的作用，有助于坚定学生的理想信念，培养学生的团队合作能力和语言表达能力，并且可以唤醒学生的主体意识，感受大家庭的魅力。

以上三种翻转模式都践行了"以学生为中心"的教学理念，教师根据教学侧重点的不同灵活切换课堂翻转模式，提高了学生的课堂参与度，加强了教学过程中师生间的有效互动，全方位地提升了学生的综合素养和创新能力，引领了学生正确的价值观。

（三）课后教学设计：线上完善提升

课堂教学完成后，教师将分层设置的课后作业发布到 SPOC 平台，分层课后作业主要包括必做题和思考选做题，必做题是对学生基础知识的考察，思考选做题侧重知识的应用，以实际应用题为主。学生选择性完成 SPOC 平台上的课后作业，同学之间互评互学，充分发挥同学的作用，真正达到知识内化的效果。教师根据课堂教学情况和学生作业完成情况及时改进教学资源，完善教学信息，调整教学进度。

新的教学模式下，学生既借助优质慕课资源获取了理论知识，又通过翻转实体课堂提升了数学素养，坚定了理想信念，克服了网络时代大学生易于获取知识、难于提高能力的困境，顺应了时代对当代大学生的要求。

四、混合教学新模式的实施效果

自 2019 年以来，笔者开通了"概率统计"课程的慕课异步 SPOC，针对部分内容开展了基于课程思政理念的"MOOC＋SPOC＋翻转课堂"教学探索，取得了较好的教学效果。

通过调查问卷的方式深入了解学生对这种教学模式的认可度（见图 2），由收集的 195 份调查问卷反馈信息可见，67.18％的学生认为目前的教学模式有待优化，71.28％的学生认为这种混合教学新模式更适合"概率统计"课程的教学。由此可见，大多数学生对这种新的教学模式持肯定态度。

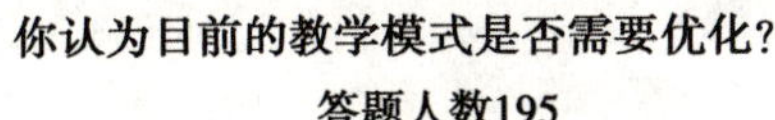

你认为这种新的教学模式是否适合
概率统计课程的教学？
答题人数195

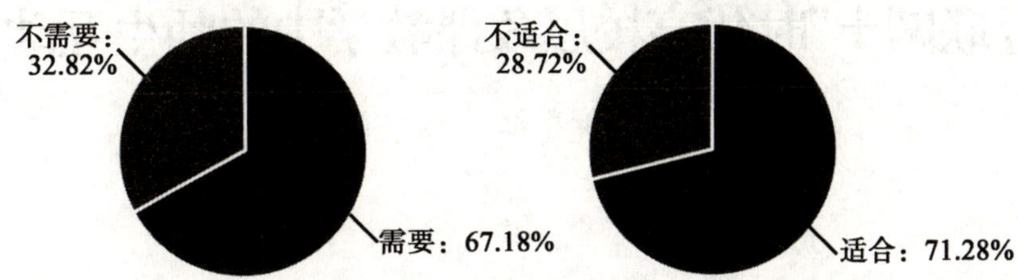

图 2　混合教学新模式的调查问卷

综上所述，本文在“以学生为中心”教学理念的引领下构建了“MOOC＋SPOC＋翻转课堂”的混合教学新模式，遵循“布鲁姆教育目标分类法”，重组了教学流程，并详细说明了这种新的教学模式在“概率统计”课程中的设计思路。新的教学模式的实施，把教师的“一言堂”升级为师生之间的教学相长，有效地加深了学生对课程内容的理解和应用，提高了学生的课堂参与度，提升了学生的数学素养和解决问题的能力，全方位地改善了学生的综合素质和创新能力。课堂教学活动中适时融入思政元素，践行了“立德树人，全面发展”的理念。分层教学思想贯穿始终，满足了不同层次学生对知识的多方位需求。这种新的教学模式也可以辐射到其他数学课程的教学，一定程度上推动了大学数学课程的教学改革，助力了一流本科课程建设。

“互联网+”时代高校思政课教学中的师生互动初探*

和春红 赵 昆

高校思政课是对大学生进行系统思想理论教育的主渠道和主阵地。“坚持灌输性和启发性相统一，全员、全过程、全方位育人”既对高校思想政治工作与思政课教学提出了更高要求，也为高校思政课教学创新提供了三维视角和实践路径。但是“一些高校对思想政治课重视程度不够，相关课程内容上空洞乏味、形式上陈旧落后，严重制约了课程的教学效果”①。

近年来研究“互联网+”与高校思政课教学改革、教学模式及运用的相关文章，以宏观研究居多。针对“互联网+”与新媒体对思政课教学的挑战及应对、思政课教学中的课堂互动等问题，国内亦有相关著述，但是也存在偏于宏观、应用型不强的问题。也有一些学者论及了具体某门思政课中的课堂互动问题。

国内外的研究成果为相关研究提供了理论基础和文献来源，但是学界的研究现状和趋势也表明了一些问题。首先，作为思想政治教育活动最重要的两个“人”的要素，在“互联网+”时代的教育理论与实践中，师生互动的必要性和重要性进一步凸显。其次，“互联网+”对高校思政课教学的冲击与影响将是持续的，因此宏观的泛泛而论是远远不够的，针对性的具体分析尤为必要。最后，“全过程育人”视阈下的高校思政课教学，也亟待突破概念模糊、过于宏观的问题。

高校思政课既需要适应“互联网+”时代网络与信息技术的时代性变迁，也需要运用新媒体新技术创新思政课的教育教学方法。突破“课堂互动”的传统模式，考察教学“全过程”中的师生互动，不仅具有现实基础与可行性，而且还是增强思政教育的时代感和吸引力、真正实现“灌输性和启发性相统一”的可靠路径。

---

* 本文为2019年度山东省社科规划思政专项“高校思政课‘全程’育人视角下的师生互动研究”（项目编号：19CSZJ19）、2016年度山东省教研与教改重点项目“屏读时代高校思政课的适应、顺应与实效提升研究”（项目编号：B2016Z016）、山东大学（威海）教改项目“《形势与政策》课堂教学改革”（项目批准号：Y2019014）的阶段性成果。

① 葛慧君：《做好高校思想政治工作的着力点》，《人民日报》2016年1月25日。

一、现代教学理论演化中的师生互动

教学过程中"教师为单一主体",还是"教师为主导,学生为主体",或者"教师与学生双主体",国内学界在理论和实践上的分野并非泾渭分明。沈壮海先生所指出的"就整体而言,我们不能笼统地以主客体或双主体等词汇来表示思想政治教育者与教育对象"[①],公认更为客观和中肯。但是沈壮海先生又特别强调了思想政治教育者与教育对象之间的关系在思想政治教育诸要素关系中占主导地位,并发挥主导作用,并且其"主导地位的确立及其主导作用的发挥程度,直接关系到思想政治教育有效性的实现及其实现程度"[②]。

几百年来传统的教育理论,从夸美纽斯的《大教学论》到赫尔巴特的《教育学讲授大纲》都强调知识的灌输和背诵,因此,个体的学习过程就成为主体被不断教化的过程。在此理论背景下,课堂上教师几乎独享话语,学生"失语""哑语"成为常态,教师课堂上的话语霸权剥夺了学生的话语权利,使课堂失去生机与活力,也抑制了学生的创新意识和个性发展。[③] 现代教学论指出,教学过程是师生交往、积极互动、共同发展的过程。约翰·B.卡罗尔(John B.Carroll)在他的"学校学习模式"(A Model of School Learning)中界定了五个影响学生所能达到的学习程度的主要变量:(1)学生的毅力,(2)允许学习的时间,(3)教学质量,(4)学生的能力倾向,(5)学生的学习能力[④],3/5 的变量都直接与学生相关。网络时代的教育理论与实践越来越强调,课堂教学不仅重在知识的传递,而且还在于培养学生发现、分析与解决问题的能力。著有《教育思想的演进》的社会学大师涂尔干认为,现代教育的核心是引导学生运用自己的理性,通过反思、反身等作用寻求自己的自主性。[⑤]

国外的课堂教学中一直较为重视教学互动及其运用。从苏格拉底(Socrates)的对话式教学到弗莱雷(Paulo Freire)的解放教学观,从班杜拉(Bandura)的社会学习理论到莱夫、温格(Lave & Venger)的情景认知,互动一直被看作教育中的重要元素。目前较为流行的建构主义学习理论认为"知识不是通过教师传授得到,而

---

① 沈壮海:《思想政治教育有效性研究》,武汉大学出版社 2016 年版,第 143 页。

② 沈壮海:《思想政治教育有效性研究》,武汉大学出版社 2016 年版,第 142 页。

③ 参见孙茂华、董晓波:《从霸权到共享:知识经济时代课堂话语的对话性》,《现代教育管理》2014 年第 2 期。

④ 参见[美]R. M. 加涅等:《教学设计原理》(第 5 版),王小明等译,华东师范大学出版社 2007 年版,第 4 页。

⑤ 参见高国希:《关于思想政治教育方法的思考》,《思想政治教育研究》2011 年第 3 期。

是学习者在一定的情境即社会文化背景下，借助其他人（包括教师和学习伙伴）的帮助，利用必要的学习资料，通过意义建构的方式而获得”[①]，无论是其“情境”“协作”“会话”还是“意义建构”，教学互动的重要性都显而易见。美国知名教育心理学家加涅(Robert Mills Gagne)在《教学设计原理》中也曾指出：“要把课分解成教学事件和(或)学习活动……学习活动是课时计划的构成成分，由一件具体的事件或一些过程构成，在这些事件或过程中，学习者在学习中进行主动反应与建构。”[②]

广义的教学互动可以涵盖教学过程当中，师生之间、生生之间、师师之间、学生与学习内容之间，通过对信息的交流、沟通和分享，而产生相互影响、相互作用的方式和过程。其中师生互动是最为核心和重要的教学互动，指的是“教师和学生都作为自由、平等的主体共同参与教学活动（包括课堂内外）全过程并在其中发生相互作用和影响”[③]。这意味着师生在一个完整的教学过程当中，共同作为教学活动的主体，并“分别以对方及其他相关思想教育要素为客体”[④]，从教学素材的选取和准备，到课堂教学，再到教学评价与反馈，一直存在相互的认知与沟通。

二、“互联网＋”时代与高校思政课的师生互动

17世纪，夸美纽斯从理论上详细阐述了班级授课制。自此，课堂教学便在教育活动中树立了不可撼动的核心地位，也奠定了师生之间“一对多”的教学模式。作为教学活动中两个核心的“人”的要素，师与生之间的互动，可以说一直都存在于教育活动中。随着数百年以来的时代变迁，在“互联网＋”的今天，师生互动更应当与时俱进，在教育活动中发挥必要的作用。

（一）“互联网＋”对思政课教师、大学生与思政课教学环境的影响

国务院《关于积极推进“互联网＋”行动的指导意见》对“互联网＋”的释义主要集中在经济社会领域。互联网＋”是把互联网的创新成果与经济社会各领域深度融合，推动技术进步、效率提升和组织变革，提升实体经济创新力和生产力，形成更广泛的以互联网为基础设施和创新要素的经济社会发展新形态。“互联网＋”时代的一个显著特点便是“万物互联”，那么“互联网＋思政课”是否可以形成思想政治

---

① 何克抗：《建构主义——革新传统教学的理论基础（一）》，《学科教育》1998年第3期。

② ［美］R. M. 加涅等：《教学设计原理》（第5版），王小明等译华东师范大学出版社2007年版，第27页。

③ 曾毅红：《主题性参与互动式教学方案的设计与应用探讨——以“概论”课“新民主主义革命理论”一章的教学为例》，《思想理论教育导刊》2010年第5期。

④ 沈壮海：《思想政治教育有效性研究》，武汉大学出版社2016年版，第143页。

理论教育的新形态?

首先,“互联网+”改写了思政课教育活动所面临的教学环境与生态。据中国互联网络信息中心(CNNIC)发布的第48次《中国互联网络发展状况统计报告》显示,截至2021年6月,中国网民规模达10.11亿,互联网普及率为71.6%,其中手机网民规模达10.07亿,网民中使用手机上网人群占比由2017年的97.5%提升至99.6%。截至2021年6月,我国网民的人均周上网时长达26.9小时。我国网络视频(含短视频)用户规模达9.44亿,占网民整体的93.4%。其中短视频用户规模为8.88亿,占网民整体的87.8%。截至2021年6月,我国30～39岁网民占比为20.3%,在所有年龄段群体中占比最高;20～29岁网民占比为17.4%,我国6～19岁网民规模达1.58亿,占网民整体的15.7%。也就是说,在“互联网+”时代,网络的边界进一步无限延伸,并覆盖了日益广泛的人群。在海量、共享的信息洪流中,信息的即时性与交互性更为突出,呈现出随时随地的信息流动与互动化表达的需要。比如,各大视频媒介都纷纷推出了“弹幕”进行实时互动。“互联网+”时代涌现的新媒体除了自如地囊括文字、图片、声音、影像等等传统媒体的要素之外,呈现出高度的媒体融合度,可以通过网络端、移动手机端及其延伸更加多维地呈现各类信息。在“互联网+”环境下,人们主动、自主选择所需信息,媒体使用与内容选择更具个性化。

其次,对思政课教师来说,跨越时空的“互联网+”环境下,信息与资源高度集聚,获取知识的路径和平台进一步丰富和细化。一方面,这可以开阔思政课教师的视野,并为思政课教学改革和创新增添新的动力;另一方面,“互联网+”时代去中心化、碎片化的信息呈现,冲击着思政课系统的知识体系。思政课教师只局限于教材,内容愈加不合时宜,“填鸭”式教学也愈加难以激发学生的兴趣和主体性。传统的课堂教学的主体和核心地位亦受到冲击,“翻转课堂”“慕课”等新型网络课堂进入大众的视线。提高思政课的时代感和吸引力是“互联网+”时代的思政课教师面临的迫切任务。

最后,作为思政课教育对象的大学生,被称为“网络原住民”的他们,在中国网民中的群体分布和年龄分布中都占有很大比重,对网络与媒体的运用可能比教师还要得心应手。大学生处于“三观”的形成期,自我意识的发展完善期,他们从网络或新媒体获取即时信息的能力与鉴别、批判性思考的能力不成正比。“互联网+”时代的新媒体是各种社会思潮集中呈现、碰撞的平台,成为呈现“舆情”的重要窗口,这其中潜在的风险在于,如果学生一味地追求个性,有所偏颇地搜寻、获取信息，可能会成为与主流意识形态和社会主义核心价值观相背离的思潮或观点的拥趸。

根据教育部哲学社会科学发展报告建设项目“中国大学生思想政治教育发展报告”的整体设计，武汉大学2016年度的大学生思想政治状况的调查研究表明，社会现实、思想舆论和网络环境对大学生群体思想政治状况具有重要影响。相关数据显示，有关社会思潮和网络舆论环境一定程度冲淡了大学生的政治认同。

可见，“互联网＋”时代思政课教育活动所面临的教学环境与生态，“互动”性是显著特征之一。思政课教师在知识体系中的核心地位受到冲击，必须改善教学的时效性、新颖度、针对性、丰富性，方能真正站稳思想理论教育的阵地。在教学活动中，合理引导学生的参与及个性化表达的需要，盘活思政教育活动中两大“人”的要素，不失为适应“互联网＋”时代的有效路径。

(二)教学互动能够提升学生对思政课的兴趣与思政课的教学实效

总体而言，学生对思想政治课缺乏兴趣，主要由于以下具有代表性的原因：(1)教师的教学过程只注重理论灌输，脱离学生实际。(2)教学内容回避或者缺乏对现实问题的分析。(3)教学方式传统、不灵活，难以调动积极性。(4)教学效果上，没有从根本上解决学生的困惑。[①]“重灌输”“脱离学生实际”“教学方式不灵活”，一方面与思政课教学内容的理论性、严肃性有关，另一方面却可以通过教师运用新媒体手段、精心设计教学互动，让学生富有实效地参与课堂来加以改善。“回避或者缺乏对现实问题的分析”“没有从根本上解决学生的困惑”等诟病，则反映出思政课教师在“互联网＋”时代所面临的现实挑战，对新形势认识不足、应对不够。因此，在“互联网＋”时代，思政课教师在呈现教学内容的时候，要有“互联网＋”意识、“新媒体”思维，并且要了解学生在“互联网＋”及新媒体环境下可能接触到的信息，在教学内容、教学形式、教学过程方面均做好充分准备，以便针对性解惑。思政课教师如果结合“互联网＋”及新媒体与学生有效互动，那么教学实效性的改善应当是可以预见的。

三、高校思政课教学“全过程”中的师生互动：挑战与应对

思政课教学中的师生互动，课堂教学是主要、但不是唯一的阵地。课堂教学是“教育教学全过程”的中心环节，但是真正实现“全程育人”，视野不应仅仅局限在课

---

① 基于山东大学教学促进与教师发展中心张树永教授于2015年8月31日所作的题为“基于OBE理念推进思政教育入脑入心”的演讲，笔者做了总结和修改。

堂教学。高校思政课教学“全过程”,指的是高校思政课教学目标的设计、教学内容的组织、教学方法的选取、教学实效的评价的全过程。“互联网＋思政课”尚处于探索期,“摸着石头过河”,可能会出现一些值得注意的问题。

首先,高校思政课教师对“互联网＋”及“互联网＋”时代的新媒体理论、技术手段和实践操作尚处于探索期。这是一个颇具普遍性的问题,也会存在地域性差异,比如经济较为发达、人员及信息流动较快、教育资源密集的“北上广”地区,在探索教育领域的“互联网＋”方面可能会走在前面。

其次,结合“互联网＋”及新媒体所设计的教学互动形式大于内容。如果教师过于迎合学生的趣味,寻求表面的“热闹”,反而会舍本逐末,弱化实际教学内容的传授。

最后,学生过分依赖网络与新媒体,挑战思政课教师的课堂话语权。有少数人借助新媒体技术,打着“学术研究”和“还原历史”的旗号,不断消解马克思主义在高校意识形态领域的话语权,这对人生经验和政治经验尚不足的高校青年学生会产生直接的负面影响。[①]“打铁还需自身硬”,要在高校站稳思想政治教育的主导阵地,高校思政课教师必须对这一问题有清醒的认知、做充分的准备。

针对上述已经出现的或潜在的问题,未来高校思政课的师生互动需要考虑到以下因素:

第一,互动的技术手段及媒介上,普及对高校思政课教师的“互联网＋”及新媒体的相关培训。“互联网＋思政课”的理念与实践,需要全国的思政课教师群策群力,也需要自上而下的顶层设计、普及与引导。如何将教育领域的“互联网＋”及新媒体转化为思政课教师可以理解和采用的手段与平台,需要政府自上而下的教育投入,也需要鼓励商业资本和人员参与其中。

第二,教学目标的设计应当体现互动性。根据“互联网＋”时代的特点,未来的思政课教学应当是线上线下均可进行的,除了站稳传统课堂之外,建立各种形式的思政课线上学习平台将是有益的补充,既可以是教学单位的整体线上学习平台,也可以是思政课教师个人所探索的个性化的网络学习社群。教师在设计教学目标时,一方面要将综合运用网络与新媒体手段作为目标之一列入其中,另一方面要提前设想、了解学生的思想动向以及可能从网络与新媒体上接触到的信息,在此基础上设计具体的教学目标

第三,教学内容与教学方式是师生互动的核心环节。“课堂、网络、实践相结

① 参见肖华平:《新媒体时代更应全面激发高校思政课活力》,《中国社会科学报》2016年1月21日。

合”的教学体系[①]方能真正体现思政课教学的吸引力和实效性。思政课教学也应包括教师指导下的第二课堂或实践教学。师生互动除了如何按照教学目标和教学内容，采用灵活的课堂互动形式之外，网络学习平台或线上学习社群上的师生互动、实践教学中的师生互动都是值得探索的领域。

第四，教学效果的评价也应考虑到师生互动的因素。由于教师在设计教学目标时已经综合考虑了“互联网＋”与新媒体的因素，因此建议对教学效果的评估应该结合两个方面进行。一方面为教师参照教学目标对教学进行对照评估，另一方面为学生根据学校的教学评估指标对教师进行教学评价。教学效果的评估量表应当与时俱进，既有课程内容的相关指标，也有教学形式、师生互动方面的指标。

第五，通过师生互动，引导学生提升在“互联网＋”时代的信息洪流中的扬弃、思考、分析和判断能力。网络与新媒体所传递的信息良莠不齐，学生在接触这些信息的过程中一定会有困惑，思政课教师应当承担起解惑的责任，在课堂教学、实践教学及课外的交流讨论中，有意识地引导、帮助学生正本清源。

传统的思政课教学比较注重教师对知识点的讲授，教学形式比较单一，不太注重教学互动，以教师的单方面灌输居多。在“互联网＋”时代，比起教师不遗余力地全盘“灌输”，巧用、妙用师生互动，不仅可以帮助思政课教师循序渐进地应对“互联网＋”时代的挑战和冲击，而且还有利于提高学生的学习兴趣，增强高校思政课教学的实效性。

“互联网＋”不仅在经济社会领域引发持续性的变革，而且还在不断改变着人们的思维方式。“互联网＋思政课”不是要颠覆传统的思政课教学，而是要给思政课教学注入新鲜血液，带来新理念、新平台、新方法。高校思政课教师需要主动学习、迎难而上，站稳思想政治教育的主导阵地，创新教学的方式方法，搭建利于教学的平台机制。在“互联网＋”时代的师生互动中，思政课教师可以借助新媒体手段进一步了解学生的所思所想，也可以在一定程度上满足学生的自主性和个性化的需求，“师”与“生”并肩应对“互联网＋”时代思政教学环境与生态的变化，共同谱写思想政治理论教育富有时代感和吸引力的新篇章。

（原文发表于《现代教育科学》2020 年第 2 期，收录时有改动）

① 参见高国希：《高校思政课教学如何提升吸引力实效性》，《解放日报》2016 年 6 月 28 日。

“国际服务贸易”课程思政建设的几个切入点

马卫红

“国际服务贸易”课程是针对国际经济与贸易专业的高年级学生开设的核心专业课。在知识层面，课程要求学生熟练掌握国际服务贸易的基础知识和相关理论，深入理解国际服务贸易协定与规则，密切跟踪服务贸易政策的发展变化。在能力层面，课程重在培养学生“听得明白、讲得专业、读得高效、写得有物”几方面的可迁移能力，以期满足未来不同专业岗位的人才需求。自始至终贯穿“全球视野、中国情境、素养形成”，将社会主义核心价值观自然融入课内外学习中，贯彻实施知识、能力、素质三个维度的学习目标，潜移默化中培养学生的道路自信、民族自信、文化自信、服务自信，培养学生的辩证思维和求实创新精神。于无声处实现“育人”之目标。下面重点探讨课程思政的三个主要切入点。

一、立足中国，放眼世界的全局观和大局观

国际服务贸易的发展是经济全球化在国际贸易领域的具体表现，是国家之间经济联系进一步密切和融合的表现。一方面，随着科学技术的迅猛发展与广泛应用，金融、运输、通信、信息等生产性服务的发展成为一国经济发展和竞争力的重要标志；另一方面，关系到国家经济命脉和主权安全的关键领域被日益加深的经济全球化浪潮引入国际市场，服务贸易发展与国家战略利益紧密相连，服务贸易已经成为一国竞争优势的重要组成部分。当前的国际服务贸易发展格局无论从数量上还是从结构上看，都是以发达国家为主导的格局。

（一）充分参与彰显大国担当

作为发展中大国的中国，虽然服务贸易总量持续增长，外贸逆差扩大，但是服务贸易的竞争力也有待提高。在课程学习的过程中，学生会涉及这方面的辩证理念。在《世界贸易组织体制与国际服务贸易》章节，学生会学到，中国作为发展中大国，全程参加了乌拉圭回合下的国际服务贸易谈判，参与了《服务贸易总协定》的制

定，并且分几次提交了服务贸易的承诺开价单。[①]

从当下的发展情形来看，近年来，全球贸易发展受到严峻挑战，单边主义和贸易保护主义抬头，逆全球化趋势日趋明显。世界贸易组织(WTO)机制和体制受到严重挑战。中国仍然坚持服务业的高水平开放，并且开放的步伐越来越大。2020年1月1日起，《中华人民共和国外商投资法》正式实施，对外商投资实行准入前国民待遇加负面清单管理制度，为其他国家提供了更多的市场准入机会，营造了法治化、国际化、便利化的营商环境，为更高水平对外开放奠定了更加坚实的法治根基。

中国以更加积极的姿态来拥抱经济全球化，以自由贸易试验区和海南自由贸易港为龙头，进行更大范围、更深层次、更宽领域的对外开放，营商环境更优、辐射作用更强的开放新高地正在形成，这充分显示了我国的大国担当和大国为全球经济作贡献的责任感。

(二)实质行动做好中国服务

无论国际风云如何变幻，我们都在坚持做好自己的事情，讲好中国故事，做好中国服务。国务院印发《关于推进自由贸易试验区贸易投资便利化改革创新的若干措施》，提升贸易、投资、国际物流和金融服务实体经济便利度。《横琴粤澳深度合作区建设总体方案》《全面深化前海深港现代服务业合作区改革开放方案》公开发布，为建设高水平对外开放新体制、提升营商环境提出了新的目标。

课程学习过程中，学生既要学习"国际服务贸易"的基本理论和分析模型，也要联系国际国内实际和服务贸易领域的新变化、新进展，把这些新情况有机地融入课程体系的学习中，既要"脚踏实地"，也要"仰望天空"，将全局观和大局观贯穿于课程的学习和理念的培育中。

二、厚植"以人为本"的"服务观"

服务业是一个"以人为本"的行业。在生产力诸要素中，人始终处于主导和能动的地位，是生产力中"最活跃、最具革命性"的要素。人的能力本身就是真正的社会财富。在制度安排既定的条件下，发展科技，强化管理，加大人力资本投资力度，对于生产力的发展和社会进步至关重要。马歇尔在《经济学原理》中讲道，在所有资本投入中，最有价值的是对人本身的投资。[②]

(一)服务供给侧需要树立以人为本的"服务观"

从供给侧来看，未来多数的学生就业岗位会在服务行业，在人工智能快速发展

① 参见陈宪、程大中编著：《国际服务贸易》，立信会计出版社2008年版，第251页。

② 参见陈宪、程大中编著：《国际服务贸易》，立信会计出版社2008年版，第127～129页。

的背景下，未来的竞争会聚焦在人力资本密集型的服务领域。产业是源，贸易是流，服务业的大发展推动着服务贸易的快速增长。人力资本是指体现在劳动者身上的、能为其带来收入的能力，在一定时期表现为劳动者所拥有的知识、技能、智力和健康状况。

本课程体系中有关于人力资本与服务贸易的章节。从学生学业与未来职业的角度来讲，课程的学习不仅能帮助学生夯实专业基础、具备扎实的理论功底和完善的知识体系，而且还能培育学生的"通用技能"，从课程目标来说，专业的听、说、读、写能力无论在哪一个领域，都具有可迁移性，是学生们未来在职场竞争中可以拿得出手的"武器"。人力资本的形成具有长期性、持续性与增值性，可以与服务业的比较优势形成互动效应。著名经济学家科林·克拉克(Colin Clark)曾说："知识是唯一不遵守收益递减规律的生产工具。"[①]在课程学习的过程中，要引导学生树立终身学习的意识，把培育"学习力"作为自己的人生必修课，知识可能会过时，但是能力可迁移，保持旺盛的"学习力"，在一定程度上可以降低自己的被替代性。

由于服务的无形性特征以及消费与生产的同步性特征，服务领域具有明显的信息不对称，有可能会引发道德风险和逆向选择。服务的提供是一种"以人为本"的模式，不像商品的生产那样，产品品质具有稳定性。同样的服务，由不同的服务提供者来提供，服务质量可能会千差万别。

作为处于信息优势方的服务供给者，良好的专业素质是必备要素。无论从事什么类型的服务工作，都要时时处处体现出自己的"专业性"。我们要引导学生保持对自己从事的职业的敬畏心，要有契约精神和职业精神，任何时候，都不可以存在投机心理，触及道德底线和红线。要有高尚的品格和健全的人格，要珍视"声誉机制"对服务行业竞争优势的重要性，通过自己的专业精神来提升服务品质，树立个人品牌，增强服务消费者的信任度。

(二)服务需求侧同样需要厚植以人为本的"服务观"

从需求侧来看，与商品的消费不同，作为服务的消费者，多数情况下也是同步参与了服务提供的过程。所以服务消费者的知识水平、道德水准、公德意识等在一定程度上会影响许多服务行业的生产率和服务交易的效率。[②] 比如说学校所提供的教育服务水平的高低，不仅仅取决于教师的知识储备、对先进教学手段的熟练程度、教师在教学工作中的耐心、爱心、责任心等，很大程度上还取决于学生对学习的

---

① 转引自陈宪、程大中编著：《国际服务贸易》，立信会计出版社2008年版，第130页。

② 参见陈宪、程大中：《国际服务贸易》，立信会计出版社2008年版，第128页。

热情和努力程度、学生对自己所享受的教育服务的敬畏程度等，是一个过程的两个方面。同样，由于信息的不对称性，需求端也会有道德风险。课程体系中学习服务贸易竞争理论的过程中，结构平衡部分学到“个人冒险精神与社会凝聚力的平衡”。虽然说服务领域的“个性化”特征非常明显，但是绝不可以在一味强调个体重要性的时候触发道德风险，绝不可以为了一己私利，做出损害国家和集体利益的行为。社会主义核心价值观始终要内化于心，外显于行。

服务消费的过程同时也是服务提供的过程，服务经济社会，是一个“人人为我服务，我为人人服务”的情景。“以人为本”的“服务观”要求我们学会“换位思考”，学会给予别人足够的尊重。任何一种劳动都值得被尊重。学习的过程中，可以潜移默化地引导学生学会尊重我们身边的各种服务提供者。从细微处入手，宿舍的管理人员、餐厅的工作人员、教室的保洁人员等，都是为我们提供服务的工作人员，对他们辛苦而繁杂的工作，一定要给予足够的尊重，这也是新时代大学生的必备素质。

服务的特殊使用价值使其具有了密切各部门、各地区联系的职能，一个学校的正常运转，需要诸多部门的合作，可以由此作为切入点，引导学生珍惜当下的学习机会，同时意识到“团队”合作的重要性。作为各种不同形态团队中的成员，每一个个体都需要发挥其主观能动性，密切与其他个体或组织的联系。以“团队”的力量来为社会提供优质的服务。

三、培育人类命运共同体的国际观

当今世界，经济全球化进一步向纵深发展。服务贸易自由化已经成为一种不可逆转的趋势。服务市场的开放，一方面意味着“引进来”，另一方面也意味着“走出去”。加入世界贸易组织 20 年来，中国不断兑现对世界贸易组织的承诺，不断扩大服务业的开放程度，进一步融入世界贸易体系。

面对复杂的国际经济形势和新冠肺炎疫情的冲击，中国适时提出了加快构建以国内大循环为主体、国内国际双循环相互促进的发展战略。新冠肺炎疫情当下，中国克服重重困难，坚持举办进口博览会和服务贸易交易会，不仅成交金额逐年增加，而且还越办越好。

人类命运共同体理念也是“国际服务贸易”课程思政的重点内容之一。中国一直秉持人类命运共同体理念，作为《服务贸易总协定》的缔约国，中国坚持在国际规则和国际秩序的框架内履行义务、践行承诺。受新冠肺炎疫情冲击，世界经济形势雪上加霜，中国以进博会为契机，主动扩大进口，为各国提供庞大、稳定、可持续的进口需求，为世界经济增长注入信心与动能。①

进口博览会是世界上第一个以进口为主题的大型国家级展会，是联通国际国内两个市场的重要纽带，也是促进双循环发展格局的重要平台。习近平总书记在第七十五届联合国大会一般性辩论上的讲话中指出："大国更应该有大的样子，要提供更多全球公共产品，承担大国责任，展现大国担当。"②进博会连续四年如期举办，已经成为国际采购、投资促进、人文交流、开放合作的四大平台，成为全球共享的国际公共产品。过去的十年中，中国服务进口累积达到了 4 万多亿美元，对世界服务进口增长的贡献达 24%，预计每年为全球贸易伙伴增加约 1900 万个就业岗位。③ 中国服务业开放对世界经济发展有重要贡献。

中国主张各国携手并进、共享繁荣。进博会的连续举办给国外企业提供了分享中国扩大进口带来的发展红利的机会；"6 天＋365 天"的常年展示交易服务平台，以"参展一周，服务一年"的辐射效应进一步推动了国际经贸合作。受益于营商环境的持续改善，中国连续多年成为第二大外商直接投资国，服务业成为外商投资的新热点。④

在全世界携手抗击新冠肺炎疫情、合作促进经济复苏主流中，中国秉持人类命运共同体理念，以实际行动为全球公共卫生事业担责、尽责，彰显了讲信义、重情义、扬正义、守道义的大国担当。我国本着公开、透明、负责的态度，第一时间、毫无保留地向世界各国分享中国科研发现的病毒基因序列、诊疗方案和网上救治经验，还克服自身新冠肺炎疫情防控巨大压力向 200 多个国家地区提供医疗物资救援，这些都诠释了我国构建人类卫生健康共同体的愿望、决心和行动，也彰显了我国和衷共济、爱好和平的道义担当。⑤

课程学习的过程中，不能只读教材或只看课件，要引导学生关注现实问题，关注当下中国发生的事情，深入理解中国对构建人类命运共同体、促进世界经济发展的重大贡献。引导学生观察现实，发现问题，增强对国家高水平开放的理性认识，激发学生经国济世的责任意识和担当意识，于无声中培养学生的道路自信、民族自信、文化自信与服务自信。

---

① 参见邹磊：《中国国际进口博览会：溢出效应与长效机制》，《太平洋学报》2021 年第 7 期。

② 《习近平在联合国成立 75 周年系列高级别会议上的讲话》，人民出版社 2020 年版，第 11 页。

③ 参见俞懿春、王新萍等：《数字开启未来　服务促进发展（走进服贸会）》，《人民日报》2021 年 9 月 6 日。

④ 参见俞懿春、王新萍等：《数字开启未来　服务促进发展（走进服贸会）》，《人民日报》2021 年 9 月 6 日。

⑤ 参见刁大明：《中国抗疫彰显大国担当（思想纵横）》，《人民日报》2020 年 11 月 3 日。

“形势与政策”课的“魂”与“理”*

赵　昆

“形势与政策”课一直是高校思想政治理论课程之一。1987 年 10 月，教育部下发《关于高等学校思想教育课程建设的意见》，规定高校思想教育课程建设要设置五门思想教育课程，“形势与政策”课为其中两门必修课之一。这是国家教育主管部门首次发文将“形势与任务”课程更名为“形势与政策”课程。① 与其他几门思政课相比，“形势与政策”课课时少，学分低。2018 年 4 月，《教育部关于加强新时代高校“形势与政策”课建设的若干意见》（以下简称《意见》）重新强调了“形势与政策”课的核心课程地位，指出“‘形势与政策’课是理论武装时效性、释疑解惑针对性、教育引导综合性都很强的一门高校思想政治理论课”。如何上好令青年学生喜爱、受益的“形势与政策”课，是紧迫又重要的课题。

一、“形势与政策”课之“魂”

（一）指导思想明确

“办好思政课，最根本的是要全面贯彻党的教育方针，解决好培养什么人、怎样培养人、为谁培养人这个根本问题”。② “形势与政策”课教学首先要明确向学生讲授的是什么样的形势与政策，怎样引导学生理解并认同形势与政策。因此，“形势与政策”课应当“用新时代中国特色社会主义思想铸魂育人，引导学生增强中国特色社会主义道路自信、理论自信、制度自信、文化自信，厚植爱国主义情怀，把爱国情、强国志、报国行自觉融入坚持和发展中国特色社会主义、建设社会主义现代化

* 本文为山东省思政专项“高校思政课‘全程’育人视角下的师生互动研究”（项目编号：19CSZJ19）、山东省思政专项“后疫情时代高校‘形势与政策’课教学中的师生互动研究”（项目编号：20CSZJ48）的阶段性成果。

① 参见徐蓉：《“形势与政策”课教学应处理好三大关系》，《思想教育研究》2019 年第 2 期。

② 习近平：《思政课是落实立德树人根本任务的关键课程》，人民出版社 2020 年版，第 9 页。

强国、实现中华民族伟大复兴的奋斗之中”[①]。

（二）课程目标清晰

根据 2018 年 4 月《意见》的要求，“形势与政策”课的课程目标覆盖了认知、情感和实践三个层面。

1.认知层面

“形势与政策”课要帮助大学生正确认识新时代国内外形势，深刻领会党的十八大以来党和国家事业取得的历史性成就、发生的历史性变革、面临的历史性机遇和挑战，第一时间推动党的理论创新成果进教材进课堂进学生头脑，引导大学生准确理解党的基本理论、基本路线、基本方略。

2.情感层面

“形势与政策”课要及时、准确、深入地推动习近平新时代中国特色社会主义思想入脑入心，引导学生拥护党的领导，理解并认同党的基本理论、基本路线、基本方略。

3.实践层面

“形势与政策”课要培养学生牢固树立“四个意识”，坚定“四个自信”，做能够担当民族复兴大任的时代新人，做拥护中国共产党领导和我国社会主义制度、立志为中国特色社会主义事业奋斗终生的有用人才。

（三）课程内容及时、全面

在“百年未有之大变局”的国际背景下，国际国内形势变幻多端。为了适应国家改革、发展、稳定的实践需要以及党和国家的各项路线、方针、政策的实时更新，因此“形势与政策”课更加讲求时效性。课程教材每学期都是最新的，并要求任课教师及时跟进、补充最新的形势与政策，并转化为教学语言传达给学生。

“形势与政策”课的课程内容极具综合性。与其他几门思政课相比，“形势与政策”课的内容模块，既包括相对稳定的部分，也包括动态变化、不断更新与调整的部分。有学者将其总结为国情（国内外基本形势、中国内政外交的基本态势）和国策（党和国家的路线、方针、政策）两大模块[②]，非常具有启发意义，但是还需要进一步的补充和完善，因为“形势与政策”课的课程内容既有对中国内政外交以及党和国

---

① 习近平：《思政课是落实立德树人根本任务的关键课程》，人民出版社 2020 年版，第 6～7 页。

② 参见苏剑、张兆文：《“形势与政策”课教学内容的模块化设计》，《思想政治课研究》2018 年第 5 期。

家的路线、方针、政策的理论性阐释，又具有强烈的现实导向性和实践性。

二、“形势与政策”课课程设计之“理”

上好“形势与政策”课，需要自上而下的课程设计。完备的课程设计，再加上坚实有力的课程保障，可以为课程的良性运转提供持久性动力。

（一）形成完备的课程教学体系

严格按照教育部规定落实学分和学时。高校需保证每学期都有8学时的“形势与政策”课，并做好相应的教学安排。《意见》中明确要求，要将“形势与政策”课纳入思想政治理论课管理体系，由学校思想政治理论课教学科研二级机构统一组织开课、统一管理任课教师。要设置“形势与政策”课教研室，定期组织任课教师开展集体备课，确定教学专题、明确教学重点、研制教学课件、规范教学要求。

（二）建立完善的专职教师队伍

为了达到“形势与政策”课的教学要求、保证教学效果，应优先在思想政治理论课教师中选拔一批专职教师，承担本校的“形势与政策”课教学。同时，按照《意见》中的建议要求，从哲学社会科学专业课教师、高校辅导员等教师队伍中择优遴选“形势与政策”课骨干教师。可以实行“形势与政策”课特聘教授制度，分层建立特聘教授专家库，选聘社科理论界专家、企事业单位负责人、各行业先进模范等参与“形势与政策”课教学，积极邀请党政领导干部上讲台讲“形势与政策”课。

（三）构建坚实的课程保障体系

习近平总书记在学校思想政治理论课教师座谈会上指出：“思政课是落实立德树人根本任务的关键课程。”[①]高校党委、行政管理层要自上而下真正重视思想政治课教学，党委宣传部、党委学生工作部、教务处等相关部门配合做好教学管理工作，构建坚实的课程保障体系。

三、“形势与政策”课教师授课之“理”

习近平总书记强调：“办好思想政治理论课关键在教师，关键在发挥教师的积极性、主动性、创造性。”[②]“形势与政策”课教师要上好这门课，需要从以下几个方面综合发力：

---

① 习近平：《思政课是落实立德树人根本任务的关键课程》，人民出版社2020年版，第2页。

② 习近平：《思政课是落实立德树人根本任务的关键课程》，人民出版社2020年版，第10页。

(一)做“有态度”的“形势与政策”课教师

“培养什么人”的问题是思想政治教育的核心问题。“形势与政策”课教师应严守政治站位,旗帜鲜明、毫不含糊,在各种社会思潮中保持正确的政治立场,输出正面的价值导向。课上课下一致、网上网下一致,不做阳奉阴违的“两面人”。

(二)做“有温度”的“形势与政策”课教师

习近平总书记强调,思政课教师“人格要正。有人格,才有吸引力。亲其师,才能信其道”[①]。一方面,“形势与政策”课教师需立德正身,做学生敬仰、喜爱、学习、模仿的榜样,真正成为学生的领路人。另一方面,“形势与政策”课教师在备课、授课过程中“情怀要深”,厚植爱国主义情怀,既要将自身的爱国情、强国志转化为教学语言,又要启迪学生的爱国情、强国志,将道路自信、理论自信、制度自信、文化自信真正融入教学内容,并通过丰富的素材和佐证传达给学生,尽最大努力让学生真懂、真信。

(三)做“有深度”的“形势与政策”课教师

一方面,思维要新,视野要广,教师应不断自我学习,认识和把握共产党执政规律、社会主义建设规律和人类社会发展规律;另一方面,教师要守正创新,在学习、把握教书育人与学生成长成才的一般规律的基础上,汲取其他思政课教学的成功经验,乐为、敢为、有为,不断钻研、创新教学方法,使教学内容不空洞、不流于表面,而是鲜活地流入学生们的心田。

四、“形势与政策”课学生的课程学习之“理”

青年学生“知识体系搭建尚未完成,价值观塑造尚未成型,情感心理尚未成熟,需要加以正确引导”[②]。如何在教师教学和引导的基础上,让“形势与政策”课成为青年学生喜爱并受益的一门思政课,是这门课的落脚点所在,也是课程教学实效性的重要体现。

(一)引导青年学生重视和喜爱“形势与政策”课

要教育引导青年学生在思想意识上将“形势与政策”课作为有益、有用的课程,在课程学习中参与课程进行“沉浸式”学习,不仅能够学习到国际国内形势以及党和国家的路线、方针、政策,而且能够得到思考和分析问题的引导和锻炼。一方面,

---

① 习近平:《思政课是落实立德树人根本任务的关键课程》,人民出版社2020年版,第16页。

② 《习近平关于青少年和共青团工作论述摘编》,中央文献出版社2017年版,第37～38页。

需要在课程设置上明确“形势与政策”课在高校思政课教学体系中的地位，并落实学时和学分；另一方面，依靠的是“形势与政策”课教师有态度、有温度、有深度、富有吸引力的讲授和能够激发学生兴趣和参与度的教学方法，让学生从心底里喜爱“形势与政策”课。

（二）引导青年学生主动参与“形势与政策”课

“形势与政策”课往往涉及最新的国际国内形势，因此实际上包含很多学生非常感兴趣、并较为关注的内容。引导学生适度参与课堂，不仅有助于激发学生的积极性，而且还可以达到“沉浸式教学”的目标。首先，要“坚持主导性和主体性相统一”，“形势与政策”课教学在教师主导的基础上，要加大对学生的认知规律和接受特点的研究，发挥学生主体性作用。其次，要“坚持灌输性和启发性相统一”，注重启发性教育，引导学生发现问题、分析问题、思考问题，在不断启发中让学生水到渠成地得出结论。最后，要坚持“显性教育和隐性教育相统一”，注意挖掘其他课程和教学方式中蕴含的思想政治教育资源，使理论讲授不刻板、教学案例有生命，进而提高学生的接受度和课程的教学效果。

五、后新冠肺炎疫情时代“形势与政策”课师生教学互动之“理”

受新冠肺炎疫情影响，人群不便聚集，因此很多学校采取了网络直播、慕课在线课程等教学方式实现“停课不停学”。作为教学活动中两个核心的“人”的要素，师与生之间的互动，可以说一直都存在于教育活动中。在“后新冠肺炎疫情”时代，突破“课堂互动”的传统模式，考察教学“全过程”中的师生互动，不仅具有现实基础与可操作性，而且还是真正实现“主导性和主体性相统一，灌输性和启发性相统一”、增强思政教育的时代感和吸引力的可靠路径。

（一）后新冠肺炎疫情时代“形势与政策”课教学应更多关注师生间的互动

应在互动的过程中将学生个体的积极情绪体验作为重要的教学目标。积极心理学指出，个体发展具有主体性，决定个体发展主要因素的是个体自身。借鉴积极心理学的理论，后新冠肺炎疫情时代高校思政课可以逐步增加师生互动的设计，授课内容也应侧重学生思想潜力的培养。将积极心理学理论中的六大美德、积极品质以及主观幸福感等积极情绪体验融入高校思政课中，并在课程的学习目标、内容安排、过程实施和课后反馈等环节设计中充分考虑学生受到的积极情绪体验的影响。

（二）后新冠肺炎疫情时代“形势与政策”课教学中师生互动需要加强理论思考

互动式教学是为了克服传统的“填鸭式”教学所带来的弊端，授课的主客体之间不应是一种被动接受的过程，而应是主客体双向互动的过程，特别要考虑到学生作为客体的积极性、主动性和创造性，从而实现与教育主体之间的信息沟通与情感共鸣。但是，如果只看到互动教学的这一层面，对于思想政治课教学是不够的。思政课的互动式教学要让课堂更具有吸引力，更要引导学生树立正确的世界观、人生观和价值观，实现理论认同与政治认同，这是课程教学的初衷。此外，课堂互动中教师的角色定位、学生的积极情绪体验和教学环节设计等方面也要逐一明确。

（三）后新冠肺炎疫情时代“形势与政策”课在教育方法上应注重激发学生自身的积极力量

教师在传授学习内容的同时，要引导学生逐步提高身心素质，帮助学生学会调整心态以及缓解压力的技巧，让学生们在思政课堂中感受幸福和快乐。教师在教育方法的运用时，应充分考虑“00后”学生的特点，在完成授课内容的基础上，一定程度上满足学生们的自主性和多维度需求，否则，会让学生产生消极的、抵触的心理体验。当然，教师既要满足学生的合理需求，也要懂得对学生不合理需求进行引导和转化。此外，在教学方法上，教师还应结合后新冠肺炎疫情时代实际情况，以就近就便的原则，组织和指导学生参与丰富多彩的第二课堂活动，让学生在思政课的实践活动中体验到积极情绪，寻找适合自己发展的平台。同时，学生能够通过实践感受到思政课程带来的愉悦体验，能够让他们从思想上认识到思政课程的重要性。

在新时代中国特色社会主义思想的指导之下，“形势与政策”课要进一步明确课程目标、完善课程内容，从课程设计、任课教师和青年学生三个方面形成三股合力，同时加强在授课过程中的师生有效互动，真正上好令青年学生喜爱、受益的“形势与政策”课。

研读英译中国经典著作 提高国学素养和文化自信[①]

孙凤芹

本文研究了研读英译国学经典著作对提高大学生国学素养、增强文化自信和跨文化交际的影响，旨在尝试解决目前英语教学中偏向英语文化而中国文化失语的困境，同时更是对中国文化走出去战略的积极响应。英语教学中增加中国文化的输入、促进中国文化的英语输出已经引起了众多教育者的注意，但是相关的教学实验、实证研究还较少，所以本研究对于英译国学经典教学有一定的借鉴意义。

一、研究背景

继承和发扬中国优秀传统文化既是时代赋予每一公民的伟大使命，也是高校教学目标的重要部分。作为当代大学生，不论英语专业还是非英语专业，都肩负传承国学文化、对外传播中国文化的任务。国学是中国传统文化的精髓和魅力所在，所以研读中国经典著作、提高国学素养是高校教育的天然义务和责任。对外宣传中国文化既需要对国学文化的深刻理解，也需要有用英语表达国学经典内容的能力，才能促进跨文化交际的双向交流。

国学经典作为中国文化的精髓，是中华文明传承不可或缺的重要载体，也是中国人文化身份的标志和象征。国学文化博大精深，是中华民族坚实而深厚的精神信仰和文化根基。习近平总书记在党的十九大报告中指出："传承国学文化、培育国学素养是公民的使命和任务。"

长期以来，外语教育因过于偏向外语和西方文化而忽略了母语文化的熏陶和培育，亟需提升学生对中国文化的认知、理解与表达。[②] 因此，2020 版《大学英语教

① 本文为山东大学(威海)教学与改革项目"'外译中国经典名著鉴赏'的混合式教学模式研究"(项目编号：Y2019005)的阶段性成果。

② 参见杨金才：《新时代外语教育课程思政建设的几点思考》，《外语教学》2020 年第 6 期。

学指南》(以下简称《指南》)着重增加了中国文化学习和传播的内容,倡导在大学英语课程中增加培养学生理解和阐释中国文化的内容,向学生有效输入社会主义核心价值观,使学生能够为中国文化对外宣传服务。同时,需在课程建设、教材编写、课堂教学等环节充分挖掘中国文化主要思想和资源,丰富其人文内涵,实现工具性和人文性的有机统一。[①]《指南》还指出,教材编写方面要体现坚定的文化自信,坚持中华文化的主体性,坚守中国文化的话语权,充分体现中国特色、中国风格……应自觉融入社会主义核心价值观和中华优秀传统文化,帮助学生树立正确的世界观、人生观和价值观;教材内容的选择应立足中国,面向世界,拓宽视野,博采众家之长。[②]

跨文化交际一直都是近半个多世纪的研究热点,但是"跨文化"绝对不是单向的,绝对不是放弃自己的母语文化而全部"跨"到西方文化中,真正的跨文化交际是母语文化和西方文化的双向交流。要实现双向的、相对平等的跨文化交流,前提条件是深刻认识和学习自身的母语文化。只有扎根于优秀的中国文化才能实现中国文化和英语国家文化的双向交流。

基于以上原因,笔者为本校大学生开设了《外译中国经典名著鉴赏》选修课,通过研读英译国学经典的重要章节,讲解其中重要的中国文化思想和概念,学生能较为流利地介绍中国哲学、文学相关经典著作,为宣传中国思想、文化奠定基础,能够从跨文化的角度研究中国古典哲学文献和文学著作。

二、教学过程和方法

本课程采取线上线下结合的混合式教学模式,充分利用传统课堂教学与在线教学的优势,一方面发挥教师对教学过程的主导作用,如引导、启发、协助、监控等,另一方面充分调动学生学习的积极性、主动性和创造性,以求课程中教与学的最高效率和最佳效果。

(一)教学目标

本课程通过研读中国国学经典名著及相关研究著作,分析西方汉学界相关评论,把握中华经典名著的当代全球价值。学生将通过本课程发展跨文化视角下的

---

① 参见大学外语教学指导委员会:《大学英语教学指南》,高等教育出版社 2020 年版,第 47 页。

② 参见大学外语教学指导委员会:《大学英语教学指南》,高等教育出版社 2020 年版,第 47 页。

古典研读能力、对外文化传播能力和人文批判精神。

（二）具体目标

1.阅读并深入理解外译中国经典名著中的重要章节，并能用英语等外语较为流利地介绍中国哲学、文学相关经典著作的作者、内容和主要思想及其特点，为宣传中国思想、文化奠定基础。

2.能够用英语较为准确地翻译中国经典名著中的重要篇章。

3.能够从跨文化的角度确立研究中国古典哲学文献和文学著作的研究课题。

4.了解西方学界对于中国传统经典哲学和文学著作的研究成果和趋势。

（三）教学材料

教材是教师团队精选的国学经典片段的英译部分，包括儒家思想和道家思想的经典材料，国学经典的译文既有不同时代的西方汉学家的翻译，如理雅格、阿瑟·伟力、约翰·闵福德等，也有中国翻译家的版本，如辜鸿铭、林语堂、胡适等，对比不同版本的翻译，研究、讨论其各自的特点，使学生们对学习内容有全面深入的了解。

线下课堂讲座内容包含以下5个部分：

1.中国经典西传历史以及重要西方译者简介，如理雅格、庞德等。

2.中国儒家思想经典“四书”：《论语》《大学》《中庸》《孟子》。

3.中国道家思想重要著作节选：《道德经》《庄子》。

4.英译中国古典散文，包括先秦的《孙子兵法》以及唐宋八大家重要作品。

5.中国古典四大名著节选，包括《西游记》《红楼梦》等。

（四）授课方式

线上自主学习和线下传统课堂两者相结合，教师主导课堂教学、学生积极配合、踊跃参与。学生学习相关的线上慕课课程，掌握中国传统哲学和文化思想中的基本概念和内容。课堂教学以学生展示自主学习的内容为主，教师讲解教学材料中相关的重点和难点，引导并鼓励学生互相探讨，形成自己的认知和观点，教师最后点评。上课方式包括教师授课、学生发言、小组汇报、师生讨论等形式。

（五）教学手段和作业要求

教师课堂讲解和学生使用多媒体技术二者结合。学生线上学习过程中，自主学习和完成相应的作业，视频观看和文本阅读完成之后，需要提交相关内容的在线评论、完成要求的学习日志。线下教学中，学生以小组为单位，用各种形式来展示当前的学习内容，也可包括小组讨论、教师答疑等活动。

本课程推荐学生使用国内外多个慕课平台的优秀慕课，充分利用现代教学技术和手段的便利。国外慕课平台是Coursera，英语慕课《中国人文经典导读》(*Religions and Society in China*)，涉及中国英雄、中国的儒学传统和中国精神，讲述中国哲学思想和社会情况以及FutureLearn平台上的慕课*Many Faces：Understanding the Complexities of Chinese Culture*等。国内慕课平台中国大学慕课上也有优秀的中国文化和中国哲学的课程，如《中国哲学经典著作导读》《英语畅谈中国》等。

（六）课程要求

课程倡导学生进行自主性研究和探索性学习，学生需课下自主观看视频、研读经典译文，培养批判性思维能力，提高自主研究能力，提高对外宣传中国文化能力。

课程非常重视学生和教师、学生和学生之间的交流和互动，要求每位同学必须参与一个研究小组，在课堂上就自己选择的课题进行介绍，并回答课堂其他同学的问题；同时，也要求每位同学对他人的发言进行点评。

（七）考核方式

成绩考核充分考虑过程评价与结果评价的结果，采取多元多维的评价方式。每位学生每周完成教师要求的线上慕课内容，并且需要在讨论区发表一定量的评论，以展示自己对学习内容的理解和思考；每周撰写200字以上的英文学习日志；分组进行课堂展示，教师评分和同辈互评，两项分数按比例进行折算。以上三项考核内容的分数分别按10%、20%、20%的比例计入期末总评成绩。

（八）教学效果

在学期初和学期末，教师均对开课班级的学生进行了国学经典和中国文化方面的知识进行了测试，之后对班级学生进行了访谈。结果表明，后测成绩远远高出前测成绩，平均提高了64%。访谈结果表明，大约有94%的学生认为课程极大地提高了他们的国学知识和英语表达国学经典内容的能力，更了解中国传统文化，跨文化交际时更有信心谈论中国文化。7%左右的学生认为有一定程度的提高，效果没有达到预期。所有参与此课程的教师和学生都表示有所收获，意识到自己在此方面的知识有欠缺，并愿意继续中国经典的研究和学习。

此次教学实验表明英译国学经典课程能有效丰富学生的国学知识，提高其国学素养，激发学生学习国学的兴趣，改善中国文化在英语学习中“失语”的尴尬境况，促进学生有效的中英两种文化的双向交际。同时，通过比较和对比两种文化，培养了学生的批判性思维、自主研究文本能力，使其对中国文化有了更深、更全面的了解，从而发现中国文化的优越性，增强了文化自信，有利于中英文化的平等交流。这样的教学成效既有利于学生思维的发展、文化自信的增强，也有利于实现时代赋予我们的“中国文化走出去”“中华民族伟大复兴”的历史使命。

三、结论与启示

研读英译国学经典可以有效提高学生的国学素养，帮助学生掌握中国文化最核心的哲学思想和价值观的英语表达，了解中国哲学思想5000年发展变化的脉络，思辨地看待和比较中西文化的异同、各自的优势和劣势，从而能够深刻理解和内化中国文化的精髓，增强对中国文化的自信，为中国文化外宣、中国文化走出去储备知识和力量，为中国与世界双向、平等的跨文化交流打基础做准备，为时代赋予的历史使命贡献力量。

语言学家斯特恩（H. H. Stern）认为语言学习会相应影响到学生的思维、认知、道德、价值观、人生观、世界观等各个方面[①]，这也体现了外语课程本身具有“思政”功能，可以加强学生的思想道德教育，促进学生的终身发展。外语教学也要紧跟时代要求，将课程思政融入外语教学当中，发挥立德树人的作用。把国学经典的哲学思想，中国人的价值观和人生观，西方文明的哲学思想、人生观、价值观进行对比学习和研究，如基督教博爱与儒家的仁爱的对比，西方个人主义和中国整体主义的人生观对比，中西方价值观的对比，进一步探究差异背后的原因，使学生对中西方哲学和文化有更深层的理解，并在此基础上形成思辨性的、全面的、理性的认识和观点。聆听古代圣贤流传几千年的至理箴言，从历史的角度纵向研究中国哲学思想的发展完善，横向比较中西方哲学思想，了解西方汉学界对中国文化的认识和评价，学生不仅汲取了国学知识，而且还有心灵塑造，性格培养，价值观、人生观的塑造和完善，在此过程中，也训练和培养了批判性思维能力。

把研读英译国学经典、提高国学素养融入大学生英语教学中，对提高学生跨文化意识，践行平等、双向的跨文化交际有重要作用，也是为增强文化自信、中国文化走出去打下坚实的基础。用英语学习国学经典、进行中西方经典对读、文化对读、思想碰撞，使学生能够更深入地了解中国文化，为有效对外宣传中国文化做准备。为做好大学生用英语学习国学经典工作工作，有以下建议：

首先，国学经典教学的前提条件是英语教师转变教学理念，提高自身的国学素养。教师应该增加自身的国学知识储备，提高国学素养。英语教学不能一味强调英语的工具性和英语文化的学习，不能忽略国学知识的学习和拓展。否则，将降低

---

① H. H. Stern, *Fundamental concepts of language teaching*, London: Oxford University Press, 1983, p. 221.

文化的深刻价值和意义，不论是英语背后的文化还是汉语背后的文化，都不可能有深刻的认识、不可能形成理性的思辨性的认知，这将导致语言学习只能停留在表层。所以教师必须树立正确的文化观，正确看待国学与英语学习的关系，对比中西文化的异同，分析背后的原因，将国学融入英语教学，使学生在获得西方优秀文化的同时，具有弘扬国学和中国优秀传统文化的能力，习得广而深的双语文化知识，使提高跨文化交际能力落实到教学的每个环节。

其次，有效的教学需要依托优秀的教材，但中西文化对比的教材并不多，特别是中西方经典对读教材。但是文化可分为表层文化和深层文化，表层文化包括服装、建筑、饮食等暴露在外的文化，深层文化是指隐含的不易察觉的价值观念、思维模式等。[①] 深层文化恰恰是文化的深层内核，决定着表层文化的表现和特征。[②] 目前虽然有关于中西文化对比的教材，但大多是服饰、饮食、建筑、习俗等方面的浅层文化的对比。而更有决定意义的深层文化是民族文化的精神实质，这方面的对比教材寥寥无几，急需编写和整理。

最后，教学活动要丰富多样，教学手段符合年轻人的习惯。教学中，教师可采用讨论、小组发言、角色扮演、辩论等多种手段，活跃课堂气氛、提高学生的学习兴趣，使知识性与趣味性有效结合。手机、平板、电脑是年轻人学习和娱乐的主要媒介，教学可借用“互联网＋交际”的结合方式，学生线上学习、发言、讨论，完成平台和老师的线上作业，利用碎片化的时间观看视频，这些对于手机不离手的“00后”来说是更易于接受的方式。

① 参见张红玲：《跨文化外语教学》，上海外语教育出版社2007年版，第162页。

② M. W Lustig and J. Koester, *Intercultural competence: Interpersonal communication across cultures* (4th ed.), New York: HarperCollins, 1993, p. 24.

第三编
课程教改新探索

新法科视野下法学本科案例教学法的开展[*]

黄兰松　汪全胜

法学案例教学法是一种经验式的苏格拉底式教学法，这种教学法要求学生从司法审判的角度去阅读案例，学会如何通过案例进行推理，学会从特殊情况演绎出一般原理。苏格拉底式教学法能够教会学生对问题有正确的反应，并设身处地去思考问题。案例教学方法在英美法系国家广泛运用，我国的本科法学教学实践中也在不断探索案例教学的模式。怎样有效地运用本科案例教学法提高我国法学教学的效果，培养社会需要的法律人才，这是一项值得研究的课题。

一、法学本科案例教学法的实施背景

案例教学方法的被认识，可以追溯到两千多年前的古代希腊。古希腊哲学家、思想家苏格拉底曾用“问答”的形式进行教学，后来，他的学生柏拉图又继承和发展了他的教育思想，把“问答”编辑成书，寓教于一些有趣的小故事中。现代的案例教学法的实施大约在20世纪20年代。最早将案例教学法运用到教学中是美国哈佛大学。哈佛大学医学院和法学院首先运用“病例”或“案例”进行教学。在医学教学中，教师把病例和治疗过程的有关材料整理成教案来指导学生进行学习，并用过去的实例来帮助诊断现实相似的病例，取得了比较好的教学效果。在法学教学中，教师将某一个具体的案件以及其审判过程所涉的法律规范和法律程序安排等编成实例，通过对案例的分析、讨论、启发，引导学生开展学习与研究，这种教学形式让学生有“身临其境”的感觉。

案例教学方法在哈佛大学应用以后，得到很快推广，时至今日，美国各大学法学教学中多采纳案例教学法。不仅如此，与美国具有相同法律传统的英国也吸收

* 本文为山东大学2021年教学研究与教学改革项目“新文科背景下法科学生专业技能培养的创新模式研究”的阶段性成果。

了这种教学方法。有美国学者断言:“这种教导方法,是根据英美法的形式而设的。”[①]在英美国家,法规不是用立法方法加以制定(很小的一部分的法律是采用立法方法加以制定的),裁判的根据及方针须从英美高级法院已宣示的判决里去寻找。英美法中的根本技术是用法律的理解能力,从判决里去找法律。“因此,为欲训练学生使能善于运用起见,美国的法律教育,不得不依此目标而定形式,而案例方法确实极为成功。”[②]虽然案例教学方法发端于美国,但在我国的法学教学中也被尝试运用,从 1985 年开展第一个五年法制宣传教育规划以来,就很重视案例对普法教育的作用。1991 年,司法部、教育部曾组织人员编写与《法律基础教程》相配套的《案例浅析》一书,作为“法律基础”课的教学参考用书。该书选进了 100 多个案例,分别运用刑法、民法、经济合同法、继承法、婚姻法、刑事诉讼法、民事诉讼法、行政诉讼法等法律的有关条款,对案例进行通俗易懂的分析。现在法学各主干课程都有了相关的案例辅助教材。

笔者认为,在我国现阶段,为提高本科法学教学的质量,提高法学培养人才的质量,还应普遍采纳案例教学法。

首先,虽然我国不承认判例法,不在案例当中寻找法律原则与规则(即归纳方法),但是怎样从“问题”当中寻找其法律解决方法,这与英美案例教学方法是异曲同工的。通过案例教学,学生能够从案例当中寻找分析问题的方法,以此培养学生能真正掌握解决问题的能力。传统的课堂讲授方法不能满足培养学生能力的需要。课堂讲授法是我国高校法学教育中运用最普遍的方法,是教师通过口头语言向学生描绘情境,叙述实施,解释法律概念,论证法学原理原则的教学方法。运用讲授法,教师可以向学生传递知识信息,在此基础上促进学生认识能力的发展。讲授法有很多优点,如成本低、效率高,单位时间内传递信息量大等,但同时也存在诸多缺陷。讲授法容易使课堂教学演变为注入式,只注重系统知识的传授,而忽视启发学生的思维,容易造成学生思维和学习的被动,不能满足现代社会对法学人才实践能力的培养。

其次,本科法学是一门实践性很强的学科,这一点从我国本科法学专业的人才培养目标可以看得出来,主要是培养能够从事法律职业的专门人才(诸如法官、检

---

① [美]庞德:《中国法律教育的问题及其变革路向》,贺卫方编:《中国法律教育之路》,中国政法大学出版社 1997 年版,第 329 页。

② [美]庞德:《中国法律教育的问题及其变革路向》,贺卫方编:《中国法律教育之路》,中国政法大学出版社 1997 年版,第 329 页。

察官、律师等),而且近些年举办的律师资格考试(从 2002 年改名为“司法资格考试”,即将以前初任法官、初任检察官考试以及律师资格考试合而为一)也看重考生实际的解决与分析问题的能力。为适应这种需要,教学中实施案例教学法不失为一种有益的尝试。

最后,实施案例教学方法是本科法学教学方法改革的一个基本趋向。本科教学方法的改革是我国高等教育改革的一项重要内容。我国本科法学教育不能一贯采取“灌输”的教学方法,其弊端是显而易见的,不利于课堂教学水平与效果的提高,不能调动本科学生学习的积极性等,在很大程度上,案例教学可以避免这些不利方面,当然,案例教学并不是最好的,只是在法学教学中采纳案例教学法在某种程度上既能提高我国现阶段的教学水平与效果,也能提高学生的实际能力。

二、法学本科案例教学法的基本原则和要求

在教学活动中,教师应根据教育规律的要求自觉地按照教学的原则完成教学过程。所谓教学原则,是指总结教学经验、反映教学活动规律、体现一定教学目的、为提高教学成效而提出的教学基本要求。案例教学法主要遵守和贯彻了以下教学原则:

(一)联系实际原则

联系实际原则是指大学教育应紧密结合生产、科技和社会生活的实际,在学习理论知识的同时,加强各种教学与实际的联系,注重学以致用,使学生在理论与实际的联系中学习知识、认识社会,并提高他们运用理论分析解决问题的能力。法学教育的联系实际有一定的困难,法律专业的学生不能像学电脑的学生一样上机操作,也不能像理工专业的学生到工厂实际动手。而法学专业的实习也都是放在临近毕业时专门进行。因此,如何在日常授课中贯彻联系实际这一教学原则就成为一个问题。笔者认为,最好的答案就是案例教学法。在教学过程中,案例教学法使学生既能学到理论知识,又能接触到社会实际。当然,法学系列案例教学法的联系实际有间接联系和直接联系两种。间接联系就是列举案例、讲评案例、讨论案例。直接联系是实习案例,旁听案例也有直接的成分。本科法学教学的系列案例教学法只是联系实际的一种方法。除此之外,还应在课程设置、教材的选用等方面做到联系实际。

(二)知能并重原则

知能并重原则要求大学教师在对本科学生传授知识的同时,注重培养学生多方面的能力,重点培养学生逻辑思维能力、创造性能力和操作能力,并使他们具有

科学的思维方式和实际解决问题的能力。现代教育学认为，知识是个人后天获得的对客观事物的认识，能力是其完成某项活动所表现的个性心理特征。知识和能力是两个不同概念，但二者又有密切的联系。能力的发展必定以知识的积累为前提，在掌握和运用知识过程中来加以实现，并影响知识掌握的速度和知识的运用效率。

案例教学法要求教师在传授法学理论知识的同时，注重培养本科学生的多种能力。通过列举案例、讲评案例，培养学生逻辑思维能力；通过讨论案例，培养本科学生创造性思维的能力；通过模拟法庭，培养学生实际操作能力；通过以上几种案例教学，培养学生科学的思维方式和分析问题、解决问题的能力。另外，通过系列案例教学法，在提高学生智力因素的同时，也发展和提高了学生的动机、兴趣、情感和性格等非智力因素，而非智力因素的培养对发展学生的创造过程起着推动、引导、维持、强化、调节、补偿等重要作用，反过来又强化了学生的以上能力。

当然，要发展本科学生的以上能力，仅有系列案例教学法是不够的，还要求教师在教学过程中把发展、提高学生的各种能力确定为教学大纲的一个重要目标，并将其贯穿于教学的各个环节，把教、学、做事、做人有机地统一在教学过程之中。

（三）启发诱导原则

启发诱导原则是指教学活动应以启发为指导，并引导本科学生从事积极的智力活动，从质疑问题、答疑解惑中理解教学内容，融会贯通地掌握知识，并训练学生良好的思维和积极主动精神。学习是极为艰辛的脑力劳动，需要一系列复杂的智力活动。法学本科生的学习对象是比较深奥的法学专业理论知识，更需要通过积极的智力活动才能理解。这就要求教师应循循善诱，启发学生积极思考，开动脑筋，通过反复比较、分析、概括，理解有关理论知识。系列案例教学法是教师采用启发式教学的良好载体。尤其是讨论案例法，要求教师在组织学生讨论案件时，不断启发，诱导学生开动脑筋、积极思考、勇于发言。教师对学生的发言要认真分析，指出其有误的地方，发现其可取之处。以此达到理解知识、掌握理论、增强能力的教学目的。

案例教学的目的在于学习理论，训练思维，培养能力。这种教学方式还有一些具体要求。(1)全面准确理解法律规范的含义，运用多种教学方法，及时吸收与社会生活相联系的案例，有针对性地思考和解决实际问题。(2)教师不仅要懂理论，会讲课，而且还要关注社会现实，善于从社会现实中发现问题，并能够对这些问题进行分析、研究与解决。这要求法学教师要接触法律实务，既懂理论，又懂实务。(3)要充分发挥教师与学生两个方面的积极性和创造性。案例教学中既要靠教师本人的理解、经验、体会和心得，也需要运用学生的知识、阅历、情趣和能力。只有教师与学生共同努力，案例教学才能成功。

近年来，随着社会对法律人才的需求以及教育的发展，法律院系大幅度发展，不论是从事法律教学的教师人数还是学习法律的学生人数等都是前所未有的。但是，教学方法还不能跟上形势的发展，还局限于传统的“灌输”形式的满堂灌的教学方法，老师在讲台上讲，学生在下面记笔记。这种方法不利于教学效果的提高，不利于培养社会所需要的法律人才。

三、法学本科案例教学法的模式

案例教学法是一系列的实践性教学方法，由多种具体方法共同组成。根据具体情况可以尝试以下案例教学的模式，可以根据需要任意选择使用，也可以任意组合使用，也可以全部使用。每一种方法的目的和具体操作各有其特点。

(一)列举案例法

列举案例法是指教师在授课中，为了说明法学理论、法律制度或某项法律条款的内容或某一实践问题而列举一个或一组案例。列举案例法的目的在于揭示现象、说明问题。比如，为了使本科学生明白犯罪构成理论中的犯罪客体对定罪的影响，教师可以列举两个相似的案例：甲盗窃工厂仓库中的电缆，构成盗窃罪；乙盗窃铺在地下的正在使用中的电缆，构成破坏通信设备罪。再比如，为了说明犯罪的社会危害性而举出一些贪污的案例等。列举的案例可以是现实发生的真人真事，也可以是为教学需要对真人真事进行加工后的案例；可以是十分严肃的案例，也可以是啼笑皆非的案例。要根据讲课的具体内容由教师自主灵活地掌握和使用。

(二)讲评案例法

讲评案例法是指教师为了帮助本科学生理解某一教学内容而对某一案例进行深入剖析，从中挖掘出比较深刻的东西，并通过讲评案例使学生掌握教学内容的教学方法。比如，在讲民事诉讼法中普通程序的各个阶段时，教师可以讲“王××诉李××损害赔偿一案”，从王××如何起诉，李××如何应诉，到法庭如何审理等。这就可以使学生明确民事诉讼普通程序的起诉和受理、审理前的准备、开庭审理(法庭调查、法庭辩论)等各个阶段。当然，也可以进行电化教学，播放民事审判的录像片，边看边讲评，这样的效果更好。

(三)讨论案例法。

这是对某一法学课程的某一主要章节进行讲授后，为了加强学习印象，巩固学习效果，检验学习水平，而组织学生进行讨论案例。这一方法要求教师必须事先准备好有一定针对性和难度、有不同意见和结论的案例。这类案例必须具备主要情节和细节，教师在介绍案情后，提出有关问题，要求学生运用所学的法学理论和有关法律规定解决实际问题。可分小组讨论，也可以大班讨论；可以先合后分，也可以先分后合，要让每一个学生都有表达自己见解的机会。教师最后对学生中出现的不同意见进行一一评析，给出参考答案并说明理由。培养学生分析问题、解决问题的能力是运用讨论案例法的关键和目的。

（四）旁听案例法

教师为配合讲课内容，有针对性地选择人民法院审理刑事、民事、行政等案件，组织学生进行旁听。这种形式需要教学部门同司法实践部门相结合来进行教学。组织学生到法院旁听一些较为典型的案例，其目的是让学生全面了解各种诉讼程序，尤其是各种诉讼的庭审程序，有助于学生提高学习兴趣，同时能使学生对于各类诉讼有一个直观的、感性的认识。观察法官、检察官、律师等人员的办案技能、表达等能力，让学生了解到庭审中各诉讼关系主体的地位差异及各角色的作用。旁听案例法作为一种现场教学方法，还能加强教学与现实生活的联系，培养学生的创造精神和独立思考能力。

（五）模拟法庭教学法

在本科法学教学中建立模拟法庭教学环节是有效提高教学质量与水平的关键措施，一些学校已建立比较规范的模拟法庭，实施的效果也比较好。等学生既学习完民事诉讼法（或刑事诉讼法、行政诉讼法）等程序法后又学习完民法（或刑法、行政法），既熟悉程序法的内容又具备实体法的知识后，教师就可以发动、组织学生进行实际操作，模拟法庭。由学生亲自当法官审理案件或参加庭审，全面掌握和理解程序法和实体法的法律规定解决实践问题，提高学习兴趣，树立学习自信心。模拟法庭教学法是一种具备综合内容的教学方法。它不但可以让学生掌握知识，而且还可以培养学生分析问题、思考问题、解决问题的能力，提高学生的思维能力、口头表达能力、书面语言的表达能力以及组织和创造能力，培养学生的非智力因素。由于模拟法庭需要具备多门法律知识和多种能力，一般在大二大三以后进行。

（六）多媒体案例教学法

在法学教学当中，涉及某一法条、原理及规则的理解时，可以运用多媒体设备进行即时的案例教学。这种形式在具备多媒体教学条件的情况下比较容易实施，教师可以根据课程教学的内容编写适合的案例，便于学生理解与消化法条、原理及规则。

(七)法律诊所教学法

法律诊所教育是20世纪60年代从美国兴起的,是美国民权运动的产物。这一运动促使律师和法学院的学生重视法律规则在实践中,尤其是在履行宪法中平权和正当程序原则时存在的不足。民权运动使人们认识到将书本上的法律知识转化为实践的重要性。在实践中,重要的是为涉及民事案件尤其是刑事案件中缺乏法律知识的人们提供法律咨询。由于认识到司法制度中存在的缺陷以及在提供法律服务上的不力,美国法律界和法律院校开始更多地思考法律教育在解决这方面的问题上应起的作用。他们认识到法律院校不仅应提供法律服务,而且还应培养学生有意识地为处于不利地位的一方委托人提供帮助。正是基于以上考虑,法学院设立了法律诊所教育课程,在院校教师同时也是持证律师的监督下,为处于不利境地的委托人提供法律服务,并将其工作成绩计入学生的学分。我国"从2000年秋季开始,在美国福特基金会的资助下,借鉴美国法学院的经验,首次在全国7所院校尝试运用诊所法律教育方式,开设'法律诊所学'课程"[①]。法律诊所教育也是一种案例教学方法,与前文所述不同的是,它所谓的"案例"是让学生自己解决问题与分析问题的现实案例,直接培养学生的实际能力,为学生走向社会准备了"准入"的条件。

四、实施本科案例教学法应当注意的问题

法学学科教师在采用案例教学法时,为了取得比较好的预期教学效果,应当注意以下问题:

(一)教师应当转变教育思想,树立现代教育观念

教师要转变千百年来形成的继承性的教育思想,树立创造性教育观念。要从传授已有知识为中心的传统教育转变为着重培养学生创新精神的现代教育。没有创新,就没有发展,人类就不能进步,一部人类社会发展史,就是不断创新的历史。从本质上讲,学校教育当然地具有培养学生创造能力和创造精神的任务。然而,我国高等院校以往更重视学生对已有知识的继承,而忽视对学生创新能力的培养。在法学教育中,我国高等院校更重视对现有法学理论、法律制度的吸收和消化,而忽视在法学理论、法律制度方面的创新。这是法学教育中的一个极大缺陷。案例教学法以传授已有的知识为起点,注重培养学生的思维能力,分析问题、解决问题的能力,培养学生的创造力。在运用系列案例教学法时,教师应当首先给学生讲清

① 甄贞主编:《诊所法律教育在中国》,法律出版社2002年版,第6页。

楚利用系列案例教学法进行教学的预期目标,使学生明确学习方向,并自觉地向这一目标迈进。

(二)案例选择的适当性与典型性

案例选择只是说明问题或者便于课程的教学,有利于本科学生正确掌握法律原则、规则以及领会、掌握知识点。案例的选择要根据各法学专业课程讲授及设置内容需要,体现本专业课的特色及专业深度,还要有一定的难度。“案例教学中的案例可能是法院的判决,也可能是根据教学需要设计的,案例可以是一个案件的全部或部分,也可以是几个案例合成。因此,案例教学中是允许对案例进行取舍的。本科学生对案例的学习不是把案例作为法律来掌握,而是对成文法的理解和运用,初步体会法律对社会生活的调控作用。”①比如,在刑法教学中,教师就应当尽可能地选择和提炼司法实践中具有概括性、代表性,并且能够体现刑法重点、难点和疑点的应用性强、操作价值大的典型案例,也就是要选择那些既有一定深度又有一定难度的案例。这种案例的内容应当具有较深的理论性和较强的实践性,同时应当对学生把握知识的难点、重点和疑点,促进学生们的刑法应用操作能力具有重要的引导和启示作用。一般来讲,列举案例法对案例的细节没有过多要求。它可以是几句话就讲完的一个案例,也可以是在一节课内讲完的一个案例;它可以是实际案例,也可以是教师根据有关材料加工而成的案例;可以是当事人有名有姓的案例,也可以是用甲、乙、丙、丁来代替主人公的案例。总之,教师可以根据需要自行决定。讲评案例法中的案例一定要反映、揭示现实社会中的某些问题。这类案例可以是对政治、经济、文化、教育、科技等方面有重大影响的案例,通过教师的讲解给学生以启迪和思考。讨论案例法中的案例,一定要有确实根据或证据,并能说明法学课中某一具体问题或法律规定,使学生经过讨论能得出结论性的成果。而运用旁听案例法时,教师可以让学生到法庭参加旁听,也可以采用请进来的办法,将法庭请到学校开庭审理。学生有了一定的法学理论和法律知识,并参观了法院如何审理案件后,就可以着手进行模拟法庭审判,并按实际审判的要求进行多次排练,准备充分。在模拟法庭的教学过程中,学生不仅是教育对象,而且还是教学的主体。

(三)建立案例教学需要的一些基本设施

在前文所述的几种案例教学形式中,多数需要建立一些满足案例教学所需要

---

① 周世中、倪业群等:《法学教育与法科学生实践能力的培养》,中国法制出版社 2004 年版,第 100 页。

的基本设施。多媒体案例教学方法的运用就需要建立多媒体教室及一些相应的设备，如各种视听资料、照片、录像设备等；模拟法庭教学方法的运用就需要有能够进行模拟审判的场所及设备。作为常规的法学教学来讲，多媒体教室以及模拟法庭是法学专业教学必不可少的基本设施。

（四）要与司法实践部门密切合作

案例教学法的运用要求法律院校必须加强同司法部门，尤其是与法院、检察院、律师事务所的联系和合作，共同创办教学与实习基地，使司法部门遇到典型案件能为法学院师生所知，使法学院师生更多地接触一线实务，使高校教师更多地参与一些典型案件的论证。在必要的时候，组织学生到法院观摩疑难案件的审判，同法官、检察官、律师等进行讨论，共同提高解决疑难案件的能力。教师也可组织学生收集疑难案例，充实案例教学内容，从而提高案例教学的质量与效果。

（五）实行导师制

虽然我国的法学教育有多种层次，不同层次的教育有不同的要求，但一般在硕士研究生这个层次实行导师制。因为在本科层次实行导师制有一定的难度。不过，我国已有几所学校实行诊所式法律教育取得了较为成功的经验。实践证明，在高年级实施小班制的导师指导的案例教学还是行得通的。当然，这对教师也提出了更高的要求，教师不仅要具备深厚的理论功底，而且还需要有较强的实践能力。教师作为教学的主体，自己应当明确司法实践中的审判方式、方法和过程，这样才能灵活、熟练地运用系列案例教学法进行教学，并能获得较好的教学效果。如果教师本身对司法实践一知半解，案例的选择也是从书本上获取，其教学过程仍是从书本到书本，就无法达到系列案例教学法所能达到的效果。根据经验，“双师型”教师，即做过律师的教师更适合实施案例教学法。此外，司法部门具有较高理论素质的法官、检察官也比较适合实施案例教学法。而仅有理论知识缺乏实践经验的青年教师往往不能胜任这一教学法。

关于概率论课程翻转课堂的教学改革

周 丽

2019年,教育部在《关于深化本科教育教学改革全面提高人才培养质量的意见》中指出要“着力打造一大批具有高阶性、创新性和挑战度的线下、线上、线上线下混合、虚拟仿真和社会实践‘金课’。积极发展‘互联网+教育’、探索智能教育新形态,推动课堂教学革命”[①]。2018年教育部《关于加快建设高水平本科教育全面提高人才培养能力的意见》也提出,要“围绕激发学生学习兴趣和潜能深化教学改革”,具体包括“以学生发展为中心,通过教学改革促进学习革命,积极推广小班化教学、混合式教学、翻转课堂,大力推进智慧教室建设,构建线上线下相结合的教学模式。因课制宜地选择课堂教学方式方法,科学设计课程考核内容和方式,不断提高课堂教学质量。积极引导学生自我管理、主动学习,激发求知欲望,提高学习效率,提升自主学习能力”[②]。

数学作为基础学科是所有科学研究的重要基础,热门前沿的人工智能或者其他基础学科都需要数学作为支撑。李克强总理在视察北京大学数学科学学院时强调:“数学是自然科学的皇冠,是其他科学研究的主要工具。”长期以来,数学课程传授知识的方式大多以老师讲授为主,学生处于被动接受知识的位置。伴随着科技的发展,教学手段的多样化与多元化使得数学课程的讲授方式和学习方法突破传统课堂组织架构、实现改革创新,寻求以学生为主导的新型教学模式成为可能。

“概率论”课程是数学与统计学院统计学、数学与应用数学专业、信息与计算科学专业与澳国立联合理学院数学与应用数学专业本科生必修的一门专业课程,是专业知识学习过程中第一门研究随机现象统计规律性的数学课程,是统计理论和方法的基础。“概率论”与数学的其他分支有着密切联系,在数学专业学生的知识

① 教育部:《关于深化本科教育教学改革全面提高人才培养质量的意见》,2019年10月8日,http://www.moe.gov.cn/srcsite/A08/s7056/201910/t20191011_402759.html。

② 教育部:《关于加快建设高水平本科教育全面提高人才培养能力的意见》,2018年10月8日,http://www.moe.gov.cn/srcsite/A08/s7056/201810/t20181017_351887.html。

体系中占有极其重要的地位。该学科产生于社会客观实际的需要，与社会生产力的发展有着密切关系，由于其理论严谨，应用广泛，已成为现代工程技术与社会经济管理人员必须掌握的一种技术工具。

课程为学生提供必要的概率论基础知识，通过本门课程的学习，学生将掌握概率论的基本概念、熟悉其基本理论与方法，拥有通过实践锻炼描述、处理随机现象中问题的能力以及运用概率统计方法分析和解决实际问题的能力。课程需要数学分析、高等代数等本科一年级课程作为基础，同时将为后继专业课（如数理统计、随机过程、时间序列等）的学习提供基本概念、理论基础和应用方法的支持，为学生今后从事规划论证、系统分析、设计、仿真、决策与控制研究等提供数学思想和数学方法支持。本课程帮助学生达到如下毕业要求：能够将数学与自然科学的基本概念运用到复杂工程问题的适当表述之中；能够针对一个复杂系统或者过程选择一种数学模型，并达到适当的精度要求。

继慕课的大力发展，翻转课堂也成为一种新兴的教学模式。为响应学校全面深化本科教育教学改革的号召，实践“以学生为中心”的教学理念，解决数学理论课程教学方式单一、学生参与度不足等问题，2021 年秋季学期“概率论”课程引入了雨课堂平台，利用翻转课堂方式，极大地提高了学生的参与度和积极性。课程教学设计中紧密结合概率论在各学科中的应用，引导学生思考问题中数学模型的建立和问题的设定，并在其后的学习中逐步解决问题。通过雨课堂和翻转课堂引导学生参与并自己提问，激发学生学习的兴趣，学生将获得科学创新的培养与训练，为今后科研奠定坚实的基础。以学生为本的教学过程与方法设计，不仅能协助学生培养数学逻辑思维能力，而且还能提高学生将学习的知识用于解决问题的能力。

一、课程现状与学情分析

课程面向数学专业二年级学生。进入大学之后，学生已经得到系统的高等数学培养，基础专业课程如数学分析、高等代数、解析几何等已经讲授完毕。通过这些课程的学习，学生已经掌握基本的分析工具，具有了良好的数学思维模式。同时，经过一年的学习，学生已经培养出适合自己的、适合大学节奏的学习方法。这些都为提升自主学习动力、提升学习主观能动性奠定了基础。

本校数学课程大班居多，教师在讲授过程中要照顾一般学生的学习进度和学习能力，普遍存在“有的学生吃不饱，有的学生吃不了”的情况。提升学生自主学习的动力，让学生自己掌握学习的深度和广度，有助于学生的个性化发展。随着科技的发展，各类教学方式层出不穷，线上资源极大丰富。现代学生对诸如雨课堂、腾讯会议等线上教学方式习以为常，在线上资源查找方面更是颇具水平，此时将翻转课堂引入大学课堂正是时机。事实证明，学生在翻转课堂的参与中积极性极高，表现出极高探索欲，甚至获得了颇为令人惊讶的有效研究成果。

二、教学改革设计方案

本课程是理论性较强的一门课程，总学时 64 学时，共计 4 学分。在教学实施过程中以教授理论为主，包括课堂教学环节 52 学时。为使学生能够更好地理解与运用各种概率分布和统计方法，课程设置了总计 12 学时的翻转课堂。具体实施过程如下：

(一)线上线下课堂相结合的教学方案

在保留现有课程资源的基础上，采用线上资源与线下课程相结合的课程组织形式。线上学习内容主要为知识点与教学案例的结合，使学生能够更好地理解概率论的历史、发展过程、实际应用以及研究前沿。

(二)翻转课堂教学方案

在保留现有课程线上线下资源的基础上，每章均安排至少一次翻转课堂，采用线下课堂教学与翻转课堂交替进行，如表 1 所示。翻转课堂的整体教学实施方案如下：全体学生采用自愿分组的形式开展翻转课堂，每组 4～5 人，共 32 组；每次翻转课堂由 4 组学生小组参加课堂讨论。

表 1　翻转课堂基本教学安排

课时	1	2	3	4	5	6	7	8	9	10	11	12	13	14	15	16	17	18	29	20	21	22	23	24	25	26	27	28	29	30	31	32
讲授	√	√	√	√	√	√	√	√	√	√	√	√	√	√	√	√	√	√	√	√	√	√	√	√	√	√	√	√	√	√	√	√
翻转					√					√			√			√			√			√			√			√				

(三)课堂教学方案

课程教材为李贤平所著《概率论基础》，同时利用谢尔顿·M·罗斯(Sheldon M. Ross)所著《概率论基础教程》、威廉·费勒(William Feller)所著《概率论及其应用》以及杨振明所著《概率论》等参考教材引入案例教学，主要讲授重点、难点。在课堂教学中，利用雨课堂的选择填空等客观题，主讲教师在课堂中及时掌握学生学习的效果，同时通过发布测试题的方式，巩固学生的知识学习效果，经累加式考核形成部分平时成绩。

三、翻转课堂教学实践

本学期的翻转课堂效果非常显著。在某次讨论中，我们的主题是“研究细胞的分裂中子代标记染色体的规律”。其中一组同学详细讨论了各种可能出现的情况，利用初等概率理论进行计算并得到有效的结论，在报告的最后引入了马氏链的概念做出讨论；另一组同学则专注于其中一个点，以略显稚嫩的手段推出了非常有意义的结果，初步展现出一定的科研思路：“在这里我们有了三种不太严谨的想法。(1)开始我们猜测标记为0条的细胞和标记为45条的细胞到最后是一样多的都占1/2。但是后面又从对称性将这个想法给推翻了……(2)接着我们从另一个想法中得到了一个我们看似没毛病的计算极限的方法……(3)老师在讲随机游动的时候给出的模型，两个吸收壁有点类似于0条和45条的细胞。我们从1条的细胞开始，因为类似随机游走它向前和向后的概率相同，这就符合 $p=q$ 的那种设定……”小组同学的讨论是有效的。他们在论文中详细阐述了自己完成课题的讨论过程，从一开始的猜测，到后来利用相应概率知识经过详细推导给出结论，虽然部分理论不够严谨，但是应用后续课程“随机过程”中马氏链的相关理论可以证明他们的结果是正确的。我们提供了学生展示的平台，学生回报给我们极大的热情和出色的成果。

在关于疾病传播模型的一次讨论中，某小组同学引入了流行的SIR模型讨论经典的疾病传播模式，其后又在已有模型的基础上考虑有效药物和疫苗的干预对疾病传播的影响，通过理论推导数学模型，并以更直观的图表形式展示出没有干预和有干预情形下的传染机制，展现出自主学习的能力和创新性思维方式。

课堂教学中引入的雨课堂模式也得到学生的积极响应。课前教师登陆雨课堂发布进入课堂邀请，在课堂进行中，学生能够更清楚地看到PPT的内容，对于不懂的部分可以及时反馈。课堂中教师可以发布各类小问题，通过学生的回答考察相应知识点的理解情况。利用课堂开始时的互动测验，可以掌握学生利用慕课(Massive Online Open Course，MOOC)资源进行自学的效果，方便及时调整课堂教授内容；利用讲授完知识点后的互动测验，从数据中可以随堂实时掌握学生对于相关知识点的掌握情况；利用课后课件数据，可以直观掌握学生学习困难的知识点。

四、教学效果评估

翻转课堂效果显著。通过翻转课堂的引入，学生对概率论学习的积极性大大提高。通过不同的课题讨论，学生能更好地理解概率论在各个行业的应用价值，增强了学习动力。为了更好地完成课题，学生需要主动查询概率论后续课程的相关知识，如数理统计、随机过程、时间序列等，对统计学专业知识体系就会有更好的把握。一份完整的课题报告除了理论的推导和应用之外，还涉及数据的收集、整理、编程、展示，在完成课题报告的过程中，学生的编程和软件应用能力也得到了很好的锻炼。学生在报告中表示："在对问题的探索和不断研究中，我们应用了许多课本上涉及的知识，如条件概率、古典概型、全概公式、随机游动等。这些看起来乏味的公式，在概率计算中却发挥了很大的作用。同时，也开阔了我们的思路，使我们对解决这些与时间相关的概率问题有了一些初步的想法，在思考中提高了我们对概率论研究的热情！"

通过实施翻转课堂，在本课程完成后，学生将具备以下能力：

1.掌握概率论基本概念和性质、并能够运用到复杂工程问题的适当表述之中。

2.能够针对工程应用系统或过程的特点选择合适的概率分布来描述随机现象的统计规律性。

3.以概率论为基础，能够根据试验或观察得到的数据来研究随机现象，运用参数估计和假设检验等基本的统计方法，对客观规律性作出合理的估计和判断，以解决实际问题。

在学期末的评教中，督导和学生评价表示，"授课教师能够熟练运用多媒体和现代教育技术开展教学活动；教学内容理论联系实际，能够把握本学科前沿，具有学术深度；教学方法灵活多样，采用互动教学方式；重视学生学习的主体地位，注重引导学生自主学习；学生系统掌握学科知识，培养了实践能力和创新精神"等。多样化的课程考评从各方面考察了学生对课程的综合掌握和应用，也取得非常优异的成果。

五、教学反思

本学期的教学也有一些不足之处。在教学准备上，由于翻转课堂的引入占用了一部分时间，导致本学期教学时间安排比较紧张，部分计划没有完全实现；在教学案例上，教师还应利用假期精进，寻求更贴近生活、更能体现概率论在各行业应用价值、更能引发学生兴趣的案例。

本次将翻转课堂引入本科“概率论”课程的教学是一次成功的尝试。教学过程中，教师通过雨课堂和线上资源加强了学生的参与度，提升了学习动力和效果；授课过程中，教师通过各类实例问题的演示，激发了学生学习课程的兴趣，也有利于学生在将来的工作学习中学以致用；翻转课堂中，不同课题的组织引导学生自主思考，鼓励学生提问，为今后的科研奠定了基础。在理论课程之外增加数值模拟，使学生得以实践计算机语言的学习，并逐步验证概率论相关理论结果。通过完成课题，学生对专业知识体系融会贯通，这对将来其他课程的学习起到了重要的引导作用。下学期概率论第二轮次的教学中，将继续通过翻转课堂和雨课堂引导学生学习，将以学生为主体的教学模式进行下去。

论深度学习视域下翻转课堂的有效条件及教学策略*

马　莲　时　琳

进入21世纪以来，随着教育信息技术和移动互联网的迅猛发展，网络学习资源的丰富性、便捷性、交互性、共享性、流动性等特征为学习者提供了学习的无限可能，对教师的教育教学也提出了新要求和新挑战，同时也使得依靠标准化教育来批量生产的人才模式难以为继。深度学习作为全新的教育理念，无论在学习领域还是在教学领域都为翻转课堂提供了新视角，尤其在新冠肺炎疫情在全球范围内的不确定性增加的形势下，面对后新冠肺炎疫情时代高校课堂教学的新挑战，教师要思考如何使翻转课堂成为提高课堂教学质量的有效途径。在发挥慕课(Massive Online Open Course, Mooc)作为大规模在线开放课程的开放性、即时性和社群性等鲜明特点的基础上，教师要研究实现翻转课堂的有效条件，思考如何在翻转课堂中创建师生共同体，以充分发挥学生的自主性，进一步培养学生的学习自主性和批判性精神，从而提升教育教学效果。

一、深度学习的内涵

深度学习概念源于人工神经网络的研究。弗伦斯·马顿(Ference Marton)和罗杰·萨尔乔(Roger Saljo)在实证研究的基础上，将学习者分为深层学习者和浅层学习者，并于1976年首次提出深度学习和浅度学习。关于深度学习的重要性，美国威廉和弗洛拉·休利特基金会(the William and Flora Hewlett Foundation)认为，“深度学习是学生胜任21世纪工作和公民生活必须具备的能力”①。深度学习要求学生在21世纪发挥全部潜能，能够适应社会、适应时代、适应未来。

不同研究者从不同视角出发进行了多维度研究。我国学者黎加厚提出，深度学习是指在理解的基础上，“学习者能够批判地学习新思想和事实，并将它们融入

---

* 本文为山东大学(威海)2021年度教学研究与教学改革项目“中外合作办学背景下‘滴灌’式课程思政研究”的阶段性成果。

① 转引自何克抗：《深度学习：网络时代学习方式的变革》，《教育研究》2018年第5期。

原有的认知结构中，能够在众多思想间进行联系，并能够将已有的知识迁移到新的情境中，作出决策和解决问题的学习”[①]。钟启泉认为，深度学习是“学习者能动地参与教学的总称”[②]，这种学习并非始于知识的知记和传递，而是始于“揭示问题”，重点在于发现问题。正如爱因斯坦的观点，提出一个问题往往比解决一个问题更重要，更困难。正因如此，提出问题才标志着科学的真正进步。而深度学习能够使学习者自身展开知识的“结构化”与“链接”[③]，强调已有知识和新知识的整合，即将新信息与已有的知识结构和概念联系起来，整合到已有知识结构中，并建立起新的有意义的链接，从而实现对新知识的理解与保持，最终达到知识的迁移与运用。

以上研究从不同视角提出了关于深度学习的基本内涵，但究其本质而言，深度学习作为一种全新的学习方式，强调学习者的主体性和自我责任，强调“学生在认知过程中的主体地位”和“教师在教学过程中主导作用”[④]。这种教育理念强调通过必要的资源和工具使学生能够掌握课业知识、培养批判性思维和创造性解决问题的能力、团队合作精神、有效沟通能力、自主学习意识和强烈的学术自我效能。

二、深度学习视域下翻转课堂的主要特征

比格斯(J. Biggs)与唐(C. Tang)认为，深度学习的特征是“反思”[⑤]，就是学习者进行主动、全面、细致探究的过程，是学习者的批判性思维和独立思考的能力展现。莫妮卡・R.马丁内斯(Monica R. Martinez)等人通过对美国八所创新型公立学校的研究，认为深度学习的特征就是批判性思维和学习自主性，学习者成为“更加独立的思想者”[⑥]。而全球化和数字化时代越来越需要成熟的批判性思考者。因此，综合来讲，深度学习的主要特征体现在以下三个方面：

(一)自主性

自主性强调以问题为导向，自主学习、自主构建、自我反思，在学习过程中生成意义，提升学习者的创造性思维，培养其创新精神。杰罗姆・布鲁纳(Jerome Bruner)提出一个从低级到高级的教学目标系统，包括识记、理解、应用、分析、综合

① 何玲、黎加厚：《促进学生深度学习》，《计算机教与学》2005年第5期。

② 钟启泉：《深度学习：课堂转型的标识》，《全球教育展望》2021年第1期。

③ [日]稻垣忠：《教育的方法与技术》，北大路书房2019年版，第111页。

④ 何克抗：《深度学习：网络时代学习方式的变革》，《教育研究》2018年第5期。

⑤ 钟启泉：《深度学习：课堂转型的标识》，《全球教育展望》2021年第1期。

⑥ [美]莫妮卡・R.马丁内斯、丹尼斯・麦格拉思：《深度学习：批判性思维与自主性探究式学习》，唐奇译，中国人民大学出版社2019年版，引言第4页。

及评价。后经其学生按照人们认知能力的高低修改和完善，增加了创造层次，调整为记忆、理解、应用、分析、评价及创造。教师可以利用深度学习理论，通过知识的动态构建，培养学生的积极性和创造性，提高学生发现问题、分析问题和解决问题的自觉意识。因此，自主性成为深度学习视域下翻转课堂的首要特征。

（二）批判性

深度学习注重引导学生如何用论据支撑观点、如何表达观点、如何怀着谦逊的态度聆听观点。21 世纪是一个变化迅猛的时代，批判性体现在对知识的创新和对理性社会的反思，体现在培养学生能够喜欢探索、充满理性，能够有条理地处理复杂问题，并“坚持不懈地追求题材和条件容许的最精确的结果”[①]。因此，时代的变化呼唤终身学习者能够自主有效地进行学习，最重要的是要成为具有强烈创新意识的深度学习者，敢于质疑现有理论，勇于开拓新方向。

（三）对话性

深度学习视域下的翻转课堂与传统课堂完全不同，前者将知识的学习提前至课堂教学开始前，课堂教学中师生共同体解决的是知识的内化与迁移。翻转课堂中，通过给定主题的即兴演讲、辩论、苏格拉底式的问答等方式，将课堂控制与管理权还给学生，不同学生的学习经验被连接起来，同一个学生的学习经验也被激活，强化了已有知识与生活的有效链接，促进了对话的意义性与生成性。因此，深度学习的对话性特征提升了学生的人际沟通能力、团队协作意识，促进了知识与智慧的分享与传播。

三、深度学习视域下翻转课堂的有效条件

作为一种全新的教学模式，翻转课堂颠覆了传统教学模式，在深度学习视域下将大学优质慕课资源和线下个性化教学结合，“要求学生进行深度的信息加工、主动的知识建构、批判性的高阶思维、有效的知识转化与迁移应用及实际问题的解决”[②]，教师主导与学生主体有效结合，知识性与价值性有效融合，显性课程与隐性课程的有效衔接，激发学生的学习兴趣，激起问题讨论的强烈愿望。通过对参与

---

① [加]董毓：《批判性思维十讲：从探究实证到开放创造》，上海教育出版社 2019 年版，第 9 页。

② 曾明星等：《从 MOOC 到 SPOC：一种深度学习模式建构》，《中国电化教育》2015 年第 11 期。

《思想道德与法治》翻转课堂“1+1+1”[①]模式的学生访谈，发现这些成长于互联网时代的青年更愿意“积极参与课堂教学”。一方面，学生通过智慧树自主观看慕课并进行章节测试，对知识点进行学习和巩固强化；另一方面，在掌握基本知识的基础上通过“登台展示、登岛实践、课程总结和课堂讨论”四位一体的实践形式，使得翻转课堂的知识性与价值性融于一体，师生共同体得以构建。

（一）角色定位：深度学习视域下翻转课堂的首要任务

传统的教学方式通过教师的“言传”，将知识传授给学生。深度学习下的翻转课堂将学生看作具有主观能动性和具备浓厚兴趣的学习者。教师通过制作视频、组织课堂和课后辅导等一系列的教学活动帮助学生自主学习，从而实现教学目标。在师生共同体中，一方面，教师对学生作品展示、辩论、诗歌创作、新闻制作、情景剧表演、课程总结等登台实践活动进行主题和知识点的统领和总设计；另一方面，教师注重对学生进行价值观引领，及时纠正学生所持的错误思想观念。

1.明晰教师在翻转课堂中的角色定位

单纯的慕课学习无法实行有效的监督机制，翻转课堂融合下，教师督导学生及时完成慕课学习任务，学生能及时跟进课程进度，在学习与思考中加深对知识的理解与内化。教师是课后学习再升级的辅导者，如果说微课视频是翻转课堂的前提，那么课堂互动便是精髓，课后实践与答疑则是对知识的进一步巩固与深化。当教师成为教学主导、成为学生的学习伙伴时，教师在翻转课堂中的角色便是一个引导者，使课堂在探究与讨论中成为交流思想的场域，网络学习空间将从课堂教学延伸，走向教育形态的重塑，即“构建群体个性化的学习共同体和实践共同体”[②]。

2.明晰学生在翻转课堂中的角色定位

在深度学习中，学生如果能够提高自律性和责任意识，那么将“在已有知识的

① 翻转课堂“1+1+1”模式，是在课堂教学中所采用的翻转课堂教学模式，三个“1”是指采用“教师讲授+学生展示+自主学习慕课资源”的形式，其中一节课由教师根据教学内容安排教学重点进行讲授，一节课由学生登台展示和师生点评结合，一节课由学生自主观看慕课资源与学习成果检测相结合。针对教学内容，教研室教师根据学情进行详略得当的教学规划，力争难点问题课上讲，重点问题深入讲。针对教学团队，教研室统筹安排，提前规划，课前统一制定教学大纲、教学计划、教学日历并充分发挥每位老师的专业优势进行课件制作和教学资源收集等准备工作，极大地提高了备课效率。针对教学反思，在严格按照统一教学大纲的前提下展开教学，根据实际情况及时做出调整。针对疑难问题及时进行集体讨论和个别交流。在此，感谢马克思主义学院和道德教研室的教学指导与支持。

② 雷朝滋：《教育信息化：从1.0走向2.0——新时代我国教育信息化发展的走向与思路》，《华东师范大学学报》（社会科学版）2018年第1期。

基础上，将所学新知与原有知识建立联系，获取对知识的深层次理解，建立一套自己的思维框架，并有效迁移到其他的问题情境中"①。作为积极能动的教学参与者，学生将获得知识、技能与价值观等多方面的立体化成长。因此，学生强烈的内生学习动机、热爱学习的自主意识、主动融入思考并且保持持续好奇心和能动性是作为能动的参与教学者的关键。

（二）重建对话：深度学习视域下翻转课堂实现的灵魂

在深度学习中，翻转课堂已经成为师生对话与达成共识的场域。结构化访谈发现，最受学生青睐的师生互动范围是师生共同体。在翻转课堂的教学模式中，师生进行思想观念的碰撞、形式多样的互动交流。学生在自学过程中发现问题，提出问题，主动找寻知识的价值，形成知识的意义，而教师是在学生已经掌握一定知识的基础上，通过对学生的及时引导、点评、指导与总结，帮助学生实现知识的内化。

只有课堂被构建为师生对话的场域，才能实现社群中的问题解决、意义流转与思想碰撞。在访谈中发现，学生更喜欢的学习与教学环境是一个自由与平等的课堂氛围，这是提高翻转课堂教学效果的最为关键因素。翻转课堂能够使学生之间的交流变得普遍，学生在轻松愉悦的教学环境中学习知识，获得友谊。在访谈中还发现，学生希望老师能够营造良好的师生互动、生生互动的民主课堂氛围，创设对话空间。学生愿意在课堂情境中参与到对话与交流中，共同创造所谓"集体思维"，就是"学生各自表明自己的见解，相互评说、修正和补充各自的认识，来掌握教学内容的过程"②。通过这一过程，使学生能动地习得人类社会积累起来的集体成果，反思认知活动的"元认知"和"沟通技能"，支撑"集体思维"，实现意义层面的自由流动，使课堂成为智慧启迪与生命相遇的场域。

在深度学习中，翻转课堂需关注课后的个性化答疑。重视课堂教学设计，全面取舍教学内容，精心设计教学过程，在翻转课堂中参与互动并完成知识的内化。哪些内容是学生需要提前预习的，哪些重点问题和疑难问题是需要在翻转课堂中解决的，都需要在教学设计中重点考虑。结构化访谈发现，长时间盯着屏幕容易导致视觉疲劳、容易走神、不能集中注意力等问题，翻转课堂的慕课资源设计应以微课为佳，以知识点为单位进行录制，时长最好在 5 分钟以内，学生可以充分利用碎片化时间完成学习。因此，翻转课堂中，教师需实时提供师生互动以及有针对性和实效性的答疑，强化师生之间的互动。

---

① 曹培杰：《人工智能教育变革的三重境界》，《教育研究》2020 年第 2 期。

② 钟启泉：《"课堂互动"研究：意蕴与课题》，《教育研究》2010 年第 10 期。

（三）提升保障：学生合理制定和执行学习规划并提高自律意识

翻转课堂对学生学习的自主性、学习规划的制定与执行都有更高要求。在移动互联网情境下，学生可自由安排时间学习，但教师仍需注意两个方面的问题。

一方面，课前、课中、课后与课外的无缝衔接。在课前，翻转课堂以名校名师或者教师录制的教学视频做前导，整合优质互联网学习资源，激发起学生的学习兴趣，更方便学生了解基本知识以及专业前沿领域的最新发展。翻转课堂中，通过主题研讨、团队合作、登台展示等完成任务的方式展开学习，而课外则结合学生的社会实践活动深入拓展专业知识与理念，将课程思政元素贯穿课程始终。在此阶段，教师与学生甚至是企业人士等共同设计主题，主题都来源于生活中的真实情景，且为学生喜闻乐见的项目，从而进一步“调动学生的学习动力，让其在项目实践中开展深度学习”①。此时，教师则由原来传道授业解惑者转变为学生身边的“教练”，而学生则由“观众”转变为积极主动的谋划者、参与者与体验者。访谈中发现，学生最看重翻转课堂中线上学习软件的性能是否具有回放功能，通过课后回放有助于学生将所学内容进行回看、梳理与分析，提升学生学习自主学习能力和反思能力。

另一方面，认知、情感、意志与行动的有效结合。研究发现“信息素养可作为分析和预测大学生在线学习过程和学习结果的关键因素”，且对学习者在线学习投入的“直接作用力最大”，“对认知层面的深度学习策略的总体效应力要大于心理情感层面的深度学习动机”②。也就是说，学生学习策略受制于学生的信息素养水平。而学生的“在线学习投入是直接影响在线学习绩效的重要因素，在线学习绩效对心理情感层面的深度学习动机的影响要大于认知层面的深度学习策略”③。在这三种因素中，在线学习投入是至关重要的，这一因素将直接影响到学生学习绩效，从而间接影响到学生的心理情感层面的深度学习动机状况。胡小勇等认为，可以通过设计“以知识创造为导向”的任务和“应用学习技术中介”来突出探究性和实践性，强调知识的应用与迁移，从而提升学生的在线投入水平。翻转课堂将学生的认知作为起点，根据自身情况开展课前学习，然后将学习中难以理解或难以解决的问题带入课堂，与老师和同学交流讨论。同时，在师生共同体中，在帮助其他同学解

---

① 陈星海、肖岩：《翻转课堂2.0教学模式的探索与实践》，《浙江工业大学学报》（社会科学版）2020年第3期。

② 胡小勇、徐欢云、陈泽璇：《学习者信息素养、在线学习投入及学习绩效关系的实证研究》，《中国电化教育》2020年第3期。

③ 胡小勇、徐欢云、陈泽璇：《学习者信息素养、在线学习投入及学习绩效关系的实证研究》，《中国电化教育》2020年第3期。

决问题的过程中，学生不仅会丰富学习体验，而且还会产生极大的成就感。

四、深度学习视域下翻转课堂的有效策略

深度学习视域下的翻转课堂教学质量提升除满足有效教学条件外，作为教师，还需要关注有效教学策略及其实施。

(一)赋权学习于学生

赋权意味着被赋权的人有很大程度的自主权和独立性。赋权于学生，强调将资源控制权和自主决定权给学生，并相信学生能够实现。润物无声地将思政教育贯穿课堂教学的全过程，意味着赋权于学生首先要将学习目标的设定和国家发展战略相结合，在课堂内外对学生在学习中的角色提出新的期望，激励学生获得持续性学习动力。同时，让学生管理或者参与管理复杂的项目，参与有趣的校园文化活动，参加有竞争力的科研竞赛，提供多种形式的志愿服务等项目或者作业，从而充分发挥学生的学习主人翁作用，成为自我学习的责任人和主人。

(二)创设真实的情境

情境性是深度学习的主要特征之一，在深度学习视域下展开翻转课堂，就是要激励学生围绕学习主题进行有目的的设计，重视学生在学习过程中的理性认识，如基本知识、基本概念和基本原理的把握，方法和方法论层面的理解以及境界的提升。更重要的是重视感性认识，重视学生在学习过程中的各种体验，通过让学生亲身参与创造性活动，有效衔接知识与技能并在内化基础上，逐步形成创新意识和批判性思维能力。

(三)生成新的有意义学习

马克思在《〈黑格尔法哲学批判〉导言中》说："理论一经掌握群众，也会变成物质力量。理论只要说服人，就能掌握群众；而理论只要彻底，就能说服人。所谓彻底，就是抓住事物的根本。"[①]在抓住事物本质的过程中，教师将当代需要回应的历史事件与当代问题和学生的实际生活联系起来，并经常为学生创造这样的机会，这就为学生的学习经验提供了意义，如同神经科学家已经证明了的，学习的力量在于：当记忆彼此联系并且对个人有意义时，更容易保留下来。

(四)扩展校内外多种资源

中国古代哲学家荀子非常重视实践重要性，他说："闻之不若见之，见之不若知之，知之不若行之。"古希腊哲学家苏格拉底说，只要一息尚存，就永不停止哲学的

① 《马克思恩格斯文集》第1卷，人民出版社2009年版，第11页。

实践。教育家杜威、陶行知等都特别强调，要让学生充分参与到有意义的学习过程中，将学习扩展到学校内外，将显性课程与隐性课程做好有效贯通，帮助学生建立起有效学习和获得广泛支持的机会和网络，让学生接触社会、触摸现实，为他们提供交流思想和分享智慧的平台。

（五）实施多维度的过程性评价

深度学习的重要目标在于帮助学生找到点燃学习热情的火花，无论这种火花是正式评估还是非正式评估，都需要教师精心设计。教师应鼓励学生运用各种自主学习、自主探究、小组协作交流、课程内容的反思以及线上和线下混合学习等方式与策略，通过小组分工合作，全面而充分地搜集信息与资源。比如，学生通过思维导图、语义注释工具等认知性技术中介与同伴共享、吸收和展示各自的创新成果；通过视觉陈述、意识工具和流程分析技术等反思性技术中介，“使学习者能够反思和评估他们自身的在线学习活动”[①]。除了以问题为支架设计评价内容，以多元主体参与和问题解决为评价标准以外，“组织融入情感激励的协作评价以及挖掘深度问题的及时点评等，将有利于激发和推动学习者更加积极地投入到学习过程中”[②]。总之，要通过多维度过程性评价实现跨学科的智慧生成与分享。

（六）利用新技术提升教学效果

深度学习视域下的翻转课堂并不是线上慕课学习和传统课堂学习的简单叠加，而是师生在课堂教学的共创中完善认知结构，实现学生的个性化学习。在这一过程中，充分利用现代信息技术手段，发挥教学资源的优质性、开放性和共享性，有机融合各学习要素，实现个体在知识量的增长和质的提升。

深度学习视域下的翻转课堂将有效提高学生学习的效率与质量，并兼顾到教育资源的共享与平等，完成传统课堂结构的根本性变革。不过，利用现代信息技术对翻转课堂进行再设计与再重构，这不仅对教师的教学能力、教学态度、教学艺术、教育机智与教育教学的人格魅力都提出了新的挑战，而且还对成长于网络时代的原住民学习者的自主性和学习能力养成等方面也提出了新的要求。

---

① 刘大军、黄甫全：《知识创造视野中的三元交互学习》，《现代远程教育研究》2015年第4期。

② 胡小勇、徐欢云、陈泽璇：《学习者信息素养、在线学习投入及学习绩效关系的实证研究》，《中国电化教育》2020年第3期。

基于 BOPPPS 模式的遗传学教学设计

——以“杂种优势”为例*

吕新芳　张建民

遗传学是生物学、医学和农学等专业本科生的必修课程，掌握遗传学知识对动植物育种、疾病防治、药物研发、个体发育等研究和生产具有重要意义。1900 年，孟德尔定律的再发现，标志着遗传学的正式诞生。经过一百多年的发展，遗传学全面进入分子水平，各种新现象、新机制相继被发现，这些均极大地丰富了遗传学的教学内容。[①] 这客观上要求遗传学教学从以“教师”为主体传授知识转变为以“学生”为主体，发挥学生主观能动性，通过先进的教学模式培养学生主动学习的能力、促进辩证思维发展。[②]

BOPPPS 教学模式起源于加拿大，是目前公认的科学而有效的教学模式。[③] BOPPPS 教学模式将课堂教学过程分成了六个部分，即课堂引入(Bridge-In)、教学目标(Objective)、前测(Pre-Assessment)、参与式教学(Participatory Learning)、后测(Post-Assessment)、小结(Summary)。本文以“遗传学”第八章数量性状遗传中的“杂种优势”一节为例，探讨基于 BOPPPS 模式的教学设计。

一、教学准备

(一)教学内容分析

动植物的许多重要性状往往都是数量性状，如人类的身高，作物的产量，牲畜

* 本文为 2020 年度山东大学精品在线课程项目(1070501320002)的阶段性成果。

① 参见储明星、吴常信:《数量性状主效基因检测方法的介绍与评价(综述)》,《安徽农业大学学报》2000 年第 2 期。

② 参见黄磊、牛菲:《高校思想政治工作的人文关怀意蕴——学习习总书记高校思想政治工作会议讲话精神》,《西安建筑科技大学学报》(社会科学版)2017 年第 5 期。

③ 参见彭曼丽、崔梦飞:《高校“课程思政”教学改革实践路径探析》,《当代教育理论与实践》2020 年第 1 期。

的体重等，都属于数量性状。[①] 在数量性状育种中，最常用到的方法就是杂交育种，不同性状的个体杂交产生的杂交种由于杂种优势其综合性状显著提高。杂种优势概念理论以及特点的学习，有助于加深学生未来对数量性状育种的理解。本节课的教学内容具有应用性和前沿性，旨在通过对杂种优势概念、发展、特点以及研究方向的介绍，使学生牢固掌握基本原理，可以应用基本原理设计杂交试验、分析杂交结果。

（二）思政元素

习近平总书记在2016年12月举行的全国高校思想政治工作会议上发表重要讲话，强调各类课程与思想政治理论课同向同行，形成协同效应。[②] 2020年5月28日，教育部印发《高等学校课程思政建设指导纲要》（以下简称《纲要》），提出要把思想政治教育贯穿人才培养体系，全面推进高校课程思政建设，发挥好每门课程的育人作用，提高高校人才培养质量。《纲要》指出，理学课程要注重科学思维方法的训练和科学伦理的教育，培养学生探索未知、追求真理、勇攀科学高峰的责任感和使命感。

本节课的讲授过程将袁隆平先生的杂交水稻案例贯穿始终，将思政元素融合到教学内容中。[③] 整个课程思政的层次有三。

1.人生理想

袁隆平的一生都奉献在杂交水稻上，他的经历证明了信念的强大力量。作为新时代的大学生应该树立潜心钻研、报效国家的人生理想，本案例可以引导学生深刻体会“爱国、敬业”的价值观。

2.薪火相传

介绍我国青年科学家团队关于杂种优势的最新研究进展，既能提升学生的科研素养，又能体现我国科研工作者薪火相传、生生不息的精神。

3.造福世界

袁隆平“授人以渔”，让杂交水稻造福世界，体现了我国科研工作者的大家风范，将先进技术分享和推广到其他国家，为世界粮食安全作出了巨大贡献。这部分可以提升学生的科研思维以及民族自豪感。

---

① 参见储明星、吴常信：《数量性状主效基因检测方法的介绍与评价》，《安徽农业大学学报》2000年第2期。

② 参见黄磊、牛菲：《高校思想政治工作的人文关怀意蕴——学习习总书记高校思想政治工作会议讲话精神》，《西安建筑科技大学学报》（社会科学版）2017年第5期。

③ 参见吴贤高：《袁隆平科学精神研究》，江西农业大学硕士学位论文，2013年。

（三）学情分析

本节授课对象是生物相关专业大三本科生，学生已经学习了“生物化学”“分子生物学”“细胞生物学”等基础课程，已经了解杂交水稻的高产现象，但对导致这种现象的杂种优势没有涉及，学生理解起来有一定的难度。

本节围绕杂种优势展开，重点在于介绍杂种优势的特点，为日后利用杂种优势打下坚实基础。杂种优势是一种非常重要的遗传学现象，科学应用可以显著提高作物产量，因此，了解其特点对于如何利用杂种优势有着至关重要的作用。为了达到此目的，首先通过课件展示科研工作者总结的杂种优势四项特点，随后逐一详细说明。在介绍杂种优势特点的过程中，每一项都通过实际案例进行解释说明。介绍之后通过板书梳理所有内容，做到逻辑清楚，重点突出。

本节的难点为理解杂交水稻育种方法的改进。利用水稻的雄性不育株系育种，涉及细胞质内基因与细胞核内基因共同控制水稻育性的知识，学生理解起来有一定的难度。在这一部分的讲解中教师通过图片、动画的方式介绍控制水稻育性的基因，充分利用板书这种方式加深学生的理解。

二、BOPPPS 教学模式的实施

（一）课堂引入

以共和国勋章获得者袁隆平先生的超级杂交稻导出其蕴含的遗传学原理杂种优势。教师介绍 2018 年袁隆平团队的超级杂交稻产量达到 1200 公斤/亩，提问学生新中国建立初期的水稻产量。通过不同年代水稻产量的悬殊对比，引导学生思考其中的原因，继而引出本节课的教学内容。这种导入方式可以激发学生的学习兴趣，助其主动思考，进入学习状态。

（二）教学目标

教学目标分为以下三个层次：

1.知识目标

准确描述杂种优势及杂交水稻的定义；熟悉杂种优势的特点；了解杂种优势的利用。

2.能力目标

通过实例介绍杂种优势的特点，利用这些特点进行杂种优势育种实验设计；鼓励学生查阅文献资料，了解杂交水稻的最新研究进展；介绍最新的杂交水稻品种，掌握杂交水稻的遗传学原理。

3.素养培养

通过教师对袁隆平先生科研经历的介绍，引导学生学习袁隆平先生坚持科学思想的勇气和不断探求真理的意识，鼓励学生树立科研梦想，提升学生的科研素养，正确树立自己的人生理想，引导学生对家国情怀的思考，增强学生的自豪感、使命感和责任感。

（三）前测

通过雨课堂小程序推送判断题，请同学们对一些常见现象是否属于杂种优势进行判断，从而使教师了解学生对杂种优势的掌握程度，调整所讲授内容的难易程度和讲课节奏。这些常见遗传现象会在具体教学过程中再次呈现，学生根据本节课学到的知识可以进行科学的分析判断。

（四）参与式教学

课程从介绍袁隆平先生的杂交水稻开始，激发学生的学习兴趣。第一部分，介绍杂种优势的概念及发展，这部分重点介绍杂交水稻发展过程中的技术瓶颈，引导学生分组讨论突破技术瓶颈的方法——雄性不育植株的应用，最后请学生思考雌性不育植株应用在杂交育种中的可能性。整个过程围绕“以学生为主体”的课堂理念，在教学过程中通过各种方式加强互动，培养学生主动思考、分析判断的能力。第二部分，介绍杂种优势的特点，这是本节课的教学重点。教师在讲授每种特点时，都给出1～2种例子。比如，玉米不同品系及相同品系之间杂种优势的比较可以引导学生正确认识杂交组合选择。第三部分，介绍杂种优势未来的研究方向，引入大量本领域前沿研究成果，将本节课的基础知识与应用实践和科学研究紧密联系，有助于提升学生的科研素养。

（五）后测

习题测试：分析杂交水稻育种中三系法与二系法的优缺点。通过习题测试检验学生对本节课教学内容的理解程度。

（六）小结

围绕教学目标将本次课的内容主线再次梳理，即杂种优势的特点及利用。

三、结论与展望

一方面，由于遗传学研究领域的不断扩大，新技术、新方法的出现使得教学内容愈加纷繁复杂，难度不断加深；另一方面，网络信息时代的到来使得很多遗传学知识可以在网络上获取。对于低阶的事实性知识和概念性知识可以借助于网络及信息化的手段，鼓励学生自主完成。[①] 课堂上的时间就可通过 BOPPPS 教学模式进行灵活而富有挑战性的设计。BOPPPS 教学模式步骤简明，逻辑清晰，可以有效地帮助教师完善教学设计、把握教学内容和时间，真正做到“以教师为主导、以学生为中心”[②]。BOPPPS 教学模式在遗传学教学过程中的应用改变了原来灌输式的教学过程，激发了学生的学习兴趣，培养了学生团队合作和自主学习的能力，促进了学生对遗传学知识的理解、掌握和应用，提高了教学效率和效果。BOPPPS 教学模式是师生全方位参与式的互动教学，其在遗传学教学过程中的应用为生物相关专业的课堂教学改革提供了参考方法和思路。

（原文发表于《教育教学论坛》2020 年第 40 期，收录时略有改动）

① 参见谢辉：《基于信息化手段的高职〈微生物技术〉教学优化浅析》，《化工管理》2020 年第 1 期。

② 朱红梅：《互动式教学：以学生为中心的教学模式》《职大学报》2006 年第2 期。

BOPPPS 微格教学模式在《计量经济学》教学中的探索与实践

苑　迪　夏　辉　马卫红

微格教学(Microteaching)是由斯坦福大学艾伦(Dwight Allen)教授于 20 世纪 60 年代提出的一种以现代教育理论为基础,利用先进的媒体信息技术,依据反馈原理和教学评价理论,分阶段系统培训教师教学技能的教学训练活动。[①] 其基本思想是将课堂教学分解为较小的教学单元,使得教师可以集中解决某一个特定的教学行为,达到提高教师教学技能的目的。作为一种有效的教师基本教学技能的培训方法,微格教学相继为英国、德国、澳大利亚、日本、中国等多个国家所采纳,并建立起了比较完善可操作的微格教学体系。

BOPPPS 教学模式最初是由加拿大哥伦比亚的教师技能教育工作坊 ISW(Instructional Skill Workshop)在 20 世纪 70 年代提出的一种课程理论,BOPPPS 分别代表教学过程中的六个要素:课堂引入(Bridge－In)、教学目标(Objective)、前测(Pre－Assessment)、参与式教学(Participatory Learning)、后测(Post－Assessment)和小结(Summary),也翻译为导言、学习目标、前测、参与式学习、后测以及总结。[②] 导言(课堂引入)是一节课的开端,需要起到引起学生学习兴趣与注意力的作用;学习目标(教学目标)为教师对学生学习结果的预期,让学生清楚明确该课程要达到的教学目标;前测是对学生开展的先测或摸底,用以帮助教师了解学生当下的学情基础,帮助教师适时调整课程内容的深度和进度;参与式学习(教学)是通过课堂中的师生互动,引导学生参与课堂学习,从而掌握学习内容;后测则是通过多形式的考核了解学生是否掌握应学知识、是否达到教学目的。总结(小结)部分帮助学生整合学习内容,引导学生反思自身学习情况,总结所学内容预告下次学习

---

① 参见彭红、姚遥:《国内外对微格教学法的研究(综述)》,《广州体育学院学报》2016 年第 2 期。

② 参见李爽、付丽:《国内高校 BOPPPS 教学模式发展研究综述》,《林区教学》2020 年第 2 期。

内容，同时简要分析学习目标的达成情况。目前，BOPPPS 教学模式已被全球超过 33 个国家引进采用，在全球上百所大学与机构推广使用。①

一、BOPPPS 微格教学模式在国内高校的应用

中国高校接纳 BOPPPS 微格教学模式可追溯到 2013 年，山东大学教学促进与教师发展中心邀请中国台湾地区大学专家到校举办“BOPPPS 教学模式”工作坊。了解到加拿大教学技能工作坊（ISW）项目后，山东大学和北京师范大学教师发展中心先后与加拿大 ISW 国际委员会取得联系，通过派出骨干教师到加拿大学习和邀请加拿大专家来校培训的方式，培养了一批引导员和培训师，随后在校内外推广该项目。② 在此影响下，国内其他高校教师发展中心纷纷加入 ISW 项目推广中。近十年来，我国 BOPPPS 微格教学的理论与实践探索均取得了一定的进展，例如，冯静将 BOPPPS 微格教学应用于园林艺术教学研究中③，陈建红等人将 BOPPPS 微格教学用于大学生安全教育④，李楠和赵权将 BOPPPS 微格教学用于桥梁工程课堂的教学设计⑤，谢军将 BOPPPS 微格教学应用于人力资源管理课程⑥，刘金焕和罗晨阳将 BOPPPS 微格教学应用于政府会计实务的课程教学中⑦。

鉴于 BOPPPS 微格教学的教学效果突出，且对于不同学科的教学者均有帮助，我国多所高校将 BOPPPS 微格教学模式纳入青年教师教学技能培训，以期提高教学技能培训的时效性与可控性。张文玉等人探讨了 BOPPPS 微格教学在药事管理学科青年教师培训中的应用⑧，张慧分析了 BOPPPS 微格教学在高职院校

---

① 参见张建勋、朱琳：《基于 BOPPPS 模型的有效课堂教学设计》，《职业技术教育》2016 年第 11 期。

② 参见徐杰、娄震、王君兰、王君源：《加拿大教学技能工作坊（ISW）项目的实践与研究》，《中国成人教育》2020 年第 16 期。

③ 参见冯静：《基于微格和 BOPPPS 模型的“园林艺术”教学研究与实践》，《新课程研究》（中旬刊）2015 年第 10 期。

④ 参见陈建红、蒋飞燕、李远丽、卢成波、胡子有：《微格和 BOPPPS 教学模式在大学生安全教育中的应用》，《广西教育》2017 年第 47 期。

⑤ 参见李楠、赵权：《基于 BOPPPS 的桥梁工程课堂教学设计》，《山西建筑》2019 年第 2 期。

⑥ 参见谢军：《BOPPPS 模型与翻转课堂相结合的混合式教学探究——以餐饮企业人力资源管理课程为例》，《黑龙江科学》2019 年第 11 期。

⑦ 参见刘金焕、罗晨阳：《BOPPPS 教学模式在“政府会计实务”课程中的应用》，《教育观察》2021 年第 13 期。

⑧ 参见张文玉、刘玉红、蒲晓芳：《药事管理学科开展微格教学训练的探讨》，《中医教育》2015 年第 2 期。

青年教师教学能力提升过程中的重要作用[①]。田忠山通过教育部中西部高校新入职教师国培示范项目的实践经验，分析了 BOPPPS 微格教学在内蒙古自治区新入职教师培训中存在的问题、原因及对策。[②] 韩磊磊将 BOPPPS 微格教学应用于广州大学的青年教师培训，发现借助微格教学手段及时反馈学习者的学习情况，培训师能更加关注和激励学习者参与到培训过程中，并让所有人都达到最基本的学习目标，从而通过及时调整和改进来达到既定的培训效果。[③]

山东大学对于我国 BOPPPS 微格教学的理论与实践探索的贡献尤为突出，郝国祥分析了 BOPPPS 教学模式各阶段的含义及作用，探讨了其在生活中的用药知识选修课中的应用，对存在的问题进行了讨论，指出 BOPPPS 教学模式可操作性强，有助于提升教学效果。[④] 徐杰等人分析了 ISW 项目在我国高校的发展概况、培训的主要内容与方式、对高校教师培训工作的启示以及推广 ISW 项目中遇到的问题与解决策略，并提出了加强理论实践创新、加强参与式教学培训、加强项目系统化设计等建议。[⑤] 董桂伟等人采用 BOPPPS 教学模式对工科讲授课程及实验课程进行了教学改革和实践。[⑥] 陈桂友等人的实践结果显示，BOPPPS 教学模式在工科讲授课程及实验课程中可以显著提升学生的学习效益、效率和效果。[⑦] 刘宁等人[⑧]将 BOPPPS 教学模式用于 2 型糖尿病患者健康教育中，通过实验组与对照组的在干预前后的血糖对比，发现 BOPPPS 教学模型在糖尿病健康教育工作中有一定的推广价值。在 BOPPPS 微格教学实践方面，山东大学教学促进与教师发展中

---

① 参见张慧：《高职院校青年教师教学能力发展探索与实践——以山东省某高职院校为例》，《青岛职业技术学院学报》2019 年第 1 期。

② 参见田忠山：《BOPPPS 模式在高校新入职教师教学实践演练中存在的问题、原因及对策》，《内蒙古师范大学学报》（教育科学版）2019 年第 5 期。

③ 参见韩磊磊：《基于微格教学手段的 BOPPPS 教学模式在高校青年教师教学技能培训中的应用》，《广东第二师范学院学报》2020 年第 4 期。

④ 参见郝国祥：《BOPPPS 教学模式在合理用药科普课程中应用的探索与实践》，《卫生职业教育》2018 年第 21 期。

⑤ 参见徐杰、娄震、王君兰、王君源：《加拿大教学技能工作坊（ISW）项目的实践与研究》，《中国成人教育》2020 年第 16 期。

⑥ 参见董桂伟、赵国群、管延锦、王娟：《基于雨课堂和 BOPPPS 模型的有效教学模式探索——以“材料物理化学”课程为例》，《高等工程教育研究》2020 年第 5 期。

⑦ 参见陈桂友、张姣、王平、丁然：《基于 BOPPPS 和 LBD 的单片机教学研究》，《电气电子教学学报》2015 年第 5 期。

⑧ 参见刘宁、王丽雯、陈欧：《BOPPPS 教学模型在 2 型糖尿病患者健康教育中的应用》，《护理实践与研究》2017 年第 22 期。

心作为“国家级教师教学发展示范中心”，一直积极推进 BOPPPS 微格教学的发展，连续多年面向全校教师举办教师培训讲座与教学演练，如高校教师教学发展骨干研修班、山东大学教学技能工作坊(ISW)研修班以及新入职教师 BOPPPS 微格教学工作坊等，并且已建设多间微格教室，采用全高清录播设备，支持 BOPPPS 微格教学的实践。

二、基于 BOPPPS 微格教学的计量经济学教学设计与实施

参考先前文献对 BOPPPS 微格教学在实际应用中的时间安排及教学设计，本研究将 BOPPPS 微格教学模式应用于计量经济学的教学中，总体的教学设计如表 1 所示。

表 1　基于 BOPPPS 微格教学模式的计量经济学课程教学设计

BOPPPS六要素	具体内容	时间安排
B——课堂引入	1.近期经济新闻视频 2. 经济新政实施热议 3. 新发布的经济指数及数据 4. 历年经济变量对比 5. 国内外经济变量差异	3～4 分钟
O——教学目标	1. 教学主体:具体专业班的学生 2. 教学内容:将学到什么 3. 教学结果:学到什么程度	1～2 分钟
P——前测	1. 提问 2. 小测验	4～5 分钟
P——参与式教学	1. 个人提问 2. 小组讨论 3. 上机操作 4. 情景模拟 5. 课程设计	25～30 分钟

续表

BOPPPS 六要素	具体内容	时间安排
P——后测	1. 知识理解型:选择题、判断题 2. 应用分析型:小组作业 3. 技能传授型:课程设计 4. 态度价值型:学习心得	4～5 分钟
S——小结	1. 总结课堂内容 2. 绘制思维导图 3. 提出进阶问题 4. 预告下次内容	2～3 分钟

(一)课堂引入

计量经济学是经济学、数学、统计学和计算机应用相结合的一门方法论学科,其中包含大量的数学公式和数学推理,而计量经济学的授课对象以金融学、保险学、国际经济与贸易、工商管理等经管专业的学生为主,大部分学生对数学公式和数学推理望而生畏,缺乏兴趣。部分学生为了应对考试,死记硬背下基本定义与公式,忽视数学推导过程和前提假设,写作毕业论文时运用程度不高,无法对现实经济问题进行计量建模和计量分析。为了激发学生的学习兴趣,结合计量经济学的教学内容,本研究在课堂引入部分设计了多种形式,包括播放近期经济新闻视频、讨论经济新政实施之后的热点问题、解读新发布的经济指数及数据、比较历年经济变量变化趋势以及国内外经济变量差异等。

(二)教学目标

教学目标环节是向学生阐明学习目的和学习要求,让学生清楚在学习了本讲之后应该学会什么知识以及具备什么样的态度及价值观。与此同时,教学目标也为教师提供选择教学方法和教学活动的依据,为未来的学习效果测评立下基础。以往大部分教材的教学目标常以"了解""熟悉"和"掌握"这类模糊的动词描述学生的行为,致使学生无法快速准确地领会学习目标。本研究遵循 BOPPPS 微格教学的原理,将教学目标分为认知和技能目标、情感与思政目标两大方面。针对计量经济学的具体教学内容,将教学目标中所使用的可参考词条列举在表 2 中。

表 2　教学目标参考词条设计

	认知和技能目标	情感和思政目标
计量经济学原理、概念和定义	解释、识别、列举、指出、排除、描述、辨别、复述、比较、分类	聆听、询问、讨论、分享、展示、热爱、坚信、坚定、树立、培养、意识、自律、自信、铭记、感恩、传承、发扬
描述性统计	制图、制表、计算、描述分析、对比、比较、总结	审核、检查、调整、设计、热爱、坚信、坚定、树立、培养、意识、自律、自信、铭记、感恩、传承、发扬
计量模型理论与方法	证明、推导、构建、选择、排序、预测	修正、假设、解答、分享、研究、辨识、热爱、坚信、坚定、树立、培养、意识、自律、自信、铭记、感恩、传承、发扬
计量模型应用	计算、演示、操作、运用、套用、修改、解决、比较、对比、总结、归因、阐述	讨论、分享、设计、协助、执行、研究、展示、邀请、提议、影响、组织、解答、热爱、坚信、坚定、树立、培养、意识、自律、自信、铭记、感恩、传承、发扬

可见，关于计量经济学原理、概念和定义的教学内容以认知和技能目标为主，随着学习层次的深入，关于计量模型应用的部分，不但有认知和技能目标的设置，而且还会增加多维的情感和思政目标。无论学习内容如何变化，课程思政的学习目标始终贯穿整个计量经济学的教学过程，如何学以致用，将坚实的计量经济学理论应用到我国的经济建设中，为中国的经济高质量发展，促进“双循环”格局的形成，实现“双碳”目标贡献一分力量，始终是贯穿计量经济学最核心的课程目标。

（三）前测

前测环节是在正式讲授课堂内容之前，通过简单的测试，了解学生对课程基础知识的掌握情况以及对本讲主题的了解程度，以便后续进行有针对性的教学。这一部分，对于计量经济学的授课尤为重要，大部分经管类专业班级的学生数理基础参差不齐，了解学生关于本讲的学习基础，有助于在核心理论推导证明之前查漏补缺，及时追加必要的基础知识。这样做可以很大程度上避免学生由于前期基础知识的空缺或遗忘而丧失对计量经济学的学习热情和兴趣的情况。本研究根据具体的授课需要，主要采用提问和小测验的方法进行前测，既可以达到了解学生学习基础的目的，又可以将时间控制在预设的时间区间内。

（四）参与式教学

参与式教学是整个 BOPPPS 微格教学模式的核心，是以学生作为教学活动的主体，教师作为教学活动的主导，通过组织多样的课堂活动全面调动学生的学习兴趣以及学习积极性进行创造性学习的教育模式。传统的计量经济学教学常以教师讲授的形式为主，特别是模型建立、参数估计、模型检验时，学生往往学习兴趣不高，钻研精神不足。本研究将个人提问、小组讨论、上机操作、情景模拟、课程设计等多种教学方式融入课堂教学，一方面通过课堂问答和小组讨论，促进学生的课堂参与；另一方面，通过上机操作、撰写课程设计报告并鼓励学生作简短阐述，提高学生数据收集整理和模型构建的实际操作技能，培养学生分析社会经济现象、解决实际经济问题和科研探索的能力。例如，鼓励学生自行搜索对计量经济学基本原理的评价论文，用“绝对真理与相对真理”“可知论与不可知论”等马克思主义基本原理来客观评价计量经济学模型及其局限性；指导学生调研山东省的就业、社保等情况，掌握第一手数据，撰写调研报告；讨论经管行业相关职业的道德操守与法律法规的相关案例，强化职业道德规范，实现内化于心、外践于行。由于这一部分往往用时较长，可以考虑与计量经济学实验课、虚拟仿真课、优秀实验教材相结合，如山东大学陈强老师主编的《计量经济学及 Stata 应用》一书，提供了非常优秀的参与式教学的相关案例。课堂讲授可考虑以确定实证问题、设计实证模型为主，实验课以收集数据运用统计软件实现预想模型分析为主。

（五）后测

后测是对本讲所学内容进行多种形式的检验与评测，意在通过检验与评测，了解学生本讲的学习情况，对本讲内容的掌握程度以及是否达到了本讲的学习目标。针对计量经济学的具体教学内容，本研究设计采用不同的后测方式。对于计量经济学的基本原理、概念和定义等知识理解型的内容，后测主要采用选择题或判断题，将容易混淆的概念内容综合在一道选择题或判断题中，从而了解学生对于计量经济学的基本原理、概念和定义的掌握程度。对于计量建模与检验等应用分析型的知识内容，采用小组作业等可集思广益的形式进行后测，不但能通过讨论考查同学们对同一经济现象的理解与分析差异，而且还能考查小组协作能力。对于技能传授型的内容，可以考虑把后测放在课后进行，组织学生完成相应内容的课程设计，并应用统计软件实现设计内容。对于课程思政等态度价值型的学习内容，除后测外，更需要在课后实践中运用，让学生在实践中了解社会、了解国情，分析社会问题。本研究考虑布置撰写课后学习心得，以了解学生对专业精神、态度价值等方面是否有正确的认识及领悟。无论是何种形式的后测，其目的并不是考试，而是通过了解学生的学习情况，对下一次课程的讲授内容进行调整与完善，并提升教师的教学技能和学生的学习效果。

（六）小结

总结环节的目的在于帮助学生整合本讲的知识内容，使知识系统化，引导学生反思自身学习情况，并总结课堂学习内容、预告下次学习内容，同时简要分析学习目标的达成情况。本研究的总结部分，以老师总结为开端，即由老师总结本讲的主要内容并预告下次学习内容，老师总结之后，还将采取学生总结的方式。计量经济学的学习，往往是针对同一问题，循序渐进地深入思考，所以总结部分要鼓励学生针对本讲的内容，进行深层思考，提出进阶问题。总结环节也可以在课后完成，例如鼓励学生绘制本讲的思维导图以及本章节的思维导图，从而对计量经济学的知识结构有更深刻的理解。教师在学期末将课堂内外学习的内容成果化，把学生的心得体会、调研报告、特色论文等进行展示，从而形成集体智慧成果。

三、结语

虽然 BOPPPS 微格教学模式的理论与实践研究都取得了一定的进展，特别是在理工类学科及其实验课中应用，已取得了非常好的教学效果。但是关于将 BOPPPS 微格教学模式应用于计量经济学的教学实践的研究还比较有限，关于如何更好地利用 BOPPPS 微格教学模式提高计量经济学的教学效果，还处于探索阶段，有待改进与完善。在新时代、新使命、新基建、新发展的大背景下，希望对 BOPPPS 微格教学模式在计量经济学教学实践的深入研究，对激发学生学习兴趣、培养学生核心素质、丰富计量经济学的教学模式、促进教师自身发展等方面，起到积极的促进作用。

情景模拟教学法在韩国语教学中的策略性运用*

郑　艳

课堂教学是教学活动最基本的环节，课堂教学的质量是关乎人才培养的大事。而情景模拟教学可以直接生动地向学生传达知识，使学生不仅可以获得知识和语言技能，形成对事物的基本认知，而且能够在此基础上形成良好的知识架构，从而自然而然地产生自己的独特见解。不仅如此，在课堂教学互动中，师生可以达到良好的交流，从而加深学生对知识的认知和理解。

目前，情景模拟教学法在对外汉语教学、小学英语教学中都被尝试使用，并且方法论上也有了一定的研究成果。而在作为非通用语种的韩国语教学方面的应用以及研究还比较薄弱。关于情景模拟教学法在韩国语教学中的运用的论文也甚少。从既有研究成果来看，由于缺乏系统的、深入的研究，针对情景模拟教学在韩国语教学中的运用没有形成体系，缺乏具体的有针对性的论述。

韩国语作为一门非通用语种，其教学对象是具备一定知识储备，而该语言基础为零的大学生。这就决定了韩国语教学不能仅仅局限于语言学习，对语言背后的文化、适用情景等都有着更高、更深层次的要求。将情景模拟教学运用于课堂教学中，引导学生在学习语言的同时习得知识运用能力十分必要。鉴于此，本文探讨如何策略性地将情景模拟教学法运用到韩国语课堂教学中，为韩语教学创建良好的情境氛围，生动地展示课堂教学中的词汇、语法等知识的适用范围，从而激发学生的学习兴趣，提升学生对韩国语言以及韩国社会文化的理解能力，进而全面提升韩语教学的实际效果。

国际上关于情景模拟教学从不同的理论基础进行研究，本论文主要从建构主义的角度进行论述。建构主义最早由瑞士的著名心理学家皮亚杰(J. Piaget)提出，

* 本文为2021年山东省本科教学改革研究项目重点项目“新时代　新格局　多场域　大外语——大学外语教育教学综合改革研究”(项目编号：Z2021222)和山东大学(威海)2021年度教学研究与教学改革项目重点项目“山东大学(威海)新文科人才培养模式管理与推广机制研究”(项目编号：Z2021017)的阶段性成果。

在认知领域影响很大。他认为，人类获得知识不是简单地由教师传授，而是学习者在教师和身边伙伴的帮助和影响下，在社会文化背景的渲染下，利用像书本这样的学习资料，最终在头脑中进行意义建构形成。学习环境对学生的学习影响尤其重要，学生在学习情景中通过互动和合作，形成对学习内容的意义建构。①

结合课堂教学活动来看，建构主义就是强调教师在进行教学活动时，要尽可能多地为学生创造各种学习的情景，让学生在情景中学习，强调调动学生学习的主动性，学习内容的情景化以及文化性，反对简单枯燥的知识传授。建构主义认为学习应该是一个积极主动的、与情景紧密联系的、高度自觉的活动，是学习者主动建构内部心理的过程。②

本研究结合多年的韩国语课堂教学经验，针对韩国语教学的特点设计出一整套行之有效的、完整的课堂教学设计，并反过来运用于实际教学。本课堂教学设计的核心内容是把教学目标教学内容有效地融入学生感兴趣的场景，将场景和新知识结合起来，在课堂各个环节把握重点积极引导，调动学生自主学习的能力，激发学生的创意思维，创造良好的学习氛围。

一、韩国语情景模拟教学方案设计

本课堂教学设计主要以笔者多年从事的韩国语中级精读教育为基础展开的。教学对象（学生）已经具备一年到两年的语言基础，对韩国文化已经具备一定的理解和认知能力。

情景模拟教学主要强调学习的内容与实际情景相接近，目标是对实际生活语言运用过程中可能出现的问题找到解决方案。韩国语属于非通用小语种，初级、中级韩国语教学在教学设计方面可以根据条件提供实物、运用图画、多媒体等加深学生对所学内容的认知。在实际教学过程中，学习语言的同时注入相应的文化内容，提高学生的实际运用能力以及自主学习的能力。这对韩国语教学深入高效地展开有很强的现实意义。教学方案设计如图 1 所示。

① 参见［瑞士］皮亚杰：《皮亚杰教育论著选》，卢濬译，人民教育出版社 2015 年版，第 52～83 页。

② 参见钟换嫦：《情景模拟教学法在中职汽车营销课程中的实践研究》，广东技术师范学院教育学院硕士学位论文，2015 年。

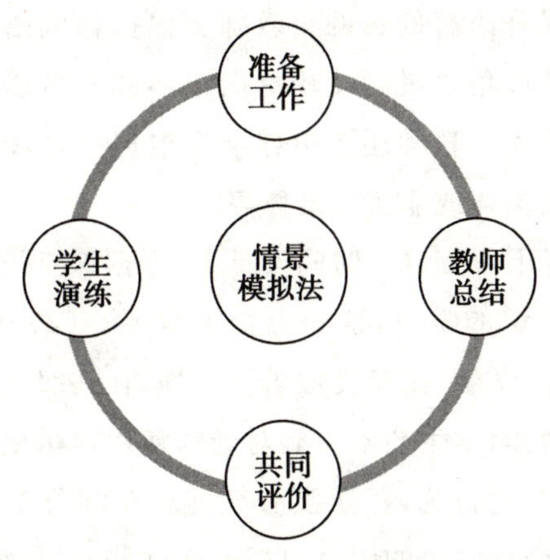

图 1　教学方案设计图

整个实施过程分为四步。

(一)准备工作

教师提前明确向学生说明情景模拟的具体内容,明确提出要求和任务,将学生按照座位或者是其他方式进行分组。根据课堂任务,每组学生进行情景模拟,学生自主选择模拟角色。要求学生根据角色所处的情境,尽量运用新的语法、所需要练习的词汇,并结合当堂课的主题内容,尽量在情景模拟中合理地表达出来。教师对学生进行有效指导,必要的时候作一些讲解、纠正或者是提出建议。这一阶段教师的主要任务是明确告知当堂课的主题,告诉学生大致情景的设置方向。

以《大学韩国语》(第四册)精读教材中的课文"环境问题"为例。[①] 首先,学习课本知识之前,给学生提示主题——环境问题。引导学生针对生活中随处可见的污染(大气污染、水污染、工厂废水污染、土壤污染、噪声污染等),通过自己的亲身经历设置情景,进行对话。其次,教师对其中可能出现的关键生词在课件上预先提示,例如대기오염(大气污染),공기오염(空气污染),스모그(雾霾),수질오염(水质污染),공업폐수(工业废水),토양오염(土壤污染),소음(噪音)等,通过关键词给学生提示本次情景模拟会话的基本任务。最后,让学生分组,按照既定的主题进行讨论。初次进行课堂情景模拟教学模拟时,需要给学生提供示范,并在方向上予以引导。例如,情景模拟的时间如何把握,应该如何有效地利用学过的语法单词等。同时,教师要根据语言训练的要求,提醒学生不要进行过于简单的语言表达。过于简单的语言

① 参见牛林杰、崔博光主编:《大学韩国语》第四册,北京大学出版社 2015 年版,第 92～103 页。

表达达不到通过训练提升语言的目的。教师要根据韩国语的语言特点，提醒学生应该如何根据不同的模拟角色灵活使用尊敬语体和非敬语体，并且注意不同身份谈话的语言应该如何转换。教师还要引导学生根据所处场合、情景的不同如何正确切换谈话使用的正式语体或非正式语体等。

这里还需要注意以下三点：(1)时间安排上，根据课堂设计把握好时间，如果时间过长就会影响其他知识的学习，这一点至关重要。(2)在敬语和非敬语的使用上，由于以汉语为母语的学生，没有类似语言习惯，在初级、中级学习阶段甚至高级阶段都很容易混淆。例如，学生会不小心对老师使用非敬语体，而这在韩语中是禁忌，会被认为是很不礼貌的行为，甚至没有教养。在练习中，同学之间还会习惯性地使用敬语，这也不符合韩国语的语言习惯。而这些问题，如果仅仅只是通过单纯的讲解，学生即使当时能听明白，在实际运用中也会很容易犯错。最行之有效的解决办法就是模拟情景，让学生置身于情景之中，几次练习下来往往会事半功倍，能够使学生比较容易地习得如何使用敬语和非敬语。(3)场所不同使用的词汇不同，语气也不一样。例如，比较正式的场合，需要选择较为正式的词汇，而平时与朋友轻松的聊天，可以比较随意一些。词语与词语之间的语感差异以及使用上的区别，在情景模拟中都可以得到很好的理解，学生印象也会比较深刻。例如，同是表达"问题比较大，问题严重"，正式的场合一般说"문제가매우/아주/상당히/심각하다"，使用"심각하다"之类的汉字词进行表达，而副词的选择上比起比较口语化的"꽤"，选择使用"매우/아주/상당히"，而非正式场合则可以说"문제가꽤/많이/크다"。

至于情景模拟的大致方向以及大概的场景，第一次进行教学时教师可以让学生进行示范性、提示性的练习。还是拿"环境污染"这一课为例，教师可以设置一个场景。

爷孙俩刚刚运动完，口很渴，去买水喝。（情景设定）

할아버지와손자가방금운동했다.목이많이말라서물을사러간다.

A：爷爷，您渴了吧？我去买一瓶矿泉水。（注意敬语）

A：할아버지，목이마르시죠?생수하병사다올게요.

B：感觉一直到二十几年前，买水喝好像还是离我们很遥远的事情呢，再这样下去以后连空气都得买着喝了吧。（用非敬语）

B：20 년전까지만해도물을사먹는것이남의나라애긴줄알았는데...이러다가는공기까지사마셔야되는날이되는날이날이올것같아.

A：是呀，现在环境污染很严重，每个人都应该注意环保了。现在市里有车尾气污染等，有时候呼吸都困难。（合理利用提示中给出的词汇）

A：그래요，요즘환경오염이너무심해요．다들환경보호를신경써야겠어요．요즘자동차매연이심해서시내에서는걸어다니기도힘들어요.

B:是啊,最近不知道是阴天还是怎么的,雾霾好像挺严重的,天灰蒙蒙的。(利用学过的中高级语法,进行准确的语气表达)

B:맞아.요즘날씨가흐려서그런지스모그현상이심한것같아.하늘도뿌옇고...

提示给学生这样的范例以后,学生应该可以大致能够把握情景模拟需要的时间,可以灵活地根据本堂课的学习任务运用生词和语法。如此反复几次以后,慢慢就会形成一种习惯,在之后的课堂教学中,学生就会驾轻就熟,只需要更为简单的提示,便可以较好地达到预期效果。

(二)学生演练

这是情景模拟教学最关键也是最重要的一个环节。学生分小组合作练习,要求他们设计实际生活中类似的情景来表演。需要特别注意的是,这种演练重在学生的参与,教师不再轻易打断学生的演练,但要控制好时间和场面。实施情景练习时,其余学生可以在表演结束时对表演者进行评估,提出积极的、有建设性的意见,以达到更好的教学效果。

需要注意的是,学生的评估是自发的,而且是随机的,不增加学生不必要的负担。但是教师可以就某些课本知识中比较重点的地方,加以旁敲侧击式的引导,对于情景模拟中出现的比较严重的问题,教师可以以探讨或者发问的形式,引导其他同学共同进行思考,进而引出正确的表达,这样既能纠正表演者的错误,也能提醒课堂里的其他同学避免类似的错误。

通过课堂模拟练习,让学生从知识和实际运用两个角度掌握所学知识,并在互动和沟通中体验学习乐趣,加深知识实际运用能力。还是以"环境污染"为例。

A:爷爷,您渴了吧? 我去买一瓶矿泉水。(注意敬语)

A:할아버지,목이마르시죠? 생수하병<u>사다올게요.</u>.

第一句话中,如果学生不小心说了非敬语,此时教师不应该打断学生,防止打断学生整个情景模拟的节奏。让学生继续说下去,有的学生中途意识到,会自动纠正过来。如果对话结束仍没有纠正,可以以提问的形式让学生点评有没有不妥的表达,或者是重复学生刚刚的某个错误表达,引导学生发现并改正问题。

B:感觉一直到二十几年前,买水喝好像还是离我们很遥远的事情呢,再这样下去以后连空气都得买着喝了吧。(用非敬语)

B：20 년전까지만해도물을사먹는것이 남의나라얘긴줄알았는데... 이러다가는공 기까지사마셔야되는날이<u>올것같아.</u>

由于教科书最初出现的一般都是敬语语体，初级、中级的韩国语学习者最容易犯的错误就是该使用非敬语的时候，习惯性地使用敬语。在这个情景对话中，学生很容易就会以“爷爷”的身份对“孙子”说敬语。在学生表演结束以后，可以用前面提到的方式纠正过来。另外还需要提醒学生注意语法的合理选择，这样才能更为准确、地道地传达出汉语表达的意思。

A：是呀，现在环境污染很严重，每个人都应该注意环保了。现在市里有车尾气污染等，有时候呼吸都困难。（合理利用提示中给出的词汇）

A： 그래요， 요즘환경오염이너무심해요. 다들환경보호를신경써야겠어요. 요즘자동차매연이심해서시내에서는걸어다니기도힘들어요.

B：是啊，最近不知道是阴天还是怎么的，雾霾好像挺严重的，天灰蒙蒙的。（利用学过的中高级语法，进行准确的语气表达）

B：맞아.요즘날씨가흐려서그런지스모그현상이심한것같아.하늘도뿌옇고...

情景模拟教学的优点是可以让人身临其境，内容是实际生活中会涉及的话题。让学生寓学于乐，从而有目的、有意识地记住一些生词，因为这的的确确是日常生活和谈论中需要的词汇。比方说在谈论环境污染时，不可避免地要谈到大气污染（대기오염）、雾霾（스모그）、汽车尾气（자동차매연）、灰蒙蒙的（뿌옇다）、环境保护（환경보호）等词汇，学生是因为实际情景模拟需要去使用这些词汇，记忆起来必定更为深刻。

（三）共同评价

这一个环节可以尽量轻松，一定要避免过于严肃，避免指责，即使情景模拟中学生犯了比较不可思议的错误，也不要打击学生的积极性。要引导营造一个轻松的氛围，让学生发现同学表达中的不恰当之处，指出相互间的优缺点和改进方法。引导学生总结学习感受以及进一步确认对知识点的掌握程度，达到在轻松愉快的氛围中学习的目的。

（四）教师总结

教师最后评价学生的表现情况，首先指出值得表扬和推广之处以及普遍存在的问题，或者是指出比较容易犯的错误。其次，教师对情景设定以及语言表达和运用都比较好的小组提出表扬，鼓励大家更加积极、勇于尝试。最后，教师结合学生的现场表现进一步强调课堂教学目标，集思广益，在一次次的摸索中找到改进的方法，最大限度地鼓励学生的积极参与、提升学生的学习兴趣。建立在这种理念上的情景模拟教学法能充分调动学生的积极性，并且注入相应的文化知识，从而实现文化教育与语言教育相结合的目标。

以上是在大量的课堂实践中，总结出的情景模拟教学的比较行之有效的步骤。情景模拟教学之所以比传统教学有着更好的教学效果，是因为，情景模拟教学从“情景模拟”和“积极思考”两个方面开发学生对知识的认知和实践能力。情景模拟可以引发学生学习的主动性，提升学习兴趣，从浅层的知识自然而然地过渡到理性认知。通过情景体验达到对韩国语以及韩国文化的真实认知，形成具体而深刻的认识能力以及具体运用能力。

另外，情景模拟教学作为一种体验式、沉浸式教学，注重学习情景的创建，能够充分把目标知识点转化为生活情景以及学生最容易经历的实际生活问题等。在学习的同时与生活体验结合起来，可以更好地激发学生的兴趣，促进学生保持对知识情景再现的渴望，调动他们学习的积极性。

二、情景模拟教学需要注意的问题

情景模拟法在实际运用于教学时，常常面临以下四个问题：

(一)情景模拟教学中教师和学生如何定位

情景模拟教学课堂中教师与学生之间没有严格的界限，相较于之前传统的填鸭式的教与学的模式，情景模拟教学更是一种互相交流、共同学习的关系。不过教师和学生也各有各的定位。教师一般是处于示范者、旁观者、引导者的位置，最重要的任务是要引导学生把本堂课的知识融于情景模拟的过程之中。而学生则是实际的学习者、情景模拟的参与者，他们通过情景模拟来获取新的信息和知识，在实际的演练过程中加深对新知识的印象和理解。因此，教师主要做好情景的设计的引导，学生则要积极参与。教师和学生双方都需要在情景模拟过程中处理好新知识，在课堂参与过程中进行思考、加深认知。

需要值得特别注意的是，在情景模拟教学中，学生通过演练反馈的信息以及可能遇到的问题也许要远远多于教师的预想，这就要求教师积极实现传统身份的转变——从以讲为主转变为以互动为主。同时，教师在教学中的引导作用同样不可忽视，从实际的教学经验中，明显可以看出教师积极有效的引导对于情景模拟教学的高效地展开有着至关重要的作用。

(二)如何激发学生的学习兴趣和自主学习能力

学生是学习的主体，学生对情景模拟的态度，直接决定了情景模拟教学的效果。因此在实际的情景模拟教学的过程中，要时刻注意激发、培养学生对于情景模拟的主动性、积极性。允许学生在合理的范围内自由表达和发挥，对于实际情景模拟中表现突出、优秀的学生进行表扬，提高他们的学习热情。对于语言表达能力以及情景模拟不太优秀的同学也予以积极的鼓励，促进他们在不同程度上的提高。

（三）教师如何合理、高效地引导情景设置

情景设置要有明确的主题，这样学生的现场课堂情景模拟才会有准确的方向。同时，这一点对于确定整堂课的教学效果也有着至关重要的作用。虽然根据课堂内容的不同，情景设置可以很灵活。但是如果没有一个明确的任务和主题，就无法有效地把课堂上需要传授的知识有机地贯穿到所模拟的情景之中，那么情景模拟教学法的使用也许会适得其反，反而会让课堂混乱，没有重点，失去教学方法改革的意义，违背导入新的教学法的初衷。另外，情景设置的主题、内容、思路、大致的情景模式等虽说根据教学目的的不同可以灵活安排，但是如果改变过于频繁，而且没有规律，每堂课的设计都天马行空、肆意而为的话，那也不利于学生对情景模拟模式的把握，继而影响学生对知识系统的整体理解。因此，在引导学生进行情景设置时，一定要注意合理地统筹规划。这一点是对教师最大的挑战，需要在不断在教学实践中反复试验、根据教学内容、班级氛围、学生的特点进行及时的调整和改进。而且需要结合所在班级学生的特点，把教学任务、教学内容等作为一个统一整体来统筹规划。这样学生才可以在情景模拟过程中把课堂知识体系潜移默化地贯穿起来，更为牢固地掌握知识，同时提升实际沟通实践的能力。

（四）学生如何具备情景模拟的能力

情景模拟就是把课本上的知识搬运到实际生活中，让学生身临其境地领悟书本与课堂要点。同时学生也要有运用既定知识把握并理解情景的能力，否则无法达到更深刻理解课堂知识的目的，反而会浪费学生的时间。因此，教师的总体教学设计要起到积极引导的作用，学生要积极配合，这样才能真正实现情景模拟教学的目的，寓教于乐，寓学于乐，更好地实现预期教学效果。

三、韩国语情景模拟教学的特点

从语用学角度来看，一定的语言结构总是在一定的语言环境中运用、展开的，而这些特定的语言环境就是具体的情景。韩国语教学中运用情景模拟教学法，重点加强课堂教学的内涵建设和授课方式的改进，使学生在获取知识的同时，提高认知能力和研究能力，培养学生的创新意识和创新能力。

韩国语情景模拟教学适应时代发展需要，实现跨学科教学、文化教学与语言教学融为一体，提高学生的运用能力，扩大学生对文化、历史、社会等多角度的兴趣，从而提升学生知识的广度，扩大学生的视野。

(一)教学过程中打破传统的主体与主导关系

结合韩国语教学实际,模糊课堂上的主导关系,为韩国语学习和韩国语教学提供一个新的思路,从教师主导型学习发展为教师和学生之间的互动,尤其注重学生和学生之间的互动,通过互相纠错阶段实现教师、学生以及情景练习的目标学生一起互动。

(二)注重课堂知识预习准备阶段

课堂情景模拟教学需要学生对目标知识有较为全面的预习及了解,在有所准备的基础上参与课堂学习,这样才能开发学生的学习自主性。这在客观上要求学生在进入课堂前,积极地对所学知识进行提前的预习和总体的把握。课堂情景模拟教学同时要求教师需要有大量的知识储备,在课前教学设计方面进行充分的配套准备工作。

(三)情景模拟实现知识认知和情感认知的结合

课堂情景模拟教学颠覆了传统教学法中填鸭式讲授规则,使学生有更大的空间和维度对语法和语言以及语言中所反映的社会现象、文化现象、生活习惯、当地风俗等要素加以掌握。情景模拟教学改变了学生对学习语言的认知,使课堂知识变得立体化、多维度化,课堂氛围也更加活跃,学习活动在和谐的氛围中进行,也间接地促进了学生的交际能力。

四、结论与启示

本研究试图提升韩国语课堂教育的效率,让语言学习立体化、多维度化,把语言学习和社会文化、历史、教育、习俗等结合起来,改进传统的韩国语教学法,即教师传授知识、学生被动接受的教学方法。情景模拟课堂教学法要求学生积极主动地预先对所学知识有大概的把握,这就必然要求学生提前预习所学内容。教师在韩国语课堂教学过程中将“情景”生动地引入到课堂,创设出一系列实际生活中可能会发生,或者是已经发生的具体场景和情形,让学生亲临其境,在脑海中形成一个具体的景象,从而有效地激发学生的想象力和兴趣,拓展学生的思维,进而调动学生的学习热情,使学生从被动地接受知识转变为主动地汲取知识,并且学会对接收到的信息,进行选择、加工,最终实现课堂知识在现实生活中创造性地灵活运用。不仅如此,情景模拟教学可以加深学生对知识的理解,摆脱以往语言学习过程中枯燥地、单一地学习语言的弊端,使学生对知识认知的深度和广度都达到更高的层面。

笔者根据多年的韩国语教学经验,不断探索,不断实验,在课堂实践中出一套行之有效的课堂设计方案，并努力使之模式化，摸索出非通用小语种的情景模拟教学设计方法。从知识回顾、内容导入、课堂设计、社会文化知识的注入以及后期的教学成果检测等方方面面都做出合理的设计。

韩国语情景模拟教学具体方案的设计思路及指导思想是使整个教学过程由教师引导学生在既定的情景中进行学习。在准备阶段，教师注重课堂的积极引导，教师提前给出相关主题的内容以及知识点，明确学习的任务以及学生需要提前准备的事项，并进行分组。教师简短概述并导入学习内容，对整体知识框架以及情景设计进行引导，并对所涉及的知识背景以及文化内容进行简单提示，确定课堂的大致框架。在实践阶段，主要是学生演练并互相点评，学生根据教师提前设定的主题，设定具体的情景，进入目标学习内容，分组表演。学生在既定的情景中表演，并且需要有意识地在模拟情景中注入新的知识点，其余学生观摩并进行讨论，提出建设性意见或者是融入场景进行拓展性延伸。教师此时是观察者，并必要时进行引导。在巩固阶段，要实现师生互动，学生与学生之间互动，共同对所有场景进行探讨。在小结阶段，主要是教师起主导作用，针对小组练习情景对话中出现的问题、重难点以及疑点强调、点评，学生也可以对整个情景练习提出自己的观点和看法，包括对自己小组的表现。

韩国语情景模拟教学法试图突破传统韩国语教学注重教与学的模式的局限性，追求注重互动的新型韩语教学模式。在课程的导入阶段，有效地利用图片、具体实物以及相关内容的教学视频，合理而有效地导入教学内容，明确教学目的。在具体的课堂实践过程中，有效地设计教学场景，使学生在学习新知识的同时融入其中。运用小组表演、情景模拟对话等形式，引导学生们积极参与到课堂互动中，模糊教与学的界限；在总结阶段，通过所学知识再现，课堂表演的形式检测学生的学习成果，对于疑难语法、容易混淆句子，尤其是中韩语言习惯不同容易引起误解的一些语言现象等，循循善诱、由浅入深地和学生共同探讨，共同解决难题。

总之，韩国语情景模拟教学模式中，课本所涉及的新知识都被设计在具体的语境里，课堂练习也在具体设定的情境中进行。因此，学生在学习知识的过程中，学生和老师、学生和学生之间可以实现良好地互动，不仅能够帮助学生提高外国语语言运用能力，而且还有助于他们更深入地理解语言背后的社会文化知识、风俗习惯等，使整个学习氛围轻松活泼又极具挑战，语言学习更加立体化、多维度化。

中国大学阶段英语学习者的间接言语行为能力研究

张殿玉

能够运用语言进行交际（包括口头和书面交际）是语言学习的最终目的。所以，提高学习者的交际能力是外语习得的首要任务。会言语不等于会交际。因为，交际是一门综合艺术，是一项涉及多维变量的语言实践活动，既涉及到抽象的陈述性知识体系，又涉及运用语用知识的技能（自动化的程序性知识体系）和语言的实际运用。[①] 语言学界对于交际能力的界定提出了不同的模式，其中颇具影响力的有卡内尔和斯维恩（Canale & Swain）模式、巴克曼（Bachman）模式、李筱菊模式等。不同的交际能力模式揭示出同质内涵，决定言语交际成功与否的不只是语言能力，还有语用能力，即理解和表达语言功能的能力和社会文化语言能力。就目前中国的外语教育现状而言，文秋芳的跨文化交际能力模式涵盖力更强，该模式由交际能力和跨文化能力组成，其中交际能力包括语言能力、语用能力和策略能力。在交际中，互动策略也很重要，为了交谈的成功和效率，交谈双方必须互相关注、互相影响、互相协商。具体地说，就是交谈双方行之有效地遵循一些语用原则，如合作原则、省力原则、礼貌原则等。

在我国的外语习得研究和教学实践中仍然有很多人认为，语言习得就是提高语言能力，即语法能力和语篇能力，语言运用也只是从以语义为基础的认知处理转向以句法为基础的认知处理。这种语言运用很可能成为只是为了输出而输出，无法习得目的语语用习惯，也达不到语言社会化（Language Socialization）理论所强调的语言运用要达意、恰当、有效的语用学高度。刘润清等认为，我国的外语习得研究至今还没有充分认识到提高语用能力对提高交际能力的决定性作用。[②] 语用能力涉及众多的功能性和社会文化型规约，本研究仅集中探讨其中的一个重要组成部分——间接言语行为能力。

---

① 参见戴曼纯：《外语能力的界定及其应用》，《外语教学与研究》2002年第6期。

② 参见刘润清、刘思：《语用习得的认知特性和影响因素述评》，《外语教学与研究》2005年第3期。

一、间接言语行为的理论背景

(一)间接言语行为理论的基本内容、意义及其与其他相关理论的互补性

间接言语行为(indirect speech acts, ISA)是一种结合语境,尤其注重说话人和听话人相互作用及其交际意图分析和考察的动态研究,它的理论基础是奥斯汀(Austin)的言语行为理论。约翰·塞尔(John R. Searle)在修正 Austin 言语行为理论不足之处的同时,于 1975 年首次提出了间接言语行为理论。塞尔(Searle)认为,间接言语行为旨在解决的问题是说话人(S)如何通过“字面意思”来表达间接的“言外之意”,或者说,听话人(H)从说话人的“字面用意”中,如何推断出间接的“言外之意”。[①] “字面意思”是次要施事行为(secondary illocutionary act),与字面语力相吻合,“言外之意”是首要施事行为(primary illocutionary act),其间接语力是通过字面语力推导运算出来的。间接言语行为分为规约性(conventional)和非规约性(non-conventional)两种。前者只需根据句子的句法形式,按习惯对“字面语力”做一般性推导即可推导出“施事语力”,后者则较为复杂,具有不稳定性,需要依靠语境和说话双方的共知语言信息来推导。

在自然话语交际中,间接言语行为具有极其重要的语用价值,有效地阐释了语句的字面意义和话语的会话含义之间的关系,揭示了语句结构和功能之间存在的非直接的多元关系。间接言语行为理论的意义还在于它体现了语用学重视意义层面的传统,在话语意义研究中起着承上启下的作用,前有奥斯汀的言语行为理论和格赖斯(H.P. Grice)的会话含义理论,后有斯珀伯和威尔逊(Sperber & Wilson)的关联理论。它们都坚持了命题意义和非命题意义的二分法,区分话语中的明说意义和隐含意义,如奥斯汀提出了话语的命题意义和施为用意,格赖斯提出了句子意义和话语意义,斯珀伯和威尔逊提出了命题意义、高级显性意义(higher-level explicature)和隐含意义。虽说在运用间接言语行为时交际双方在使用合情推理(plausible reasoning)对默认语境或特殊语境进行含意推导时有时也会达不到共识,造成不解或误解,致使交际失败。但是,间接言语行为毕竟体现着多重语用理据或隐含动因,如礼貌、照顾面子、经济原则、无限的交际动态预设、难以穷尽的客观事态、增强话语的“陌生化”和得体性等,在言语交际中发挥着不可替代的作用。朱永生等认为,讲话人对间接言语技巧的掌握以及对它的常规含义的领会,是言语

---

① John R. Searle, *Expression and meaning*, Cambridge: Cambridge University Press, 1979, p. 87.

能力成熟的标志。[①] 在二语/外语教学中，ISA的意义主要体现在三个二元关系问题上，即形式与功能、准确与得体和语言能力与交际能力。

塞尔的理论也有不足之处，主要表现在会话含义的成功推导必须依靠共知信息和所处语境。格赖斯理论、新格氏理论、利氏(G. Leech)"礼貌原则"(Politeness Principle)和斯珀伯和威尔逊的关联理论(Relevance Theory)弥补了间接言语行为理论的不足，与之共同构成了推导间接言语行为含义的理论体系。格赖斯理论中的"合作原则"(Cooperative Principle)包括四个准则：量的准则、质的准则、关系准则和方式准则，其宗旨是交际双方为了确保交际的顺利进行必须真诚合作，保证质量，答及所问，清晰易懂。他的"会话含义"(conversational implicature)理论是语用学的核心内容，与间接言语行为理论极为相似，同样是依据语境推导话语的真正含义。他还在新格氏理论中提出了会话含义推导三原则：量原则、信息性原则和方式原则。利氏提出的"礼貌原则"又解释了合作原则中无法解释的现象，他本人也在 *Principles of Pragmatics* 一书中评论说："在某种意义上，礼貌原则'援救'了合作原则。"[②]斯珀伯和威尔逊的关联理论进一步有效地阐释了间接言语行为的理解过程和心理机制，字面语力与间接语力之间的信息差，在最大关联和最佳关联之间调整信息加工难度以及认知语境的补足与扩充。但是，有必要指出的是，除了日常交流，认定信息跟自己有关联或有意义并非普遍存在。

(二)关键概念的阐释

1. 间接言语与直接言语

间接言语行为是言语交际中存在的一种普遍现象。索振羽指出，在言语交际中，话语的多数用法是间接的。[③] 话语对"适量准则"(quantity maxim)的遵从决定了言语都具信息压缩性，而且心理空间理论认为，所有的言语行为都需要交际者进入心理空间(mental space)去选择概念结构及连接缺省值的语用隐含。所以，直接和间接只是一个衡量言语行为的相对标准，或者说，直接言语也需要一定程度的间接理解。言语的间接程度不是一个恒量，而是一个变量，可以用一些语用学著作简述过的"以'曲折'见'长'"的方法加以测定。这种客观、全面的认识绝不是要混淆二者之间的区别，也不是要参与间接言语行为的字面义是否存在的论争，更不是要认同戴维斯(A. Davis)的反语用学的关于答语的2价用法(即语句的语义学意义)

---

① 参见朱永生、蒋勇：《空间影射论与常规含意的推导》，《外语教学与研究》2003年第1期。

② G. Leech, *Principles of pragmatics*, London: Longman, 1983, p. 107.

③ 参见索振羽：《语用学教程》，北京大学出版社2000年版，第182页。

的观点[1]，而是使本文要考察的间接言语行为的概念域更加具体，即典型的间接言语行为。除了用传统的方法界定间接言语行为，还可以借鉴以下两个标准：(1)间接言语行为均不符合(i)显性言语行为具有源于句子施为动词指定的力和(ii)祈使句、疑问句、陈述句三种基本句型具有与该句型相应的要求、提问、陈述的语力二原则。(2)间接言语行为在认知处理上比直接表述呈现更大的跨度和难度，需要语义、句法、语用各层面的多重处理。

2. 间接语言与间接言语行为

从范畴论的角度分析，间接语言指所有言语交际中句子意义和话语意义(utterance meaning)不一致的语言现象，即所有那些因种种原因不严格遵守合作原则及其相关准则和次准则的具有隐含意义的话语，其中包括间接言语行为。所以，除间接言语行为外，间接语言还包括明喻、隐喻、夸张(hyperbole)、缓叙(understatement)、掩饰和反语(irony)等。孙玉认为，前者的话语意义是通过一条命题链推导出来的，主要表现为语用方面的“不妥”，并称其为 A－B 型；后者是通过比较和发现两个命题的相似点得出的，在语音、语义和句法方面均存在“不妥”，称其为 A－A’型。[2] 塞尔也指出，间接言语行为与隐喻、反语等有本质区别。[3] 在间接言语行为中，句子意义与话语意义并不矛盾，只是话语意义包含的意义更多。而在后者中，说话人的真意与句子意义不同。在间接言语行为中，隐含命题 P’是话语的主要语用功能，通过直述命题 P 体现和实施，P 是 P’的载体，但 P’＞P。两者在形式上无对立，只是在一定语境中存在功能差异。但在隐喻和反语等辞格间接语言中，P≠P’。考虑到中国的大学生虽然已经具备母语间接语言能力，但是在外语习得中由于外语语言和语用能力所限还远不能正确地运用隐喻、夸张、和反语等间接语言，而间接言语行为却因其在言语交际中的重要性和常见性成为当前必须实施的任务之一，所以在本研究中有严格区分二者的必要。

3. 语用模糊与间接言语行为

语用模糊(pragmatic ambivalence)和间接言语行为均属语用学的研究范畴。俞东明把二者的区别归纳为两点：间接言语行为主要是考察说话人的交际意图这一单一角度，语用模糊则既考虑说话人的交际意图，又考虑听话人对话语意图或言

---

① A.Davis, *Implicature: Intention, convention, and principle in the failure of Gricean Theory*, Cambridge: Cambridge University Press, 1998, p. 34.

② 参见孙玉：《间接语言现象的两种基本类型》，《外国语》1994 年第 3 期。

③ John R. Searle, *Expression and meaning*, Cambridge: Cambridge University Press, 1979, p. 113.

外之力(illocutionary force)是如何识别和阐释的，而且考察听话人是如何据此做出反应的；间接言语行为的言外之的(illocutionary goal)往往是不明确的，可以有多种解释，而语用模糊话语的言外之的只有一种，只是其言外之力有多种，或无法确定，处于模糊状态。[①] 但是，在进行深入研究后可以发现二者的区别并不显著，在很多方面有交叉重叠现象，而且有的学者也把语用模糊看成是间接言语行为的一种特例[②]，因为毕竟二者的有意识的隐含动因基本相同，而且二者的运算推导都必须涉及到言语交际的四大要素，即说话人、听话人及二者之间的相互作用、语境和句子或话语的意义潜势。利氏认为，语用模糊使话语的言外之力不明确是带有动机的，是为了交际双方的共同利益。[③] 说话人让听话人对其话语的意图有两种或两种以上解释的目的是为了让听话人为其承担由该话语引起的后果的一部分责任，使自己处于进退自如的主动地位。巧合的是，利氏对语用模糊的定义恰好可以用来较好地解释在间接言语行为理论引发的争议中人们经常使用的 Grice 举过的示例（Ann: Where can I get gasoline? Bob: There's a station around the corner.)。虽然戴维斯曾经认为，Bob 可能根本没有隐含在哪里可以买到汽油之意，但是任何重视言语交际功能和话语语用价值的人都会觉得戴维斯是在玩理论游戏，更多考虑的是一般隐含义(GCI)，而非特殊隐含义(PCI)，有哗众取宠之嫌。格赖斯的假设才更务实，Bob 只不过是采取了间接言语行为的模糊方式强调了“可能可以买到汽油”，但是如果因为某种难以穷尽的客观事态而买不到汽油也不应怪罪 Bob，因此 Bob 使自己处于“进退自如的主动地位”。这个例子很好地诠释了间接言语行为和语用模糊两个范畴的交叉重叠。况且，间接言语行为的语用价值也决定了它在理论上应该具有更强的涵盖力，在原始范畴的基础上有所发展，所以笔者在本研究中采取了更务实的求大同存小异的方法，将语用模糊适度地纳入间接言语行为体系。

二、实证研究

近十几年来，我国语言学界对间接言语行为已经进行了大量的研究，主要集中在对其理论的介绍、解释或界定上，也有部分研究尝试把间接言语行为理论与英语

---

① 参见俞东明：《语法歧义和语用模糊对比研究》，《浙江大学学报》（哲学社会科学版）1997年第3期。

② J. A. Tomas, *Meaning in interaction: An introduction to pragmatics*, London: Longman, 1995, p.142.

③ G.Leech, *Principles of pragmatics*, London: Longman, 1983, pp. 23-24.

教学实践相结合，但是对我国英语学习者间接言语行为能力的实证研究仍很少见。因此，本文拟从语用习得的角度出发探究中国大学阶段的英语学习者（英专 EM 和非英专 NEM 学生）在间接言语行为能力方面的表现，并借此引起英语教师对英语学习者语用能力的广泛重视。

（一）实验设计

1. 研究问题

（1）中国大学阶段英语学习者（包括中级和高级）在交际中运用的言语行为类型有哪些？

（2）言语行为类型的运用与交际效果的相关性如何？

（3）间接言语行为能力的习得机制是什么？

2. 受试

参加本次实验的是英专一年级 30 人、三年级 30 人、非英专一年级 30 人和三年级 30 人，受试人数共 120 人。在受试人群的构成上充分地考虑了男女生的比例均衡和好、中、差学生的比例均衡。非英专学生是实验组，英专学生是控制组。采用这种设计方法是因为非英专学生是中国学习外语的学生中的主流群体，最具代表性，他们主要以学习（learning）外语的方式掌握外语。英专学生也是一个重要的学习外语的群体，而且被认为是一个外语习得更成功的群体，学习和习得（learning and acquiring）是他们掌握外语的两种渠道。两个群体的学习外部环境、学习策略、学习动机等变量均存在明显不同。同时，在一个组别中采取双班制实验法以便同组中的两个班级也发挥纵向对照实验功能。

3. 测试工具

因为间接言语行为能力既包括间接言语行为输入能力又包括间接言语行为输出能力，所以本研究采用了设计听力试题和建立录音口语语料库两种方式。听力试题用于检测中国学生的间接言语行为理解输入水平，口语录音用于检测间接言语行为输出能力。

（二）实验过程

实验由两个阶段构成。第一阶段是组织实施实验前测试，调查两个组共四个班的中国学生掌握和运用间接言语行为的情况，非英专学生组的成绩和表现将作为其实验前的原始成绩，也是实验结果的第一参照值；英专学生组的成绩和表现将作为非英专学生组实验后间接言语行为能力发展与变化的第二参照值。旨在：（1）获悉低年级与高年级、非英专学生与英专学生对间接言语行为的掌握和运用情况。（2）发现学生在测试中的表现与语言水平之间的关系。第二阶段是教学实验和实验后测试阶段。间接言语行为显性教学的对象是非英专学生组的两个实验班，英专学生组继续进行常规状态下的语言学习和习得。但是，教师可以在不告知的情况下尽可能多地运用间接言语行为类型，对学生实施隐性影响。显性教学时间为8周，每周1节课，共8节课。除了继续使用阶段一的测试手段和步骤、检验间接言语行为的自然习得效果和显性教学效果、实现间接言语行为历时动态研究外，还增加了请外教听录音、谈感受环节，以便从英语母语使用者的认知角度了解间接言语行为的运用与交际效果的相关性。

（三）实验结果

我们采用SPSS 11.0对实验数据进行了统计分析。表1是在第一阶段实验前测试中各班听力输入和交际输出言语行为类型的理解和运用情况。表2是实验阶段显性教学后言语行为类型理解和运用的发展变化情况。

表1　阶段1实验前各班听力输入、交际输出言语行为类型统计分析($n=120$)

组别	测试类型与结果									
	听力输入（单位：分）					交际输出（单位：次）				
		总计	DSA	CISA	NCISA		总计	DSA	CISA	NCISA
非英专学生一年级	平均成绩	52.53	31.27	12.93	8.33	平均频数	21.17	16.53	4.47	0.17
	标准差	5.28	3.77	3.51	1.90	标准差	1.47	1.78	1.81	0.38
非英专学生三年级	平均成绩	66.00	38.60	14.00	13.40	平均频数	20.90	14.83	5.60	0.47
	标准差	4.90	2.47	1.17	2.04	标准差	0.89	1.05	0.86	0.57
英专学生一年级	平均成绩	53.43	32.85	13.05	7.53	平均频数	21.25	15.30	5.15	0.80
	标准差	4.98	3.60	3.48	1.87	标准差	1.40	1.65	1.93	0.73
英专学生三年级	平均成绩	71.20	42.00	14.87	14.33	平均频数	21.85	12.90	7.38	1.57
	标准差	4.75	2.28	3.25	2.08	标准差	1.17	2.35	2.04	0.87

注：总计指言语行为类型总数；DSA指直接言语行为；CISA指规约性间接言语行为；NCISA指非规约性间接言语行为。

表 2 实验阶段显性教学后言语行为类型发展变化统计分析($n=120$)

组别	测试类型与结果								
	听力输入(单位:分)				交际输出(单位:次)				
		总计	DSA	CISA	NCISA		总计	DSA	CISA	NCISA
非英专学生一年级	平均成绩	67.33	30.33	16.87	20.13	平均频数	21.03	3.20	9.27	8.53
	标准差	6.22	3.60	1.72	2.97	标准差	0.93	0.71	0.64	0.90
非英专学生三年级	平均成绩	78.80	37.87	17.67	23.27	平均频数	20.53	2.63	9.07	8.87
	标准差	4.25	2.52	1.58	1.78	标准差	0.82	0.85	0.79	0.78
英专学生一年级	平均成绩	55.08	31.45	14.50	9.13	平均频数	21.00	12.53	6.47	2.00
	标准差	4.37	3.54	3.20	1.98	标准差	1.45	1.80	1.23	1.30
英专学生三年级	平均成绩	70.50	41.35	14.00	15.15	平均频数	21.72	9.26	8.55	3.91
	标准差	5.20	2.40	3.57	2.23	标准差	1.20	2.82	1.87	2.54

(四)讨论

1. 中国大学阶段英语学习者在交际中运用的言语行为类型

实验前

未经系统的显性间接言语行为语用教学,中国大学阶段英语学习者在听、说活动中理解和运用的言语行为类型以直接言语行为为主,然后是规约性间接言语行为,而非规约性间接言语行为仍然很不成熟。阶段 1 的听力输入测试表明,学生能够较好地把握直接言语行为的表述、施为和成事等各话语元素,低年级的正确理解率可以达到 63%以上,高年级可以达到 77%以上,而且已经具备一定的稳定性。与直接言语行为相比,两个年级组的间接言语行为正确率分别只有大约 41%和大约 55%,而且非规约性间接言语行为的正确率只有大约 15%和大约 27%。就测试表现与语言水平的相关性而言,在总成绩和直接言语行为上语言水平决定测试表现。但是,在规约性间接言语行为,特别是非规约性间接言语行为上,较高的语言水平并未带来较好的测试表现，非英专学生一年级与英专学生三年级在这两项上的最大分差分别只有 1.94 分和 6 分。口语输出测试表明直接言语行为的主导性更为显著。低年级组的直接言语行为占言语行为总数的 75%，高年级组也达到了 65%。为了进一步检测学生的口语言语行为类型，我们检索了口语语料库中“yes”和“no”的使用频数。结果发现，在四个班平均 21.29 次言语行为中，“yes”的平均频数是 9.25，“no”的平均频数是 7.37。也就是说，78.06%的答语言语行为始于行为明示语，使那些本来具有或应该具有间接特性的后续核心语不再具有间接性，说明他们没有在提高语言水平的过程中同步实现间接言语行为的语用习得。但是，符合英语语用特点的间接言语行为的匮乏或缺失并不意味着中国大学阶段英语学习者完全不具备语用意识，这一点可以从他们有意或无意使用的会话策略中得到验证。例如：

A：May I smoke here? B：No, you mustn't. I am sorry, but I think you can go to the next-door room.

如果听话人具备语用能力，他只需要说答语中后半部分的核心语。虽然听话人仍然不具备这种能力，但却能意识到话语中的语用失当，并采取了道歉、解释和提供更多信息等会话策略，照顾了对方的面子，缓解了本来可以秘而不宣的拒绝。冗长的话语虽然没有遵循话语的省力原则和礼貌原则，但至少说明他们具备语用意识。

研究表明，中国大学阶段英语学习者的间接言语行为能力低，句式知识不完善，语用意识淡漠。由于我国的外语语言教育一直以来过分重视语义和句法认知处理，忽略了语言习得作为一个动态发展系统中语用认知的重要意义，所以即使他们在交际输出时能够产出一些间接言语行为话语，在听力输入时也能推导很多间接言语行为的言外之意，但是并不知道也不追究它们的语用功能，或者错误地认为它们只是某一含义在英语中多个平行表达式中的任意性变体。在本研究的间接言语行为能力测试中，在听力输入上规约性间接言语行为与非规约性间接言语行为成绩相差不大，而且基本与学习者的语言水平成正比，但在交际输出上两者存在明显不同，而且未见因语言水平高而增加对非规约性间接言语行为的使用频率。非规约性间接言语行为的交际输出平均频数很低，只有三年级英专学生的平均频数超过 1，为 1.57，而且各项标准差均未超过 1，说明非规约性间接言语行为语用能力差不仅是语言水平低的学习者的问题，而是我国英语学习者的共性缺失。但是，非规约性间接言语行为并非英语所独有，相当于英语非规约性间接言语行为在中文中并不缺失。例如：

丈夫:我很想爸爸、妈妈。妻子:是呀,我还真是有点想爸爸了。

而且中国大学阶段的英语学习者也已经具备成熟的母语非规约性间接言语行为能力。但是,由于过渡语仍不流利,更加关注中英文的不同,话语产出时的焦虑负荷和思维核心高度集中在话语的形式和语义的准确和清晰上等原因,学习者虽然能够在听力理解中推导出非规约性间接言语行为在语境中的关联意义,却在外反馈时不用或不会用,忽略了非规约性间接言语行为中存在着异质文化的共用认知模式:交际话语的关联性。再加上非规约性间接言语行为本身没有语法标记,常常存在模糊性,需要寻找最佳关联等原因导致学习者英语非规约性间接言语行为稀少,甚至缺失。下面的例子是从口语语料库中检索出的真实交际话语:

A: There is a movie tonight. B: Really. (or I see. / What do you mean? / Are you going? / What is it about? …)

B 的反馈说明,他们要么未能理解 A 话语中蕴涵的言外邀请,要么是理解了却无法以间接言语行为回应间接言语行为。本研究的口语测试还设计了一个语境:

A 说两个朋友他都想,而 B 只能说他想念其中一位 A: I miss A and B very much. B: I miss only A (or I don't miss B/I miss A more …).

107 位学习者的答语中使用了"only""not""more"等标识语,导致间接性、礼貌性、得体性缺失。非规约性间接言语行为能力差还表现在过分或不当使用元语用评论语上(metapragmatic comment)。例如:

A: There is no more ink left. (or We are running out of ink.)

B: Are you saying that you need more ink? There is a shop round the corner. (or There is more in the office.) I mean you can go there for more. (or I am saying you should go there to get it.)

元语用评论语是用于消除说话人的所有模糊性话语的会话策略。泰勒(T.J. Taylor)认为,What do you mean by that? Sorry, could you say that again? 等"元话语"(meta-discursive)可以用来确认信息和概念是否得到准确表达和传递,保证语言交流正常进行。但是,过分或不当使用也会破坏语言的经济原则,影响质量准则。在本研究四个组的共 90 次非规约性间接言语行为输出中,有 83 次中使用了元语用评论语。经过对这些实例的分析,笔者发现中国大学阶段英语学习者使用的只是形式上的元语用评论语,是偏离目标语语用本意的中介语语用标识,发挥的只是说明、解释、补充和澄清的作用,并不具备其在英语母语中想逃避责任、暗指受益或受损等完形语用功能,主要方式是"再表述"(reformulation)和"结语"(upshot)。值得一提的是使用频数很高的"I mean"。Hasselgren 称之为口语小品词

(small word)[①],它与话语内容和意义无关,属于说话者的一种流利性策略。但是,就中国大学阶段的英语学习者而言,虽然不排除其流利性策略的作用,但更多还是为了表达清晰、准确而运用的澄清策略。究其原因,过分或不当使用元语用评论语主要是因为学习者过分担心话没有说清楚或答非所问,反映出他们渴望信息表述的清晰性和确切无疑的心理需求,也说明了他们对自己表达能力的不信任。

经过对较高的规约性间接言语行为口头输出频数分析可以发现学习者习得和使用规约性间接言语行为的三个显著特点:(1)用情态动词句式表达隐含义。录音口语语料库规约性间接言语行为检索结果表明,学习者主要使用了需要认知处理努力较小的三种情态动词句式,即类型1(涉及听话人实施行为的能力)、类型3(涉及听话人实施行为)和类型5(涉及实施行为的理由)。(2)使用规约性间接言语行为句式的数量与类型、质量不均衡。虽然各种组合(低年级组、高年级组、非英专学生组、英专学生组)使用规约性间接言语行为的平均频数处于4.81~6.49的不算低的区限内,但是其类型分布很有限,主要是类型1中的"Can you …?",类型3中的"Would you …?"和类型5中的"You should ….",未见涉及说话人"希望"、听话人"意愿"的话语和结构复杂的融合句式(不止一种句式或隐性指令与显性指令相融合的句式)。而且重复使用的几个简单句式在语用上仍有失误,如"Would you …?"的过分使用,因语用失察误用"can't""mustn't"导致不得体"拒绝"。他们在认知逻辑上呈现的是句式与静态语义的单一映射,不是句式、语义与动态语用、语境的空间映射。(3)对具有语用价值话语的处理更接近于语用语法化,用语法句式替代语用概念。规约性间接言语行为交际输出是对语法句式进行结构分析、记忆后的强制性应用,仍不能做到社会文化理论中"拿来"(appropriation)理论所倡导的把外部知识和内部知识结合成新知识进行不断转换。较高的使用频率说明,对于他们来说,学习语法比习得语用更容易,是记忆在起更大的作用,而非语用适应。

在交际输出时表现出明显的母语迁移性。母语负迁移主要体现在祈使句的过分运用上,这一点在低年级组中表现得尤为明显。虽然英语本族人在表述"请求"时也经常使用直接形式,但是从中国大学阶段英语学习者言语行为类型的统计数据上来看,他们的直接形式与直接含义更加匹配,即用祈使句表达不经语用调控的最原始的思维图式。其中原因主要有三个:一是由于中文的疑问句在构成上不具备位移性,与英文相比,中文中的祈使句与疑问句在构式上更具向心性,导致学生

① A. Hasselgren, *Small words and valid testing* (Unpublished Ph.D thesis), Bergen University, Norway, 1998, p. 155.

更难用英语的疑问句表达“请求”的语用功能。二是在母语文化中他们听惯了长辈们用形式更直接、需要较少运算和推导的祈使句，习惯了在社会交际中常用缺乏商量、探询语用功能的祈使句，形成了中文祈使句的语用默认。三是受到他们日常母语环境中同伴言语实践惯例的影响，很少使用间接式或委婉式，再加上能主动运用的英语言语形式单一，平时接受的目标语角色扮演训练少，导致不能做到言语形式随语用不同而变化，缺乏灵活的语用切换能力。当然也有一定程度的正迁移，如在等级差别明显时在中文中常用的“您能……吗？”无论在形式还是在语用上都与英文中的“Would you …?”和“Could you …?”有着同样语法特征，所以中国大学阶段英语学习者极易习得此结构，甚至有使用过多倾向。在非规约性间接言语行为上，中英文之间并不具备明显的差异性，但却表现为零迁移。一方面是由于非规约性间接言语行为在两种语言中均需多层次加工和推导，关系到寻找最佳关联，而且在母语中比较成熟但却比较少用的言语图式也很难大量地迁移到二语/外语中。另一方面是因为未经非规约性间接言语行为语用显性教学，学生不了解在这种言语行为类型上中英文之间存在同质性，担心听话人听不懂或答话时答非所问，怕说出中国式英语。

实验后

表 2 中的数据显示，显性教学后实验班非英专学生学生的言语行为类型有显著变化，而英专学生控制班的言语行为类型只发生了微小的自然变化。在听力输入方面，直接言语行为表现无明显变化，但在规约性间接言语行为和非规约性间接言语行为上的进步显著。一年级非英专学生的规约性间接言语行为提高了 3.94 分，非规约性间接言语行为提高了 11.80 分；三年级非英专学生的规约性间接言语行为提高了 3.67 分，非规约性间接言语行为提高了 9.67 分。在交际输出方面，英专学生组的言语行为类型仍无值得一提的变化，而非英专学生组的变化却耐人寻味。首先是直接言语行为的使用频数急剧下降，一年级非英专学生下降了 13.33 次，三年级非英专学生下降了 12.20 次。因为言语行为总数有限，所以随着直接言语行为频数的下降，间接言语行为大幅度增加，其中一年级非英专学生的规约性间接言语行为增加了 4.80 次，三年级非英专学生增加了 3.47 次，非规约性间接言语行为的增加更为显著，与直接言语行为形成了此消彼长的局面，一年级非英专学生的非规约性间接言语行为增加了 8.36 次，三年级非英专学生增加了 8.40 次。从间接言语行为显性教学后非英专学生低年级和高年级的间接言语行为能力普遍明显提高来看，以一定的语言水平为基础，显性教学可以不受语言水平的制约。但是，语言水平高的学生接受得更快，效果更好，更能学以致用。

显性语用教学增强了学习者的语用意识、语用知识和驾驭语用切换的能力。首先，学生增强了对构式和语用多样化的认识，了解了在很多语境中直接言语行为的语用不妥，启动了对原始直接言语行为适切性的监控机制，并对当前言语进行一定程度的语用切换。构式知识和语用切换能力丰富了交际言语行为类型，为交际者提供了更大的选择空间。其次，学习者不仅纠正了很多原来间接话语的语用不当，系统地掌握了实验前常用的各规约性间接言语行为的其他表达方式，而且基本掌握了以前未见使用的涉及说话人“希望”、听话人“意愿”的话语和结构复杂的融合构式。最后，显性教学使学习者在生成和产出规约性间接言语行为时启动语用监控机制，在他们现有的语言认知能力内最大限度地推导和匹配句式、语义与语境、语用的平衡、协调参数。显性教学还充分利用了积极母语迁移，促进了母语非规约性间接言语行为语用复苏，在很多输出实例中见到了在母语中也很常用的间接言语行为，如“真呛”“人们通常在隔壁抽烟”等。

虽然显性教学达到了丰富语用知识、增强语用意识的目的，但是语用实践远未成熟。首先，间接言语行为频数的大幅度增加只是显性教学的即时反映，仍具极大的不稳定性，需要在频繁的交际实践中调整语用适用值，在直接与间接言语的均衡发展中保持后者在数量上的适度性。其次，间接言语行为数量的绝对增加并未真正保证言语交际的质量。显性教学和合作态度使绝大多数学生在尽量避免直接言语行为的同时造成了间接言语行为的使用失当和过分使用。比如，在使用规约性间接言语行为时，不能适时、适地、针对交际对象地选择构式，而是重视使用那些新学的、特别是结构复杂的融合构式。在使用 NC 间接言语行为时存在更大的刻意性，在不应该使用时勉强使用，或无法找到最佳关联，造成逻辑失误。例如：

A：Would you like to drink some coffee? B：I've drunk a lot of water.

从交际相关的原则来看，例(6)的答话人试图合作，答语应该与问话相关。但是，在这一语境中，作为交际策略使用的不正面回答或答非所问并不恰当，不映射任何有意义的隐含动因。而且，从提议者选用的构式来判断，这样回答很不得体，没有礼貌。所以，在显性语用教学解决了知识和意识问题后还必须经历机械运用、模拟或真实语境运用和矫枉过正等阶段才能达到语用消化和语用成熟的理想目标。

2. 言语行为类型的运用与交际效果的相关性

交际效果是交际各方最关心的变量，而言语行为类型的选择和运用直接关系到交际效果的好坏，这是因为不同的言语行为类型预设不同的隐含动因。当交际一方运用某一行为类型预设某种语用参数时，如果对方能够完成语用推导，并且实施相应的行为，就会提高交际的满意度。或者说，在特定的语境或明示的言语行为里，对话者的语用意识会启动对于特定言语行为类型的预期，产生期待值，如果言语行为结果与预期不符就会降低满意度，影响交际效果。所以，言语行为类型的隐含动因是交际效度的关键因素，也是语用教学的核心内容。

为了发现言语背后的动机，即对隐含动因的把握，我们对实验组的部分学生进行了跟踪访谈，结果发现了两种情况。(1)对于同为不了解语用知识的对话者来说，他们认为交际效果不会受到说话方式的影响。他们只关心语义的表述和接收，交流没有受到得体、礼貌、面子等语用隐含的影响，更不会想到言语的经济性、动态预设、无限事态和陌生化等复杂的隐含动因。(2)在语用知识不同的对话者之间则会产生因为语用失当造成的交际摩擦。语用能力较好的一方常常抱怨说“太不给面子了”“真啰嗦”“太绝对了”等，说明他们已经开始具备语用预期，期待在特定的语境中使用特定的言语行为类型。

在请外教听录音、谈感受环节，外教从严格的英语母语使用者的语用认知角度出发对四个组共 12 对学生的口语录音材料进行了评估，考察了言语行为与交际效果的静态平面关系和动态发展关系，特别指出了在本次研究中发现的四种明显降低交际效果的言语行为类型。

类型 1　实施直接的祈使言语行为，导致不礼貌。

学生 A 向老师 B 借书是本次实验中的一个设定语境

A：Lend me your textbook.

B：No, I can’t lend it to you because I am using it.

虽然这种不礼貌问题有可能是因他们的语言水平仍处于初级、简单的阶段造成的，但是缺乏语用意识则是另一个更为重要的原因，因为从直接祈使到情态动词远为达到从低级到高级、从简单到复杂的跨度。

类型 2　实施直接否定、拒绝，违背面子概念(face value)。

如前文举例，否定的言语行为在本质上和交际者的面子相悖，是威胁面子的行为。一旦实施，需要借助辅助语言行为、缓解作用词语、降低程度、回避正面回答和踌躇等策略进行挽救和修补。

类型 3　实施不当的事态关联型间接言语行为，导致无效多解。

A 对刚刚认识的吸烟者 B 说

A：It is said that secondhand smoking is more dangerous.

B：Really?

在很多重视交际效果的话语中只有关联基础是不够的，还必须有导致交际结果的施事指向。因此，在处理是用间接还是直接的问题上必须克服“间接比直接好”和“越间接越有水平”的心理。否则，很容易产生误解或不解。在对听话者构成利益受损的情况下，则很容易产生故意曲解，为保护自己的利益留下太多的回避空间。

类型 4　实施不当的复杂构式型间接言语行为，导致语义、语用和行为间的失衡。

A：Would you mind awfully if I asked you if you could pass me the dictionary?

B：No problem.

交际的实效性决定言语形式。所以，言语形式的应用必须受到时间、场合和对话人之间的理解等因素的制约，绝不是句式越长、越复杂、越间接越好。例(8)也是这样。

3.中国大学阶段英语学习者的间接言语行为能力的习得机制

语用能力是可以习得的。本研究则进一步表明，在英语作为外语(Englishas Foreign Language，EFL)的环境下，间接言语行为能力不仅是可以习得的，而且还是可教的。因此，就 EFL 环境下的间接言语行为语用习得而言，除了年龄、接受能力、动机和神经等一般语用习得因素外，间接言语行为显性教学起着更加关键的作用。同时，有必要利用隐性习得，使显性的强制学习在自然环境中得以消化。

显性教学

埃利斯(R. Ellis)等认为，教学能够通过增强学习者语法知识达到促进语言能力发展的目的。① 高海英和戴曼纯发现，当语言结构处于可以学习的状态时，显性输入比隐性输入更有效，语言知识的吸收程度更高，稳定性更强。② 但是，间接言语行为不仅是语法构式，而且它还关系到语义、语用，关系到动态交际中的时间、场合和对话人之间的理解。所以，语用教学比语法教学更复杂，但也正是其复杂性决定了它在自然外语环境下的难以习得性。实验和教学实践显示，显性教学是最佳的间接言语行为语用习得手段，可以使间接言语行为语用信息以前言语信息的形式存在于学习者的概念形成器中，形成语用意识和语用假设，并通过在言语产出模

---

① R. Ellis, “Can syntax be taught? A study of the effects of formal instruction on the acquisition of WH questions by children,” *Applied Linguistics*, Vol. 5, No. 2(July 1984), pp. 138-155.

② 参见高海英、戴曼纯：《中国英语学生英语关系从句外置结构的习得——显性教学与隐性教学实证研究》，《外语教学与研究》2004 年第 6 期。

型的构成器中进行句法编码使间接言语行为的语用功能通过语音编码实现产出。所以，间接言语行为语用显性教学应该涵盖教学步骤、输入内容和输出实践三个环节。

教学步骤涉及整个间接言语行为显性教学，既包括规约性间接言语行为和非规约性间接言语行为的宏观语用概念，也包括各范畴中的每个子构式的语用概念。每个相对独立的教学步骤由三个教学环节构成，即构式与语义、构式和语义与语用的空间映射、在交际环境中的具体运用。构式与语义环节类似于普通的语法教学，关注归纳相关构式及其一般语义表征。此时，如果学生对“Can you pass me the sugar?”只是回答“Yes, I can.”，而无任何行动，应判定为正确。但是，在第二环节的交际语境中则要判定为错，应代之以“Here you are.”或“Sorry. My hands are greasy.”等涉及行动的言语，实现构式、语义和语用的空间映射。第三环节是动态、灵活的交际语境所必需的。只有通过把构式言语应用在具体语境中才能内化学习者的根据时间、地点、对象等动态指标切换构式的能力。就非规约性间接言语行为而言，首先要罗列大量的正确实例，通过实例使学生认识到非规约性间接言语行为的非规约性构式一般不是典型的问答式，而是表面上的独立陈述式，此时的语义是简单的语境剥离后的原始构式义。其次，必须使学生通过掌握语用隐含动因熟练地认识构式、语义和语用的空间映射，解读语境契合后由语用产生的非规约语义。最后，在新开辟的真实语境中不断演练间接言语的字面语义离心趋势的尺度，准确地运用语用表征的向心趋势，使各交际方的言语从表面上的似乎不相干到最佳关联。例如：

A：The cup on the table is broken. B：Tom and Mary were playing in the dining－room a moment ago.

输入语用内容就是为学习者提供原始语用信息，为语用监察提供物质基础。这些信息既可以帮助推导别人的话语，也可以帮助说话者自己在发音前或发音后检索语用失误。输入内容应该包括在现阶段学生有能力掌握的交际中必不可少的全部构式和语用内涵。间接言语行为显性教学应该涉及的内容有：间接言语行为的理论沿革、其语用和文化价值、规约性和非规约性间接言语行为的界定、规约性间接指令的五种类型、以言语行为理论、会话合作的一般原则、背景信息和交际对象的理解和推断能力为依据进行推导的非规约性间接言语行为、间接言语行为的句式结构和话语模式、间接言语行为的理解和表达方法及间接言语行为输入、输出专项实践等。另外，为了突出目标语用知识的全景性，甚至有必要延展至那些在自然言语交际中很少用的构式，以便防止学生在自主习得这些构式后使用不当，如规

约性间接言语行为类型 6，即隐性指令与显性指令相融合的构式。（如前文中举例）

间接言语行为语用显性教学的输出实践至少可以发挥四种作用。(1)实施语义——句法——语用处理，推动陈述性知识向程序性知识的转变。(2)检验言语交际中的假设参数。在检验中，通过其注意功能不仅认识到自身交际的缺陷或不足，而且开始更加关注与输出相关的输入。(3)反思、评价、修补交际言语在语音、词法、句法、语义，特别是语用层面上的缺失、拙涩和错误。(4)实施元语言功能，控制和内化语言知识。经过语言技能和语用知识输出实践的、内化的交际言语逐渐变得更加流利、得体，言语出现自动化迹象。

隐性习得

经过八周的自然学习，控制组的间接言语行为语用表现无显著变化，再通过参考经过长期学习后的实验前测试成绩，可以认定隐性语用习得无法较快、较好地完善中国大学阶段英语学习者的语用能力。但并非说在英语作为外语的环境中隐性习得毫无益处。隐性语言社会化（Language Socialization）所关注的表达、领会情感和按对方和自己的身份讲话就非常适合间接言语行为语用习得，可以与任务教学法相结合，使学生在扮演角色的“社会”活动中隐性学习言语与时间、地点和交际对象之间的语用意义。隐性习得至少在以下两个方面有助于间接言语行为语用显性教学。一方面，我们在实验中发现，如果在系统显性教学之前已经具备一定的隐性习得基础教学效果会更好，这种前隐性习得起着准备作用；另一方面，语用显性教学的教学效果不是一蹴而就的，教学后的语用表现仍然是不稳定的。所以，后隐性习得就发挥着修补、调整、巩固和完善的作用，使语用习得真正实现从模拟运用到自然运用的过渡。

三、结语

本研究调查了中国大学阶段英语学习者的间接言语行为能力，发现他们在自然外语学习环境下很难较快、较好地习得这种能力。但是，这种能力是可教的，而且显性教学的效果十分显著。同时，有必要指出的是必须创造尽可能多的高质量的隐性语言社会化环境和跨文化交际环境，因为这些环境才是真正检验和培养间接言语行为语用能力的场所。对外语的学习者来讲，使用间接言语行为的语用技巧具有不透明性，不宜把握，其习得需要靠跨文化交际的语用经验和（通过视、听、说）对外语交际场合的了解以及对人文网络的百科知识的掌握。为了造就新一代的有交际能力的外语人才，外语工作者必须意识到只是传授和培养语言能力是不够的，必须注意研究语用语言学、社会语用学和社会学等关乎交际和社会文化的学科，把其中的诸多相关要素融入外语习得中，为输入—交际—认知—输出创造条件。

本研究课题仍需在诸多方面进行进一步的探讨。例如：经过英语作为外语的环境习得间接言语行为语用知识和意识的中国大学阶段英语学习者在目标语环境下是否能够得体地运用间接言语行为；在目标语环境中，中国大学阶段英语学习者通过隐性习得语用能力的效果是否好于英语作为外语的环境下的显性教学。

基于探究式学习的英语语法教学模式构建*

李　杰　李　楠

最新的英语类专业教学指南明确指出，英语语法作为专业核心课，其目的是“帮助学生进一步完善英语语法知识体系，熟练掌握英语语法知识，提高英语语法知识的综合运用能力。并能对词、句、篇的语法特征进行分析；综合运用所学的语法知识顺利完成听、说、读、写、译等交际任务”①。指南明确指出语法教学应重视语法应用和语法能力培养，从顶层设计方面为我们的语法教学确定了方向，然而在具体实施过程中，还需要教育各方从各种令人眼花缭乱的教学模式中坚守初心，从实际出发构建语法教学模式。

综观外语教学模式的历次演变，高等院校英语专业的语法教学可谓命运多舛。作为反映语言的结构方式和组织规律的法则，语法曾经站在语言教学的中心位置，翻译教学法亦曾风靡一时。然而随着更看重交际功能的交际教学法的兴起，语法教学的地位一落千丈。“语法无用论”“语法束缚论”甚嚣尘上，高校教师课堂上淡化语法，有的甚至公然宣称不用学语法。在很长一段时间里，语法课甚至被踢出了高校英语专业的课程设置。这既与时代背景中的诸多客观因素相关，也与英语专业语法教学自身的诸多问题有关。本文着重考察语法教学自身的问题，并希望通过“探究式教学”模式提高语法课的“挑战度”，进而促进学生由掌握“显性语法知识”向“隐性语法能力”的转化，最终目的是提高其语法应用能力。

一、语法教学中的挑战

如何调整英语专业的语法课堂教学内容，提高“挑战度”，适应新形势下的学生

---

* 本文为山东大学(威海)2020 年新文科研究与实践项目“英语＋X 双学位人才培养模式研究”(项目编号:2020XWKC016)的阶段性成果。

① 教育部高等学校外国语言文学类专业教学指导委员会英语专业教学指导分委员会编著:《普通高等学校本科外国语言文学类专业教学指南——英语类专业教学指南》,外语教学与研究出版社 2020 年版,第 18 页。

群体要求,提升学习者语法学习动机。随着中学阶段教学内容和师资配备的不断发展,当代大学新生的英语水平整体已经较高校语法教师当年的水平提高了不止一个档次。经过中学阶段对语法知识“地毯式”的学习,英语专业的大一新生对语法知识的渴求已不那么迫切,语法教师必须调整教学内容,提高课程内容的含金量和“挑战度”,以吸引同学们继续保持对语法的兴趣。

如何调整英语专业的语法课堂教学方式,最大程度上保证语法知识向语法能力转化,促进学生语法能力的提升。“学生的语法知识和实际句法和交际能力不成正比的现象是人们对语法在外语学习中的地位产生怀疑”[①]的主要原因之一。我们认为这一现象对学习者本身的影响更大,学生在花费大量精力“接受”了海量显性知识之后发现自己的语言应用能力没有实质性提高,时间投入成本和语言习得产出之间的不成正比,会产生挫败感,进而怀疑语法学习的必要性,导致其语法学习动机的弱化。

如何转变教师自身角色设定,从教学过程的主讲人转变为教学活动的组织者,语法能力培养的引路者。传统语法教师往往以演讲者角色出现,是显性知识的传授者和解释者,一堂课下来,自己往往讲得口干舌燥,学生接受了多少却还是个未知数。即使学生认真学习了这些显性语法知识,但其隐性语法能力仍然没有建立起来。因此,教师角色的转变在语法能力构建中至关重要,同时会影响到学习者的学习态度和知识向能力转化的效率。

二、探究式语法教学设计

针对语法教学内容“挑战度”提升、语法教学模式向语法能力培养转变和语法教师向“组织者”和“引路者”角色转变的问题,探究式学习相较于传统语法课堂有着天然的优势。探究式学习自身所蕴含的创造性活动能极大提升语法学习的挑战性,其针对具体交际问题探索解决办法的属性将很好的提升学习者的成就感。在探讨这一教学模式具体架构之前,我们有必要先认识一下什么是探究式学习。

探究式学习(inquiry learning)也称为“研究性学习”,它基于任务型学习和发现式学习发展而来,是一种学习者有目的地探索专业领域核心课题的学习方式,具有明显的高阶性和主动性。张文忠认为,发端于国外的“基于项目的语言教学方法(project-based language learning)”跟国内的研究性学习模式有很多相似之处,我

① 牛强、马文影:《论语法知识和语法能力》,《山东外语教学》2008年第5期。

们可以把它看成是“基于任务的语言教学模式和基于内容的教学模式的结合体”①。杜小红认为研究性语法教学是“把研究性学习应用于英语语法学习的一种尝试,这种学习模式兼具研究性学习的一般性特征,又有英语语法学习的特殊性”②。可见,探究式学习的本质是主动性、研究性和实践性的结合,我们认为探究式语法学习是基于学习者语法能力现状的、在教师引导和辅助下进行的语法应用探索,其核心是学习者与探索课题选择,手段包括教师引导和网络资源辅助,最终目的是加深语法知识理解,促进语法能力提升。实现探究式学习的路径主要包括以下三个转变:

(一)授课内容由记忆性、外显式语法知识呈现向程序化、内隐式语法能力培养转变

语法知识和语法能力的关系类似于“信息加工心理学的陈述性知识(declarative knowledge)与程序性知识(procedural knowledge)的区别”③。陈述性知识是对规则的客观解释,而程序性知识则关乎规则的实际应用,进而形成自动化程序,即语法能力。语法能力构建必须建立在对显性语法知识系统的熟练记忆之上,正确语法知识系统的建立可视为语法能力培养的第一步,语法能力才是语法学习的终极目标。有学者将语法能力等同于句法能力,并将语法能力定义为“在句子表层结构层面上对语法规则的理解和运用”④。我们对语法能力即句法能力这一说法表示认同,但需要补充的是,语法能力不仅包括对句子表层结构的认识,而且还必须囊括对句子深层结构的理解。因为对句子深层结构组织和变化规则的认知是对句子表层结构进行理解运用的基础,从这一点上看,深层结构句法才是语法能力的核心部件。此外,很多表层结构各异、看似是语法特区的句子在深层结构中更容易看到其关联性或统一性,而关联与系统是形成自动化语法监控与意义识解的前提。因此,语法授课内容必须重视对句法深层结构的探究,以提高语法能力。

(二)学习者由语法知识的被动接受者转变为语法知识的主动应用者

从课题选择、探索课题和结果呈现各个环节都要体现“学习者中心”的思想。

---

① 张文忠:《英语专业研究性学习的内涵》,《中国大学教学》2007 年第 10 期。

② 杜小红:《基于研究性学习的隐性语法能力构建探讨》,《天津外国语学院学报》2010 年第 6 期。

③ 杜小红:《基于研究性学习的隐性语法能力构建探讨》,《天津外国语学院学报》2010 年第 6 期。

④ 徐晓燕、徐露明:《英语专业学生英语语法能力的变化和发展》,《外语教学理论与实践》2009 年第 3 期。

探究式学习必须以学习者已有的语法系统为基础，是对已有零散语法知识系统的整合，也是对语法核心体系的深化认识，只有具体情况具体分析，才能充分发挥探究式学习的作用，否则很可能流于形式或者让学习者处处碰壁，探究学习无法有效推进。提升学习者参与度的手段主要包括三个方面。首先，提高语法课题的趣味性和实用性。教师对语法课题的收集和整理，可以通过平时学生所提的问题发现和积累，也可以通过语法著作与网络平台中的语法讨论积累。要确保课题贴近学生学习和生活，才能保证学习者参与度。其次，提高学习者之间的互动。教师可以采用团队合作和朋辈辅导的形式提高课题探究过程中的趣味性，让学习者互相激励，扶持前进。最后，提高教师和学习者之间的互动，利用网络平台保证教师能在最合适的时间介入探究过程，确保学习者的语法问题得到及时解答和反馈。

(三)语法教师要从语法规则的呈现者转变为语法知识探究的组织者、设计者、指导者

“一言堂”的演讲式语法教学只能灌输显性语法规则，不利于语法能力培养。杜小红认为，传统的教学模式“重显性语法规则灌输、轻隐性语法能力培养……不仅直接导致了广大学生英语语法知识与语法能力严重脱节的问题，而且还给他们的语言输出和运用埋下了隐患，致使相当数量的大学生区分不清语法知识与语法能力的关系，盲目认为掌握语法规则就是提高语法能力”[①]。语法教师退居幕后绝不意味着其角色地位下降，相反，在探究式语法学习过程中，语法教师的作用贯穿始终，一直处于驾驭者的位置。同时，探究式语法教学对语法教师的语法素养提出了更高的要求。从课题设计开始，语法教师就需要把舵定向，用自己的积累和学生一起锚定要探究的语法课题。既然语法能力与深层句法结构紧密相关，语法课题设计亦应尽量靠近句法深层结构和普遍规律。探究过程中，语法教师需要对学生遇上的各种问题及时解答，不仅需要教师具有相当的语法能力，而且还非常考验教师的知识搜索能力和学习能力。在探究完成后的成果呈现与讨论环节，语法教师要对学生们的发现进行总结与升华，进而上升到句法理论高度，在潜移默化中为构建学习者的语法能力铺路搭桥。总之，教师作为课堂驾驭者的身份没有改变，不过由“表演者”变成了“指导者、设计者和组织者”。

探究式语法教学不仅仅是教学内容、学习者角色和教学者角色的转变，而且更加注重三者之间的联系和互动。新视角下，语法内容、学习者和教学者的互动关系

---

① 杜小红:《基于研究性学习的隐性语法能力构建探讨》,《天津外国语学院学报》2010年第6期。

构成了语法能力教学模式的雏形。

三、结语

总之，探究式学习从本质上是研究性、实践性、开放性和主动性的。这一本质属性决定了语法教学生态系统中的内容、学习者和教学者都要经历根本性改变。授课内容要透过显性语法知识，关注隐性语法能力，尤其是深层句法结构中的原则和规律。学习者要主动参与探究过程，在实践中转化语法知识为语法能力。教师要从台前退居幕后，由"舞台中心的舞者"变成"大幕背后的总导演"，三者相互配合，协调联动，才能使学习者通过主动探索语法课题，在亲身实践中获取语法知识，提高语法能力和语法素养。这只是高校英语专业语法教学的一个初步模型，而且后续应用过程中的实证研究是语法教学模式构建的另一个核心问题，更深入的研究尚待各位专家同行不吝指正。

“任务”驱动，打造活力法语课堂*

邢路威

《基础法语》在法语课程体系中占据核心地位。该课程授课对象为法语专业一年级零起点的本科生，是法语专业的入门课程，也是专业必修课。但是，语音练习和语法学习占据了很大一部分时间，课堂气氛难以活跃。很多学生虽然通过了考试，但是无法顺利用法语交流。针对这一问题，法语教师不断在实践中探索，试图寻求基础法语教学的新出路。

2020年，教育部提出“培养‘一精多会’‘一专多能’的高素质国际化复合型人才”。为适应新时代的需求，培养学生的多项技能，课程负责人对基础法语课程进行了改革，积极推动行动教学，打造活力、欢乐的法语课堂。

一、课程面临的问题

因为《基础法语》是核心专业课程，所占学分较多，所以学生的出勤率较高，通常为满勤。同时，法语又是学生进入大学后从头开始学习的一门崭新的语言，因此学生在此课程上花费了很多的时间和精力。但是，很多学生的收获感很低。归根结底是传统的教学方式无法适应现代人才的培养。

虽然现在很多教室已经改造为智慧教室，但是，教师使用的仍是教室中的那块黑板，其他设备形同虚设。虽然网络资源已经非常丰富，但是，课程内容依然为固定的教材。虽然学生已经是“00后”，但是教师依然用“一言堂”的方式管理课堂。总而言之，用不变的方式应对变化的课堂环境，已经达不到当下人才培养的要求。主要存在以下三个方面的问题：

（一）教学环境单一

学生无法在课堂之外系统地学习知识、提升能力。虽然网络上有海量的资源，

* 本文为2021年山东省本科教学改革研究项目重点项目“新时代　新格局　多场域　大外语——大学外语教育教学综合改革研究”（项目编号：Z2021222）和山东大学（威海）2021年度教学研究与教学改革项目重点项目“山东大学（威海）新文科人才培养模式管理与推广机制研究”（项目编号：Z2021017）的阶段性成果。

但是缺乏教师的引导和指导，学生没有能力将其变成有效的学习素材。同时，学生无法在社会情境中练习和使用课堂所学语言。

（二）教学内容单调

教学内容几乎全部来自课本，课堂活动以读写为主，缺乏挑战性，使学生获得感不强，“事倍功半”。在全国高校使用最为广泛的基础法语课程教材为20世纪90年代所编，虽然后来经过修订，但是课文内容已经与现代社会脱节。而且，思政元素融入较少，达不到育人目的。

（三）教学方式简单

《基础法语》的授课对象为零基础的学生，学生从“ABC”开始学习法语，可以表达的东西不多。学生拥有成年人的思想，却只具备牙牙学语的表达能力。很多教师放弃和学生的互动，课堂上采取“满堂灌”的教学方式。因此，学生被动接受知识，课堂参与度低，师生缺少互动，课堂氛围沉闷，缺少活力。在此培养方式下，学生缺乏自主学习能力、探索与创新能力。

基础法语包括语音、词汇、语法、听说等众多方面，学生的基础法语水平决定了学生未来的法语学习，在此阶段必须打下坚实的基础。以教师为中心、单本教材为基础、教师单方面输出、学生被动接受的灌输式传统教学模式已经不适合基础法语课堂。我们设法通过教学创新推动基础法语由传统教学向现代教学转变。

固定的教学环境、简单的教学内容和单调的教学方式不能满足多元化人才培养和学生的个性化发展需求。我们尝试通过“任务”驱动，促使传统教学向现代教学改变。教师将教学环境由固定的教室转变为课上、课下结合，教室与社会场所相结合；教学内容由课本转变为书本和电子资源相结合；教学主体由老师转变为师生互动。我们希望打造活力课堂，让学生在做中学、乐中学。

二、课程创新目标

（一）课程思政，立德树人

教师在课程任务设计上，要融入思政元素，深化法语课程思政，进一步落实立德树人根本任务，培养有家国情怀、全球视野、专业本领的复合型外语人才。学生拥有讲好中国故事的能力，才能推动中国更好地走向世界，世界更好地了解中国，同时促进中外交流，增进各国人民友谊，推动构建人类命运共同体。

教师结合任务教学法，在教学活动中科学合理地进行思政元素的渗透，通过线上线下相结合的混合式教学模式，将思政元素融入各教学环节，从任务前准备、任务中活动到任务后评价，使思政元素层层深化，逐渐地内化为学生的家国情怀。整个教学过程循序渐进、潜移默化、由浅及深，使得教师在帮助学生学习语言文化知识、提升各方面专业素养和能力的同时，更好地发挥课程教学的育人功能。

（二）任务驱动，活力课堂

任务教学法就是通过设置任务以及教师的有效引导完成教学任务的方法，其中任务是核心，学生为中心，教师起到引导作用。将任务教学法投入到法语课堂上时，教师成为课堂的组织者，而不是传统教学中讲授者。教师给学生布置相关的任务，学生在老师的引导下去完成这一任务。

同时，任务教学法是活跃课堂氛围的重要途径。一环接一环的有趣任务，吸引学生参与到课堂活动中，改变传统课堂沉闷的学习氛围，让学生在欢乐中学习。在任务完成过程中，学生通过相互配合或者在教师引导下解决相关问题，以此培养学生的协作能力和应变能力。在以任务驱动的教学活动中，学生成为课堂的主导。学生的课程参与度和他们对学习的激情是提高学习质量的重要因素。

（三）探索学习，创新思维

学生完成任务的过程也是一个自主学习和探索实践的过程。学生需要自行去解决问题，需要发挥创造力才能完成小组任务。这就需要课前积极、主动地完成新知识的第一轮学习，并与团队成员讨论，自主地探究如何完成任务的方法。在这个知识内化的过程中，学生不仅学会了学习，而且还提升了沟通、表达能力，增强团队协作意识。培养创新思维和批判思维。通过任务驱动教学，实现学生解决问题的能力以及创新思维能力的提高。

三、课程创新思路

（一）创新总思路

1.设置任务情境

《欧洲语言共同参考框架》认为："行动教学首先将语言的使用者和学习者视为社会参与者，他们必须在特定环境和特定行动领域内完成任务（不仅仅是语言任务）。"任务驱动教学的理论基础之一便是社会建构主义理论。根据这一理论，知识是建构的，而不是传播的，需要反思性实践。对于法语学习者来说，他们需要自己去建构并反思所学，而非被动地接受教师所传授的知识。

任务教学需要设计具体情境，语言的学习者需采取具体行动或解决问题。因此，此教学方式允许学生在教室之外进行"真实"交流，或者在数字环境中执行社会互动任务。通过这种方式，学习者成为真正的社会参与者、语言的使用者，参与到真正的社会互动中。例如，作为中国在联合国的发言人，展示中国生态文明建设的措施及成就；作为导游，介绍自己的城市等。

2.设计任务环节

任务设计有逻辑性、层次性。每一个主题分为多个小任务和一个最终任务。小任务的设计要由易到难，一环接一环，上一环要为下一环做好铺垫与准备。学生通过完成一个又一个小任务，直到完成最终任务。在完成任务的过程中，学生如同游戏闯关一般，收获了欢乐，也获得了成就感。

3.改变课堂主体

学生作为任务活动的主体，是任务的执行者，需要发挥语言能力、创新能力、动手能力等来完成任务。班级在一定程度上变成了一个微社会，社会成员在“一起学习”。通过共同努力成为“共同行动者”，从而参与“意义的共同建构”。

教师的角色不再是一个讲授者，而是一个任务的设计者。学生是课堂的主体，是任务的完成者。教师需要将任务的各环节做好逻辑串联。各个环节是由易到难、由浅入深、层层递进和互动的关系。在任务开展以前，教师需要向学生讲明任务的规则和目的。在任务活动时，教师作为一个组织者和学生的引导者参与到任务之中。在整个活动过程中，教师要找好自己的位置，既要放手让学生去完成任务，又要及时给学生以指导。

与过去传统的知识传授的教学方式相比，任务教学需要教师不仅熟悉教学内容，而且还要花大量的时间去收集大量资料，设计教学任务。教师要将现代信息技术引入教学并广泛运用到课堂任务中。同时，教师还要在学生完成任务的过程中给学生以辅导，在任务完成后，进行评价和反馈。这对教师来说，无疑是一个很大的挑战。

(二)具体创新设计

1.任务前准备

在上课之前，教师将学生分组。基础法语为小班授课，每个班通常有20个学生，所以，通常会分成5～6个小组，每组4个学生。学生通过访谈、阅读相关书籍、上网查询资料及看慕课视频等方式完成任务前的准备工作。

2.任务中活动

在这一阶段，学生需要完成一系列的课堂活动，来挑战最终任务。任务以具体结果为导向，要求学生使用一定的能力，如语言交流能力、跨文化交际能力、思辨能力、创新能力来完成一个个的任务。例如，“在法国生存”单元，教师设计一系列的任务，学生共同努力，通过完成任务，如旅行、寻找住宿、就餐等，解决日常生活的小问题，实现法国短暂停留期间的生存。教师观察学生在完成任务时的表现，及时给予学生帮助和指导。此阶段,学生依然以小组的形式进行活动。

在任务设计的过程中,教师将思政元素巧妙地融入其中,例如,设计层层闯关,让学生了解和学习中国传统文化,并设计最终任务:作为一场传统歌舞晚会的主持人,用法语向观众介绍"嫦娥奔月""昭君出塞"等舞蹈音乐曲目背后的传统故事。学生讲好中国故事的能力在做任务中得以提高。

带有游戏和挑战性质的任务,可以将课堂的气氛点燃,学生在做中学,也可以体验到学习的乐趣。

3.任务后评价

在这一环节,教师对本次任务的完成情况进行综合评价,同时,引导学生梳理本次任务所学习的主要内容,引导学生进行自我反思。学生也要进行小组讨论,分析本次任务的经验和不足。任务教学中,学生的反思是发现和弥补任务教学组织模式和教学模式不足的重要方式。同时,小组成员也需要进行互评。而小组评分也是平时成绩的组成之一。(平时成绩占 60%,期末成绩占 40%)

任务驱动的法语课堂实现了师生之间的良性互动,改变了沉闷的课堂氛围,让学生在快乐的学习中有较强的收获感。

四、结论

任务驱动教学通过设计贴近于实际生活的任务,让学生用法语去自主或协作完成任务,培养学生的语言能力、创新能力、思辨能力、家国情怀。任务驱动教学实现了教学从教师为中心到学生为中心的转变。通过实践,任务驱动教学受到了学生的普遍欢迎。学生参与度很高,成为课堂的主人。师生之间的沟通交流增加,形成"教学相长"的良性互动。

基于团队的学习模式(TBL)在大学英语听说混合式教学模式中的应用研究*

孙立华

当前,大学英语教学改革的主要方向之一就是在优化现有教学资源的基础上,突出学生在教学中的主体地位,培养学生的英语综合应用能力,增强其自主学习能力及独立思考能力。2016 年教育部颁布的新的《大学英语改革指南》明确指出,大学英语教学要注重培养学生的交际能力和交流能力,强调培养学生的英语应用能力。《指南》还提出要构建"形成性评价和终结性评价"相结合的评价模式,实现传统的"对学习的测试"向"促进学习的测试"转变,实现测试组织者的多元化,如教师、同伴等都可以承担测试者的角色,同时必须重视测试的反拨效用。①。教育部高教司颁发的《大学英语课程教学要求》(正式版)中提出:"大学英语的教学目标是培养学生的英语综合应用能力,特别是听说能力……"②这使得培养和提高学生英语"听说"能力提到了国家人才培养目标的高度。

一、研究背景

目前,我校大学英语教学分为读写和听说两个模块,在课程设置上分为读写课和口语课。而口语课的教学又与线上自主听力的完成密不可分。听说教学要求学生必须完成相应的线上听力内容以及对应的口语训练任务,然后才能开展线下口语课堂教学。线下口语课堂上,教师针对相应的听力单元检查学生掌握程度,检测学生在相应单元主题背景下基本口语表达能力,从而引导学生进行深度的口语训练,进一步提升其英语口语表达及应用能力。当前的英语听说教学充分利用了现有的技术资源,实现了线上线下相结合的混合式教学,但目前的听说混合式教学仍

---

* 本文为山东大学(威海)2021 年度教学研究与教学改革项目(项目号:Y2021028)研究成果。

① 参见王守仁:《〈大学英语教学指南〉要点解读》,《外语界》2016 年第 3 期。

② 转引自王守仁:《〈大学英语教学指南〉要点解读》,《外语界》2016 年第 3 期。

然存在一些问题。首先,学生线上学习缺乏主动性,自主学习能力不足。其次,部分学生口语学习兴趣缺乏。最后,教师无法通过有效的课堂互动提高学生的参与度等。这些问题导致即使学生接受了相应的听说学习训练,仍然很难达到口语教学目标。

基于团队的学习模式(Team Based Learning, TBL)可以针对以上问题提供相应的解决办法,从而有效地提升学生的听说能力。TBL 教学法最早是由拉瑞·迈克尔森(Larry Michaelsen)等学者于 2002 年在基于问题的学习模式(Problem-Based Learning, PBL)教学基础上改革创新的一种新型教学模式。它强调以团队为基础,以学生为主体,要求学生在课前对所学材料进行自学准备,完成相应测试,并在老师指导下开展团队讨论,强调学生应用所学知识解决问题的能力。① TBL 学习模式为老师提供了一个直观的框架来设计实践其课程,是一个完整的学习模式。典型的 TBL 课程可以分为 5～7 个模块,准备保证(Readiness Assurance Process, RAP)是为学生后面的应用活动(Application Activities)做准备,在适当的时候,老师也可以给予一些总结或补充。每个模块长度可根据具体情况调节,有些需要一次课完成,有些则需要几次课来完成一个循环。迈克尔森指出,TBL 教学不是采用其中的几个步骤就能完成,想要取得最好的学习效果,就要严格执行 TBL 的每一个环节。② 尽管他特别提到人文学科的一些专业在采用 TBL 的时候可能会有更多的困难,但是关键在于 TBL 教师必须特别清楚想要学生做什么,他们的学习目标与学习成果是否相符。

目前 TBL 的应用已经从自然学科和商务领域拓展到人文科学领域的很多专业,被美国、澳大利亚等国家的学校广泛的接受和采用。③ 在国内,TBL 教学在医学领域的应用及研究比较多,在人文社科领域,近期有一些学者在不同的专业进行了积极的尝试。如李志国认为 TBL 是一种新的教学模式,有助于提高专业英语教

---

① D. F. Halpern, "Teaching critical thinking for transfer across domains: Dispositions, skills, structure training, and metacognitive monitoring," *American Psychologist*, Vol.53, No. 4 (April, 1998), pp. 449-455.

② L.K. Michaelsen, A. B.Knight and L. D. Fink, *Team－based learning: A transformative use of small groups in college teaching*, Sterling, VA.: Stylus, 2004, p. 38.

③ M.Sweet and L. K. Michaelsen, *Team－based learning in the social sciences and humanities group work that works to generate critical thinking and engagement*, Sterling, VA.: Stylus, 2012, p. 150.

师的业务水平，提高学生英语学习兴趣和英语应用能力[①]；李小平在医学专业英语TBL教学实践中得出，TBL可以提高专业外语的教学质量。[②]

经过对TBL教学模式的认真的系统学习和研究，笔者认为，TBL可以根据课程要求将每个单元重点和难点知识设计成一系列的问题，以IRAT(Individual Readiness Assurance Test)和TRAT为手段，进而达到掌握知识的目的。TBL在问题的设计上兼顾基础知识与应用能力，非常适合大学英语读听说课程这种强调英语基础知识和语言应用能力的学科教学，笔者的具体实践过程如下：

二、研究对象与过程

（一）对象

本研究以山东大学（威海）2021级英语232班（35人）为研究对象，本班的英语听说课采用TBL教学法；2021级英语219班（30人）作为对照班，本班英语听说课采用传统的基于课堂的学习模式（Lecture-Based Learning，LBL）教学法。

（二）分组

英语232班学生在学期开始就分成6个固定小组，小组成员5～6人，分组按照其分班时英语成绩，每个组由成绩好的和差的学生搭配组成，同时，分组还兼顾了性别以及性格差异等。

（三）研究过程

大学英语听说教学线下按单双周每两周2个学时，线上学习平台为U校园智慧教学云平台，学生每两周完成一个听力单元模块的学习，线上学习时间每周不得少于2小时。

教师根据本学期教学大纲和课程安排选取线上线下所需要的学习资料，设定学习任务，发布给同学。这些资料主要来自所选教材的必学单元，也包括线上平台的辅助学习材料以及老师准备的PPT和视频音频材料。材料的选取尽量与本课程学习目标一致，同时让学生明确所有的线上线下检测都是基于这些材料展开。老师也会随机给予指导，以引导他们线上有目的、有重点地进行听说训练。

学生完成线上每个单元听力任务后，教师在线上分配话题进行小组讨论，同时

---

① 参见李志国：《TBL教学法在采矿工程专业英语教学中的应用》，《中国电力教育》2014年第3期。

② 参见李晓平：《TBL教学法在临床药学专业外语教学中的应用》，《航空航天医学杂志》2017年第5期。

对本单元基础语言知识进行检测。本学期英语线下口语课设置了5次RATs，用来检测线上听力所涉及的基础语言知识，如词汇、短语、句式、语法等，主要采用选择题或者听写形式，涉及听力理解的主要采用问答题形式。在有RAT的课上，学生自己答题用时约12分钟。在提交答卷之后，学生再进行小组讨论，然后再给出一致的答案（TRAT用时约10分钟），由当天的小组记录员整理答案并作相应的解释。学生的小组答卷和个人答卷老师会统一批改，由下次课带给大家。个人成绩、小组成绩以及小组互评成绩都将作为平时成绩的一部分。

教师会针对答题情况，让某一小组给出答案并提供一定的解释，再让其他小组进行补充讲解。如果其他小组有不同意见，教师再引导他们进行辩论。通过小组讨论、组间辩论以及老师引导等环节之后，最终得出一致的结论。此时，教师会做深层次的补充或总结，重点针对学生没有涉及的知识点进行补充说明。目的是为了强化及扩展本单元重要知识点，提升听力理解能力和口语表达技能。在这些环节中，教师会鼓励学生表达他们自己的看法，时刻关注他们的反应。经过这样的学习过程，学生基本上都能深刻理解所学知识和所要掌握的材料，并能自如的用英语发表自己的看法，极大地提升了他们的课堂参与度以及团队合作能力，同时给他们提供了更多的口语应用机会。

在RATs之后，老师会针对某一单元主题，组织一系列的基于小组的口语活动（复述、概括、总结、角色扮演、看图讲故事，或就某一案例发表即时看法，并指定小组轮流进行课堂展示）。口语活动由简到易，都是基于一定的英语音频或视频材料进行，这些音频或视频材料都以小组为单位在线上发给学生。学生可以在线上预习，并在组内进行一定的沟通讨论。其中很多口语任务需要学生提供有深度的见解和看法，在某一小组完成课堂展示之后，其他小组会为其打分，教师要求学生在打分时要给出相应的理由解释，为评价提供依据，这进一步提升了他们的课堂参与度，锻炼了学生的批判性思维能力。

TBL学习模式下，学生听说部分的平时成绩由以下几个方面组成：RATs成绩，小组成员互评成绩，课堂参与。小组成员间的相互评价也是对彼此参与的一种认可，是大家共同学习付出努力的一种公平的互相负责的一种形式。

三、结果与讨论

英语听说课主要达到以下教学目标。在听力方面，学生能基本听懂语速每分钟150～180词的英语视听材料，掌握其主要思想、重点和相关细节。这主要通过学生线上U校园自主学习实现，学生必须在规定时间内按照教师在U校园智慧学习平台上以小组为单位发布的学习任务自主完成相应训练。在口语表达方面，学生能够用英语自如地表达相应主题的观点和看法，能就日常话题以英语进行交谈，较好地掌握会话策略，基本能用英语陈述事实、事件、理由等，表达思想清楚，语音、语调基本正确。线下的课堂口语训练活动是实现这个目标的关键。在上课之前，学生必须做好课上发言的准备，大部分的口语活动都是基于线上的自学材料。

我校大学英语教学虽然分为读写和听说两部分，但大学英语作为一门课程，学生英语成绩是由 50%期末成绩、35%平时成绩(30%考勤、课堂表现、35%作业、35%口语考试)、实验成绩 15%(50%网上自主听力、50%期中听力测试)构成。TBL 学习成果主要体现在两个方面，一方面是学生期末口语考试成绩；另一方面是本学期学生线上自主听力学习成绩。在这两方面，TBL 学习模式下的实验班同学成绩明显高于对照班同学成绩，尤其在听力任务完成情况、口语表达以及课堂参与度方面表现突出。本学期 8 个单元的线上自主听力任务，实验班同学 35 人在规定时段内全部完成，而对照班同学在同样要求下有 7 人未完成。在线下口语课上，实验班同学的 5 次小测成绩整体上明显高于其对照班，且差异度有越来越大的趋势(见表 1)，实验班同学的课堂活跃度也明显高于对照班同学。

表 1　实验班与对照班课堂测验成绩对比

小测验	实验班(平均分)	对照班(平均分)
小测验 1	82.5	83.5
小测验 2	76	72
小测验 3	84	82.5
小测验 4	88.5	80
小测验 5	85.5	79.5

通过跟对照班同学成绩对比，TBL 教学模式下的学生显然更好地达到了预期的学习目标，而且在掌握基础语言知识方面更扎实，尤其是通过 RAT 将英语作为一门外语来学习检验手段可以让老师很直观地了解到课前提供的材料学生是否已经很好地掌握了，尽管这些知识经常被称为肤浅的知识(superficial knowledge)，而对于大部分将英语作为一门外语来学习(English as an Additional Language, EAL)的中国学生来讲，这些基础的语言知识对他们扎实掌握英语这门语言非常重要。TBL 班学生的口语表达水平也得到显著提高。TBL 要求小组成员不仅仅听懂文章，还要具有评判性思维的能力，要表达自己的观点。因此，学生的英语口语得到了更多锻炼的机会，进步最明显。

在本学期末，TBL 课程老师还在网上组织学生完成了问卷调查，问卷的设置分为两部分，第一部分包含 7 个问题；第二部分是要求学生用一段话谈谈对本学期 TBL 学习模式的感受。

此次问卷调查的结果显示，大部分同学对 TBL 课程的每一个环节都比较认可，尽管有些同学表示在开始阶段不太适应，但是随着课程的进展，他们也慢慢认识到了课程的优势。下面节选部分学生对 TBL 学习模式的感受。

“之前我不理解学习语言、组织段落、分析课文与我的专业生物学习有什么关系，后来我才明白，我获得了一种新的看待问题的角度，掌握了交际的一些新的技巧，这使得今后我的表达更准确、更有力量、更容易被人接受。”

“我在完成听力任务的时候，不再被动接受那些信息和观点，我开始试着跟讲话者讨论，如果是我，我会怎么处理或看待哪些问题，我会有什么别样的感受。逐渐地我开始有了自己的想法，自己的立场，这让我受益匪浅。”

“RATs 强迫我在看课前材料的时候不仅要看懂，而且还要准备好问题，思考同学们会问怎样的问题，在这样不断推敲的过程中，我听到了自己的声音。”

“RATs 一开始让我很痛苦，觉得课业负担一下子加重了好多，很不适应，但是随着课程的进行，慢慢地我逐渐习惯了这种课前准备，我开始认识到学习不能浮于表面，不仅仅是记忆知识，我现在习惯了这种深层次的学习。”

“和同学的讨论，加深了我对掌握的知识的理解，同时我听到了不同的声音，这代表了不同的观点，学习了他们看待问题的不同角度，这也让我受益匪浅。同时我变得更喜欢跟同学交流。”

“随着讨论的增多，和表达机会的增多，我开始喜欢让别人听到我的声音，我觉得自己被重视起来，而且我的口语表达能力得到了很大提高，我说得更准确，在同学们面前发言我不再那么紧张了，变得更自信了。”

“当我偶尔课前资料没有准备好时，在小组讨论的时候我就感到特别愧疚，觉得自己对组员很不负责任。这种压力提高了我对自己的要求。”

学生的这些感受大部分都是积极的，是对 TBL 学习模式正面的评价，这再次证明了在混合式教学模式下 TBL 是大学英语听说课一种有效的教学模式。TBL 使小组学习更有效，这种学习策略不仅仅让学生掌握了扎实的语言基础知识，提高了他们的听力理解技能，大量的小组讨论还提升了他们的口语交际能力，反复的讨论还让他们口语表达能力以及批判性思维能力得到了很好的锻炼。

同时，TBL 学习模式要求学生在高效地完成线上自主学习任务过程中，还要对自己的学习能力、身心状况，学习兴趣进行客观的认识，明确学习方向和奋斗目标，在既定的目标下，进行自我动机的激励，以实现预定的奋斗目标，并对自己的学习行为和效果进行一定的价值判断，以此来调控和优化学习方法、学习效果。因此，学生的自主学习能力得到大大提高，线下的课堂参与越来越积极。

四、结语

以上的教学实践证明，TBL 学习模式可以很有效地实现大学英语听说课既定的教学目标，为学生线上线下提供了更多的语言应用机会，提高了英语语言的听说应用能力。学生无论是在期末成绩，还是课堂上表现，都有显著进步。笔者计划在接下来的教学中要与更多同事合作，继续采用 TBL 教学模式，开展进一步的 TBL 教学研究。

基于"产出导向法"的大学英语口语教学课堂实践研究*

李 彦

"产出导向法"(Production－Oriented Approach,POA)是文秋芳教授于2015年创建的具有中国特色的外语教学理论,旨在增强我国大学英语的教学效果。该方法主要针对的是有一定基础的中高级外语学习者。其发展历经10余年,从早期的输出驱动假设(output－driven hypothesis),到输出驱动－输入促成假设(output－driven, input－enabled hypothesis),再到POA体系的形成,凝聚着国内外研究者的理论和实践智慧以及一线教师多轮课堂行动研究的成果。

目前国内有不少关于该理论的研究,有将之应用于综合英语教学的,汉语口语教学的,也有用于阅读、写作或者翻译的,也有与大学英语教学相关联的,比如张文娟的《基于"产出导向法"的大学英语课堂教学实践》、李燕的《产出导向法在大学英语教学中的应用可行性分析》、纪晓丽的《基于"产出导向法"的大学英语大班教学模式探究》,但是将之应用于大学英语口语课堂教学上的研究不是很多,比如朱成棋的《基于"产出导向法"的大学英语口语课程思政教学探索与实践》、贺玉婷的《产出导向法在大学英语口语教学中的应用》、张兰的《产出导向法视域下的大学英语口语教学探究》等,尤其少有将POA与传统教学法相比较的。

一、研究背景和研究意义

我国学生的口语输出技能在听、说、读、写、译五项基本技能中仍是最为薄弱的。原因主要有三。首先,有些教师教学理念滞后,难以摒弃传统的注入式教学,导致教学内容刻板和教学方式不合理。学生被动学习,少有机会练习产出。这种学用分离现象导致学生口语能力滞后于自身的实际知识储备。还有些教师走向另

* 本文为山东大学(威海)2019年教育教学改革研究项目"基于'产出导向法'的大学英语口语教学课堂实践研究"(项目编号:Y2019052)的阶段性成果。

一个极端，片面追求创新，过分关注新颖的教学理论，突出活动多样性，导致不能行之有效地传递知识，教学成果不尽如人意。其次，非英语专业的大学生，除了有出国深造需求的小部分人，多数人学英语的目标仅仅是为了在考试中取得满意的分数，因此把英语的学习简化成为应试活动，而忽视了语言学习的真正目的是学以致用、有效交流。学生不重视口语表达能力，就很容易使英语学习成为“哑巴英语”。最后，很多口语教学还停留在机械操练阶段，考虑到了教学内容的输入，但形式单一影响学生的学习热情，学习效果不佳。或者过分强调突出学生主体性，比如情感教学模式将学生的情感放在首位，以活跃课堂气氛提升学习兴趣为首要任务，却忽略了课堂教学最主要的目标是促进高效学习。还有些教师采取互动式教学模式，认为语言就是一种工具而非语言知识系统，确实改变了英语课堂的沉闷，但是却并不利于学生对语言知识的学习和交际技能的提升。

当前，我国大学英语教育越发注重学生的语言表达能力，而口语作为展现英语实际应用能力的重要方面，在教学中的地位也随之提升。为了优化口语教学流程，该研究在对 POA 理论体系的教学理念、教学假设和教学流程三个核心内容进行深入系统的学习和理解之后，将该理论运用于本校非英语专业公共课程《新视野大学英语视听说教程 2》的口语教学设计与实践中，重点放在教学流程这一核心内容的指导作用上，以期克服当前教学方法中的不利方面，充分发挥教师的作用，让学生语言产出的流利度和准确性都得以提高。

从全国范围来看，大学英语教学改革已经到了“瓶颈”时期。如何突破瓶颈更有效地发挥教师的作用，从而提高教学效率，是每个院校都在努力实现的目标，我校也不例外。我校的大学英语课程从过去单独设置听力课程、综合课程兼顾口语，到现在听力淡化为学生自主听力、视听说课程以口语为主。班级规模由过去的40～60人降到现在的 30 人左右，口语课隔周上一次，一次两课时。这些改革都能看出学校和学院对提高学生口语表达能力的重视。这些改革为提升学生的口语表达能力提供平台，也为教学流程的进一步完善提供了基础。

根据目前大学英语口语教学的现状，本研究尝试对口语课堂的教学模式进行改变，以期提高学生的口语表达实力，逐步扭转学生口语相对薄弱的局面。

二、大学英语口语课堂的 POA 教学流程

（一）POA 教学流程简介

POA 的理论体系包括教学理念、教学假设和教学流程三个部分。POA 里的“P”，指的是 production，这个词既强调产出 producing 这个动态的产出过程，又强

调 product 这个静态的产出结果。“教学流程”作为 POA 的三个核心内容之一，包括“驱动”(motivating)、“促成”(enabling)和“评价”(assessing)三个阶段。这三个阶段都必须以教师为中介，让教师发挥主导作用，这也是教学设计和实践的基础。教师在教学理念的指导下进行教学设计，促进教学假设的促成和产出，通过完整的教学流程来实践该理论，把教学与实际相结合，实现产出目标，提升教学活动的有效性。第一阶段，教师设计合适的交际场景和“具有潜在交际价值”的任务，激发出学生的学习热情，增强学习的动力。第二阶段，教师给出一些必要的输入材料，引导学生选择和加工材料，获取对完成任务有帮助的语言、内容、语篇结构等信息，促成学生完成产出。第三阶段，学生完成基本的产出任务后，教师给予即时评价和补救性教学。① 这个阶段的关键是看是否如期完成教学目标。学生需要温故而知新，在已有知识储备上有所增加。教师不能过分突出学生主体地位，为了迎合学生的兴趣和活跃课堂气氛而偏离忽略课堂目标，也不能为了便于学生的顺利交流互动而让学生过多地使用已学知识。师生都需要转变教学观念，不局限于应试，而是学以致用。

传统口语教学方法是首先按教材主题进行预热(warm-up)或者导入(lead-in)以激发学生学习新课文的兴趣或者激活学生已有的背景知识、介绍相关词汇和句型，为更好地接受输入做准备。学生被动接受教师的信息输入之后再进行口语输出训练。这个过程中，学生产出的欲望并未被激发出来，课堂气氛往往沉闷，学生的主观能动性难以发挥，教学没有很好地融为一体，达不到预期的教学效果。

与传统教学方法不同，POA 将产出的“驱动”置于新单元的开头。“驱动”包括 3 个环节：教师呈现交际场景；学生尝试产出；教师说明教学目标和产出任务。“促成”包含 3 个主要环节：教师描述产出任务；学生进行选择性学习；教师给予指导并检查。产出的“评价”可以分为即时和延时两种。即时评价指的是“促成”两个环节中的“检查”部分，即在学生进行选择性学习和产出任务练习的过程中教师对学生的学习效果给予的评价。② 在整个教学流程的各个环节中，教师都要恰当地发挥中介和主导作用。

(二)POA 教学流程的实施过程

为了验证 POA 在教学实践过程中对学生产生的学习效果，该研究进行了两轮

① 参见张文娟：《基于“产出导向法”的大学英语课堂教学实践》，《外语与外语教学》2016 年第 2 期。

② 参见文秋芳：《构建“产出导向法”理论体系》，《外语教学与研究》(外国语文双月刊)2015 年第 4 期。

实验。第一轮的研究对象是笔者所教的2019级的非英语专业的两个班(分别称为实验1班和对照1班)。这一轮实验存在一个问题,这两个班不属同一专业,虽然都是二级班,但是一文一理,整体来看英语基础有较大差别,于是又进行了第二轮实验。第二轮的研究对象是2020级笔者所教的一个班与项目组成员所教的另一个班(分别称为实验2班和对照2班),这两个班是同一专业,又同属二级班,英语整体初始水平接近。

两轮实验都按照教学计划,在教材中的八个单元中选取四个单元,在实验班和对照班使用不同的教学流程。前者在POA理论指导下进行课堂教学,后者使用传统教学方法进行教学。两个班分别进行四次口语输出活动,教学流程分为"驱动""促成"和"评价"三部分。通过对比两个班的教学效果差别,来验证POA理论对英语口语教学流程的先进指导作用。

正式开始实验之前,教师先做好前期准备工作。一是让实验班的学生了解POA的实施流程及重点环节。二是实验前后,都需对实验班和对照班的学生口语进行实测,并记录成绩作为评价依据。

实验班采用POA教学流程进行教学,完成口语课堂教学的目标,包括重点词汇、句型和语法等的掌握以及完成交际性任务。任务设计上,教师因材施教,按学生的实际情况,制定梯度性的分层场景任务,便于学生完成。如果任务太简单,学生学不到新知识,激发不起学生的学习热情;如果任务太复杂,学生完成不好,会打击学生的学习热情。文秋芳认为,课堂上的活动可以有多种形式:教师讲授、小组讨论、对子活动、个体展示、小组展示等,不同的形式服务于不同的教学目标,关键在于教师要选择实现目标的最佳形式。① 所以教师要大胆采用多种形式,实现目标。

1.驱动阶段

这一阶段任务难度较低。要调动学生主动性,驱使学生大脑动起来。学习没有主动性,想确保课程教学质量就是一句空话。要融入混合式学习环境,通过驱动任务,让学生提前预习相关内容。现在互联网技术和电子设备都很方便,这一环节可以是视频或者微课的形式,让学生提前预习,提前感受交际语境。然后自己尝试场景对话,发现有困难就会产生压力和动力。然后"教师说明教学目标和产出任务。教学目标分为两类。第一类为交际目标,即能完成何种交际任务;第二类为语

① 参见文秋芳:《"输出驱动—输入促成假设":构建大学外语课堂教学理论的尝试》,《中国外语教育》2014年第2期。

言目标，即需要掌握哪些单词、短语或语法知识。”①

2.促成阶段

这一阶段教师要发挥导向作用，细化语言结构目标，由易到难地给出学生的产出任务。教师给学生呈现有创意的交际场景，并描述学生产出任务的步骤和具体要求，组织更多的 Pair work & Group work，为学生创设更多学习机会，并引领学生选用合适的输入材料，循序渐进地完成产出任务。“‘产出练习’要在教师的指导下，循序渐进地进行。练习结束时，要立即进行评估，了解学生是否具备完成产出任务的能力”②。教师要重视重难点的析解，把握任务的衔接性。在学生进行场景对话时，教师要关注学生语言技能的完成情况，还要提取学生的对话关键信息，记录交际要点，梳理学生观点，以备下一阶段对学生的点拨和评价。

3.评价阶段

这一阶段的目的是通过对学生的产出的评价，让师生了解教学效果的同时，进一步提高学生的产出质量。在 POA 教学实践中，评价是不可或缺的一个环节，具有“促学”的作用。教师在评价时，结合学生的语言表达和交际的实际表现，可以表扬和鼓励，也要点出学生的不足，指出改进的方向。在评价方式和评价主体方面，要有多样性，增加学生的积极性。课堂上，教师针对场景任务的完成情况即时评价，考查对训练点的掌握和使用情况，比如高频词、词组和句型。注意语言衔接问题，要把握不同场景下对话的逻辑性，指出并纠正学生的失误。

(三)POA 实验结果及一些思考

在为期一学期的口语课堂实践后，对实验班和对照班的学生的口语能力进行后测，对比前测结果，两轮实验中均发现实验班的后测口语均值要高于对照班。第一轮实验由于两个班基础差别大，采用的是纵向比较，也就是实验结束后，比较两个班同学提高的分值，实验 1 班的平均分值提高了 1.2 分，对照 1 班提高了 0.58 分。第二轮实验中，两个班的前测分数差别不大，采用了横向比较。实验结束后，实验 2 班的后测分数比对照 2 班高 0.66 分。以上数据均说明 POA 比传统教学方法优势更有利于口语课堂教学。

另外，从研究者的视角看，学生可以将有效的输出语言资料归纳整理，当成一

① 文秋芳：《构建“产出导向法”理论体系》，《外语教学与研究》(外国语文双月刊)2015 年第 4 期。

② 文秋芳：《构建“产出导向法”理论体系》，《外语教学与研究》(外国语文双月刊)2015 年第 4 期。

种原始的词汇累积。通过小组演示内容和反馈，学生可以通过小组讨论积极找出思路，再有效使用英语较准确地表述自己的观点，使词汇匮乏的现象明显得以好转，思维逻辑性可较之前明显改善，学生英语口语的流畅度、连贯性与句子的复杂性也有变化。学生主动学习英语口语的意愿有所增加，课堂参与度得以激发，完成口语产出任务后的成就感较明显。

从研究对象的视角看，两个实验班中，分别有76%和82%的学生认可POA教学，认为口语课堂有趣，自己的口语表达有一定的提升。而对照班的学生对口语课兴致缺乏，会委婉地表示口语课堂效率不高，收获有限。总的来说，POA教学使英语口语课堂更有吸引力，多数学生能够积极参与各项任务，课堂上学有所得。

POA教学流程有利于改善口语课堂质量，但是同时对授课教师提出了更高要求。教师要立足课本，需要提前了解某一单元主题的学习目标和重点，还要跳出课本，设计好驱动阶段和促成阶段的内容。驱动、促成和评价，这三个阶段的顺利衔接，也需要教师下功夫。任务的设计、输入材料的选取、产品的即时评价，都对教师提出了挑战。打破传统的教学习惯，采取新的教学方法，教师还需要克服两种教学倾向：一是"重语言、轻交际"，重视语言输入，忽视了学生的语言输出；即使布置了输出任务，但输出任务却与课堂的关系不够密切，无法实现学以致用；二是"轻语言、重交际"，给学生足够的练习机会，却忽略学生语言知识和技能的提高。[①] 实际上，输入和输出需要达成平衡，学生的语言知识技能与语言交际能力同样重要，不可厚此薄彼。

三、结语

本研究进行了两轮实验，都验证了POA的教学流程对大学英语口语教学的积极指导作用。POA提出为大学英语口语教学打开了一种全新的教学视角，它的实践有效地提高了英语口语课堂效率，提升了学生的英语语言产出质量，值得大学英语教师在口语教学中操作运用。由于本研究的实验面不够广，样本数量有限，加上实验周期不够长，研究还有待进一步加深，以期对更大范围的大学英语教师的口语课堂教学提供参考。总之，教师要使用多样化的教学方法，更好地发挥教师中介作用来提高学生参与热情，帮助学生提高语言知识和技能与交际能力，实现教学目标。

---

① 参见张文娟：《基于"产出导向法"的大学英语课堂教学实践》，《外语与外语教学》2016年第2期。

基于科技实践创新能力培养的混合式教学模式探索*

——以“化妆品设计与创新实践”课程为例

苗晓庆 周燕霞 陆 榕 张 伟

在高等教育中，科技创新是培养学生科学素养、创新精神和实践能力的重要路径。合理构建本科生课程体系可为学生科技创新能力和职业素养的培养提供有力保障。如何科学构建课程的教学内容、教学模式、教学评价机制来促进学生科技创新能力的获得，是本科教学改革的一个重要内容。

混合式教学模式打破传统教学模式的时空限制，是采用“互联网＋”的信息化与教学资源深度融合的一种新型教学方法①，实现了知识的多元化获得，促进学生学习积极性、学习的参与度及自主学习能力的提高。②“化妆品设计与实践创新”是面向全校学生开设的创新创业课程(稷下创新)，旨在向学生普及化妆品基础知识，初步了解配方设计及制作过程，使学生学会合理地选择化妆品。在基础知识方面，让学生了解化妆品科学的基本概念和基本原理，掌握化妆品配方；在专业能力方面，根据既定的类型和剂型进行配方组成的理论设计，培养学生根据需求设计化妆品配方的能力；在综合应用方面，对于给定的产品，进行产品可行性分析、产品配方设计，开发学生的创新思维，提升学生的团队协作精神。

一、混合式教学设计

混合式教学关键在于如何实现多时空学习、个性化引导、精准化评价和反馈，

* 本文为山东大学教改课题“海洋高值化化妆品设计思考与创新实践”(项目编号：Y2021007)的阶段性成果。

① 参见周丽景、于湛、孙晓颖：《混合式教学模式下分析化学课程改革与实践》，《大学化学》2021 年第 4 期。

② 参见喻冬秀、钟建军、梁锐杰、王悦辉：《基于产品开发能力培养的混合式教学实施探索——以现代化妆品科学与技术课程为例》，《大学化学》2021 年第 1 期。

达成具有高阶性、创新性和挑战度的教学效果，从而更好地服务于学生基础知识和职业能力获得，提升其职业素养和创新思维能力。

“化妆品设计与创新实践”课程旨在通过“原理＋工艺”的教学，培养学生创新思维，提升其职业素养。因此，课程设计了“基础＋应用＋提升”的三个教学层次，以分别实现对学生基本知识、实践能力和创新素质多阶能力的培养。以产品开发思维为引导，在智慧树和慕课堂完成化妆品配方原理及设计方法的教学，在线下课课堂剖析化妆品配方，并进行多种化妆品实践，引导创新思维的培养。“理论＋实践”层层推进、点面结合、环环相扣，培养学生对专业知识、专业技能的学习和掌握，引导学生完成深度学习和职业行动能力的提升。

二、化妆品设计与创新实践课程混合式教学模式实施

（一）教学资源多元化，教学模式混合式

大规模在线开放课程慕课、智慧树等新型在线开放课程和学习平台在世界范围迅速兴起，拓展了教学时空，扩大了优质教育资源受益面，正在促进教学内容、方法、模式和教学管理体制机制发生变革，给高等教育改革发展带来了新的机遇和挑战。一方面，本课程积极推进信息技术与教育教学深度融合，依托“中国大学慕课国家精品课程在线学习平台”和智慧树平台继续建设和推广应用在线开放课程，激发学生学习的积极性和自主性；另一方面，通过学院的专题立项，挖掘、汇聚各类教学资源，将先进的信息化技术应用到教学过程中，不断提升教学水平。

本课程采用基于“慕课＋智慧树＋课堂＋QQ”的线上线下混合式教学模式之上的多元化教学方法。线上教学：利用慕课平台的“化妆品赏析与应用”和智慧树“化妆品设计与实践创新”为线上课资源；线下教学：将学生分组，针对不同化妆品进行现场设计和创新实践，观摩各种化妆品的制作过程。举行新颜化妆比赛，感受化妆品的使用效果和对外在美的提升。学生转换身份设计化妆品，设计有独特需求和理想的化妆品，提高对化妆品的使用性能和功效性的更深一步认识。教师将同步直播课内容在智慧树平台建立资源库（课程内容录播视频、PPT、习题、作业），并采用智慧树平台发布各类作业，并提供及时反馈。教师借助 QQ 群信息化工具，完成互动和个性化指导。

（二）线下制作化妆品，提升实践动手能力

实践教学是培养学生科学素养、创新思维和实践能力的重要环节。为此，在设计教学内容时，保留了动手实践的内容。实践教学不仅体现在让学生动手操作，而且还要给学生留出充足的独立思考空间，让他们理解项目的精粹在于“创新性”。

因此，我们以任务的形式将化妆品设计和制作及测试等重点布置给学生，让他们组队学习思考并提出方案。然后由老师点评各小组的方案，最后让各小组按方案进行化妆品的设计。在化妆品的制作过程中，老师引导学生及时实验方案的优缺点，并及时改进。

线下化妆品的制作很受学生欢迎。我们设计了清洁类化妆品——手工皂，保湿类化妆品——面膜和面霜，彩妆类化妆品——口红和唇膏，国妆化妆品——干花口脂制作等内容。学生以小组为单位，根据习得设计理念，进行化妆品配方设计，一同制作化妆品。在化妆品从原料到成品的过程中，同学们发现了动手的乐趣，激发了创造力和想象力。

(三)举办化妆主题比赛，激发学生的学习兴趣

为贯彻学生为中心教学理念，营造良好的学习氛围，提升学生学习陪伴感，有效激发学生的学习热情，本课程采用了学生组队举办化妆比赛的方式。每组同学采用组队形式设计一种妆容，从妆容的理念，到对模特进行现场化妆，全程气氛热烈，激发了学生对化妆和化妆品的学习兴趣。教师全程对团队进行个性化指导，确保团队方向正确，理解到位。组队主题内容主要包括日常妆、面试妆、男女团妆等不同特色的妆容；化妆风格有自然风、日系风、夸张风等。我们发现学生对日常妆容最感兴趣，在化妆品设计中也崇尚极简主义，既可以降低化妆品对皮肤可能产生的刺激，又可以减少原材料的损耗。化妆主题比赛既可以使教师了解学生的化妆理念，又可以使教师了解学生对化妆和化妆品的认识以及对化妆品的行业认同感。

(四)关注行业热点，学生身份转换设计独特功能化妆品

化妆品不仅是生活用品，而且还是时尚和创新的结合体。“化妆品设计与创新实践”课程的教学与学生的生活和兴趣以及紧密相关，因此，教师利用 QQ 群定期向学生推送行业资讯，帮助学生了解行业市场动态。同时，教师要求学生转换身份，以行业技术专家身份，结合当下热点，针对特殊需求，进行化妆品的设计，并与同学一起研究一起分享设计方案。身份转化法提升了学生学习兴趣，培养学生的职业素养。实践结果表明，学生对化妆品相关知识点的学习兴趣明显提升，课堂参与度高达 100%。团队成员一起建构化妆品设计理念，一起设计化妆品配方，一起设计产品外包装，齐心协力形成团队作品，能够有效地提升学生的团队协作能力。

(五)参与学科竞赛类项目，引领学生实践能力和创新创业能力培养

为学生提供参加大学生创新创业训练计划等专业知识训练或竞赛，可以有效提升其实践与创新创业能力。此类项目可以在创新创业教育课程的基础上，以学科交叉融合为导向，夯实理科学生的专业基础。

一方面，在低年级学生中启动实施“大学生科研训练计划”(SRTP)，鼓励学生参与教师的科研项目。通过在低年级学生中组织创新训练营、创业训练营，选拔学有兴趣、学有专长的学生早期参加教师研究团队，参与研究课题。随着低年级创新创业能力的提升，进入高年级的学生基本具备参与到各层面竞赛的能力。另一方面，鼓励学生依托 SRTP 阶段性研究成果、教学实验成品，组队参与国家级竞赛，如“挑战杯”“互联网＋”“创青春”“商务精英挑战赛”等赛事。课程运行三个学期以来，学生的实践能力和创新创业能力得到了极大的提高，在山东省和全国组织的各类创新创业比赛中，获得了众多奖项。

(六)多维度考核机制

课程考核是教学设计和教学实施中的重要一环，是验证培养目标的重要抓手。要多种课程方式相结合，多维度全过程考核学生的学习发展。考核内容包括线上、线下课程学习过程化考核、新颜化妆比赛，化妆品设计与展示等能力获得等，充分体现基础、应用、提升三层次的能力获得。考核主体多元化，包括自评、组间互评、教师评价等。整个考核过程做到客观公正、正向激励，构建教师和学生间良性互动的考核新机制(见表 1)。

表 1　学习成果和过程考核方式

阶段	学习成果	分值	考核内容
线上学习	单元学习	10	单元视频学习
	单元测试	15	测试次数、测试成绩
	专题讨论	5	特定专题讨论
	线上部分开卷考试	20	线上学习内容
线下学习	课中打卡	10	考勤，弹幕参与度
	化妆品制作	20	参与度
	比赛成果	20	团体得分，团队合作程度

(七)化妆品设计与实践创新课程思政教学实践

“化妆品设计与实践创新”课程不仅是一门学习化妆品知识的课程，而且还是介绍中国化妆品行业发展道路、增强学生的行业自信和行业认同感的课程。例如，在国妆化妆品胭脂的实践环节中，帮助学生了解博大精深的中医中药，中医不乏美容养颜的理论，中药更是最具中国特色的原料之一，是大自然给予的宝藏。中国化妆品行业应该走出一条符合中国国情、有中国特色的、能够满足人民对美好生活追求的道路。

三、化妆设计与实践创新课程混合式教学实施效果

(一)学生成果获得

三个学期的教学实践检验了该课程教学设计和教学模式的有效性。首先,学生积极参与度高,无论是线上智慧树平台学习,还是线下课教学,学生到课率非常高。其次,作业质量高,每个学期发布 10 次课后作业,同学全部参与并完成,三个学期的作业平均成绩分别为 83.8 分、87.1 分和 89.6 分。最后,动手能力增强。同学们成立科研团队,科研能力有显著提高,他们参加多项创新创业比赛,获得了多项省级和国家级的奖项,也增强了获得感。

(二)学生的行业自信心显著提升

通过混合式教学,学生对我国化妆品行业的发展前景和自身就业前景有了更深刻的理解,他们的作业反馈和课堂表现表明,他们的行业自信心和自豪感得到显著提升,过去长期存在于行业内的“欧美崇拜”逐渐消失,学生对民族化妆品企业及其产品有了更高的认可度,对我国化妆品行业未来充满了自信。

(三)学生的行业兴趣明显增强

从学生课堂提问、课后咨询、课外自学情况来看,学生对行业知识学习兴趣明显增强。部分学生自发组队,查找文献资料并撰写研究综述、参加学校的科研立项申请、参加各级创新创业大赛。总体来看,学生的学习兴趣被充分激发,求知欲望和自我提升欲望愈发强烈。

“化妆品设计与实践创新”课程,精心设计课程教学内容,采用线上线下混合式教学模式,激发了学生的科研兴趣,促使学生主动运用科学方法解决实际问题,有效地提升了学生的科学素养和创新能力,获得了良好的教学效果。更重要的是,在课程学习完成后,学生又提出了新的研究问题,组成科研小组,参加新的科技创新项目,开展新的探究,同时,他们还积极参加各种创新创业比赛,培养并锻炼了自己的动手能力和创新能力。

第四编

教育创新新思考

山东省高校创新创业教育评价与改革方案初探

——基于山东省16地市高校的调研

徐　萍　侯　慧　陈　莹

创新创业教育作为落实立德树人根本任务的重要举措，是我国当前人才培养与教育改革的新战略目标。在2015年《关于深化高等学校创新创业教育改革的实施意见》印发之后，2018年国务院又下发了《关于推动创新创业高质量发展打造"双创"升级版的意见》，创新创业教育的理念逐步渗透到高校人才培养的各个方面。山东省创新创业教育在政府的引导和政策扶持下，无论是受教育投入、教育形式，还是教育覆盖人数、科研专利产出，都有从量到质的飞跃，但创新创业教育与科技、经济的对接仍面临进展缓慢的局面。一方面，高校的创新创业教育对企业技术更新的支撑力度不够，未形成创新驱动的发展模式；另一方面，科技成果转化率尚处于低位水平，未能有效引领经济发展。研发主体和生产主体之间的创新互动被动开展的情况居多，互动频率和深度有待提升，由于市场信息和人才信息的不对称，高校缺乏深入理解产业技术需求的能动性。作为打造协同创新系统的突破口，为破解科学创新和技术商业化的跨组织合作模式的难题，急需要了解、检验和总结当前山东省高校创新创业教育的实施状况和创新创业人才培育的侧重倾向，为创新创业教育改革的深化与完善和创新创业生态环境的构建提供更丰富的决策依据。

一、创新创业教育评价的研究综述

关于创新创业教育评价的研究，国内外学者主要从评价模型、评价项目、评价方法和指标体系四个方面进行了探索。

（一）评价模型

关于评价模型，国内不少学者倾向于使用决策导向型评价模型（CIPP）。该模型由美国学者斯塔弗尔比姆（Daniel Stufflebeam）于1966年提出，包括背景评估（Context Evaluation）、输入评估（Input Evaluation）、过程评估（Process

Evaluation)和成果评估(Product Evaluation)四项,斯塔弗尔比姆认为,教育评价是关于教育方案、项目、服务,或者其他利益目标的优点及价值的一种系统的调查过程,即是一种划定、获取、报告、应用叙述与判断信息的过程。由于该评估能够为决策提供不同方面的信息,因而CIPP模型也被称作"决策导向型评价模型"。国内学者借鉴该模型,将高校创业教育的能力向外辐射,分化为创业环境的基础能力、创业资源的配置能力、创业过程的行动能力和创业成果的绩效能力①,此外,也有学者在CIPP评价模型基础上,从创业教育过程和创业教育结果两个维度构建了新的创业教育实效性评价模型。② 不同于CIPP的阶段式评价,德国伍珀塔尔大学将经济学与教育学融合,提出创业教育评价指标模型。该指标模型以教育过程为基础,将创业教育的教学过程分为课程持续性,教学地点,目标群体化性,教师、课程系统性和稳定性五大宏观性方面和学习目标内容、学习方法手段、教学学习评价三大微观方面。

(二)评价项目

关于评价项目,早期研究认为创业教育的相关课程是最能评估此类教育质量的,而能评估创业教育课程水平的则是这些课程所获得的资源的多少以及获得的支持力度,因此罗宾逊(Peter Robinson)和海恩斯(Max Haynes)提出鉴于毕业生水平是衡量创新创业教育质量优劣的重要标准,其构建内容应包括对高校学生提供的课程数量与课程项目、人力资源、组织架构、奖学金覆盖率以及学生创业组织等六个方面。③ 而后,卡尔·维斯珀(H. Karl Vesper)进一步完善了这一观点,他认为评价项目应当包括开设的课程、教师的研究、对社会的影响力、毕业校友的成就、创业教育项目自身的创新、毕业校友创建新企业情况以及外部学术联系7个方面。④ 由此,评价项目开始逐步从校内拓展到校外,随着研究的不断深入,评价项目的覆盖范围越来越多元,例如维斯珀和加纳(William B. Garther)运用实证研究法,调查了全球部分商学院的专家,综合分析后提出了包括课程数量、教师的著作数量、对社区的影响程度、在校学生和毕业生创业的数目、加入创业公司的数目、创

---

① 参见葛莉、刘则渊:《基于CIPP的高校创业教育能力评价指标体系研究》,《东北大学学报》(社会科学版)2014年第4期。

② 参见高桂娟、李丽红:《高校创业教育实效性的评价与提升策略研究》,《华东师范大学学报》(教育科学版)2016年第2期。

③ Peter Robinson and Max Hiynes, "Entrepreneurship education in America's major universities," *Entrepreneurship Theory and Practice*, Vol.15, No. 3 (April 1991) ,1996, pp.41-52.

④ Karl H. Vesper, *New venture experience*, Seattle: Vector Books, p.40.

业教育促进的创新等在内的18个评价项目。[①] 之后随着多学科研究的交叉，创新创业教育的评价项目呈现出短期与长期融合、宏观与微观交叉的特点。例如乔纳森·列维(Jonathan Levine)通过对英国的133所高校创新创业教育项目进行调查，将创新创业教育的目标分为两类。第一类是为了创业的课程，即短期目标；第二类是关于创业的课程，即长期目标。而2008年面向全欧盟的高等学校创新创业教育的一项调查，其内容涵盖了教育战略、组织制度、课程教学、实践活动、发展前景、教育资源等六个方面，为判断欧洲高等教育领域下创新创业教育的发展现状提供了翔实数据。[②] 此外，随着认知心理学和行为经济学的飞速发展，也有学者另辟蹊径，开始关注个体认知和心理资源方面的因素。诺埃尔(T. Noel)通过数据收集进行了实证研究。他发现在新创立的企业中，在大学生吸引性与可行性感知方面，能够产生积极影响的主要来自高校创新创业教育的课程和相关项目，其中专业为创业学的大学生比其他专业的大学生拥有更强烈的创业意向。[③] 法约尔(Alain Fayolle)等学者通过引入、分析行为理论，利用制度环境、教育对象、双创教育项目类型、目标、教育内容及培训方法与步骤等六个相关维度，映射大学生创新创业意向高低与高校双创教育影响力大小之间的正向性。[④]

（三）评价方法

关于评价方法，目前质性分析和量化分析并存。国内外大多高校通常倾向于采用问卷发放，专家座谈咨询以及基准对比的方法，部分国外高校采用时间序列调查，将大学生在伊始时自我学习效果与接受“双创”教育后的学习效果进行对比评价，进而划分“双创”教学的学习层级，并以此为标准用来评价“双创”教育教学，英国高校大多采用基于目标评价法去引导提高大学生“双创”学习效果。在数据分析方面，多元统计分析成为主流。国内研究虽然起步较晚，但研究的迭代速度较快。虽然早期国内学者提出的创新创业教育评价项目少，较多地集中于教学过程，因而

---

① Karl H. Vesper and William B. Gartner, “Measuring progress in entrepreneurship education,” *Journal of Business Venturing*, Vol.12, No 5(September 1997), pp. 403－421.

② Jonathan Levine, *Entrepreneurship education in higher education in England: A survey*, http://www.ensino.uevora.pt/tf/paper20levie.pdf. 2004.

③ T. Noel, “Effects of entrepreneurial education on intent to open a business: An exploratory study,” *Journal of Entrepreneurship Education*, Vol.5 (2002), pp.3-13.

④ A. Fayolle, B. T. Gailly and N. Lassas-Clerc, “Assessing the impact of entrepreneurship education programmes: A new methodology,” *Journal of European Industrial Training*, Vol.30, No.9 (December 2006), pp. 41-52.

评价方法也比较单一[①]，但后期研究跟进较快，评价方法呈现出多维横纵交叉的发展倾向。例如万建香基于江西9所高校实证研究，运用AHP层次分析方法和模糊评价法从学生、教师、学校环境、创业平台、社会服务等视角构建考核高校“双创”教育绩效指标层次模型。[②] 秦敬民和陶丹等将数据包络分析（DEA）、层次分析（AHP）和模糊层次分析（FAHP）进行了创新性的结合，推动了综合评价方法的使用。此后，随着科学实用的质量观被引入，对结果的评价已经不能满足利益相关者的需求，过程性的评价受到越来越多的关注。[③] 冯艳飞等引入了学生这一评价主体，在结果评价的基础上更是加入了过程评价，将改进的神经网络评价运用到创新创业教育质量评价中，用以构建创新创业教育质量评价指标体系，并采用MATLAB软件进行了实证分析[④]；徐英等基于模糊综合评价法，立足社会、政府与高校、学生四个指标维度对高校“双创”教育的绩效进行实证分析[⑤]；高苛等利用改进后的AHP构建了创新创业教育质量评价指标体系，简化了运算方法，用更直观的三标度法构造判断矩阵，很大程度上降低了指标之间的比较次数，减少了指标之间的两两重要性判断的模糊性。[⑥]

（四）评价指标

关于评价指标，虽然早期学者认为由于高校间的创业教育目标及规划存在差异，所以很难存在通用的创业教育评价标准，但随着评价模型的完善和分析方法的发展，评价指标体系的构建逐渐清晰，既有基于时间特征的纵向评价指标体系，例如布洛克（Z. Block）和斯顿夫（S.A. Stump）对创业教育从开始到结束分为五个时间段进行度量，又有基于影响因素的横向指标体系，例如法约尔（Alain Fayolle）以

① 参见李国平、郑孝庭、李新平、张可斐：《大学生创新创业教育质量的模糊综合评判与控制方法研究》，《特区经济》2004年第9期。

② 参见万建香：《高校创业教育对中部崛起绩效评价体系研究——基于江西实证研究》，《江西财经大学学报》2007年第3期。

③ 参见秦敬民：《基于QFD的高校创业教育质量评价研究》，天津大学博士学位论文，2010年；陶丹、陈德慧：《中国高校创业教育质量评价指标体系研究》，《科技管理研究》2010年第5期。

④ 于飞、冯艳飞、童晓玲：《研究型大学创新创业教育质量评价模型与方法》，《华中农业大学学报》（社会科学版）2013年第1期。

⑤ 参见徐英、白华：《基于EFE和IFE矩阵的高校创业教育发展战略研究》，《黑龙江高教研究》2014年第9期。

⑥ 参见高苛、华菊翠：《基于改进AHP法的高校创新创业教育评价》，《现代教育管理》2015年第4期。

计划行为理论为依据，从大学生创业意向的影响程度方面来评价高校创新创业教育的影响力，创建了环境制度、学生、创新创业教育项目类型、教育目标、教育内容、方法与步骤六项指标。相较于国外学者，国内学者更倾向于基于结构法构建由面到点、层层细化的评价指标体系。一级指标主要涉及课程、师资、环境、成果等方面，二级指标和三级指标根据研究需要设置，倾向于便于量化的。例如郭必裕的研究指出，创新创业教育质量评价指标体系的构建应该遵循主体性、创新性、实践性、技术先进性、团队整体性这 5 个原则。① 陈浩凯、徐平磊认为，构建相关指标体系应遵循全面性、可比性、可操作性和科学性，并在此基础上将创业教育的课程、师资力量、创业环境以及学生设定为评价指标体系的一级指标。② 谢志远和刘巍伟设置了师资队伍、教学环节、学校总体环境、社会效益等指标，通过各项所占比例及数量来设置评价参数，以便于客观量化创新创业教育质量③，而董晓红从教育的投入以及随后产生的影响两方面分八类详细地给出了 40 项评价指标④。随着研究的深入，为强调过程因素的影响作用，指标体系中逐渐增加了主观评价。例如杨海华设置了教育目标理念、组织运作、课程规划、教师素质、教学实施、学习成效等指标，在客观指标中融入了部分主观指标⑤，而段丽华通过对相关观测点进行客观测量和专家评价，设置了区域环境、师资投入、机构建设、创业课程、创业项目、管理过程、素质提升等指标。⑥

综上所述，国内外高校创新创业教育评价研究进展，给本文提供了坚实的理论基础和研究依据，相较而言，国内评价体系部分三级指标体系较为庞大，可以融合量化取值与主观评价两个方面并形成结果和过程的维度交叉，在检验高校创新创业教育的质量方面，为本文提供了借鉴。鉴于此，本文以山东省高等学校为调查对象，从发展现状、最终结果及实施过程三个方面展开了创新创业教育质量评价调研。

---

① 参见郭必裕：《对构建大学生创业评价体系的思考》，《黑龙江高教研究》2003 年第 4 期。

② 参见陈浩凯、徐平磊：《创业教育质量评价指标体系研究》，《大学研究与评价》2008 年第 1 期。

③ 参见谢志远、刘巍伟：《高校创业教育绩效评价体系的定量研究》，《创新与创业教育》2010 年第 6 期。

④ 参见董晓红：《高校创业教育管理模式与质量评价研究》，天津大学博士学位论文，2009 年。

⑤ 参见杨海华：《基于 CIPP 的高职院校创业教育评价模式研究》，《北京财贸职业学院学报》2016 年第 1 期。

⑥ 参见段丽华：《CIPP 模式视闭下高校创新创业教育质量评价体系研究》，《梧州学院学报》2017 年第 2 期。

二、山东省高校创新创业教育现状调查

(一)访谈调研结果

通过梳理对创新创业教育的管理者的深度访谈资料,可以将目前山东省的创新创业教育模式大致分为通识型、嵌入型和职业型三种实践类型。

“通识型”创新创业启蒙教育最为普遍,这是以培养“创业精神”植入“创业意识”,培养学生“自主工作”和“持续学习”能力为目标面向全体学生开展的教育方式。“通识型”启蒙教育主要通过“课堂教学”和“参与体验”来实现。其中课堂教学内容应突出高度贴近企业家真实世界的学习环境,教学方法上突出强调探究式、案例式教学。参与体验则主张提倡大学生参与一系列创新创业大赛或走进孵化器课堂来实现。从目前高校创新创业教育的践行模式来看,这种类型的创新创业教育较为普遍,参与体验的方式主要通过由企业参与评审和投资孵化的“挑战杯”“中国青年创新创业大赛”“互联网+”等一系列大学生创新创业大赛来开展。

“嵌入型”教育是一种与相关专业结合的、面向各学科专业学生开展的教育模式,主要目标是根据不同学科特点,引导学生根据专业特长进行创业。通过全面建设“嵌入式”创业教育课程体系,将创业教育的理念和思想“嵌入”各学科专业,开发多样化的学科创业课程,从而实现创业教育与专业教育的“捆携式发展”,以此达到面向全体学生开展创业教育的“全覆盖”和“个性化”目标。以专业教育和创业教育的有效结合,产生一个包括一般性创业课程、专业技术领域的课程、体验性创业课程三类课程的创业型课程群,实现对本学科专业学生的个性化创业教育。由于学科专业的课程由不同学科的教师开设,已经形成了固定的课程范式,在原有框架的基础上强调创业教育的意识和精神,往往只会体现为教学大纲中的指导思想,却不会在实际教学中付诸实施,因此在实际运行过程中有非常大的困难,因此各高校对这种模式倡导多于实践。

“职业型”创新创业教育常以“继续教育”的形式面向初创企业者开展,主要是针对毕业时选择创业的群体进行创业援助,内容包括职业化的教育、咨询、培训、服务和力所能及的创业援助等,目的在于帮助创业者渡过企业初创期。对于创业初期的毕业生提供教育、咨询和服务,已经将高校的创业教育领域和范围适当延展到社会,不仅需要教育体系的完善,而且还需要政策体系、科研成果转化体系、社会服务体系的合力,才能为初创企业的大学生提供有效援助。

从当前山东省的实践情况来看,创新创业教育既需要依托科技园和孵化器促进大学生顺利创办创新型企业;也需要为大学生提供生活补贴和创业补助金,减轻

生存压力；更需要高度重视大学生创业教育，在高校中建立传授创业知识、激发创业精神的创业教育教学体系，成立各级创业培训中心，协调多方力量，为有意创业的大学生提供实战性较强的培训。从教育改革的目的看，这也必将成为今后高校开展创新创业教育的重要努力方向。

除了通过开设创新创业教育课程以外，目前山东省不断加大校企间协同，以保证专业与市场的衔接，比较典型的有专业共建、企业家进课堂和建设实践基地三种合作渠道。

专业共建是通过积极邀请企业参与培养计划、教学大纲的制订，听取企业的意见与建议，有利于高校对行业企业人才需求的充分研判，将行业、企业的需求落实到培养计划的制订中，保证教学大纲、培养计划与市场的契合程度。例如 2015 年秋季学期，曲阜师范大学、枣庄学院、菏泽学院、临沂大学、东营职业学院、青岛职业技术学院六所高等院校与达内时代科技集团联合启动了移动互联、Java 大数据、物联网、主办会计等专业的共建项目，涵盖软件工程、计算机科学与技术、网络工程、通信工程、信息与计算科学、电子信息科学与技术、经济学、财务管理、会计学等领域，达内集团技术专家深入各个合作高校进行了专业共建入学教育系列技术宣讲，并与合作院校的学生就课程内容、就业前景、所学专业在行业定位等问题进行了交流。但该模式由于受高校教育体系和教学管理规定的限制，在实施上有一定的滞后性。

企业家进课堂，企业参与指导以及支持的各类科技竞赛。解决高校课程理论实践脱轨现象，一方面需要教师提高自身的实践能力，另一方面可以通过从企业聘请管理人员或高级技术人员来为学生讲授部分专业课和选修课的方式解决。高校聘请他们参与课程体系构建或直接参与教学活动，可以帮助高校更准确地明晰行业和企业对人才的知识结构、素质能力和专业技能的需求。企业骨干在讲授一些紧密结合生产实际、专业性很强的课程时会比高校教师讲解得更有针对性和实用性，丰富的项目攻关经验和生动的案例可以将理论与实践更好地衔接。同时，企业对以“挑战杯”“创青春”为代表的各类科技竞赛的指导，既能保证在校学生对科技构想和经营角度的接地气创新，同时也有利于发现新的市场价值，实现双方共赢。

建设实践基地主要是为了给在校学生提供良好的锻炼平台，使学生可以在企业中通过实际操作锻炼工作技能，积累工作经验，提高学生的知识、能力和素质，加强第一岗位任职能力及关键能力的培养，为将来的就业做好铺垫。目前高校对此已达成共识，普遍重视作为学生第二课堂的实践基地建设。虽然该形式更多倾向于常规化操作，只能够提高学生对所学知识的操作熟练程度，对强调发散性思维和开创性行为的创新创业能力而言并没有太显著的锻炼，但事实上这一形式正是通过强化现实体验，激活学生创新创业的内在动机，让学生避免理论空谈，能够真正从实践中了解市场、发现问题。

（二）问卷调查结果

根据现有国内外研究，在比较了各类创新及创业的调查问卷后，设计了本文的《创新创业教育评价问卷》。问卷分学生卷和教师卷两个部分，其中学生卷含有包括基本信息、学校课程开设情况、教育实施情况、资源获取情况、活动实践情况等在内的过程、结果、现状三个方面的内容，采用李克特五级量表对选项分值进行了设置，设计完成后使用德尔菲法，分两轮分发给从事创新创业教育的教师和管理人员，对问项进行了修改完善。之后在威海市两所高校中进行投放，对问项的信度和效度进行了检验。在各测量项修正后的项总计相关性，现实 α 系数均大于 0.7，说明各指标信度可以接受。通过探索性因子分析，对题项进行了排查，检验了问卷效度。问卷确定后在山东省各地市高校中进行投放。学生问卷的调查对象为高校在校生和毕业时间在 5 年以内的毕业生，教师问卷的调查对象为从事创新创业教育的专业教师及相关管理人员，回收问卷 5032 份，获得有效问卷 4636 份，占比 92.13%。调查采用匿名方式，承诺所有数据仅作为学术研究之用。

结果显示，受调查学生中，43.6%的学生认为高校的创新创业教育和一系列实践活动在提升学生对创业政策的认知上有很大帮助，并有助于提升个人的创新创业意愿。对高校是否有必要开展创新创业教育的问题上，85.4%的学生认为十分有必要，13.4%的学生认为创新创业教育对他们来说可有可无，仅有 1.2%的学生认为完全没有必要。样本中 62.8%的学生修过 1～2 门创新创业课程，26.3%的学生修过 3 门及以上的创新创业课程。55.6%的学生认为在大二以前开展创新创业教育对自己的生涯规划和择业选择比较有效，32.6%的学生认为大三之后进行创新教育更有效，11.3%的学生认为创新创业教育应当贯穿整个高校教育过程。可以看出，创新创业教育在山东省高校的普及程度较高，在帮助学生更好地了解创业政策和增加创业选择方面发挥了较好的作用。

题项中最高分值项为“创新创业实践有校内外指导教师”，最低分值项为“创业课程内容与所学专业知识结合紧密”“创业教育课程类型多样”和“编有满足学生需求的创业教材”，说明学生虽然对创新创业经验的获取有较为积极的认知，但认为创业课程在数量、多样性以及和专业融合性都尚有欠缺。结合访谈调研的结果可知，这主要是受高校创新创业教育中以“教”为重的教育模式的影响，对技巧的传授多于对潜力的发掘。创新创业教育在推进中更应该体现特殊，高校更应该选择基于自身优势的发展策略，只有与专业教育形成融合关系，而不是成为时间和精力的争夺对象，才能打造有深度、多衔接的创新创业教育体系。

此外，调查结果显示，创新创业竞赛对学生创业意向有显著正向影响。学生对创业竞赛提升其团队合作能力、人际关系网络、真实创业帮助、提升创业自信心、提升创业能力评价均较高。在"参加的创业竞赛项目较容易落地"上得分较低，说明创新创业教育与市场的衔接还较弱，在创新创业活动中高校与社会资本及企业的协同明显不足。选项"学生认为哪些途径对其创业项目落地最有帮助"的结果显示，35.69%的学生选择大学生创业园实践为第一重要选项，31.30%的学生选择创业课堂教学为第一重要选项，21.73%的学生选择各类创业竞赛为第一重要选项。

在学生对课程质量及教师指导的满意度选项中，不同年级的学生对于创新创业课程的满意程度虽然有较大差异，但在课程对能力提升上较为认可，结合访谈内容可知，由于高校创新创业教育课程以通识教育为主，因此对早期不参加各类创新创业比赛、专业学习压力较大的同学而言，创新创业的问题并非是他们主要关心的问题，而随着参与比赛或临近毕业，学生对今后的职业生涯问题有了新的感受和认识，课程的作用也逐渐显现出来。在不同专业类别的学生对于创新创业课程的需求上，与文科类专业的学生相比，理工类和经管类专业的学生在课程质量、能力提升以及教师指导方面的满意度均较低，这主要是因为专业课程和创新创业课程的设置一定程度上形成了时间和精力的争夺关系的原因，在有助于技术能力培养和日后经营管理能力提升的部分，现有的创新创业课程尚未形成与专业课程的有深度的良性互动。但在创新创业成果转化过程中，经管类和理工类专业则是主力。从问卷的数据看，经管类和理工类学生的自主创业比例分别达到10.3%和9.7%，显著高于文科类专业的5.2%，说明理工类和经管类学生创业实践能力更强。这也是理工类和经管类学生对目前偏理论、缺实践的高校创新创业课程满意度低的原因之一。此外，有创业实践经验学生的满意度比没有创业实践经验的学生低。说明学校普适性创新创业教育课程的体验感较弱，缺乏后续发力，无法对学生实际的创业活动形成支撑。从调查可以看出，实践性课程内容更能满足学生创新创业学习的需求，激活创业动力，这与现有研究中"创业者的首次创业知识来源中，创业实践占53.9%，实习与兼职活动占37.9%，家庭和朋友介绍占32.4%"的结论一致。[①]这也一定程度上解释了题项中有创业意愿的学生其满意度都要比没有创业意愿的

① 参见周光礼：《从就业能力到创业能力：大学课程的挑战与应对》，《清华大学教育研究》2018年第6期。

学生低的结果。因此，针对有创业意愿的学生，更具针对性的创业实践教育和孵化资源衔接支持比以讲授为主的普适性教育更加有效。

对于创新创业课程授课方式的重要性排序，“课堂讲授”得分最高，之后是“案例教学”“网络课程”“专题讲座”“小组讨论”。在创新创业教育考核办法的重要性排序中，“理论考试”得分最高，其他依次为“创业计划书撰写”“创业项目展示”“创业竞赛”。这说明目前学生对创新创业课程的认识与其他专业课程没有差别，创新创业教育没有发挥真正的作用。

在教师的指导作用题项中，调查结果显示学生的满意度偏低，一方面，由于创新创业教师短缺，学生参与导师创业项目的比例较低；另一方面，由于学校对课程的无差别考核，使学生对创新创业课程的学习也呈现出较高的理论学习倾向。与此相反，教师对高等学校创新创业教育过程的评价则较高，各题项的评价均值为3.39～3.87分。最高均值的题项为“创业教育面向全体学生”，最低均值的题项为“有针对创新创业教师的奖励机制”。这主要是受相对成熟的模块化教学管理的影响，说明大部分创新创业教育的从业教师无论是从意识还是教学实践上，都尚未转变传统的教学观念。

三、山东省高校创新创业教育现存问题分析

从调研结果可以看出，目前山东省高校创新创业教育效力受限的症结主要集中在以下三个方面：

(一)观念固化

创新创业教育在认知上存在较大偏差，造成创新创业教育课程基础薄弱。大学生创新创业教育的基本特点是以培养理念、提升素质为目标，以课程培养与社会实践为主导，注重主观能动性和社会性。我省大部分在校大学生受我省传统文化价值观与家庭成长环境氛围的影响，多数大学生毕业后对于创业感到困惑与担忧，缺乏一定的创新勇气与创业能力，大都倾向于考研、出国、考公务员等传统路径。大学四年的创新创业教育没能较好地转变他们固有的就业观念。很多学生将创业孤立于就业，片面追求安稳舒适的工作条件，逃避带有挑战性的自主创业。部分高校的管理者对创新创业活动的定位过于单一，将大学生创新创业活动定位局限于开办公司、创办企业或组织开展第二课堂的创业教育实践，没有体现创新创业教育的全程性和全员性，难以充分发挥应有的效能。此外，大部分高校开展大学生创业培训也仅仅停留在撰写创业计划书的层面，很难使大学生将理论知识转化到创业的实践中。

(二)创新创业教育内容碎片化,素质培养定位参差不齐

由于课程知识衔接不足,造成创业教育教学形式单一,配套跟不上脚步,局限于课堂教育、创业讲座等方式,课外创教活动及实践方式少,教学质量达不到预期,加重了学生创业的顾虑,弱化了在设计创业方案时依据的科学性和可行性。一方面,虽然大部分高校已经开展"挑战杯"创业计划大赛等活动,引进创业讲坛和内部创业培训班,但整体仍浅尝辄止,力度仍显不足,达不到最终目的。参赛者未能完全将比赛作品的相关理论付诸实践,由于协同现状的限制,后续的研究及实践经费难以为继,存在"为比赛而比赛"的僵化思维。另一方面,大部分高校创业教育氛围有待加强。多数高校未将创业教育作为日常教学计划贯穿到教育体系中,教师和学生都缺乏对创新创业教育的认识。大学生创业教育只作为一项模块被归类到团委或毕业生就业指导中心,作为高校提升就业率的辅助渠道。这种现象在我省高校中比较普遍。创业教育的教学任务也容易被忽视。由于创业教育尚未真正被纳入高校整体教育体系中,无法与学科建设、教材改革、专业设置、教学评价等各个教学环节相互联结,导致创业教育被孤立,创新创业教育仅成为少数学生的专属。

(三)创新创业教育与专业教育各自为战,创业教育师资短缺,教学质量参差不齐

目前,山东省高校创新创业教育课程存在的共同缺点,就是与各学科专业教育的疏离。日常教育偏向于专业化教育,大多注重专业课的日常教学,对创新创业课程缺乏重视。加之学科专业的课程由不同学科的教师开设,已经形成了固定的课程范式,在原有框架的基础上融入和渗透创业教育的意识和精神,往往会体现为教学大纲中的指导思想,却不会在实际教学中付诸实施。即使教师按照倡导将创业教育内容加入已有的专业教育框架,由于对于创业方面未系统化深入研究,停留于表层解读,脱离于实际社会实践经验,导致课内课外两种情形,不利于学生提高自身创新精神与创业能力的培养。事实上,虽然部分教师对创新创业教育有着前瞻性的认识,但大部分高校未设立创新创业教研组,无法组织一批经验丰富的专业化教师团队深入探究创新创业学术理论与实践经验,再加上企业参与深度和频率的限制,学校对于学生的创新创业培养普遍存在照本宣科的问题。

(四)激励不足,无法形成有效动机

激励不足主要体现在学校教育、企业参与和资金扶持三个方面的不足上。

从学校教育看,由于上述原因,高校内没有形成实际的尊重、宣扬和支持大学生创业的浓厚氛围,很多高校对大学生创新创业的激励停留在口号上。由于师资队伍建设不完善,致使在创新创业教育中个别的创业指导和就业讲座多于系统的课程培养。而专业教师本身已担任课程的教师,知识结构与最新企业需求存在脱

节现象，加上学校过于追求教师高学历和科研水平，致使教师专业层次虽深，但知识面相对较窄，不利于发散式的创新思维的形成，在学生的创新素质培养上也无法形成良好引导。而经验丰富的企业人士由于专业层次的限制，无法适应现有专业课程的结构设置，往往很难形成长期合作。尽管学校会通过一些创业大赛激励学生的创新创业思维，但覆盖面较小，且大部分学生以学分为目的参与的倾向明显，造成激励目的和实际效果产生较大差距。

从企业参与看，企业主动参与人才培养的意愿普遍不足，校企之间的协同多以学校寻求企业援助设立实习基地或企业委托研发的形式出现，而在这一过程中以利润为经营前提的企业确实获利空间不大，无法对企业形成有效激励。特别是学校专业种类丰富，而合作企业数量偏少，在共建实习基地方面只能针对某个专业领域，无法覆盖大部分学科，因而大多数大学生想要实习却找不到合适的企业，特别是践行管理知识和技巧的岗位少之又少。同时，受学校资金和课程结构的限制，企业人士走进课堂的机会不多，对学生的教育和引导往往以零星讲座的形式出现，无法形成贯穿始终的教育体系，对学生的影响力有限，所以很多企业人士虽然走进课堂进行市场行情讲解，但由于预期的人才收益不高，因而参与热情不高。总之，脱离学生的专业背景和实际需求，脱离企业的参与意愿，单纯灌输创业重要性的教育是无法使创新创业理念真正落地的，没有激励机制的理论支撑，实践最终很难持续下去。

从资金扶持角度看，扶持资金不足也是造成创新创业教育基础薄弱的重要原因。对于部分有创业意向的高年级或毕业生来说，社会融资渠道窄，资金主要依赖于银行贷款、风险投资以及向家长寻求支持。但学生的社会阅历处于空白期，人脉资源的匮乏和家庭的负担使启动资金难以保证，而银行贷款大多要求信用担保。虽然我省针对大学生创业出台了一些小额资金扶持政策和各种奖励措施，但金额小、期限短，限制了大学生创业实践的层次和深度。

四、对策及改革方案

基于当前山东省创新创业教育的现实问题和市场需求，结合山东省的实际情况，从“软实力”培养角度，针对不同专业可以采用“一体两翼、三级推进”教育改革方案，助推创新创业教育嵌入专业教育，构建自我学习效能—专业能力—创新创业素质的三层递进的能力拓展教育。

所谓“一体两翼”是以专业教育为基础，嵌入创新教育和就业教育。其中，专业教育是大学生在高等院校接受学术理论培养的基础，系统学习专业课，有利于学生增强自身的理论基础，从纵向上加深对本专业的理解程度。创新教育和就业教育则是从横向上扩展学生视野、培养学生的知识运用能力和职业适应能力，使其对本专业的发展前景、自身定位和生涯规划的认识逐渐明晰化。

所谓“三级推进”，是依据专业人才培养目标，以专业能力养成为核心，遵循学生职业能力培养的基本规律，通过综合创新素质教育、专业教育、创业教育，循序渐进地实现学生的自我学习效能—专业能力—创业素质的递进式拓展，推进学生综合素质和综合能力的提升，以创新素质的培养满足就业和创业的需求。三级推进式创新创业教育可以通过以下三个阶段实现：

(一)“创新思维培养”阶段

“创新思维培养”阶段在整个培养体系中占据基础和前提地位，对象为该校全体在校大学生，培养方式是以大班为单位的多学科共同参与教学，教学内容以行为科学和创新思维训练为主，以不同领域的教师从本学科角度出发阐释的学科交叉现象、解读本学科当前热点以及预判未来的发展趋向等为辅，培养目的是通过多学科接触促进学生发散式思维的养成，以汲取创新灵感的方式推动创新意识和自我学习内在激励动机的形成。最终考核以期末竞赛的方式进行，促使具备“创客”特质的学生从学生群体中凸显出来，为第二阶段的针对性培养打下生源基础。

(二)以市场对接为目的的“就业教育”和“创业人才选育”阶段

这一阶段是实现人才分流和针对性教育的起点。其中“就业教育”以本专业学生为对象，以专业教学中嵌入体验式或模拟式课堂的方式进行，通过一些特定场景的情境创设，让学生的注意力迅速集中到课堂上来，并让学生亲身经历、亲自动手实践，以解决现实问题的方式促进学生去感知、领悟已学知识，并自主探索未学知识，达到自主提高学习效能水平的目的。体验式或模拟式课堂的设置离不开与企业的合作，学校既可以积极利用已有的校企实践合作平台，也可以围绕实际问题从学科发展的角度以合理资金咨询或邀请企业人士进行模拟课堂设计。“创业人才选育”以第一阶段筛选出来的具有“创客”特质和具有强烈创业意愿的在校学生为对象，以“了解企业”(Know About Business，KAB)和“创办你的企业”(Start Your Business，SYB)为内容，由校内专兼职创业讲师采用小班授课的方式进行。教学过程中学生将参加企业资源计划(Enterprise Resource Planning，ERP)创业沙盘模拟实训，创业仿真综合实训，学会撰写创业计划书，参加各类创业比赛，部分优秀团队会在该阶段借助俱乐部企业孵化平台，在创业讲师的辅导下开始企业初创实践。

（三）“创业项目扶持”阶段

这一阶段以成功进入初创期的学生企业为对象，以企业家导师的实时辅导和创投基金扶持为内容，帮助他们顺利地从初创期转入发展期。成功培育的学生企业将在接受市场评估合格后逐渐转入大学科技园或校地合作发展平台开始市场运行。

五、结论

“一体两翼、三级推进”人才培养体系的构建，从教育改革角度看，能够逐步调整当前高校人才培养模式，引导大学生树立勇于创新的思想意识，培养敢于开拓的创业精神，这有助于提高我省各高校创新创业教育工作实效，推动创新创业教育从理论到实践落地，促进普通高校教育改革目标的实现。从区域经济的发展角度看，人才的精准供给能够为山东省产业转型注入新活力，通过转变择业观念形成创新创业动力的源泉，从要素驱动、投资驱动向创新驱动提供智力支持，为山东省未来发展培养人才、赢得人才、留住人才。

“一体两翼、三级推进”人才培养体系需要以独立的创新创业学院为依托，立足于健全“硬保障”的角度，从认知氛围、基础条件和制度环境三个方面，以营造创新氛围、优化课程结构、拓展交流渠道、加强师资建设、完善评价体系五项配套措施进行系统构建，助力学生知识应用能力及信息辨识能力的培养和拓展。

学校的最大资本是人力资源，未来资本的最大升值空间来自人才投资，创新创业教育的早期介入不仅有助于校企人才对接和人才管理效率，而且还能够使人才培养更好地服务于国家战略，策应产业结构升级的大方向。

新文科价值理念刍议

——以中国古典文学教研为中心*

朱新林　袁　伟

引言

马克思在《黑格尔法哲学批判》导言中指出:“理论在一个国家的实现程度,决定于理论满足这个国家的需要的程度。”[①]习近平总书记进一步指出,“理论思维的起点决定着理论创新的结果。理论创新只能从问题开始。从某种意义上说,理论创新的过程就是发现问题、筛选问题、研究问题、解决问题的过程。马克思曾深刻指出:‘主要的困难不是答案,而是问题。’‘问题就是时代的口号,是它表现自己精神状态的最实际的呼声。’”[②]新文科命题正是百年未有之大变局下的中国当代问题,这是我们实现文化自信和民族复兴必须要着力解决的地方。

新文科命题提出后,前贤时彦针对这一命题,沿波讨源,先后辉映,更多的是以一个整体概念而呈现,注重宏大叙事,为新文科建设提出了不少指导性意见。如教育部新文科建设组组长、山东大学校长樊丽明指出,新文科的建设重点要体现在文科的中国化,课程建设要具备国际视野的融合性,着力打造新专业、新课程。王学典认为,新文科的建设要充分体现中国特色,弱化分科治学,强化问题导向。[③] 方延明提出,新文科建设要坚持理论与实践的统一,坚持守正与创新的统一,坚持阶级性与社会性的统一,坚持时代性与历史性的统一,坚持问题导向与经世致用的统一。[④] 徐飞指出,新文科的“新”不仅是形容词,更是动词,“新”在论域拓展、价值重

---

* 本文为山东大学(威海)2021年度教学研究与教学改革项目“中国古典文学新文科价值理念与课程思政实现路径研究”(项目编号:Z2021010)的研究成果。

① 《马克思恩格斯选集》第1卷,人民出版社2012年版,第11页。

② 习近平:《在哲学社会科学工作座谈会上的讲话》,人民出版社2016年版,第20页。

③ 参见王学典:《何谓“新文科”》,《中华读书报》2020年6月3日。

④ 参见方延明:《“新文科”建设何以必要及如何可能》,《江海学刊》2020年第5期。

塑、话语主导、交叉融合、研究方式五个方面。① 龚旗煌认为，新文科应聚焦“励志维新、温故知新、融通致新、优评促新”四个维度，充分发挥先进思想文化在创新驱动战略中的引领作用。② 赵奎英提出新文科应具有超学科视野、强创新精神、大文化观念、新人文主义、新语文思维五大理念。③ 2021 年 5 月 24 日，教育部高教司司长吴岩在《新判断　新任务　新体系　新基建》报告中提出，新文科建设是面向未来的新文科，事关习近平总书记提出的当前我国高等教育的战略目标、重大任务、关键一招、价值追求、检验标准等问题。总的来看，在宏大叙事方面，学界在新文科的中国化，彰显中国特色、中国风格、中国气派，构建中国特色哲学社会科学体系等方面已形成共识。

上述共识为推进新文科建设提供了思想基础，相关研究成果为新文科建设研究注入了不少活力。但在新文科价值理念方面，即我们应该基于什么样的理念建设未来的文科，仍有发表意见的余地。新文科是一项系统工程，其建设指向是不同学科，只有不同学科的合力完成，才能最终实现新文科愿景目标。就新文科而言，笔者认为首先要解决什么是新文科的价值理念，这是前提，也是根本。在新文科建设过程中，中国古典文学类课程具有天然优势。中国古典文学记录了中国古人光辉灿烂的生命史，形成了可读、可思和可信的价值文明。不唯如此，中国古典文学又是人格教养的重要组成部分，对学生价值塑造具有重要导向作用。面向未来的新文科，其价值理念应包括中国化、国际化、人文性、创新性四方面。如前所述，学界对新文科建设的中国化、国际化业已有了较为深入的探究，本文主要结合中国古典文学教学和科研实践，谈一谈新文科价值理念的人文性和创新性。

一、新文科价值理念的人文性

一般而言，人文性应包括知识、技能、人格等方面。新文科的着力点需从探讨人文社科所涉对象的规律性，转向对社会价值观的重塑。价值性、思想性和知识性、学理性相统一是哲学社会科学的命脉，强化价值引领是新文科建设和课程思政建设的内在要求，二者必须关切并体现价值性和思想性。“新文科建设的根本在于人，在于人的观念更新、思路出新、成果创新”④。

---

① 参见徐飞：《新文科建设：“新”从何来，通往何方》，《光明日报》2021 年 3 月 20 日。

② 参见龚旗煌：《新文科建设的四个“新”维度》，《中国高等教育》2021 年第 1 期。

③ 参见赵奎英：《试谈“新文科”的五大理念》，《南京社会科学》2021 年第 9 期。

④ 陈一：《新文科建设需处理好三组关系》，《中国社会科学报》2021 年 11 月 30 日。

中国古典文学尤其关注对“人”的培养，形成了四大文化理念，即阴阳五行、天人统一、中和中庸、修身克己。阴阳五行是古人认识世界、解释世界的宇宙观，天人统一涉及的是人与自然之间的关系，中和中庸指向人与人之间的关系，修身克己源于人如何看待自身的问题。这些都涉及人文性的问题，即如何完善人格，安身立命，服务社会。故“人之生也，不能无所为，而为其所当为者，是谓道德。道德者，非可以猝然而袭取也，必也有理想，有方法”①。我们培养的学生既要掌握系统知识和方法，服务国家战略，具有相应的实用性，更要实现人的养成。“夫陶冶造化，莫灵于人。故达其浅者，则能役用万物，得其深者，则能长生久视”②。但应该警惕的是，我们不能把学生培养成“工具人”，不能只具备形式上的人文性。他们应具备高尚的情操，具有光亮的羽毛，不能遁入庸俗化。具体而言，新时代的学生应既具备扎实的专业基础知识，又具有通脱自然的做人格局气象；既能照顾好小家，又能兼顾大家。只关注宏观叙事，不关注微观成效，最终只能成为“内卷”工具人，既愧于时代使命，也羞于职业责任。

那么，我们如何培养学生的人文性？人文性的涵养来自哪里？中国古典文学课程为理清和践行新文科价值理念、构建中国话语体系提供了丰富的典籍资源。人文性的涵养是一个可持续的过程，因此人文性的培养应来自大学对经典文献的阅读和思考，来自对中外古典哲学文学的品鉴和深思，来自生命体验的实践之中。我们要“培养什么人、怎样培养人、为谁培养人”，这既是时代的叩问，也是关系全局的根本性问题。我们要培养的人才，核心要义应包括人格健全、态度端正、专业扎实。“所以学者，欲其多知明达”③。“多知”旨在知识，“明达”重在人格。中国古典文学的最大贡献在于人生至道论，高度重视道德养成和身心实践。两千年前的孔子对人的评价，就已经高度重视人格道德的养成，并成为中国两千年以来衡量人格的主要参数。他说：“如有周公之才美，使骄且吝，其余不足观也已。”④

中国古典文学为“人”的培养提供了丰厚的滋养，中国古人基因中更多的是儒家的刚健有为，但当他们遇到挫折时，往往要去道家寻求慰藉，“人往低处走”。面对生死，他们既站在孤峰顶上，又在红尘浪里，儒释道参互为用，已经渗透到国人的血液之中。举例而言，老子贵时主变，合乎天道；庄子珍视个体生命、个体意识的存在；二者成就了道家哲学精神中最具人文精神的表征，宽容胸怀，个性尊重，齐物精

① 蔡元培：《修身教科书》，国家图书馆出版社 2020 年版，第 5 页。

② 王明：《抱朴子内篇校释》（增订本），中华书局 2002 年版，第 46 页。

③ 王利器：《颜氏家训集解》（增订本），中华书局 1993 年版，第 158 页。

④ 杨伯峻：《论语译注》，中华书局 2014 年版，第 81 页。

神，异质对话。老子的宽容胸怀，正是包容大度思想人格的流露，也正是这种胸怀，造就了老子宏大的宇宙视野。老庄对个性的尊重，使宽容胸怀落实到人事实践上，成为一种公共精神，为生命的经典化释放出无穷的魅力。万物平等的齐物精神为不同族群提供了同情了解的厚实基础。异质对话特点为中西文明交流互鉴提供了经典样本。“在老庄的道论中，生命是大鹏展翅的开阔无垠，这样的开阔性却不是鄙视凡俗，而是以包容之胸襟，含纳差异，同情生命，从中展现出大仁、至慈的人文关怀”①。但人生在世并非绝对自由，因此老子主张“不服‘化’的百姓要‘镇之以无名之朴’，也就是按照‘道’的精神对他们严加约束”②。我们的学生通过深入感悟儒释道三家经典，结合生命实践，作为个体既能愉悦地接受成功，也能坦然地承受挫折。总的来说，中国古典文学中既有政治哲学的资源（如老子），又有心灵归宿的源泉（如庄子）；既有对宇宙的思索（如《周易》），也有对个体的追问（如《中庸》）；既有对个体自由的向往（如《与山巨源绝交书》），也有对家国情怀的体认（如《出师表》）。中国又是一个诗歌的国度，热爱诗歌就是热爱生命，诗歌让人感悟人生，展示人性，净化精神，涵养情操，能够引导人寻找失落的精神家园，使人在喧嚣浮华中回归本真，进而重新认识生命和生活的意义。比如嵇康是特立独行的代表，陶渊明是平和田园的典型，但他们的表达是真的如文字表面那样吗？鲁迅曾对嵇康的文字评论说：“既然是超出于世，则当然连诗文也没有。诗文也是人事，既有诗，就可以知道于世事未能忘情。”③“到东晋，风气变了。社会思想平静得多，各处都加入了佛教的思想。再至晋末，乱也看惯了，篡也看惯了，文章便更和平。代表平和的文章的人有陶潜。”④再如嵇康《与山巨源绝交书》，“彼其情真语真，句句都从肺肠流出，自然高古，自然绝特，自然难及”⑤。总之，中国古典文学的体裁多变，形式多样，主题众多，为“人”的培养带来了无限可能性。上揭文献，虽角度不同，但最终都在表达对世界的叩问，对生命的思索，即如何能在纷繁复杂的世界找到自己合适的位置，实现人生价值和社会价值。从更高的层面讲，在新的历史条件下实现中国古典文学的精神转化，是时代赋予我们的历史使命。

① 陈鼓应：《道家的人文精神》，中华书局2012年版，第112页。

② 裘锡圭：《中国古典学的重建——老子新研》，中华书局2021年版，第223页。

③ 鲁迅：《魏晋风度及文章与药及酒之关系》，《鲁迅全集》第3卷，人民文学出版社2005年版，第538页。

④ 鲁迅：《魏晋风度及文章与药及酒之关系》，《鲁迅全集》第3卷，人民文学出版社2005年版，第537页。

⑤ 江进之：《亘史外纪》语，戴明扬《嵇康集校注》，中华书局2014年版，第229页。

二、新文科价值理念的创新性

新文科价值理念的人文性达成，需要创新性的通力配合，因此新文科价值理念的创新性主题应超越具体学科关照。吕林海指出，新文科建设的核心内涵应指向“回归文科教育的育人本质”，并从“观念和行动的协同展开”，提出新文科建设的实践路径。[①] 桑兵指出，“新文科是以现行分科之学的状态为依据，因而要从分科的由来谈起；其二，新文科是以文科的现状为评判，由此要探究文科应有的功能。”[②]中国古典文学应不断完善教研机制、创新工作方法，全方位、多领域地开拓中国古典文学传承弘扬途径，在思想提炼、精神传承、品德塑造等方面不断营造以文明理、以文增信、以文化人的传承氛围。

我们认为，新文科价值理念的创新性包括继承、超越、转化。新文科之“新”并不排斥传统，它的历史使命不仅在于回归传统，而且还要超越传统。语言是中国古典文学的载体与根基，在很大程度上代表民族国家之魂，是一个民族、一个国家文明的标志。就中国古典文学而言，应用这一价值理念的“继承”应体现在新语文学的构建上。“尽管在现代西方语文中的 philology 更多的是指其前一种意义，即 philo－logos 的意义，是‘对言语的热爱’，但它的后一层意义，即‘对理性的热爱’也并不是可以被轻易地忽略的。”[③]国内外学界对语文学的定义众说纷纭，如尼采认为是一种对文本慢阅读的艺术，有人认为是“对言语的热爱”，有人认为是“对学问和文献的热爱”，有人认为是“对文本的厘定”，有人认为是“对文本的研究”，有人认为是“对语词的历史性研究”，有人认为是“语言中的人类精神”。“语文学可以是一门十分特殊的语言学科，一种实践已久的人文学术方法，或者是一个具体的知识和学术领域；它可以是一种解读文本的手艺（the craft of interpreting texts），一门阅读的艺术和学问（the art and scholarship of reading），甚至说，它只是一种学术观念（academic perspective）或者一种学术和生活态度”[④]。毋庸置疑的是，语文学在语言教学的同时，也在进行情感交流以及文化上和价值观上的沟通，进而达到各国之间互相交流和相互理解，这正是“构建人类命运共同体”所需要的。“因此我们每

---

① 参见吕林海：《中国大学“新文科教育”建设价值蕴意、核心内涵与实践路径》，《大学教育科学》2021 年第 5 期。

② 桑兵：《不分科与科学：新文科构想的渊源及取向》，《探索与争鸣》2021 年第 10 期。

③ 沈卫荣、姚霜：《何谓语文学——现代人文科学的方法和实践》，上海古籍出版社 2021 年版，第 8 页。

④ 沈卫荣、姚霜：《何谓语文学——现代人文科学的方法和实践》，上海古籍出版社 2021 年版，第 11 页。

个人都要敬重祖国的语言文字，维护祖国语言文字的健康发展，都必须重视提升自己的语文素养，提高自己的语言能力，这是构建国家语言能力的基础"①。中国古典文学为达成这一目标，提供了丰富的文本载体和广阔的发展平台。

中国古典文学不仅是达成语文学研究目标的有效途径，更为重要的是，语文学和对语文学的坚守是一种难能可贵的学术态度、学术立场和学术精神，"即对实事求是的、实证的、科学的、理性的学术研究方法的坚持和追求，对最基本的人文科学研究的学术规范和学术伦理的积极维护等等"②。理想的语文学建设和教育，应是帮助学生提高中华通用语运用能力，涵养人文素养，厚植家国情怀，进而守正创新，培根铸魂。关于这一点，顾之川先生说得颇中肯綮，语言文字记录的是事实、情感和思想，表现的却是勇气、人品和境界。

创新性承上启下，是继承和转化的有效衔接。新文科的任务是构建世界水平、中国特色的文科人才培养体系。我们要"创新育人模式，突破常规培养，更加重视科学精神、创新能力、批判性思维的培养教育，深化书院制、导师制、学分制改革，推进小班化、个性化教学，让具有发展潜力的拔尖学生成长成才"③。新文科和课程思政建设，是当今高校教学的两翼。我们在创新育人模式的同时，还要以新文科建设的思维推进课程思政建设创新发展。山东大学在这方面做了很多有益的探索，自 2019 年始，山东大学深入学习贯彻习近平总书记关于教育的重要论述以及教育部一系列教学新举措和新布局指导思想，陆续出台了《山东大学新文科建设工作方案(2019～2021)》《山东大学课程思政建设实施方案(2020～2022)》《山东大学文化引领战略实施纲要》等一系列指导文件。深入有效地衔接新文科的创新性和课程思政的价值性，是我们下一步应着力解决的问题。针对这一问题，我们既要立足学科分类和课程评价体系改革，系统推进各学科体系课程思政的科学化、专业化路径建设，为课程思政改革奠定学科和课程基础，又要立足中华优秀传统文化和时代精神，推进现代信息技术在课程思政教学中的应用，激发学生的学习兴趣，推动课程思政建设的文化奠基。④

转化是创新性的落地生动实践。2020 年 6 月 24 日，山东大学校长樊丽明召开

---

① 陆俭明:《学好语文是学好一切的根本—个人语文素养关系国家语言能力建设》,《光明日报》2022 年 1 月 23 日。

② 沈卫荣、姚霜:《何谓语文学——现代人文科学的方法和实践》,上海古籍出版社 2021 年版,第 14 页。

③ 怀进鹏:《为加快建设世界重要人才中心和创新高地贡献力量》,《人民日报》2022 年 1 月 26 日。

④ 参见刘翔:《新文科思维与课程思政路径创新》,《中国教育报》2021 年 11 月 22 日。

山东大学本科教育教学重点工作推进会。会上樊丽明指出，新文科建设方面要加强中国特色研究，避免过于学科化，要交叉融合，面向未来；新文科的下一步应是走向深入、走向细化。刘国亮谈道，文科从“旧”到“新”的发展，不是转换，而是继承与超越。有高校已经在新文科专业建设上进行了有益的探索，相继推出“汉语＋专业”“英语＋专业”“专业＋外语”等多样化培养模式，开设生物语言学、语言＋智能等特色专业。

需要指出的是，我们要注意把握创新与质量的关系。新文科的创新应涵盖课程创新性、专业创新性和机制创新性。我们更应思考，既然我们培养人的最终目的是为了“人”，就要关注对“人”的培养达成，实现内容与形式、理论与实践的有效结合。比如通选课的设立，为了学科融合，培养复合型人才，不少高校在通识课方面有了大规模的建设，但实际证明效果与预期效果还有不少脱节的地方。从学生的角度讲，只有选修了此类课程，获得相应学分才能毕业，最终成为为了选课而选课，课堂成为形式。从教师的角度看，学生上课就是为了混学分，大大降低了课堂的情感互动、学术互动，挫伤教师上课积极性。因此，我们不能只完成形式上的创新，更重要的是内容上的创新。任何时代的创新，都应内容为王，即如何能让学生有效掌握技能的基础上，具备高尚情操、通脱人格。既能宏观把握人生走向，亦能有效完成职业使命；既能传承人文精神，又能服务国家需求。

结语

习近平总书记在中央人才工作会议上强调，中国要强盛、要复兴，就一定要大力发展科学技术，努力成为世界主要科学中心和创新高地。[①] 中国古人不仅重视国家民族的宏大叙事，而且还钟情脚踏实地的埋头苦干精神。中国古典文学在修身养性、道德教化、伦理规范、人际关系、社会秩序等方面，深刻作用于社会的可持续性发展，这更加凸显了新文科价值理念的人文性。在践行新文科价值理念的创新性方面，我们则应在专业设置、课程设置、讲授方式等方面加以凸显，这需要每个人的踏实努力。

中国古典文学为新文科价值理念的中国化、国际化、人文性、创新性，提供了大有可为的教研空间。因此，我们今后应着力深化中国古典文学学科体系、教学体系、教材体系、管理体系改革，加大创新实践能力培养力度，有效推进新文科建设，着重培养创新型、复合型、应用型人才。

---

① 参见《十九大以来重要文献选编（上）》，中央文献出版社2019年版，第462页。

面向解决复杂工程问题能力培养的嵌入式技术课程群建设*

李素梅 贺 红 王小利 张 亮

嵌入式技术广泛应用于工业控制、医疗卫生、航空航天、网络通信等领域，在电子信息产业中发挥着重要的作用。近年来，人工智能、物联网、5G 技术的迅猛发展，带动了嵌入式技术的创新发展，无人机、自动驾驶、智能穿戴设备、智能制造等创新应用及需求不断涌现，为嵌入式技术提供了更广泛的应用领域。①

嵌入式技术更新快，综合性和实践性强，社会急需能够解决复杂工程问题的嵌入式技术创新型人才。国内大多数高校的电子、计算机等专业开设了嵌入式技术课程，但是与与日俱增的产业需求和市场潜力相比，目前高校的嵌入式技术课程教学和人才培养相对滞后。② 研究建设适应社会和企业需求、符合新时代学生学习特点的嵌入式技术课程体系是高校电子信息类相关专业迫切需要解决的问题之一。

一、高校嵌入式技术教学普遍存在的问题

目前，国内高校开设的嵌入式技术课程主要是嵌入式系统。由于嵌入式技术本身要求软硬件结合、理论与实践结合，因此，嵌入式系统需要硬件电路设计、C 语言编程、单片机原理、微机原理与接口技术、操作系统、EDA 技术等多门课程支撑，

* 本文为教育部产学合作协同育人项目“数字电子技术教学内容和课程体系改革”，山东省研究生教育提升计划项目（项目编号：SDYC18011），山东大学（威海）教学改革研究项目“嵌入式系统课程模块重构的研究与实践”研究成果。

① 参见何小庆：《嵌入式技术在创新中求发展》，《单片机与嵌入式系统应用》2020 年第 2 期。

② 参见刘威、常瑞、谢耀滨：《面向系统能力培养的嵌入式系统课程教学模式改革与实践》，《计算机教育》2019 年第 1 期。

需要综合应用多门课程知识进行嵌入式系统设计开发。这使得嵌入式系统课程可以成为培养学生系统能力和解决复杂工程问题能力的重要抓手。目前的嵌入式系统课程体系普遍存在三个问题，使得教学效果和学生解决问题能力难以满足社会需求。[①] 首先，嵌入式技术跨越多个知识领域，涉及课程多。课程之间缺乏统一规划，各门课程相对独立，课程内容零散、缺乏融合。学生难以建立系统观和工程观，难以做到课程知识的综合应用。其次，理论教学方式单一，教学效果不佳。最后，实验项目以简单的验证性实验居多，难以开展综合创新实验。对学生解决复杂工程问题能力和创新能力的培养不足。

目前的嵌入式技术教学主要采用先理论后实践、逐步递进，内容由浅入深、自底向上的课程安排。但是，“互联网＋”时代的学生习惯图像刺激，具有注意力持续短暂、乐于接受并尝试新事物的学习特点，传统的自底向上的课程体系难以激发学生的学习兴趣。

初入大学的一年级新生对大学充满期待，对专业充满好奇，对参加科技创新活动充满热情。[②] 但是，一门接一门枯燥的理论课让学生感到茫然、挫败，进而对专业失去兴趣，学习热情和积极性都受到很大影响。

二、嵌入式技术课程群设计与教学实践

根据学生的学习特点和从实践到认识再到实践的螺旋式上升的人类认知规律[③]，我们打破从基础课到专业课、再到综合实践课的自底向上的单一教学模式，将机器人项目和单片机课程安排在第一学年，在基础课“数字电子技术”之前开设，设计了“自顶向下”和“自底向上”相结合的课程体系，并在教学内容的安排上注意理论课与实践课的融合、群内课程与其他专业课程的衔接。

C语言是嵌入式系统主要的编程语言，是电子信息类专业重要的专业基础课，在大一第一学期开设。

我们借鉴嵌入式系统由“系统设计—功能模块—底层电路”的自顶向下设计方法，设置了“自顶向下”的机器人—单片机—数字电路的课程体系。在大一第一学期开设的新生研讨课中设置了一个趣味性强的机器人项目，作为嵌入式技术课程

---

① 参见刘威、常瑞、谢耀滨：《面向系统能力培养的嵌入式系统课程教学模式改革与实践》，《计算机教育》2019 年第 1 期。

② 参见纪阳、吴振宇、尹长川：《新生工程教育问题与引导方式创新》，《高等工程教育研究》2018 年第 4 期。

③ 参见朱高峰：《我国工程教育的改革发展趋势》，《高等工程教育研究》2016 年第 5 期。

的引导，使学生一入学就接触到实际工程问题，建立嵌入式系统的概念。学生通过亲自动手实践，获得对嵌入式系统工程的直观认知，激发出学习兴趣。同时也为学生普遍感到学习困难的C语言提供了一个实际应用场景，对C语言即学即用，帮助学生增强学习C语言的动力。在大一第二学期开设“单片机技术与应用”课程，由整体到模块，学习单片机系统的功能接口应用和开发方法。这样的课程安排使学生在一年级就可以参加机器人、智能车竞赛等科技活动，调动了学生的学习积极性，使学生建立学习研究嵌入式技术的自信心。带着进一步探究原理的愿望进入基础课程“数字电子技术”的学习。

在此基础上，按照“自底向上”循序渐进的模式开设“微机原理与接口技术”“嵌入式系统”和“嵌入式系统综合设计”课程，课程内容的难度和实验项目的挑战度逐步提升。

实践教学是培养学生分析问题和解决问题能力、工程实践能力和创新能力的重要环节。我们加大了实验课时占比，设置了层次化的实践教学体系。基础课“数字电子技术实验”与“微机原理与接口技术实验”独立设课，实验项目面向底层硬件电路的设计实现，着重培养学生的基本实验能力和解决问题能力。单片机实验和嵌入式系统实验为理论课内实验，提炼课程的重点内容，设计以实现功能模块为主的实验项目。研讨课和综合设计课中，结合机器人、智能车、物联网等领域的科技竞赛和实际工程项目，吸引学生加入与教师共同提炼设计创新实验项目；学生根据个性、特长自行组成团队，合作完成创新实验项目。在大四的“专业实习”课程中，邀请企业工程师指导学生完成来自企业的实际嵌入式系统项目，为学生提供真实的工程问题情境。

在教学中与其他专业课程相互配合，以培养学生综合应用知识解决问题的能力。将数字电路、单片机、ARM 微处理器以及各种嵌入式系统接口电路作为 EDA 技术课程的设计目标，也可以应用 EDA 技术在 FPGA 上设计实现嵌入式系统。在其他专业课程的学习中，可以应用嵌入式技术实现数字信号处理、数字通信电路、无线传感网络和物联网应用系统。

从大一的机器人项目经过“系统—模块—基础”自顶向下逐级深入的学习实践，再由“基础—模块—综合—创新”自底向上逐层递进的多层次实践，学生在高年级完成复杂的实际工程项目。学生的解决问题能力和工程实践能力逐步提升，最终形成解决复杂工程问题的能力。

三、以机器人项目为线索的教学内容设计

嵌入式技术涉及的内容繁杂，以前的各门课程相对独立、自成一体。“微机原理与接口技术”“单片机原理及应用”“嵌入式系统”三门课程虽然分别介绍8086/8088、51单片机和ARM三种不同的微处理器，但都要讲微处理器的组成结构、工作原理、汇编语言、接口技术以及应用程序开发，内容重合相似，而8086/8088微处理器以及相应的接口芯片早已退出了市场。这些重复的、过时的教学内容不能吸引学生的兴趣。我们对课程群教学内容进行了整体梳理和规划调整。新的教学内容和安排如表1所示。

表1　课程群教学内容重构

课程名称	开课学期	学时（理论＋实验）	主要教学内容
新生研讨课机器人项目	大一上学期	4＋4	双足循迹机器人
单片机原理与应用	大一下学期	16＋16	单片机的功能结构、单片机C语言程序设计、接口应用、开发方法
数字电子技术	大二上学期	48＋32	数字逻辑电路的基本概念、基本原理、分析与设计方法，微机系统功能模块电路
微机原理与接口技术	大二下学期	64＋32	微机系统的结构原理、指令系统、汇编语言、接口技术
嵌入式系统	大三上学期	32＋32	ARM和Thumb指令集、ARM架构处理器编程结构、嵌入式操作系统、嵌入式驱动程序、GUI和应用程序设计
嵌入式系统综合设计	大三下学期	48(实践)	嵌入式综合项目设计：机器人、智能车、物联网系统等

课程群内各门课程内容各有重点，又相辅相成，形成一个系统的嵌入式技术知识体系。机器人项目采用Arduino控制平台、C语言编程实现双足机器人的循迹行走功能，为学生提供一个完整的嵌入式工程项目。“单片机技术与应用”简化复杂的内部结构与原理，将重点放在功能接口应用和开发方法上。“微机原理与接口

技术”课程基于当前通用微机系统仍然普遍采用的 x86 微处理器来学习各种微处理器具有共性的内容，使学生从原理上理解并建立现代微机系统的整体概念[①]，不但能应用微处理器而且可以设计微处理器的软硬件结构。“嵌入式系统”的课程重点放在嵌入式系统中流行的 ARM 架构处理器的编程结构、嵌入式操作系统、驱动程序和应用程序设计方面。

机器人项目贯穿整个课程体系，起到串联整个课程群的作用。最初采用简单易学的 Arduino 单片机，完成一个具有基本功能的循迹机器人，使学生享受成功的喜悦，激发学习兴趣。在接下来的“单片机原理与应用”课程中，让学生以为机器人不断增加新功能为目标，学习单片机的功能接口。随着“嵌入式系统”课程的学习，结合其他专业课程学习的算法理论，采用功能、性能更全面的 Cortex 处理器，设计功能更为复杂、更加智能的机器人。随着项目复杂度的提高，学生解决工程问题的能力逐步提升。

四、教学方法和考核方式改革

传统的以教师讲授为主、学生被动接受的教学方式，在激发学生的学习主动性方面和培养学生解决复杂工程问题能力方面效果都不尽如人意。我们采用项目式教学为主的探究式教学方法，设计来源于工程实际的嵌入式系统项目，由学生自主完成资料收集学习、小组研讨、方案设计、软硬件设计调试、项目展示汇报等过程。例如，大一设置的机器人项目，学生们自行组队，以团队形式进行机器人功能需求分析、设计构思讨论、制作调试和展示交流，教师参与学生的讨论，为学生答疑和指导。学生在解决问题、完成机器人的过程中，学习理解掌握“自顶向下”的嵌入式系统设计方法。除了综合的实际工程项目，我们将主干课程的教学内容也设计成一个个有趣且容易成功的小项目，使学生边做边学，边学边做。

项目式教学以学生为主，有效地唤起学生的好奇心，激发学生深度思考、主动学习。学生在项目实践过程中完成课程知识的学习，体验实践创新的艰辛与乐趣，学生提出问题、分析问题、探究学习、交流合作、创新实践等解决复杂问题的能力都得到了有效的训练和培养。[②]

---

① 参见刘威、尹青、井靖：《“新工科”背景下微机原理课程的困境思考与改革对策》，《计算机教育》2019 年第 2 期。

② 参见赵永生、刘毳、赵春梅：《高阶思维能力与项目式教学》，《高等工程教育研究》2019 年第 6 期。

卷面笔试的考核形式可以衡量学生对课程知识的掌握程度，但是不能全面评价学生解决问题的能力。我们在考核方式中加入对学生学习过程的评价，从实验项目的完成质量、对项目的贡献、设计报告、项目答辩等多方面进行考核，引入项目竞赛、互评机制，加大过程考核结果在总成绩中的占比。多元化的考核方式可以更加全面地评价学生在知识、能力和素质方面的培养效果，同时能激励学生在整个学习过程中的投入，进一步提高学习成效。

我们以培养解决复杂工程问题能力为目标，通过建设课程群，对电子信息工程专业的嵌入式技术课程进行了综合改革。在大学一年级开设机器人项目教学和单片机技术与应用课程，对教学内容进行了系统整合与重构，引入项目式教学等探究式教学方法，有效地激发了学生对嵌入式技术的学习兴趣和主动性，学生解决问题的能力、工程意识和创新意识都有了显著提高。学生积极参加全国大学生电子设计竞赛、智能车竞赛、机器人竞赛、"挑战杯"科技竞赛，获得多项国家一等奖、二等奖和省级奖，获奖数量和等级逐年提升。

［原文发表于《中国多媒体与网络教学学报》(上旬刊)
2021 年第 7 期，收录时有改动］

聚焦根本任务　拓展育人空间

——山东大学(威海)翻译学院学生社会实践工作纪实*

申富英　韦福林

社会实践是高等教育的重要环节，是强化大学生思想政治教育的有效载体，是培养德、智、体、美、劳全面发展的社会主义事业合格建设者和可靠接班人的必由之路，也是广大青年大学生了解国情、增长本领、磨炼意志、汲取力量的重要渠道。

近年来，山东大学(威海)翻译学院紧紧围绕新时代立德树人根本任务，深入实施学生社会实践"五个一"工程，革新社会实践工作育人理念，完善社会实践工作体制机制，引导广大学子用奋斗成就青春事业，用奉献彰显青春风采，在国家"乡村振兴"、山东省"新旧动能转换"、山东大学"强校兴国"战略中青春建功。实践育人工作空间不断拓展，立德树人成效不断彰显。

一、围绕一个核心：思想引领，铸魂育人

(一)永葆育贤初心，致力于培养"最优秀"的本科生

作为山东大学的鲜活细胞，学院时刻牢记山东大学"为国育贤"的办学初心，始终锚定培养担当中华民族复兴大任的时代新人这个迫切要求，将学生社会实践工作提升至落实"培根铸魂"工程的战略高度。在学生社会实践工作开展过程中，学院坚持突出思政教育和能力提升这条育人主线，坚持将其融入学院共青团工作的全局和教书育人大局，切实将其作为青年学生"受教育、长才干、做贡献"的重要育人舞台，真正将其作为新时代大学生增加社会认知、感知社情民意、担当社会责任、履行青春使命的重要育人机遇，全面提升学生的专业学习能力、创新实践能力、调

* 本文为2021年山东省本科教学改革研究项目重点项目"新时代　新格局　多场域　大外语——大学外语教育教学综合改革研究"(项目编号：Z2021222)和山东大学(威海)2021年度教学研究与教学改革项目重点项目"山东大学(威海)新文科人才培养模式管理与推广机制研究"(项目编号：Z2021017)的阶段性成果。

查分析能力和沟通协调能力。

(二)擦亮政治底色,把稳社会主义大学的前行方向

习近平总书记指出:“马克思主义是我们立党立国的根本指导思想,也是我国大学最鲜亮的底色。”[①]推进“一流大学”建设,切实提高人才培养质量,必须坚持和巩固马克思主义的指导地位。在学生社会实践工作开展过程中,学院始终把强化学生理想信念教育作为重中之重——通过组织学生参加党的新理论新政策宣讲等红色专项社会实践活动,引导学生利用寒暑期等课余时间深入街道、社区、中小学等单位,学习实践科学理论、宣传宣讲党的政策、培育践行主流价值;通过发挥学生党员和学生骨干的模范带头作用,带动全体同学积极参与到学院组织的寒暑期社会实践和日常社会实践活动中;通过发挥各级团学组织的强大动员能力,引导广大青年学生在实践中感悟党的思想伟力,从党的伟大精神中汲取丰富营养,洗涤心灵之尘,激发奋进之力。

(三)坚持文化引领,熔铸山大人的风采气质

2020 年 9 月,山东大学发布了《山东大学文化引领战略实施纲要》(以下简称《纲要》),号召全体山大人“以社会主义核心价值观为统领,熔铸新时代的山大精神,弘扬新时代的山大文化,不断提振山大自信,充分激发向上斗志”。在《纲要》指引下,学院教育和引导学生在社会实践过程中着力展示山大风采、塑造山大形象、传递山大声音、讲好山大故事、展现山大作为。通过增强作为山大人的荣耀和自信,进一步增强作为青年人、中国人的荣耀和自信;通过接力山大文化火炬,强化对中华民族优秀传统文化、革命文化和社会主义先进文化的感知和领悟。以持续攀爬文化高峰为带动,努力把学生社会实践工作建设成为学习传播科学理论的有效平台、培养时代新人的坚实抓手、倡树时代新风的精神家园、开展公益服务的广阔舞台、践行山大文化的活动阵地,为立德树人工程向纵深发展提供实践指引和路径方向。

二、涵养一种情怀:家国天下,青春激扬

(一)关注社会热点,做有思想的时代新人

“立大志、明大德、成大才、担大任”,新一代青年生逢盛世,应努力成为堪当民族复兴重任的时代新人。“两耳不闻窗外事,一心只读圣贤书”的时代已经一去不复返,青年大学生要想有思想、有作为、有实绩,必须要关注世界、关心社会、关照现

① 习近平:《在北京大学师生座谈会上的讲话》,人民出版社 2018 年版,第 6 页。

实，对世界形势、国家大势和社会发展具有正确理解和智慧思考。2018年夏天，由学院2016级英语专业本科生带队的“河小清”调研团，以“‘河长制·河长治：南水北调中线山东段河湖污染治理情况探究’——以河长制、湖长制实践情况为视角”为题，对调研地河、湖长制的实施情况和成效进行了专题调研，在实地调研、数据分析、对比研究的基础上，对优化河长和湖长制的运行情况提出了意见建议，得到了地方电视台的采访报道，形成了良好的社会反响。像“河长制”这样关注社会热点的实践课题，一直是学院学生实践活动的主流选择——从青岛市“15分钟医疗圈”到威海市“精致城市”建设，从“田园综合体”成功经验到胶东地区家庭医生政策实践情况探析，都是翻译学子对社会热点问题的敏锐关注和对社会现实的深入思考。

（二）深入社会肌理，与大国一起成长

社会热点议题因具有更明显的热度和更清晰的触感，容易为人们所辨识。但对社会问题的关注和了解，如果仅仅追求热度、停留在表层，则失去了本质意义。在鼓励学生关注社会热点的同时，学院更加注重引导学生运用所学探究问题的本源、思考问题的成因、寻找解决问题的办法。2015年的夏天，学院2013级英语专业的4名学生开启了前往鲁西地区的旅程，对鲁西地区传统早婚现象开展了为期一周的调研。一年后，课题负责人万严慧同学在参加清华大学法学院保研复试时，面试老师与她全程使用英语交流了这个课题的研究成果，并给予了高度的评价。当个人的努力在情怀的浇灌之下结出累累硕果之时，这样的教育成果会更加具有触动人心的力量。2016年，由学院2014级翻译专业3名本科生组成的采风调研团，以“后‘村改居’时代的民生映像”为主题，聚焦烟威地区“村改居”工作完成后的民生情况，对基层治理问题进行了深入观察和细致思考。事后他们总结道，只有足够的细致和深入，才能真实触摸到乡野的呼吸和脉动，才能更加深刻地感受蕴藏在社会深处的那份庄重而滚烫的情感，才能给自己的成长烙上最为鲜明的印记。

（三）承担社会责任，将美好青春书写在祖国大地上

“道不可坐论，德不能空谈”，在做好实践调研活动的同时，学院也高度重视公益服务活动对学生成长发展的积极作用，教育引导学生在实践和服务中认识社会、认识自己，为释放服务社会的动能，擦亮“山大系”服务品牌。一直以来，学院持续为威海市“铁人三项”世界系列赛事、“亚帆赛”、国际“渔具展”等大型官方活动提供足量的外语类志愿者。除了积极参与志愿服务外，学院还组织学生开展了社区环境清洁、驻地中小学支教、老年人关爱、残障儿童关爱等活动，其中“彩虹桥”关爱自闭症儿童项目获2020年威海市志愿服务大赛铜奖，翻译学院青年志愿者协会也于2016年底获评年度威海市“志愿服务先进集体”。新时代的青年人立足本职岗位，

脚踏实地加油干，才能在奋斗路上大展身手，写下无愧于时代的青春篇章。

三、达成一个目标：枝繁叶茂，全面发展

（一）学业先导，聚焦学生主责主业

如果把学生在大学期间的成长比作一棵大树，那理想信念教育就是这棵大树的根系，学业则是这棵大树当仁不让的枝干。2018 年全国教育大会指出，要培养“又红又专、德才兼备、全面发展”的社会主义事业建设者和接班人，“只红不专”或者“只专不红”，既不符合党和人民对高等教育事业的期待，也不能满足新时代国家整体事业发展进步的紧迫现实需求。培养政治坚定、学养深厚、专业突出的时代新人，才能为党的事业和区域经济社会发展做出更大贡献。2015 年暑期，课题“山东省公示语翻译现状调查研究”，针对山东省部分地市公共场合公示语翻译情况进行了专题调研并形成了书面报告，在社会实践活动同专业学习相融合方面具有代表性意义；2019 年暑期，课题“丝路传音：欧洲主流媒体对‘一带一路’的立场研究——以英、法、德、俄四国主流媒体为例”以语料库为分析工具，对“一带一路”相关资料进行话语分析；2021 年暑期，课题“扶贫特色产品出口广告外译策略研究——以东南亚为出口目的地”将专业知识创新映射到新时代国家大政策、大战略、大需求之中。这些课题既具有时代性、社会性和实践性，同时又与学科知识和专业技能深度融合，引导学生在开展实践项目的过程中充分夯实专业基础、运用专业技巧、淬炼专业思维、开阔专业视野。

（二）提升能力，补齐学生成长短板

在能力提升方面，社会实践活动具有独特的全面性优势与魅力。社会实践活动带来的能力锻炼，是对学生思维能力、创新创造能力、团队协作能力、实践能力、沟通表达能力和文字写作能力等的全方位锻炼和系统性提升。学院通过发布选题指南，召开选题培训会，拓展学生思维空间；通过举行实践前专题辅导，向学生讲授论文、报告写作注意事项和技巧，引导学生提升学术规范能力；通过指导学生撰写社会实践报告，锻炼学生的文字功底；通过举办社会实践答辩会，鼓励学生展示社会实践风采，锻炼学生语言表达能力。通过精心设计社会实践工作各环节、扎实推进社会工作各步骤，有效地提升了学生成长发展各项能力。

（三）拓展格局，引导学生树立高远的人生目标

将大学生社会实践活动建设成为培养新时代高素质人才的高地，培养专业更精、眼界更宽、思维更新的国之栋梁，引导学生去祖国最需要的地方。在刚刚毕业的 2021 届本科生中，有 3 名同学选择前往西南偏远地区基层就业，有 1 名同学前

往山西县城进行为期一年的大学生支教工作。而这些同学有一个共同的特点:在校期间积极参加寒暑期社会实践活动并从中受益。也正是在对基层治理问题有着持续而深远的观察之后,这些同学对基层工作有了更为清晰的认知和更为明确的责任意识,进而把服务基层、回报社会的种子深埋心底、付诸实践。

四、形成一个体系:融通互促,教学相长

(一)在效率上拔高,成立学生科技实践中心,打通科研实践活动的"壁垒"

以实践能力提升促进创新创业能力提升,释放学生学术创新动能。在学生社会实践工作的基础上,学院于 2020 年 1 月组建了学生科技实践中心,聘任高水平人才担任指导老师,为实践、科研课题的一体培养和孵化强势蓄能,有效地提高了学院学生科研和社会实践课题的转化效率,提升了高质量科研、实践课题的孵化成功率,大大推进了学生课外科技实践工作的系统性和整体性,为进一步融通立德树人、五育并举的各个环节,打通学生成长发展的各个领域做出了积极的尝试。在这种理念的指引下,学院学生连续在第十六届、第十七届"挑战杯"课外科技学术作品竞赛中荣获国家级三等奖各一项,在第十六届"挑战杯"荣获山东省特等奖一项,在第十七届"挑战杯"赛事中荣获山东省特等奖一项、二等奖两项、三等奖一项。

(二)在过程中互促,贯彻"全员实践育人"理念,凝聚科研实践工作的"合力"

以"全员育人"为要点,扎实做好"三全育人"的结合文章,构筑实践育人共同体。学院以本科生导师制、班主任制为抓手,鼓励学院教师积极参与到指导学生课外科技实践活动中。2014 年,学院修订了《翻译学院本科生导师制实施办法》,遴选优秀专业课老师担任低年级学生本科生导师,本科生导师、新生班主任具有了相对较长的任期,能够与学生建立和保持比较充分和密切的联系,在生活、学习和情感能方面能够实现比较有效的互动。在新制度施行的基础上,学院指导和鼓励本科生导师和班主任积极投入到学生课外科技实践活动的指导中去,深化与学生的日常交流。同时,向任课老师发布课题征集通知,鼓励专业课教师将本人所承担的课题的一部分或者衍生课题交给所指导的学生,实现学院师资力量对学生科研实践工作的广泛参与和深度参与。

(三)在机制上保障,健全"科研育人""实践育人"工作机制,充实科研实践工作的"动能"

为建立动员充分、参与广泛、保障全面的学生社会实践工作机制,2018 年 11 月,学院研究制定了《翻译学院学生社会实践活动优秀指导教师奖励办法》和《翻译学院学生课外科技实践活动优秀指导教师奖励办法》,旨在进一步激发学院教师队

伍的积极性和主动性，规范工作流程，提升工作的科学性和合理度。同时，学院还修订完善了《翻译学院学生社会实践活动优秀作品评审办法》《翻译学院学生社会实践活动报销指导意见》和《翻译学院学生课外科技实践活动报销指导意见》，为学生参与科技实践活动提供清晰、明确、具体的引导。

五、形成一个氛围：千帆竞发，百舸争流

（一）夯实基础，扎实做好社会实践动员

自2015年以来，学院逐步实现了学生全员参与社会实践活动的良好氛围。其中，一、二年级本科生寒暑期社会实践活动的参与率接近百分之百，三年级本科生参与社会实践活动的热情也稳步提升。2015年至今，学院累计参与寒暑期社会实践活动6000余人次，累计获得省级社会实践优秀服务队15个，并在2017年12月收获《南风窗》“调研中国”“年度最佳团队”。学生社会实践工作枝叶茂盛、硕果累累。

（二）抓好统筹协调，将社会实践纳入学业育人体系

加强总体规划，统筹推进实践育人各项工作。结合学校学生“创新实践计划”中的“创新实践课程”，将学生社会实践活动明确纳入必修课学分。此外，学院将学生社会实践活动专题指导纳入新生入学研讨课程体系中，从源头上对学生参加社会实践活动进行启发和指导。在学校暑期学校课程中，遴选优秀师资力量，开设《大学生社会实践选题孵化与指导》课程，为学院学生社会实践活动尤其是暑期社会实践活动的开展添加强有力的理论指导。

（三）注重传承，深挖厚植精品课题的实践潜力

2017年12月，学院2015级英语（英法双语）专业本科生王金梦同学带队的社会实践课题“纸片上的家国情怀：‘谱牒’文化传承发展研究——以胶东部分地区为例”在经历两年的持续打磨后，在2016年山东大学（威海）社会实践优秀团队荣誉的基础上，一举摘得了2017年《南风窗》“调研中国”大学生社会调研活动“年度最佳团队”的桂冠，实现了山东大学历史上的新突破。同年，学院学子以“农村无害化厕所的‘管’与‘用’问题研究”为题，以“厕所革命”为主题的社会实践课题连续两年获评山东省暑期社会实践优秀服务队荣誉。

（四）提质增效，发挥优秀团队的示范引领作用

社会实践育人功效的稳定发挥，需要不断依托历史工作积淀下来的丰富经验丰厚资源，才能使实践育人工作更有温度、特色更加鲜明、效果更加丰满。完善学生社会实践的后端工作，在每年暑期实践活动结束后，学院通过组织社会实践活动

论坛、“优秀学子事迹分享报告会”、“科研实践主题班会”、社会实践成果展、先进个人宣讲等朋辈教育方式，带动影响更多的青年学生投入到助力社会发展、个人成长的青春实践之中。借助新媒体平台的育人功用，在学院网站、微信公众号等宣传阵地中开辟实践育人工作宣传栏，宣传优秀社会团队的实践风采，持续营造实践育人文化氛围。

2020 年 9 月 8 日，在全国抗击新冠肺炎疫情表彰大会上，习近平总书记深情地说：“世上没有从天而降的英雄，只有挺身而出的凡人。青年一代不怕苦、不畏难、不惧牺牲，用臂膀扛起如山的责任，展现出青春激昂的风采，展现出中华民族的希望！”在走好新时代立德树人的壮阔征程中，学院将始终紧盯教书育人工作的短板和弱项，全力将实践进取的火种播进每一名师生的心田，着力激活实践育人的资源、传统和基因，不断焕发出只争朝夕的生气、豪气和底气，在聚力“强校兴国”的战略中谱写实践育人的新篇章。

（原文发表于 2022 年 3 月 8 日《齐鲁晚报》，收录时有改动）

新商科背景下高校学生创业创新能力实验教学体系构建研究

蒋守芬　孙　洁　韩　冰　薛　峰

教育部高教司司长吴岩指出，高等教育创新发展势在必行，要全面推进“新工科、新医科、新农科、新文科”建设，新商科是在“新文科”理念下开展经济管理类教育的新概念。新商科是对传统商科进行学科重组交叉，将新技术融入商科课程，用新理念、新模式、新方法为学生提供综合性跨学科教育。“新商科”有其独特的内涵。首先，新商科是融合现代新技术的综合性学科。新商科趋于行业导向培养跨学科复合型人才，应主动回应技术创新和社会变革。互联网、大数据、人工智能等技术正在改变人们的生活方式和商业模式，学生应学习和掌握一定的相关技术，以适应商界的转型升级。其次，新商科是突出中国理论与方法的商学教育。新商科着力构建中国特色的话语体系，采用中国案例，用中国理论解释中国现象、解决中国问题、指导中国的经济发展实践。最后，新商科是产教深度融合的全新培养模式，是开展深度产教融合，推动教学内容、课程体系、教学方法的改革，提升商科教学质量的重要途径。[①] 经管类专业学生创业创新能力实验教学体系建设是新商科发展的主要路径之一。在新文科背景下，如何通过现代化信息技术打造新商科实验教学体系，从而提升学生的创业创新能力是一个非常意义的课题。

一、新商科实验教学体系特点

（一）教学目标注重能力培养

新商科在培养要求和目标方面和传统商科差异很大，新商科实验教学培养要求相较传统商科更加注重知识细分、专业细分和专业标准。[②] 新商科实验教学培

---

① 参见李伟、王秦：《新商科背景下一体化推进“专业思政”与“课程思政”建设的路径探索》，《北京联合大学学报》2021 年第 2 期。

② 参见韩佳颖：《基于 OBE 理念的创新创业项目教学模式研究》，《实验技术与管理》2020 年第 2 期。

养要求知识融合、问题导向和集成创新。在培养目标方面，传统商科以就业导向，而新商科培养目标是以人的发展为导向，完善人格、开发人力、服务他人和发展自我。①

(二)教学内容交叉、强调专业融合

新商科的实验教学体系重在把学科专业的交叉性和融合性做有效平衡。学科内容的交叉还表现在工具交叉、原理跨界运用，这些都要求实验教学体系要有良好的融合性，能把技术和知识做一个有效结合。②

(三)教学方式多样化、互动式

有别于传统商科的教师、教材和教室的教学方式，新商科教学方式注重多元育人主体、实验教学场景化③、适应性教育服务，通过现代化的新技术、新思维、新教学模式(任务驱动、体验式学习)和新教学平台(共享并丰富的智能化教学工具、教学分析工具)④，使学生的学习方式多元化，并通过实时互动提高学生的学习效率和专业沟通深度。

(四)教学内涵实践性和多元化

新商科以产业需求为导向，对社会经济活动的发展动向具有高度敏感性⑤，要求教学应提供科研项目、模拟项目、实践项目等多种以体验性学习为基础的教学，把理论知识学习与商业实践中的真实问题进行关联，在具体商业问题的发现、分析与解决中提升专业能力、职业通识能力和创新能力，强化学生综合素质。教学体系的多元性主要体现在参与主体的多元化，需要建立政府、院校、企业多元主体的区域经济数据合作体以及“教、研、产、创”为一体的新商科教育模式，将商业院校和企业更加紧密地联系在一起，实现院校与商业组织边界的柔性化、新型商业人才培养

---

① 参见李高扬、张敏:《学科融合背景下工程管理专业人才培养模式研究》,《黑龙江教育》2021年第8期。

② 参见祝杨军:《中美高校创新创业实验实践教管模式的比较与启示》,《实验技术与管理》2020年第11期。

③ 参见卞晓晨、石连栓:《基于目标导向的虚拟仿真实验项目设计与开发》,《实验技术与管理》2021年第6期。

④ 参见周步昆、耿颖:《创新创业与专业教育有机融合的应用型人才培养模式改革与实践》,《实验室研究与探索》2020年第10期。

⑤ 参见江彦、王金圣:《基于能力培养的经管类实验教学体系创新探索》,《实验室研究与探索》2007年第3期。

主体的多元化。[1]

二、创业创新实验教学体系设计

新商科实验教学特点与传统的商科实验教学有本质上的区别，山东大学商学院依托新建立的数字营销实验中心，对新商科创业创新实验教学体系进行了全面的设计。

（一）实验教学内容建设是双创实验教学体系灵魂

新商科背景下双创实验教学的知识内容表现出了综合性的特征，知识框架从传统商科培养体系中的单一专业知识转向复合型知识[2]，既包括了职业胜任所需要的管理类或经济类专业知识，也应将现代化管理方式、新技术、新方法有效地纳入课程体系中。对于知识应该分为两类：一是专业基础知识，如管理学、经济学、职业生涯规划、商业策划与决策、商业模式、电子商务、商科思维训练、商业模拟实践、商业与经济法规等；二是学科交叉知识，如互联网、大数据、人工智能、物联网、心理学、组织行为学知识等。对于不同的知识在教学方式和能力培养方面也不同，如专业基础知识一般是通过第一个课堂和第四课堂完成，重点培养学生的基础认知和专项运作能力，这些能力包括专业技术能力、信息获取能力、处理与分析能力、网络技术应用能力、沟通表达能力、团队协作能力、学习适应创新能力；[3]而学科交叉知识一般是通过第二、三和四课堂去完成，重点培养学生的综合动手和双创解决问题能力，主要包括情绪控制能力、决策判断能力、应变能力项目协调与管理能力、战略与规划思考能力。[4]

（二）建设综合教学服务中心实现创业创新教学常态化

综合教学服务中心是以现代化技术为手段、智能数据服务平台为载体，把各类专业实验室、综合实验室、虚拟仿真实验室、慕课翻转课堂系统等整合集成的综合性互动平台，其最大的亮点是把大学生的双创教学和能力培养全天候、实时互动地

---

① 参见吴迎年、曹荣敏：《面向创新创业能力培养的学生创新实践探索》，《实验室研究与探索》2017 年第 11 期。

② 参见葛杨、史冬岩、毛继泽：《工程专业人才培养的主要问题与“专创”融合式教育的实践探索》，《高教学刊》2021 年第 24 期。

③ 参见吕凤姣、刘洁：《新工科背景下应用创新型人才培养研究》，《经济研究导刊》2021 年第 24 期。

④ 参见白林飞、张莉：《创客理念下高职人才培养模式的载体与过程探析》，《科技与创新》2021 年第 18 期。

结合在一起,创业创新教学和能力的培养与普通理论教学不同,学生随时会有新的想法和理念出现,需要进行实时验证和尝试。综合教学服务中心的课程和实验通过虚拟仿真手段拓展了实验教学的时空效率,可以把学生的创意创新能力、设计能力、计算能力、动手能力和解决问题的能力有效地调动起来,使学生不受日常教学的时空限制。

(三)通过项目和竞赛让学生创业创新能力更聚焦,学习能力更强化

以学科竞赛为载体和抓手,将实践教学和学科竞赛相结合,是培养应用型创新人才的有效途径。学科竞赛是触发创新思维的重要途径,是培养创新能力的重要载体,也是培养双创型人才的重要手段,更是构建学生创新平台的重要组成部分。学科竞赛和项目以探索性、研讨式的方式将理论教学和实践教学的内容应用于实际的操作。在项目和竞赛的设计和安排方面,更多借助第二课堂和第三课堂来完成,同时把竞赛和国家的三创赛、挑战杯等国家级大赛结合在一起,项目则把老师的科研项目和企业的实践课题结合在一起。以竞赛和项目导向培养大学生的创业创新能力的同时一定要和教学计划、学分体系结合在一起。

(四)建立校企合作基地,打造双师双创机制

创业创新能力培养要有依托的实践环境,建立企业合作教学基地是大学生双创能力培养最直接有效的途径,在校企合作基地的建设标准上一定要高起点、高标准,选择有典型意义的企业和软件方合作,尤其要引进企业的创业者和高管进入能力培养体系,让他们亲自带学生、带项目。通过双师机制,可以让学生在项目和课题的引导下进行问题思考、方案解决,全面发展学生的双创能力。

三、创业创新实验教学体系信息化平台建设

在整个实验教学逻辑框架下,山东大学(威海)商学院创业创新实验教学体系信息化平台建设总括为“一个基础、两大板块、三大系统、1＋N 基地”(如图 4-4 所示)。

(一)基层网络和数据库建设

在新商科创业创新实验教学中现代化信息技术是大学生要掌握的基本技能之一。现代化技术不仅仅包括程序语言,也包括网络协议、网络传输、数据库的掌握,在网络和数据库等。不分专业和学科,现代化技术的建设都要充分考虑到先进性、模块化、安全性和兼容性,以满足不同专业和学科的实际需求。山东大学商学院进行基层网络和数据建设,面向大学生开设了 6 门实验教学课程,以期提高学生扎实的信息化素养。

(二)两大板块建设

两大板块分别是教学数据案例库板块和实验仿真演练系统板块。教学数据案例库板块主要有案例教学、项目课题库和专业数据库,分别从案例、课题和数据资源三个方面培养大学生创新意识、创业创新技能等培养要求,让学生有事件、有主题、有来源地去研究课题、开展竞赛、开创项目。实验仿真演练系统板块主要有虚拟仿真实验系统、竞赛管理系统、双创演练系统,分别从虚拟仿真、竞赛课题和项目演练实训等方面培养大学生创业创新的探索问题、思考问题、解决问题的能力。在做好两大板块内容同时,需要在两大板块间做好协调与连接。案例教学库需涵盖经典理论和权威案例,并及时把案例教学设计成虚拟仿真和竞赛实验内容;项目课题库要成为学生创业和竞赛素材的来源,要保证课题库的时效性和实务性;而专业数据库为学生创业创新、设计课题、提出方案和创意提供依据和来源。

(三)三大系统建设

虚拟仿真实验系统是新商科培养学生创业创新能力的新亮点。利用虚拟仿真实验室的场景化、沉浸式特点,学生可以多次、重复、创新地尝试不同的方案和模拟结果,有效地提高学生的创新思维能力和解决问题能力;双创演练系统让学生以团队和项目为依托培养学生管理团队和项目的能力;竞赛系统侧重于学生专项技能和比赛技能的培养,提升学生的分析问题和判断问题的能力。三个系统有机结合,三位一体,形成良性循环,学生把竞赛和课题在虚拟仿真实验环境进行不同的模拟,设计不同的方案,把最优项目和方案作为比赛的课题,同时通过比赛检验课题的可行性,再进行完善,最终演变成创业创新项目。

(四)“1+N基地”建设

“1+N基地”是指依托学校省级经济与管理实验示范中心和各级政府、企业建立科研教学实践基地。“1”是在创业创新实验教学体系信息化平台上专门设置对外基地信息合作端口和实训端口,建立直接连接各实践基地的真实工作平台。“N基地”是指学院和各级政府、企事业单位按照我校创业创新能力培养要求分性质、分级别合作建立教学基地、实践基地、科研基地和孵化园基地。在教学方面,通过云课堂、翻转课堂、慕课和腾讯课堂等方式,把外部各类基地的专业教学直接引进学生课堂;在实践方面,通过“双通”模式把校外实训和和网上实训结合在一起;在科研方面,通过学院创业创新信息化平台双方成立科研小组,针对校企开展的科研课题让学生承担相应的工作任务、流程和角色,充分锻炼学生的科研能力;在孵化方面,实行“双师指导+项目孵化”模式,对学生的创业创新项目采用一位校内导师和一位社会导师的“双导师制”,通过孵化项目和资金支持等形式大力支持大学生参加全国的创业创新大赛、三创赛和科技大赛等活动，通过“以用带研、以赛促学”的方式培养学生的创业创新能力。“1＋N 基地”建设，科学利用不同基地的特点和优势，设计了合理的智慧化运作方式，保证学生参加社会实践的专业性、全面性和核心化，力争让学生能够参与到企业的核心流程、核心环节，真正学有所得。

新商科建设是商科教育主动服务于新经济的战略性调整。创新是民族进步的灵魂，是国家成为教育强国的战略方向，高等院校注重学生的创新创业能力培养是与知识经济及经济全球化趋势相适应的一种全新的人才培养模式。大学生创业创新实验教学体系的建设是培养大学生创新创业能力的主要途径，要达到预期目标，一定要针对新商科对人才培养的新要求，借助现代化的信息技术手段，通过教学、竞赛、科研和实践等形式，采用相应的课程方式，突出学生兴趣爱好，重在科学方法和实践能力的培养，注重引导学生的人格和团队精神的建立，以学生的全面发展为导向，提高大学生的创新精神、创业思想及实践能力。

新文科背景下《电子政务》课程学习模式研究*

孙卓华　马晓慧

党的十九大报告指出："建设教育强国是中华民族伟大复兴的基础工程，必须把教育事业放在优先位置，深化教育改革，加快教育现代化，办好人民满意的教育。要全面贯彻党的教育方针，落实立德树人根本任务，发展素质教育，推进教育公平，培养德智体美全面发展的社会主义建设者和接班人。"①高校教育要以此为指导安排教学任务，培养合格的人才。2021年4月19日，习近平总书记在清华大学考察时强调："建设一流大学，关键是要不断提高人才培养质量。要想国家之所想，急国家之所急，应国家之所需，抓住全面提高人才培养能力这个重点，坚持把立德树人作为根本任务，着力培养担当民族复兴大任的时代新人。要构建一流大学体系。高等教育体系是一个有机整体，其内部各部分具有内在的相互依存关系。要用好学科交叉融合的'催化剂'，加强基础学科培养能力，打破学科专业壁垒，对现有学科专业体系进行调整升级，瞄准科技前沿和关键领域，推进新工科、新医科、新农科、新文科建设，加快培养紧缺人才。"②新科技革命与文科的融合化发展已经达成初步共识，高度重视文科实践课程建设，把深化实践教学改革、培养学生实践与创新能力作为文科课程建设的重点。公共管理类专业的《电子政务》课程不仅是理论性与应用性兼有的一门课程，而且还是融合多学科理论和技能的课程。新文科建设的提出为《电子政务》课程更好地教学提供了机遇和保障。

一、《电子政务》课程学习模式创新的新文科背景

新文科是以全球新科技革命、新经济发展、中国特色社会主义进入新时代为背

---

* 本文为山东省社科规划项目"习近平网络行政思想的研究（项目编号：19CXSXJ43）"阶段性成果。

① 习近平：《决胜全面建成小康社会　夺取新时代中国特色社会主义伟大胜利——在中国共产党第十九次全国代表大会上的报告》，人民出版社2017年版，第45页。

② 《习近平在清华大学考察时强调：坚持中国特色世界一流大学建设目标方向　为服务国家富强民族复兴人民幸福贡献力量》，《人民日报》2021年4月20日。

景，突破传统文科的思维模式，以继承与创新、交叉与融合、协同与共享为主要途径，促进多学科交叉与深度融合，推动传统文科的更新升级，从学科导向转向以需求为导向，从专业分割转向交叉融合，从适应服务转向支撑引领。新文科体现了人文社会科学的一般特征，同时又具有一些新的特征。其一，战略性。这是新文科的价值所在。新文科建设要服务国家应对当今错综复杂的国际国内形势，增强我国在国际社会的话语表达能力；服务我国经济社会领域的全面深化改革，解决与人们思想观念、精神价值等有关的重大理论和实践问题。其二，创新性。这是新文科的属性特征。新文科建设要通过新的学科增长点，对传统学科进行转型、改造和升级，寻求我国在人文社会科学领域新的突破，实现理论创新、机制创新、模式创新。其三，融合性。这是新文科的学科特征。新文科建设涵盖了人文社会科学领域内多个学科的交叉、融合、渗透或拓展，也可以是人文社会科学与自然科学交叉融合形成的文理交叉、文工交叉等新兴领域。其四，发展性。这是新文科的动态特征。人文社会科学领域研究的问题存在很多不确定性，许多新问题会随着社会发展层出不穷，且问题解决并无固定模式，需要在实践过程中不断探索调整、日臻完善。

网络信息技术的高速发展，使我们人类的社会结构和精神面貌发生了变化。整个社会的智慧网络化使生产方式、生活方式、思维方式及治理方式发生变革，新文科不是在原有文科中加一些新兴技术，而是实质性的学科交叉、跨界协同。电子政务长期以来被认为是对传统低效政务的改造，是网络信息化技术在行政管理中的应用，是对政府管理流程的再造。当今随着大数据、物联网、云技术的应用，电子政务涉及的范围超越传统的政府业务流程再造，不但基于数据开放完善政府服务，而且还融合技术、治理要素等手段，运用法学、哲学、政治学等理论来支撑，提升和扩大电子政务的效果。基于此，高校《电子政务》课程就需要有所创新，把传统以管理者为中心向以业务为中心转变的电子政务，转向以数据为中心的数字政务，通过相关理论和实际技术操作的充分融合体现出来。新文科背景下高校《电子政务》课程学习模式发生了变化，传统的面对面讲授与“政务服务一体化”平台体验相结合，通过政府部门直播实践环节提高学生的综合能力。

校地合作是校企合作的一种，校企合作顾名思义就是高校与企业建立一种合作模式，它注重培养质量，通过在校学习和企业实践、学校与企业信息共享来实现“共赢”，体现了适应社会发展需要和实践与理论结合教学的新理念，是实现高等教育内涵式发展的一个重要途径。当前，众多高校依然是传统的重理论轻实践甚至是忽视实践的教育，有些具有实践性的专业所培养的人才不能适应社会发展，校企合作是弥补了学生素质教育的缺失。近几年校地合作不断涌现，意在推动产教融合、校企合作，校地合作是指高校与所处区域的地方政府的合作。开展校地合作工作是举办高等教育的战略选择与必由之路，是高校立于不败之地的基础之一，可以有效处理与区域经济社会发展的关系，为自身赢得更大的生存和发展空间。

高校与地方政府共同搭建合作平台，目标是把高校科研成果和智力资源快速、便捷地输出给地方政府和企业，把技术优势转化为社会生产力，为自身带来良好的经济效益。高校一般具有人才培养、科学研究、社会服务三大职能。校地合作高校为地方提供所需人才，将科研成果转化为地方所需的技术，在经济和社会发展上提供服务，推动地方的发展与创新。如果高校建立并运作好校地校企合作平台，能够提高人才培养的质量，推动科技科研水平，获得经济效益和社会效益双丰收。地方政府为学校提供政策、空间等，双方形成了一定的合力。"互联网＋"为政府在高校教学中发挥其资源优势提供了契机，政府部门根据高校相关专业的需要参与教学过程中。政府各部门其特有的组织属性、行政管理活动通过互联网可以参与到《电子政务》课程教学环节中，拓展《电子政务》课程的学习内容，提升学生对政府网上政府管理和服务的认知以及网上政府专业操作能力的形成。

二、《电子政务》教学模式的现状

教学模式决定着学生学习模式和学习效果。高校《电子政务》是随着政府管理的变革、网络信息技术的发展，基于政府、社会、发展需要开设的课程，从 2003 年开始，我国几百所文、工科高校公共管理相关专业纷纷开设此课程，其教学目的是培养掌握电子政务原理、实践技能的管理型人才和技能人才。在课程体系设置上，文科专业《电子政务》课程强调政务管理方式变革、业务流程再造、公共服务电子化等内容安排；而工科专业的《电子政务》课程则侧重网络技术系统、管理信息系统、安全保障系统等方面知识。虽然文科、工科专业中均开设《电子政务》课程，但是该课程均不同程度地体现出鸡肋的地位和效果。它们存在以下共性问题：

其一，教材内容设置不完善，内容更新跟不上新时代。文科专业中《电子政务》教程课程内容基本还是"十二五"发展规划背景下的知识体系，内容侧重于电子政务的产生、内涵、特征、表现形式，即突出与传统政务比较，电子政务的优势、政务管理流程再造理论以及电子政务体系、电子公共服务的形式。但是，现在已经进入"十四五"发展规划阶段，"互联网＋"、大数据、物联网已经在生产、生活等各个领域有所发展，而且我国电子政务已经构建了全国一体化政务服务平台，在中央和地方政府各级工作部门为社会组织、民众服务，实现了"一网通办""异地可办""只跑一次腿"，不论是理论还是技术操作这些内容在教材里均没有呈现，没有给学生提供

"互联网+"现实中电子政务的实际情况。工科专业中《电子政务》教材内容依然是电子政务技术的介绍、技术标准、系统构成,没有把大数据、物联网、云服务等技术的使用作为学生学习电子政务的内容。这些没有与时俱进的教材内容,不利于学生对当前电子政务的认知和操作能力的培养。

其二,师资力量薄弱,交叉学科师资配套缺失。由于《电子政务》是兼具理论和技术应用的课程,课程内容既涉及管理学又涉及信息技术领域,而教师往往只熟悉其中某一领域,许多教师做不到同时在这两个领域投入精力。同时,电子政务课程涉及到实验设施与软件运用,需要实验室老师配合,但一些学校的实验室老师只是兼职,对于实验设备操作不熟悉,影响到实际应用效果。再者,讲授电子政务课程的教师多数是通过理论学习后开始教授电子政务这门课,对于电子政务的认知也仅限于理论知识,没有在实践中进行练习,对于政府管理的各环节和流程缺少体会,授课只能是结合政府网站进行抽象的讲解,无法深入到电子政务实践问题的核心,指导学生存在一定的困难。以上师资力量配套跟不上的现象,其根本原因是,高校教学部门没有认识到该课程具有学科交叉特点,忽视电子政务课程需要管理学理论和网络信息技术的教学资源,没有建立交叉学科教学团队,使得教学效果会具有片面性。

其三,教学环节安排不合理。电子政务课程在教学环节上,和其他课程一样具有传统单一课堂面对面讲授的特点,电子政务所具有的理论和应用的知识只能片面地传授给学生。传统教学模式中基本以课堂为主,过分重视理论轻视实践技能,学生不了解电子政务实践活动或过程,导致学生将来不适应电子政务的任务和不胜任电子政务的技术操作。电子政务课程课前、课中、课后环节衔接上不合理,没有课前准备、课中指导、课后练习的过程。互联网新技术不能被充分地应用在电子政务课程学习过程中。

其四,实验操作环节不足。《电子政务》课程兼具理论和应用,但很多高校忽视应用方面,在《电子政务》课程实践学习环节上投入少,软硬件不到位,存在着实践课不足或者缺失的问题。有些高校即使建立了电子政务实验室,购置了电脑和教学软件等硬件和软件设施,但是使用中受到技术设置、计算机配置、设备更新、软件升级等各种问题影响以及维护管理不够等的限制。比如,很多高校购买了南京市奥派科技有限公司研发的模拟《电子政务》实验室软件,但是,缺少更新和软件维护,最终导致实验项目完成效果较低现象。《电子政务》课程是政府部门政务改革的重要内容,如果高校加强与政府部门的合作,发挥校地合作共建的作用,将会增强学生的电子政务实际操作能力。但是,这一重要环节却没有体现,使得教学内容不够丰富。

其五，学生主动性不强。大学生受现实社会大环境影响，他们重视成绩轻视问题，抱着追求分数的应试学习态度，而不去思考探究《电子政务》课程内容的实质，不能形成对电子政务独立的思考能力和创新意识，也就无法形成或提升解决问题的技术应用能力，学生不关心不参与电子政务现实问题，利用手机刷娱乐新闻、看电影、打游戏等“低头”现象严重，没有把手机与电子政务服务的体验结合起来。

上述教学模式弊端影响大学生学习模式和学习效果，为此，《电子政务》教学需要积极创新，在新文科背景下充分利用互联网新技术、新媒体，实施课上传授电子政务公共治理的理论知识与技能，通过互联网信息技术完善课下在线理解电子政务的方法、技术，利用政府部门的校地合作，达成线上线下的理论学习、技能操作和实践指导的混合式学习模式。

三、新文科背景下《电子政务》课程学习模式的内涵

新文科是基于现有传统文科的基础所进行的不同学科专业的重组，把现代信息技术融入哲学、文学、政治学等，形成文理交叉的课程，为学生提供综合性跨学科的学习，促进知识扩展和创新思维的培养。在“互联网＋”时代要运用网络信息化的教学方法，安排网络信息化政务管理和服务的内容，实现线下课堂学习和线上辅导学习的结合，提高大学生学习网上政务管理的兴趣和主动性，从而更好地培养政务管理能力。《电子政务》作为专业基础课程之一，离不开学科理论和技术的支撑。新文科背景下，《电子政务》课程呈现出“互联网＋”技术与理论结合，构建学生新的学习模式，通过运用互联网新媒体在线学习、答疑、讨论和课堂讲授结合的混合式学习模式，校地合作使政府部门可以有机会参与到学校的发展中，甚至包括参与人才培养过程，“互联网＋”为政府参与高校人才培养提供了机遇，政府相关部门可以把一些网上行政管理的方法、技术在线传授给学生，让学生对网上政务管理过程有真实的认知、了解，能更好地掌握政府网上管理的知识和实践技能，是内涵式高等教育的体现。

1.《电子政务》混合式学习模式

20 世纪 80 年代末开始，伴随着计算机、互联网信息技术的发展，教育界开始探讨理论学习和技术应用，试图用混合教学(Blended Learning)，即综合运用不同的学习理论、技术和手段以及不同的应用方式来实施教学。目的是融合课堂教学和网络教学的优势，综合采用教师讲解为主、学生小组合作讨论和自主学习为主的学习方式。混合式学习模式是传统的面对面教学(线下)与线上(E-Learning)并用

的形式。传统面对面教学是一种以教材为中心、课堂集体学习的面对面的教学，师生能对共同问题达成共识，形成共同的观点，使学生对理论知识把握得更透，学习效果比较好。线上教学是通过互联网、信息化进行教学与学习的一种方式，它充分利用互联网和信息通信技术所提供的及时、便捷的全新沟通机制与资源丰富的学习环境，形成一种焕然一新的学习方式，而且，这种方式使传统教学中师生之间的角色发生改变，继而使教学结构和教育本质发生改变。① 线上教学的目标是通过互联网现代信息技术，尤其是多媒体、自媒体等所提供的学习平台，使学生实现一种全新的学习方式，包括网络直播、视频教学、线上互动、慕课学习等，改变传统的教学结构和教学本质，提高学生的能力素质，从而培养复合型的创新人才。

混合式学习使学生可以在课堂上聆听老师生动的讲解、与同学讨论，可以课前学习和课后总结反思，可以随时获得老师的答疑与辅导。传统课堂教学引入线上教学，二者可以实现优势互补，既可以克服传统课堂上单调的理论说教的弊端，又可以弥补网络上知识碎片化的不足；既可以提高课堂高效集中的优势和教师的主导作用，又可以充分调动学习的积极性。线上教学不仅不会取代传统课堂教育，而且能够使传统课堂教育焕发活力，极大地促进课堂教学功能，有利于教育目标的实现。

《电子政务》课程混合式学习模式基于课堂上教师与学生面对面教学与模拟，线上学生预习复习的基础，结合政府部门根据教学安排借助互联网信息技术把政府网上工作的活动或环节在课堂上、课堂下分享的活动，使学生能够对政府网上实践工作有清晰的认知。教师针对学生的现实疑惑给予及时解答，增强学生的综合能力，拓展了混合学习模式的参与主体，是一种多元的混合学习模式。

2.《电子政务》混合式学习模式创新的可行性

国家重视新文科建设，2020 年 12 月教育部新文科建设工作会议在山东大学（威海）召开，对新文科建设作出全面部署，会议强调人文社会科学和自然科学的有机统一，把二者的价值理性和工具理性合理结合，做到文科和理科的交叉融合，如计算法学、大数据管理与应用、金融科技、商业智能，等等。“新文科”要突破“小文科”思维，构建“大文科”视野。

2014 年国家出台了混合式教学政策。教育部为深入贯彻全国教育大会精神和《中国教育现代化 2035》，坚持立德树人，围绕“学生忙起来、教师强起来、管理严起来、效果实起来”，深化本科教育教学改革，培养德、智、体、美、劳全面发展的社会

① 参见何克抗：《E-Learning 与高校教学的深化改革（上）》，《中国电化教育》2022 年第 2 期。

主义建设者和接班人，2019 年 9 月，教育部发布了《关于深化本科教育教学改革全面提高人才培养质量的意见》，提出立足经济社会发展需求和人才培养目标，优化公共课、专业基础课和专业课比例结构，加强课程体系整体设计，提高课程建设规划性、系统性，避免随意化、碎片化，坚决杜绝因人设课。打造线上线下混合“金课”，积极发展“互联网+”教育，推动教学革命。

近年来，很多地方政府和高校响应中央号召进行校地合作，在人才培养、产学研和服务地方发展取得了可喜的成绩，双方发挥优势互补，合理匹配资源，坚持校地联动、合创共赢宗旨不断加强合作。高校通过科技力量服务地方社会、经济的发展，地方为高校提高资金、设备、场地、环境方面的优势，参与人才培养过程，为学生提供接触社会的机会和更多实习与就业平台。因此，地方政府相关部门可以将政府网上政务管理和服务活动的方法与高校相关专业分享。

互联网信息技术发展，使“互联网+”为《电子政务》混合式学习模式提供了更多的机遇和资源。基于互联网信息通信技术已经开发多种教学软件，如雨课堂、腾讯会议、腾讯课堂、钉钉课堂等，为混合式学习模式提供了平台。一部分学生在线下实体教室上课，另一部分学生在线上远程参与直播课程。相关政府部门基于教学需要把行政管理活动和方法在线上与师生共享、共学、共进，必要时发起语音、视频进行即时互动，促进有效的校地合作混合式学习。

当前，智能手机成为人们通信的重要工具，学生不论何时何地，身边都有智能电子设备，可以随时随地在线学习。同时，高校教学利用互联网进行教学创新，网络覆盖校园，智慧教室逐渐建立，这些都为混合式学习提供了物质条件。

3.《电子政务》学习模式创新的意义

从校地合作的实践发现，校地合作中，主要是高校通过科研服务地方经济和社会需要，地方只有一些企业进校园、进行校企互动，企业参与高校的教学环节，培养出高质量的实践人才。但地方政府并没有像企业与高校双方合作那样进行人才培养，地方政府在校地合作中的参与极少，而公共管理类相关专业的学生又需要地方政府参与教学与指导。《电子政务》课程混合式学习模式创新，使政府部门可以根据高校教学安排借助互联网信息技术把政府网上管理和服务的活动与师生分享，能够促进校地合作价值的实现。

“互联网+”《电子政务》混合式学习模式，打破了教学领域与其他领域之间的壁垒，拓展了教育的广度和深度。高校进行人才培养模式改革，实行学分制，各类课程课时减缩，《电子政务》理论、案例、实践环节课时都在减少，学生在校很少有机会去体验实践。混合式学习模式通过线下课堂理论讲解，政府相关部门线上直播、答疑、辅导，使教学过程更加生动，教学内容更加丰富，可以加深学生对理论知识的把握、对案例的理解和对行政管理技能的熟知、对政府和公共部门的管理过程更了解，学生在“互联网＋”混合教学过程中，思维能力、实践技能得到培养和提高。

互联网移动技术在智能手机充分体现，各种 App 软件、多种功能平台都可以在智能手机上进行，大学生可以随时进入网上政府服务平台，体验政府网上工作流程，使手机真正成为大学生学习的工具。混合式学习模式可以使大学生充分运用智能手机等智能移动通信工具进行学习，不再沉迷于网络游戏、娱乐等，开始关注和思考政府的行政管理过程和政府网上政务管理。2020 年新冠肺炎疫情后，很多高校的教学实践已经证明，线上教学和线下相结合的方式，即混合式教学模式，已经把老师们教学的积极性和学生们学习的主动性都调动起来。

四、新文科背景下《电子政务》混合式学习模式创新的过程

混合式模式是线上线下教学的结合，“互联网＋”时代，新文科背景下《电子政务》混合式学习模式创新，利用校地合作使教学领域与其他领域结合，教师、政府相关部门、学生通过互联网形成多元混合学习模式，包括课前线上准备阶段、课堂插入政府网上政务管理和服务活动直播的教学互动阶段、课后线上巩固和总结阶段。

首先，在课前准备阶段。利用雨课堂、腾讯会议、钉钉课堂等以及其他新媒体平台进行课前准备。教师在这些平台上建立课程学习群或学习班级，根据课堂将要讲授《电子政务》的章节内容，在群里发学习通知和任务要求以及进行答疑、辅导、讨论。通过以上平台推送或直播课堂上的学习资料，包括课堂将要讲授的课件、教学视频、理论问题、管理活动、行为过程，供学生预习、讨论交流，为课堂教学做好准备。

其次，课堂教学阶段。授课内容基于建构主义理论设计的学生课前预习情况，结合电子政务章节安排，有层次、有重点地进行理论知识教授，或者对政府网上政务管理过程、方法给予深入剖析，或者解答学生线上提出的疑惑。课堂上安排时间请相关政府部门直播正在进行的行政管理活动。使学生对政府政务管理理论知识形成专业认知。同时，学生可以在课堂上分享政府网站的新鲜信息、服务内容等。通过讨论，学生可以充分理解电子政务课堂内容，提升分析、总结以及表达能力，也有助于学生知识体系的形成。

最后，课后巩固和总结阶段。根据课堂上教学内容，去检验学生的学习效果并拓展学生学习范围。教师在线上教学平台发布或直播一个社会话题，要求学生在线上收集相应的学习资料，结合所学理论知识、方法技能进行作答，提升学生的分

析能力。另外，教师还可以提供无法在课堂上获得的学习资料。比如，当地政府部门管理者和服务者当下所进行的网上政务管理活动。教师对学习资料进行讲解，培养学生的知识技能和实践能力。教师利用雨课堂、微信群、QQ 群和其他媒体邀请政府相关部门参与师生、生生互相评价，对教师的课前设计、课堂教学讲授、课后的教学检查与辅导进行评价，指出优点和不足，并提出理论与实践相结合的改进方法；对学生在线上的学生学习情况进行考核评价，指出学生的学习态度与方式存在的问题。通过检查评价完善《电子政务》混合式学习模式，从而提高学生理论与实践相结合的能力。

五、实现新文科背景《电子政务》混合式学习模式创新的保障

《电子政务》混合式学习模式创新是课堂面对面集体教学、线上政府部门参与和课后学生线上主动学习相结合的过程，因此，需要具有混合式教学意识和网络信息化教学技能的师资队伍、地方相关政府部门在校地合作中参与教学的政策、学校网络化教学环境的支撑以及相应的教学管理制度。

首先，学校能够提供充分网络资源。“互联网＋”时代，混合式教学需要在网络覆盖基础上进行(如果条件允许可以在现代化电子教室或智慧教室进行)，在课堂上进行理论讲解和案例分析时，通过网络进入不同的政府网站和公共部门网站，政府相关部门能够在课堂上在线直播，对政府网上政务管理管理方法以及案例分析解读，使学生能够透彻地把握政府网上政府管理和服务的理论知识、政策文件，准确地学习行政管理技能。同时，教师也可以把线下布置给学生的学习任务，放在课堂上共同讨论，政府相关部门人员参与解答，提高课堂互动效果。

其次，组建有分工合作的教学团队。《电子政务》混合式学习模式是一种创新教学模式，对任课教师而言，既要掌握传统教学模式技能安排，又要把握好线上的学习模式设计，学习资源的搜集、选择、在线答疑与辅导、内容的及时更新，还要有能够在学校和政府部门之间协调的教师，明确政府参与该课程的环节与方式，这些都要求教师投入更多的时间和精力。因此，需要由教师们组成团队分工合作，在线上、线下发挥不同的作用，以取得更好的教学效果。

最后，设置合理的课程评价指标。《电子政务》课程评价体系分为课内和课外，也就是线下和线上两部分。《电子政务》是专业基础课，一般在大三阶段安排。虽然、这个阶段学生的公共课、专业课安排相对比较少，但是学生要开始准备升学考研或者毕业就业的准备，学习时间不是很多。所以，课程评价中，教师占 60%，学生占 20%、政府部门的任务占 10%。教师所占的 60%，主要包括 30%的线上丰富

全面性、创新性的课程资源建设和30%的新颖性、现实性的线下课程资源建设，由课堂线下教案、线上课程的视频资源、电子大纲、线下答疑几个方面组成；学生所占比重主要是指课堂线下学习、讨论、作业占15%，课外在线学习情况，其中包括有效在线学习的时间和次数，完成在线学习任务的质量等占15%；学生与政府部门的线上互动10%，随着教学团队完善和学校改革的变化，课程评价指标会做适当的调整，以使混合式学习更有效。

新文科基于科技时代发展，要求人文社会科学和自然科学结合，文科和理科融合。混合式学习始于技术，依托技术，因此，《电子政务》课程只有在学校、教师、学生、政府等对技术形成共同认知和利用时，其混合式学习模式创新才能达到理想的效果。

数字化时代中的外国文学教学*

郑　薇

近年来，信息化、数字化带来的冲击不单局限在信息科学之内，它也不断渗透进我们社会生活的各个方面。随着数字技术和人文研究跨学科合作的普遍性，"数字人文"(Digital Humanities)一词越来越被广泛讨论。当数字科学与技术逐步渗透到与人文研究相关的领域时，不少学者产生了这样一种观点，即"数字化"带着技术理性的面具遮蔽了人文学科原有的"人文性"。在某种程度上，这种看法是正确的。但同时，我们也应注意到，随着高等教育更深层次地与数字技术、网络社会结合，教育资源、教学活动、教育治理等方方面面都发生了前所未有的变化。这种变化对于传统的人文学科，尤其是文学教学和阅读方式产生了深切的影响。事实上，我们也应在人文学科遭遇"数字困境"之时重新思考人文学科对这一时代变化的关切。

外国文学是中国语言文学相关专业下的一门专业基础课程，当外国文学遭遇数字化语境时，的确存在着种种问题。在传统的外国文学课堂中，教师大都单向对学习者灌输关于世界文学发展史、经典作家的生平以及对他们经典作品知识的介绍，课堂教学也总是以教师为中心进行主导。而在课堂之外，由于媒介信息技术高速且深度发展，各式各样的由网络得来的资讯充斥着学习者的生活。学习者普遍难以真正走入经典的外国文学作品文本去体会个中滋味。早在2006年，比较文学研究者苏源熙(Haun Saussy)谈了他对当今时代的感受，除了"单极时代"(An Age of Unipolarity)、"不均等时代"(An Age of Inequality)、"制度转型时代"(An Age of Institutional Transformation)之外，他还列出了一个关键标题，即"信息时代"(An Age of Information)。在文中，他指出："我们生活在一个信息丰富的时代，信

* 本文为2021年山东省本科教学改革研究项目重点项目"新时代　新格局　多场域　大外语——大学外语教育教学综合改革研究"(项目编号：Z2021222)的阶段性成果。

息如此方便可得以至于毫无价值。"①在这样一个时代，此前的人们对文学的认识看上去是几乎是一种"早期数据贫乏、低频宽带时期的交流"，那时的"文学读者是一个古生物学家，把几段可怜的骨头拼凑起来去想象一个十层高的野兽"②。进入信息时代之后，人们的阅读方式发生了极大的变化，"感谢古登堡计划让人们可以免费下载《战争与和平》的纯文本文档，在压缩格式中它占用1.15兆字节"③。事实上，文学在数字化时代处境异常微妙，它不断被压扁和缩减为大量信息。因此，"阅读当代文学作品变成进入另一个认识论世界的旅行"④。可以说，外国文学这门课程的教学内容具有广泛性、丰富性和当下性，学习者可以从中获得对世界文学的认识，在领略人文精神的基础上可以建构一种跨文化的视野。如果不及时探索与数字化时代适应的新的教学模式，就既不能确保教学内容的前沿性，也无法达到预期的教学目的。

外国文学的教学比其他人文学科课程更敏锐地感受与反映出我们时代的特征。本文认为，数字化语境下的外国文学教学理念与模式亟待反思。首先，外国文学课程教材的编选与数字化时代的思维特征应结合起来加以考量；其次，数字化时代的外国文学教学模式应加以更新和优化；最后，外国文学课程教学中的反思与讨论应加以理论上的深化。

一、教材与数字化思维结合

长期以来，我国的外国文学史教材根据时代的变化不断得到更新。在当下，外国文学教材的更新与发展更需要与数字化时代的思维特征相结合。

与其他人文学科的相关课程相比，外国文学课程涵盖的内容涉猎从古希腊到

---

① Saussy Haun, *Exquisite Cadavers Stitched from Fresh Nightmares: Of Memes, Hives, and Selfish Genes*. In Haun Saussy (Ed.), *Comparative Literature in an Age of Globalization*, Baltimore: Johns Hopkins University Press, 2006, p.31.

② Saussy Haun, *Exquisite Cadavers Stitched from Fresh Nightmares: Of Memes, Hives, and Selfish Genes*. In Haun Saussy (Ed.), *Comparative Literature in an Age of Globalization*, Baltimore: Johns Hopkins University Press, 2006, p.32.

③ Saussy Haun, *Exquisite Cadavers Stitched from Fresh Nightmares: Of Memes, Hives, and Selfish Genes*. In Haun Saussy (Ed.), *Comparative Literature in an Age of Globalization*, Baltimore: Johns Hopkins University Press, 2006, p.32

④ Saussy Haun, *Exquisite Cadavers Stitched from Fresh Nightmares: Of Memes, Hives, and Selfish Genes*. In Haun Saussy (Ed.), *Comparative Literature in an Age of Globalization*, Baltimore: Johns Hopkins University Press, 2006, p.32

20 世纪的世界文学发展史与经典的作家作品。其内容跨越历史时期长、地域广。中华人民共和国成立以来，在我国高等教育教学中所使用的外国文学史教材不计其数。在数十年的教材使用中，经过时代的淘洗后为学界公认的经典教材是具有代表性的几种。比如，杨周翰主编的《欧洲文学史》，朱维之编写的《外国文学史》以及 21 世纪之交郑克鲁、聂珍钊等编写的《外国文学史》等教材。迄今为止，由郑克鲁主编的《外国文学史》是近年来同类教材中发行量最大的。蒋承勇指出，这部作品在"文学发展的他律性问题上的突破""文学与人学关系上的调整""文学主体性问题上的拓展""作品阐释方法的多元化与现代性变更"等方面实现了对此前同类型外国文学教材的超越。[①] 与此同时，这部教材也存在着一些不足之处，如"虽然开创了艺术评析方法的多角度变换的基本格局，但运用新观念新方法的面还欠宽广，少数章节无论在观念上还是方法上都还显得过于陈旧"[②]。

2010 年，根据此前发布的《关于进一步繁荣发展哲学社会科学的意见》，我国部分高校的外国文学研究专家开始参与并着手重新编写《外国文学史》教材。这部教材的一个重要变化就是"在吸收和借鉴其他文学史的基础上，打破把东方文学和西方文学分为两大板块的二分法结构，将西方文学和东方文学合并为一个整体，建立东西合一的外国文学史结构体系"[③]。它力图"按照一体化的思路，用历史发展的线索把西方和东方的文学连接起来，这有利于东、西方文学在一个整体结构中互为参照，东西呼应，有利于科学地学习、认识、理解和评价不同国家和不同地区的文学，建立起整体的外国文学概念"[④]。可以说，这部教材打破了东、西方的地域划分，是一次新的教学理念的突破和超越。

事实上，无论是外国文学课程教材的编写还是具体的课堂讲授方式，过去的外国文学课程往往依据民族、国别或东西方世界的传统地域来进行划分。这种理念基于"世界文学是国别文学、民族文学、地域文学叠加"的错觉，并且强化了这一错觉。同时，过去在外国文学教学中按不同的历史发展时期或者文学的思潮流派来讲述不同国别、民族、地域的文学，这使得在课堂中精彩多样的文学文本总是被作为一定时期内宏观叙述的文学史的注脚。而今，一种新的趋势产生了，即在文学主

---

① 参见张叉、蒋承勇：《外国文学教材编写与教学信息化建设——蒋承勇教授访谈录》，《外国语文研究》2018 年第 5 期。

② 张叉、蒋承勇：《外国文学教材编写与教学信息化建设——蒋承勇教授访谈录》，《外国语文研究》2018 年第 5 期。

③ 聂珍钊主编：《外国文学史》，高等教育出版社 2015 年版，第 5 页。

④ 聂珍钊主编：《外国文学史》，高等教育出版社 2015 年版，第 5 页。

题的内在关联中对国别文学、民族文学及地域文学的普遍性及差异性进行对照阅读。只有这样,外国文学课程才真正有可能通过比较文学的方法,帮助学习者构建对于世界文学的新观念。

研究者郝岚在《大数据与世界文学教学》一文中指出:"近年来在西方,特别是英文世界,世界文学课程虽然一直时数有限,但是囊括的文本数量越来越大:例如具有影响力的《诺顿世界文学文选》(*Norton Anthology of World Literature*)1995年开始首次包含了非西方的作品,增加了很多非西方的选文,使得作品数量更加庞大,而且涉及的语言至少有6种之多。2007年出版的《朗文世界文学选集》更是包含了源语为纳瓦特尔语、闪语、中古高地德语、波兰语和越南语等的翻译文本。"① 与此同时,朗文的编选方式"不仅处理过去以逻辑因果关系为核心的结构化数据,也处理无因果的相关性非结构化数据"②。她认为,在文选编选过程中开始出现了主题相关的并置参照阅读。比如,在2007年版中,"古代近东文学"这一部分,选本选取了古埃及、巴比伦、犹太人的文本,并设有几个阅读专题来统辖其中的文本内容。在"'异地的他乡人'(Strangers in a Strange Land),分别选择了古埃及的《辛努赫的故事》《两兄弟的故事》,古犹太人的《约瑟的故事》《路得记》等4个文本"③。这些文选创造性地以某个视域或主题来统辖不同的国别文学、民族文学或者说是区域文学的文本。

无疑,这些选本的编选方式对于我们修正和完善外国文学教材是具有参照意义的。《大数据时代:生活、工作与思维的大变革》一书中指出,大数据时代对人们思维方式变革的影响有三个方面:其一是不是随机,而是全面;其二是不重精确,而重宏观;其三是不重因果,而重相关。④ 可以说,在国外的世界文学课程中所使用的文学选本力图实现选本范围的拓宽、文学性和专业性弱化、阅读主题的并置倾向等等。这正是大数据时代思维方式的一种表征。如何通过教材的不断优化实现教学体系的整体优化,如何满足数字化时代学习者对外国文学教学的期盼和要求,这仍是在外国文学教学中需要深化的一个问题。

---

① 郝岚:《大数据与世界文学教学》,《中国比较文学》2016年第1期。

② 郝岚:《大数据与世界文学教学》,《中国比较文学》2016年第1期。

③ 郝岚:《大数据与世界文学教学》,《中国比较文学》2016年第1期。

④ 参见[英]维克托·迈尔一舍恩伯格、肯尼思·库克耶:《大数据时代:生活、工作与思维的大变革》,周涛译,浙江人民出版社2012年版,第2~5页。

二、教学模式的改革与优化

随着数字化技术与大学课程教学的日渐融合，数字化教学模式不断拓展，对教师功能与教学规模产生了深刻影响，或者对更大范围的高等教育变革产生了巨大影响，这需要在外国文学教学中给予充分重视。

2012 年，由于“勇敢之城”（Udacity）、“课程时代”（Coursera）以及“教育在线”（edX）三大供应商的相继出现，这一年被视为是“慕课”元年。[①] 此后，“慕课”（MOOCs 或 MOOC）成为一个热词，它是根据英文“Massive Opening Online Courses”的首字母缩写而成的，即，“大型开放式在线课程”。“翻转课堂”（Flipped Classroom）也是伴随着互联网普及和计算机技术在教育领域的应用而出现的一种全新教学模式，它源自美国，最早在美国中小学教育中开始使用。这些概念在全球流行，高等教育的信息化趋势越来越明显。在其不断对传统教学模式产生冲击的形势下，部分教师错误地认为，所谓的“数字化”不过就是我们将课程改革为视频录像的外在形式，或者仅仅是在课程开设方式上增加了一个结构化的网络平台。

事实上，数字化时代带来的不仅仅是表面的外在形式的变化，而是教学模式内在的巨大变革。这一变革体现在，课堂中教师不再只是唯一的教育者，因为如今的学习者不再仅仅依靠教师指令的发布来行动。在一个自媒体时代，学习者也可以参与到教学资源的建设中来：例如，学习者可以利用各种网络平台、讨论组等方式来自由发布自己的学习内容与经验；又或者，利用互联网随时随地观看国内外公开的课资源等等。如今，大量的学生通过观看网络视频的方式进行自主学习，在哔哩哔哩网站讲授刑法的罗翔老师拥有近 2000 万粉丝。而很多学习者也自发收集资料并自制原创学习视频上传，成为教学资源的建设者。除此之外，数字化时代打破了过去平面化的文学教学方式，为文学的立体式学习提供了技术支持，并使得教学规模达到了前所未有的程度。比如，在爱课程（iCourse）的慕课学习网站上，与外国文学课程相关的课程数量众多。其中有华中师范大学聂珍钊主讲的“外国文学史”，学习人人数达到 3 万余人次；天津师范大学黎跃进主讲的“外国文学史”，学习人数达到 9 万余人次；暨南大学张世君主讲的“外国文学史”，学习人数达到 4 万余人次等。除了这些课程，还有山东大学的“领读经典”课程、北京语言大学“外国文学名作赏析”课程、浙江大学的“外国文学史”等。这些网络平台提供的课程超越了传统的单一、平面化的文本阅读，其课程多数囊括了图像、影音等信息，呈现立体化

---

① 参见郭英剑：《“慕课”在全球的现状、困境与未来》，《高校教育管理》2018 年第 4 期。

教学趋势。

数字化时代的环境使得网络学习者遍布世界各地，他们借助互联网享受到世界上优质的教育资源。现代信息技术的发展对于高等教育的受众规模产生了非同凡响的作用。可以看到，慕课方式使得外国文学课程更加具有优质性、浓缩性、便捷性等特征。大学之门不再向过去人们眼中的精英受众打开，它的接受者更加普遍。这些数字化时代的新境况应得到我们的重视，并能因势利导，以信息技术与人文学科的教育教学深度融合，探索能够充分反映人文学科特色的在线开放课程。

基于对数字化时代发展趋势的密切关注，维克托·迈尔－舍恩伯格（Viktor Mayer-Schönberger）指出，未来的学校及教师的功能将会发生巨大的改变："以前照本宣科的传授、宣讲知识的技能，要让位于组织学生讨论的技能、让位于从数据中获取学生学习信息的技能、让位于根据数据对学生进行个别引导的技能。"[①]这正是我们在广泛开展的慕课实践中所看到的。事实上，除了网络慕课平台之外，在线下具体的外国文学课程中，教师也可以借助丰富的网络资源将学习者"召唤"到经典的文学文本中去。比如，在讲授法国作家雨果的著名小说《悲惨世界》以及斯丹达尔的作品《红与黑》等文学经典时，可以在课堂或课下对照播放基于文学文本改编的剧场作品、影片、音乐剧等作品，以此来帮助学习者以更为形象、直观的方式来了解小说的内容。这有助于唤起学习者的兴趣，激发其真正走入作品。与此同时，可以让学习者对比分析影片与文学原著的差别，从而感受在语言艺术建构个人独特想象的魅力。这样一来，通过结合数字化技术优化教学模式，便可以帮助教师与学习者在潜移默化中实现由"知识"本位向"素养"本位的转变。

三、教学反思的理论化向度

郭英剑认为，以慕课模式为代表的数字化教学方式一方面面临着传统思想观念的挑战，另一方面则遭遇了现实困境。它既容易引发教师定位的模糊，也容易使原本多元化、差异化的高校分化为两类：可接受到丰富资源，并且与名师交流的高校以及只能面对录像的高校。更重要的是，大规模网络授课造成师生无法交流和沟通。[②] 因而，慕课方式在世界范围内不断普及的时候，美国各高校却相继出现了反对的声音。

---

① ［英］维克托·迈尔—舍恩伯格：《大数据将如何改变我们的学习——维克托·迈尔舍恩伯格在华东师范大学"杏坛高议"论坛上的演讲》，《解放日报》2014 年 12 月 6 日。

② 参见郭英剑：《"慕课"在全球的现状、困境与未来》，《高校教育管理》2018 年第 4 期。

在信息化的技术方式冲击教育领域的热潮与兴奋过后，更需要冷静的思考。的确，数字化方式使得外国文学在教学中集合了各类感官接受形式：文字、图片、音频、影视的多样化内容。在盲目追求不同感官方式的变更之下，容易忽略文学研究的重心——文本，因而产生舍本逐末的效果。可以说，本就广阔丰厚的外国文学教学内容在数字化时代，需要的不仅是现代信息技术与教学的结合，而且需要关注对学习者人文素养的培养，通过引导学习者感知文学文本来召唤渐行渐远的人文主义。这仍然是外国文学课堂教学的重中之重。我们渴望创新性的出走之后，外国文学的教学理念与模式能够在获得自由之后再度回归于人文学科的“人文性”。

可以说，数字化为世界各个层面带来的深度变革正在进行之中，而有些领域还亟待开拓。世界文学对数字化时代的迅速反应体现了它的包容性与独特性。正如尼尔·波兹曼(Neil Postman)所言，新的媒介“用一种隐蔽但有力的暗示来定义这个世界……这种媒介即隐喻的关系为我们将这个世界进行着分类、排序、构建、放大、缩小、着色，并且证明一切存在的理由”①。其实，数字化技术作为一种物质装置创造出了新的社会和文化环境，这潜移默化地介入世界文学之中，并逐渐改变了作者的创作方式、文本的生成机制、作品的传播介质以及读者的接受方式，成为外国文学教学中不可忽视的一维。与此同时，加强外国文学教学反思的理论化向度，将之纳入近年来围绕世界文学理论及比较文学学科的学理化建构也是其重中之重。

① [美]尼尔·波兹曼：《娱乐至死》，章艳译，中信出版集团2015年版，第11页。

基于在线教育技术的“海洋牧场工程学”教学模式创新与实践

姜昭阳

在线教育的通行概念约在10年之前被提出来，即为通过应用信息科技和互联网技术进行内容传播和快速学习的方法。它颠覆性地变革了以往的“教”与“学”的方式，在激发学习者更多兴趣的同时，使全球各地不同人群能够共享优质教育资源。[①] 它以网络为教学介质，使学员与教师即使相隔万里也可以开展教学活动。借助网络课件，学员还可以随时随地进行学习，真正打破了时间和空间的限制，对于工作繁忙、学习时间不固定的职场人而言，网络远程教育是最方便不过的学习方式。因此，在线教育技术在当代教育中异军突起，且越来越充满个性化与自主化特色。

在其诸多教学方式中，基于虚拟现实技术的在线虚拟实验，极大地弥补了真实世界中传统实验教学的诸多缺点。它发端于20世纪末国外学者提出的“网络虚拟实验”(web-based virtual experiment)概念，可以轻易地实现真实世界中距离远、操作危险、成本高昂、空间局限，或者根本不可能开展的各种实验。随着2015虚拟现实行业的兴起，在线虚拟实验进入了快速发展期，我国的在线虚拟实验室建设方面也做了很多工作，取得了很多成绩。为了适应信息化条件下知识获取方式和传授方式、教和学关系等发生革命性变化的要求，深化信息技术与教育教学深度融合，教育部于2018年5月30日逐步开展国家虚拟仿真实验教学项目建设工作，开设国家虚拟仿真实验教学项目，是推进现代信息技术融入实验教学项目、拓展实验教学内容广度和深度、延伸实验教学时间和空间、提升实验教学质量和水平的重要举措，是示范性虚拟仿真实验教学项目建设工作的深化和拓展。目前，国家虚拟仿真实验教学项目共享平台已有2079个项目在线运行。2019年，山东大学(威海)海

---

① 参见梁林海、夏颖越:《美国高校在线教育:现状、阻碍、动因与启示——基于斯隆联盟十二年调查报告的分析》,《开放教育研究》2016年第1期。

洋学院开展了以“海洋牧场工程学”课程为主的虚拟仿真实验立项，计划于2020年春季学期开展与课程相关的虚拟仿真软件的测试，2019年底，新冠肺炎疫情出现，为响应教育部提倡的“停课不停学”，学校开展了全校范围内的网络在线教学。然而这一模式对绝大多数老师和学生来讲都是全新的领域，长期以来“重硬件轻软件”的建设让我们在面对突发疫情时以行走于钢丝之势艰难地维系着正常的教学秩序，疫情让在线教育走上“C位”。

一、在线教育课程简介

“海洋牧场工程学”课程的前身是“增殖工程与海洋牧场”。为助推海洋资源开发技术专业达到工科认证的标准，该课程在2019版本科生专业培养方案修订中更改为此名，是海洋资源开发技术专业海洋生态工程方向本科生的专业核心课程。通过本课程的学习，学生可了解人工鱼礁的集鱼机理、人工鱼礁的选址及分类、人工鱼礁建设的技术规程，掌握礁体设计、制造和投放技术以及人工鱼礁场的规模和配置要求，还可以了解海洋牧场的内涵和特征、岩礁性鱼类生态习性、海洋牧场的发展概况以及海洋牧场开发的主要技术，掌握海洋牧场的主要作业方式，能够根据自然环境条件和海洋牧场建设的要求，进行海洋牧场的规划和设计。为增强学生对专业课程的认知和实践能力，同时开设了相应的实验和实习课程。理论课程可以通过线上教学的方式，利用雨课堂、腾讯课堂、腾讯会议等方式向学生传授相应的知识点，虽然在教学互动、学生实时听课等方面无法准确地获取相应信息，但总体上，可通过最终的课程考核反映出学生的学习情况。但实验和实习的内容仅能借助虚拟仿真实验手段来完成。

基于虚拟仿真技术，结合关键操作视频资料库的构建，针对海洋牧场工程学在本专业方向中的基础性、通用性、风险性，结合当前海洋学院海洋工程专业海洋生态工程方向主修课程实践教学薄弱环节，开发一系列面向海洋工程类的以3D技术为基础的交互式的仿真软件，将难以随时开展的海上调查、人工鱼礁制作及投放、礁区规划等实验教学环节扩展至仿真教学中，可改善当前授课中难以以口授与图文展示表达专业信息的困境，减少学生被动接受的授课与示教，打破时间限制，增加学习频次。同时，做到了虚实结合，完善了多层次教学体系，有效地提高了本科教学质量，并提升了学生的基本技能素质。

随着海洋工程学科的快速发展，高新技术和自主创新科研成果不断涌现，传统实验教学面临新技术、新方法的挑战。海洋牧场工程的相关研究虽已进入国家战略研究层面，但许多研究和应用难以通过传统实验完成与普及，例如海上调查、人工鱼礁制作及投放、礁区规划等实验教学环节，都因高风险、多限制等因素难以随时向学生现场展示。关于海上调查、操作安全的实验课程改革呼声越来越高，但是教学改革不能一味地通过删减风险项目来实现，目前开展的实验内容仅仅是海洋牧场工程学领域中极少的一部分，均是有代表性、易操作、经济、常用的简单实验，还有一些实验只做教学示教，学生缺乏实践操作机会，这些都不利于学生动手能力的提高和对知识的掌握。

此外，海洋牧场工程作为海洋生态工程修复与养护环境的必要基础手段，是海洋生态工程方向必须开设的一门重要的专业基础课，也是现代海洋牧场技术的理论与技术基础。目前，海洋学院和机电与信息工程学院、商学院均形成了相关学科交叉合作。

二、在线教育课程教学模式的思考

（一）技术多样性及其选择依据

随着软硬件技术的不断发展，大量的虚拟现实技术走入了高校的视野，涉及的功能从视听表现到互动控制，再到穿戴嵌入等。在面对如此丰富的技术选择时，我们一般会尽可能地追求技术的“高精尖”，即把有限建设资源的大部分分配到能够负担的最新的技术与装备上。然而，在实际教学中，不可避免地受制于同时使用虚拟现实设备的学生数量、设备占用空间的大小、配套设施数量等，所以往往需要那种能够结合学生个人电脑的一般性配置或者现有的学校机房就可以正常使用的技术。实践证明，采用“有限”虚拟现实技术应用方案的性价比最高。

（二）现有基础

高等院校实验教学是进行人才培养、科学研究的重要环节，实验操作是进行科研素养提升的重要基础培训，是体现一流大学的主要指标之一。综合分析实验管理与教学的发展大致可以分为四个层面：第一，讲授层面。依赖教师责任感、思想感情与学生体会和引导。第二，影音层面。知识灌输依赖板书与投影，学习效率靠记录。第三，网络层面。互联网技术形成的各种类型远程学习、考核实现了信息的单向开放。第四，三维模拟层面。虚拟仿真实验项目宗旨是构建一种基于网络的实验教学、技术交流、共同研究、协同工作的平台。3D模拟软件在教学中的应用最早在2003年被开发，直至今日已有众多在此基础上的软件走向教学一线，涉及特种环境、化工、冶金、航空及各类物理场景模拟等，国内高校也不断优化更新以手机移动端呈现的交互式教学模式，以游戏开发为初衷的虚拟现实技术（VR，Virtual Reality）、自游戏、科普、商业体验方面逐步走进课堂，正成为新兴的学习方式。教育部在 2013 年也启动了虚拟仿真实验教学中心建设评审工作，截至 2017 年，共评选了 300 个国家级虚拟仿真建设单位，其中生物类相关 11 个，仅占 3.7%。

如何能够高效地提升教学效果，囊括海洋牧场工程领域中的各类别实验，以现代虚拟仿真技术引领的教学模式改革无疑是最佳选择。根据教育部高等教育司的数据，目前全国 303 项国家级虚拟仿真实验教学项目中，海洋工程类项目中多以野外与生态、工业生产实训为主，相关仿真模拟均取得了比较好的教学效果，培养了学生的操作技能及科研思维创新能力，也为学生自主学习、个性化学习提供了便利。该项目在改革后将成为国内首个海洋牧场仿真模拟教学训练系统，将以 3D 技术的虚拟仿真教学项目的开展，保障优质教学资源的共享和优化，新时代人才培养模式的创新发展，以及教学信息化的顺利推进。

（三）在线虚拟仿真模块

基于虚拟仿真技术的实验教学改革与实践，是目前教学改革中有关实践教学研究的重点问题，它更侧重于改革和完善现有实践教学的内容和方式，拓展实践教学内容和模式，让学生能够通过仿真模拟手段培养海洋牧场工程建设工程中的实践调查、选址、礁型设计、礁体投放等关键环节的实践能力，提高工程操作的便利程度，极大地培养和提升学生的实践能力。

本课程建设是以山东省“十三五”教育事业发展规划的发布及关于“在线课程”“虚拟仿真”等实施方案的要求为契机，将海洋牧场建设过程中因复杂环境、多工程领域融合、建设周期长、野外操作风险高、环境复杂等原因不能满足本科生随时接触实际海洋牧场建设的实验项目，通过 3D 技术完整呈现在实验教学中，提高海洋牧场工程学的实验教学能力，丰富教学内容，拓展实践领域，力争通过移动端共享兄弟院校相关专业资源，并打好申报国家级、省级等教改或相关项目的前期基础。

该仿真系统主要包括软件仿真培训系统、海洋牧场建设内容要求及技术特点、常用设备仪器列表及展示等几个模块。仿真系统以海洋牧场建设中的布局与布放、检测与评价流程为基础，对海洋牧场建设所需要的设备以及操作进行全过程真实模拟。在虚拟现实场景中，为学生清晰地展现海洋牧场及检测设备的结构和应用，使学生对相关设备的结构有一个更直观的认识，全面地了解相关设备之间物料的运行过程以及整套工艺流程的运行过程。

三、在线教育课程教学成效的评估

通过在线开放课程的建设及教学改革实践，可以促进教学内容和形式的多元化开展，为理论教学提供更为方便的实践支撑，取得较好的教学效果。通过此次教学模式的创新与实践，可更新优化教学内容，拓展学生视野，避免较为复杂的理论教学在应用型教学中的过高比例。一方面，可以通过教学模式的改革提升学生的学习主动性；另一方面，又可提升学生对学科发展的认知程度。但受新冠肺炎疫情影响，仿真实验模块尚未完全安装运转，学生未能如期获得相应的实践操作机会，只能在国家虚拟仿真实验教学项目共享平台上搜索相近或相关的项目实验内容来学习，这更说明该项海洋工程类在线虚拟仿真教学模式创新的紧迫性和必要性。此外，“海洋牧场工程学”在线虚拟仿真项目的建设对学校海洋学科，特别是海洋资源开发技术专业的课程建设具有正向推动作用，也将为学校的在线虚拟仿真建设发挥示范引领作用。

四、结语

近年来，随着国家“加快建设海洋强国”战略的深入落地实施，我国各项涉海事业加快发展，海洋工程装备、海洋可再生能源等新兴产业蓬勃发展。与此同时，沿海省份的高校逐渐向“海洋大学”迈进，“海洋牧场工程学”这门课程作为海洋资源开发技术专业的核心课程，在教学内容、教学手段等多方面面临挑战，尤其在面对新冠肺炎疫情等突发情况下，如何正常、有序地开展课程教学，需要不断地创新和实践。基于在线教育技术，即在线虚拟仿真实验，可通过丰富课程教学内容，改革课程教学等方式，提高课程的教学质量，为促进学生课下学习、师生互动提供良好的平台。同时，应注重在线教学过程的细节把控，及时吸收学生的反馈信息，总结并分析虚拟仿真系统中的问题，持续补充教学内容资源库，改进教学方式。作为对该课程的一种全新教学方式的探索，效果评估有待在今后教学实践中不断更新和优化。

实践、课程与文化

——高校劳动美育实践路径的构建*

刘　楷

劳育和美育是当前教育领域的高频热词，同时，在现实教育效能评估中，我们要清醒地认识劳育和美育之间的关系：劳育为美育落地提供了实施平台，美育则为劳育提供了审美的指向性功能。两者之间互为支撑的紧密关系使得我们可以更加深入地探索高校劳动美育实现路径的构建，促进学生形成正确的世界观、人生观、价值观。

一、高校推进劳动美育的时代价值

（一）以美育人是新时代赋予高等教育的新使命

新时代赋予了高等教育更多的新使命和新责任，2018 年全国教育大会再次将立德树人作为新时代教育的核心任务，这就要求在之前应试教育中趋于“形式化”的美育不应也不能再仅仅被视为一种工具，而应将美育的道德塑造功能、技能培训功能、情趣涵养功能充分挖掘和发挥出来。习近平总书记强调指出：“要全面加强和改进学校美育，坚持以美育人，以文化人，提高学生审美意识和人文素养。”①当前，全国各地学校美育工作正在加快推进，这使更多学生有了感受美、认识美、创造美的机会，为促进学生全面发展提供了有力支撑，这就是对美育育人功能的强化和回归，也是对新时代与当前教育现状的积极回应。

我们也要充分认识到，随着社会各领域的高速发展，市场化和信息化带来的问

* 本文为 2020 年山东大学教育教学改革研究专项（辅导员思想政治工作创新研究）“高校拓展性文化艺术项目育人功能实现路径研究”（项目编号：2020F25），2020 年度共青团和青少年工作课题“高校劳动美育实现路径构建：实践、课程、文化”（项目编号：XTW2020004）的阶段性研究成果。

① 《习近平在全国教育大会上强调：坚持中国特色社会主义教育道路　培养德智体美劳全面发展的社会主义建设者和接班人》，《人民日报》2018 年 9 月 11 日。

题日益突出，从而给教育对象造成一定的冲击，而在这个过程中，美育本可有所作为，但由于缺少有效的实施平台和路径，导致美育小众化、专业化，育人效果浮于表面。因此，以美育人，就要给美育更大的有为空间，通过体系化建设与实践平台搭建，强化其育人功能，达到青年人格美化和审美养成的双重提升，为立德树人这一根本任务的实现贡献力量。

（二）以劳育美是新时代育人目标实现的重要途径

任何类别教育的实施都需要实践载体，美育同样如此。在中国传统的教育观念中，美育属于“精英化”教育范畴，但随着时代的进步与发展，在教育领域，美学正在慢慢成为一门知识领域以及生活空间领域的指导应用型学科，故而当下的高校，也正在慢慢强化面向全体学生的普及型艺术审美教育。在日常生活审美化的语境下，劳动便为审美教育打开了广阔的天地。美是在劳动过程中创造出来的，人们根据自己的审美从事创造活动，因此劳动对象就有了鲜明的审美痕迹，也正是基于劳动和审美的这种内在逻辑关系，“以劳育美”应运而生。也正基于此，新时代高等教育人才培养的全方位、高质量的标准要求高校要因势利导，因势求新，将劳动教育纳入人才培养的全过程，从而达到通过劳育提升大学生审美意识的育人效果。

（三）劳动美育是新时代育人目标的应有之义

高校的劳动教育需要审美教育。要努力构建德、智、体、美、劳全面发展的教育体系，让劳动教育成为新时代全面发展教育、提升教育质量的重要组成部分。[①] 高校肩负着培养综合性、高素质人才的时代使命，而在当下高校的劳动教育仅仅停留在打扫卫生、义务劳动等常规化劳动教育，只注重劳动的工具性，却忽视了价值引领作用，劳动和审美之间，劳动和创造之间关系的割裂，导致高校学生逃避劳动、轻视劳动，久而久之造成了大学生厌倦重复性劳动而创造性劳动能力素质不足的客观事实，这就要求高校在劳动教育过程中必须尊重学生的成长规律，将劳育和美育有机地结合起来，在劳动教育中有机地融入美育教育。

高校审美教育需要劳动教育的广阔实践平台。美育具有综合育人的功能，它能培养人的完美人格，提高人的人文素养，甚至可以通过专门学习修得专项技能（如音律、绘画等）。但是美育的实施离不开实践活动的平台，“纸上得来终觉浅，绝知此事要躬行”说的就是这个道理。美育不是坐而论道，也不是“我思，故我在”，它更需要动手实践，通过自己的双手让美在自己的身体、心灵、脑海中传递，从而达到

① 参见王登峰：《让高校美育“曲高而和众”》，《中国高等教育》2017 年第 7 期。

自我提升的实际效果。所以,新时代对劳动教育的强化及对劳动美的推崇,为美育提供了广阔的成长空间。因此,当今高校的劳动美育,需要实现“以美育人”和“以劳育美”的双向融合。

二、高校劳动美育实践路径的主体要素

劳动美育实践路径的构建是一个系统性工程,在建设过程中,一方面,需要重视教育对象个体化差异以及多样性需求;另一方面,路径本身不仅要有相对完善、全面、丰富的实践平台和合理化的课程体系,而且还要有术业、有专攻的师资队伍和涵养劳动美育精神的校园文化。故而,高校劳动美育实践路径的三个主体要素:实践、课程、文化。三者之间各有分工,又相互合作,共同推进高校劳动美育实践路径的体系化建设。

(一)构建多元化、项目化实践体系

实践是推动劳动美育的主要平台。在校内和校外,学生都有大量的实践机会,有体验类的实践(如专业实习实训、日常和寒暑假社会实践等);有竞技类的实践(如各类专业技能竞赛、展演实践等)。在这些多元化的实践中,要注意设计的合理性:实践活动和项目的设计要做到“四融合”,即将感悟性、趣味性、专业性、技能性融合于实践项目中,以充分调动学生作为实践主体的积极性,提高他们实践活动的参与度,只有这样劳动美育才能真正发挥育人效能。

同时,我们要积极推进项目化实践,如充分利用班级、团支部立项、科研立项等项目化活动,发挥项目化实践的整合、凝练作用。如笔者所在的山东大学(威海)艺术学院,通过组织班级、团支部参加学校相关活动立项,推出以打造专业而温馨的学习环境为主题教育的项目,在项目实施中,要求分工合作,全员参与,将自己班级教室和走廊进行手绘改造和艺术化创作,同学们通过类似的劳动项目实践感受美、创造美,这就是劳动美育有效性的具体实践。这种多元化、项目化的实践体系的建构能够为高校的劳动美育建设插上强有力的翅膀。

(二)打造符合学生成长发展规律的课程体系

劳动美育从根本上说是应用美学和劳动美学理论的教育实践,这就要求在具体的实施过程中,要在“融合”二字上下功夫。在课程体系建设上,课程形式要有机地融合第一课堂和第二课堂,让劳动美育“活起来”;输出内容上要将传统文化的历史积淀和学生成长发展诉求相融合,使劳动美育“火起来”。

一方面,我们可以将劳动美育的理念融入第一课堂教学中,改变原有的劳动美

育和第一课堂脱节的问题，开发原有的如思想政治理论课、道德与法律课等课程的劳动美育资源和实践平台，做到课上课下一盘棋；另一方面，要充分发挥“第二课堂”的育人属性，在学生的课余时间，在对学生成长诉求充分调研的基础上，打造诸如学生“美育实践课堂”等第二课堂课程体系。以山东大学(威海)为例，我们在课程体系建设中发现，有着我国浓厚传统文化韵律的课程更加受欢迎，如在校区开设的“美育实践课堂”系列课程中“非遗的韵味——扎染”“毛笔字的魅力”等课程，选课人数多，学生反馈好。此类课程成功地将中华优秀传统文化与实践教学相融合，让学生们在浸染式的动手实践中体验有丰富历史韵味的文化美，达到了技能养成与审美旨趣的同步提升的育人效果。

(三)推进蕴含劳动美育的校园文化建设

校园文化是以学生为主体，校园为主要空间，以校园精神为主要特征的一种群体文化，对学生成长成才起到很关键的涵养作用。[①]

高校的校园文化分为显性和隐性两个层面。显性层面亦即肉眼所及的之处，这些外显的环境部分，可以是教学楼一角学生自主布置的景观，可以是生活区的一间美育工作坊，也可以是创业空间里的一面涂鸦墙，这种外显环境恰恰是可以让劳动美育有所“作为”之处。在这些蕴含着劳动美育内涵的行为空间中，可以将有形的物件变为无形的精神，引领学生们去实践、去创造。在隐性层面，除了环境文化以外的，以青年学生为代表的文化观念、课余生活中一切以群体形式出现的文化活动(如学生会、社团的品牌活动)均可成为陶冶学生情操、启迪学生心智，促进学生的全面发展的有益活动。长期推进蕴含劳动美育精神的校园文化活动，就会形成一种涵养劳动美育的校园文化氛围，潜移默化地陶冶学生情操，构筑学生健康人格，全面提高学生素质。

三、构建高校劳动美育实践路径的保障评价体系

在推动劳动美育的实践过程中，我们应充分认识到劳动美育是劳育和美育的有机融合，绝不是简单的一条线或者一个面上的工作，应该是全方位、立体式的，应该是贯穿到高校育人全过程的，面对这项新时代高等教育的重要工作，我们应建立起相对健全和完善的保障体系和评价反馈机制，用以保障劳动美育的育人效果。

---

① 参见王敏、曾繁仁:《高校大美育体系的现代化建构》,《中国高等教育》2017 年第 7 期。

(一)构建三位一体的保障体系:组织架构、师资队伍、物质保障

首先,建立合理的组织结构。在高等教育五育并举育人目标的引领下,高校要积极推进建立架构清晰、功能明确的劳动美育组织体系。各高校可以分别设立劳动教育工作委员会和美育工作委员会,工作人员可以进行借调交流,同时积极尝试组建劳动美育工作小组,在层层推进基础上进而建立劳动美育工作指导委员会。通过完善劳动美育的组织架构,夯实体系建设,做好劳动美育的顶层设计和指导监督。

其次,建设优质的师资队伍。在劳动美育的实践过程中,要以专业擅长为基本遵循,积极探索结构合理的师资队伍,并辅之以一定数量的高水平的学生助教,打造“专兼助”结合的师资队伍。在这一过程中,我们要引导学校教师更新劳动美育教学理念,认识到劳动美育不是在教学课堂之外,也不仅仅属于“第二课堂”,要充分理解劳动美育的内涵和“三全育人”的内在连接关系,将第一课堂的教学管理、知识传授统一到劳动教育中,在教学环节中教师传递出来的形象美、语言美、行为美等也都是劳动美育鲜活内容的展现。

最后,做好充足的物质保障。任何实践活动都需要相对应的载体,劳动美育也是如此。不论是劳育还是美育,学生们需要在劳动美育实践中浸润式地感受劳动的价值和意义,感受创造美带给自己的充实和喜悦,这一切都需要充沛的物质保障:教具、器材、各类原材料等消耗品和劳动工具,以确保劳动美育实践活动的顺利开展。

(二)建立常态化、科学化的评价反馈体系

评价反馈体系的建立一方面便于学校及时判断当下所进行的劳动美育实践(课程或项目)是否能够满足学生综合发展的需求,老师所指导或教授的内容是否清晰、劳动美育的目标是否达成;另一方面,有助于构建形式多样的劳动美育考核体系,并将关键指标纳入考核体系,如考核以美育德、以美启智等在劳动美育实践过程中的达成度等。

劳动美育的实施对象是学生,因而衡量劳动美育效果的主体也应该是学生。在学生层面,评价反馈主要包括学生课后的即时反馈和成果检验。课后的即时反馈可以通过线上线下调研问卷的方式进行,主要调查学生的个人感受、收获感、满意度,并征求学生们关于改进的意见或建议,这种主观评价可以为学校找齐短板,及时调整实践提供参考。而成果检验则是通过汇报展示学生在某段时间内的学习成果检验学生收获,通过汇报展示可以检验学生是否从劳动美育中提升了塑造美

的能力，是否提振信心，增强了自我认同感、获得感和幸福感。

"时代是思想之母，实践是理论之源。"①劳动美育是当前高校"劳育流于形式，美育走于表面"的破题之策。为进一步推进劳动美育实践体系建设，我们应继续探索劳动美育实践路径，增强五育之间交叉融合，营造能涵养年轻人完善人格的厚重的校园文化，同时开设更多优质实践美育课程，从而实现学生的全面发展。

---

① 邱地、谢朝晖：《高校美育面临的困境与对策探讨》，《教育探索》2015年第6期。

养成教育助力大学生提升就业能力初探

赵天舒

大学生作为社会的独特群体，既是祖国未来的建设者，也是社会发展进步的中流砥柱。近年来，随着高校的不断扩招，大学毕业生人数激增.尤其是近两年，在全球新冠肺炎疫情防控依然严峻的形势下，大学生就业难的问题变得更加突出。跨越就业鸿沟、提升就业能力是解决大学生就业难的关键点。如何让学生完成从学生角色到职业角色的转变，更好地适应就业市场的变化，成人成才，养成教育无疑起着至关重要的作用。从养成教育入手，分析大学生就业不足能力的原因，研究有效实施养成教育路径，能够提高大学生综合素养，达成大学生就业能力提升的目标，最终实现服务社会、为经济发展贡献力量的宏伟目标。

一、"就业能力""大学生就业能力"的内涵及就业现状

就业能力的概念最早出现在 20 世纪初的英国，由 1909 年英国著名经济学家贝弗里奇(William Lan Beardmore Beveridge)首先提出。他认为就业能力即"可雇佣性"，指个体获得和保持工作的能力。20 世纪 80 年代后期，一些美国学者对就业能力的概念进行了修正，认为就业能力是一个获得最初就业、维持就业和重新选择、获得新岗位的动态过程，一方面强调了就业者就业能力，另一方面加入了就业市场、国家经济政策等宏观内容，对就业能力的整体概念进行了全面阐释。2005 年，美国教育与就业委员会再次明确了就业能力的概念，指出就业能力即"可雇佣力"，指的是获得和保持工作的能力。也就是说，就业能力不仅包括狭义上的找到工作能力，而且还包括持续完成工作、实现良好职业生涯发展的能力。

"大学生就业能力"是为适应就业市场变化提出来的。郑晓明在其《"就业能力"论》一文中，对大学生就业能力描述为："大学生的就业能力，不单纯指某一项技能或能力，而是学生多种能力的集合，这一概念全面包含了学生的各种能力。在内容上，它包括学习能力、思想能力、实践能力、应聘能力和适应能力等。学习能力是指获取知识的能力，它是就业能力的基石；思想能力是思维能力(包括创新能力)、

政治鉴别力、社会洞察力、情感道德品质的综合体现，它是大学生思想成熟与否的标志；实践能力是指运用知识的能力，是就业环节的点睛之笔，是各种环境中驾驭自我的心理、生理的调节能力，它是大学生就业乃至完成由学生角色向社会角色顺利转变的关键。"①

当今中国经济社会的飞速发展，与此同时，就业能力也被赋予了更多的内涵。首先，社会不断进步发展，使得人才素质整体大幅度提升，表现在就业市场上是愈演愈烈的竞争。如何赢在职业的起跑线，打造适应当今职场所需的就业能力，成为人们关注的热点问题。其次，全球经济一体化进程的加速，毫无疑问地给职场环境带来重大变革。国际化、多元化使得身处其中的职场人士需要不断开阔视野，提升自身能力素质，以便获得更加广阔的发展空间。最后，人才测评理论的发展完善，也使企业越来越重视针对不同岗位选择不同类型的人才。

现阶段，受到全球新冠肺炎疫情的影响，国内就业形势更为严峻。一方面，随着大学教育的不断普及，本科毕业生人数不断增加，就业人数迅速增长，就业基数日益扩大；另一方面，大学生普遍的就业期待与社会现实之间存在巨大落差，大学生中出现了许多消极的就业观念。"不就业""慢就业""缓就业"等现象越来越普遍，使得国内就业形势呈现出大学生就业意愿不明朗、就业情况不乐观，企业招人压力大、岗位空缺情况严重等供需双方不平衡的现象。基于此，大学生就业的养成教育就显得格外重要和迫切。

二、大学生就业能力不足的主要表现

近年来，受新冠肺炎疫情的影响，大学生就业难的问题更加突出，除了部分高校忽视学生就业能力的培养，课程设置欠缺科学性、灵活性、时代性和实用性，导致学校培养的学生与社会市场需求脱节等客观原因外，大学生就业能力不足也是"就业难"的一个重要因素。目前来看，大学生就业能力不足主要表现在以下几个方面：

（一）职业目标模糊，职业生涯规划意识欠缺

目前，国内大部分中学教育阶段普遍缺失职业层面的指导和教育，部分学生对自身的评估也存在过于主观化和片面化的问题。许多学生在填报大学和专业时，对自己报考的专业缺乏全面的了解、对未来的职业生涯发展缺乏独立而深刻的思考，往往凭借主观臆测来填报热门专业，或是听从父母的意见选择专业。还有部分

① 郑晓明：《"就业能力"论》，《中国青年政治学院学报》2002年第3期。

学生缺乏目标，只知道自己不喜欢自己所学的专业，却不知道自己为什么不喜欢，甚至不知道自己究竟喜欢什么专业，当然也更谈不上自己适合什么专业。这些都可能导致这部分学生在大学期间对自己未来的职业发展方向缺乏思考与规划，职业规划不清晰、规划意识淡薄，职业目标模糊、缺乏学习动力。

（二）学习能力不强，缺乏主动学习能力和习惯

我国现阶段中学教育绝大多数仍是应试教育的培养模式，老师讲学生听，这使得部分学生进入大学后，只是被动学习老师提到的重点和难点知识，对于自己专业领域的前沿研究情况、专业行情欠缺必要的了解和学习，缺乏深入研究、认真钻研的精神，更谈不上主动学习和主动思考。当今知识信息爆炸的时代，知识更新日新月异，需要人们不断地更新知识，以便掌握新技术，养成自主学习和主动学习能力，只有这样才能胜任将来的工作岗位，成为时代“弄潮儿”。

（三）实践能力不足，缺乏动手能力

所谓实践能力，是指运用自身掌握的知识实际分析和解决问题的能力，是就业能力的关键组成部分，是各种能力综合应用的外化体现。用人单位招聘时毫无例外都十分看中大学生是否具备将所学知识应用到实际工作中的实践能力，可以说，用人单位需要的不仅仅是拥有渊博知识的人才，更需要能在工作中独当一面、创造价值的人才。然而，在应试教育的大环境中，“重知识，轻实践”“重分数，轻动手能力”“会说不会做”“纸上谈兵”成为部分大学生的现实状态，这直接导致学生在未来职场中遇到问题时缺乏分析和解决问题的能力和实际操作能力，导致知识与实践脱节，无法满足用人单位的需要。

（四）就业应聘能力差，缺少就业选择能力

应聘能力是就业最直接的“敲门砖”，对大学生而言，做好就业的充分准备工作，准确定位，果断选择，主动出击，是其应聘能力的表现。但现实中，一些大学生却缺乏认真准备，缺乏对自我的正确分析认识，缺乏职业规划设计，就业意识淡薄，应聘技巧和知识缺失，就业选择盲目迷茫，最终导致就业困难。

（五）社会适应能力差，缺乏角色实践转化能力

各种环境中驾驭自我的心理、生理调节能力，被称之为社会适应能力。大学生的社会适应能力，是大学生实现就业、完成由学生角色向社会职业角色转变的关键。有些学生与其说是“就业困难”，不如说是“就业迷茫”，对自己的兴趣能力缺乏正确的认识，对自己未来发展缺乏科学的规划，对就业压力感到束手无策，面对就业过程中的挫折失败，存在恐惧感，一旦出现连续失利便会丧失信心、一蹶不振。还有一些大学生由于对社会现实缺乏足够的了解，急功近利，盲目攀比，最终导致

期望过高,失去就业机会。

三、就业能力提升之养成教育实施路径

养成教育是高校德育工作的重要组成部分,在我国现阶段各级各类学校教育仍以应试教育为主的大环境中,“唯分数论”仍是当前中小学教育的基本特征。这导致一些大学生在进入大学相对较为自由、宽松的环境后不知所措,缺少自我的约束能力,奋斗目标缺失。只有从养成教育出发,助力大学生在大学四年的学习生活中顺利完成由学生角色向职业角色的转变,最终实现成长成才。

(一)能力养成,助力大学生自我探索能力提升

以往养成教育的常见固有模式为“角色规定”,指的是角色要严格按照社会规定或期望的规范行为,强调的是社会规定或期望,而忽略个体对身份的认同,不利于个体生命质量的提升和主观能动性的发挥。只有身份认同、内化,才能实现从被动要求到主动自我实现的转变,具有更旺盛的生命力。

因此,教师在引导学生探索自我的过程中,要提前有计划、有规划。例如学生的生涯指导教师,大学生职业生涯规划与就业指导课程的授课教师,可以依托学生个体咨询或者选修课授课的方式,引导学生通过性格、兴趣、价值观和技能四个方面入手,实现对自我的全面认知。首先,借助荣格的 MBTI 理论帮助大学生探索自我性格,使大学生对自己性格的特点和优势有更深层次的认知,更好地认识自己,了解个体性格中的主导功能和辅助功能,发挥和挖掘出最大的性格潜能,明确最适合自己性格的职业类型;其次,利用霍兰德职业兴趣代码进行分析,了解大学生内在真正的兴趣,并结合自身的兴趣,找到最能满足个人兴趣的职业,在丰富大学生业余时间的同时,更好地在工作和生活当中找到平衡点;再次,在生涯咨询和课堂授课过程中,利用价值观澄清等方法,帮助大学生明确个人价值观,找到最适合自身发展的路径;最后,在技能方面,综合前三者对职业方向的筛选和澄清,大学生可以在进一步明确个人职业选择的基础上,参考自身已具备的技能和职业的需求,进一步合理规划自己下一步工作和学习的目标,以期在未来获得更好的发展。

(二)目标养成,强化引导作用

从很大程度上来讲,就业目标和个人发展的人生目标有着十分密切的联系,“没有方向将是最大的失败”,明确职业发展方向,可以说是求职成功的第一步,也是最重要的一步。大学生需要的不仅仅是“如何找到好工作”,而是了解“我真正需要并合适的工作”。每个学生都应该静下心来认真地思考、审问自己的内心到底需要一种什么样的工作和生活,思考的过程,既是选择的过程也是成长的过程,沉下

心来学习知识和理论框架，为将来打下坚实的基础。学校则需要在各类就业指导及课程设置上，充分利用好就业大数据，帮助大学生更好地了解当下的就业形势以及其所学专业的竞争优势，把人生的目标和职业目标匹配起来，只有确定好个人的职业目标，职业发展的规划路径才能够更加清晰明了，大学生才不会轻易盲从、不会随波逐流。同时，只有制定出适合自己的职业目标，才能让大学生在遇到各种困难的时候，依然保持良好和稳定的心态，增强应对困难、解决问题的信心。

（三）文化导向，加强校园文化建设

丰富的校园文化对于大学生的全面发展有着非常重要的意义，学生在大学就读期间，通过不同类型、不同层次的校园文化活动，既可充实大学生活，也可在参与活动的过程中进一步增强对自身的了解，开阔眼界，提升自身能力。校园文化除了有重要的导向功能以外，还起到了凝聚作用，这更是养成教育的重要方面。大学生只有对整体学校目标和准则有认同感、使命感、自豪感和归属感，才能形成合力和向心力。校园文化还能给大学生带来更多的激励，在大学生之间形成良性竞争的氛围，在“比学赶帮超”的过程当中，帮助大学生以彼此为榜样，对大学生的认知进行深入的整合，更好地促进其自身的全面发展，提升就业能力。

（四）顶层设计，完善评价体系建设

就目前大学生在校学习、生活而言，大学生评价体系有着非常重要的指导作用，只有一个完善的、合理的、目标清晰的大学生评价体系，才能够帮助大学生做出更好的规划，起到更好的引导作用。大学生的评价体系应该做到与“德智体美劳”全面发展相结合，以“五育并举”的方式给予大学生全方位的引导。一个好的评价体系应该是有特色的体系，并且可以动态记录大学生成长的点滴，激发大学生的学习兴趣，营造良好的氛围，做好阶段性的统计分析，全方位、多角度地实施发展性评价，促进大学生不仅在学业上有所成长，而且在各个方面都可以发挥出自己的特色，养成良好的生活和学习习惯，以便在走向社会后更快地适应社会生活。

（五）加强引导，积极探索外部世界

每个大学生都是独立的个体，时刻与外部世界产生着复杂的联系，虽说大学是个小社会，但学校和社会终究有很大的不同。大学生在探索外部世界的过程中也在不断地了解自身，高校在专业设置、课程设置等教育教学方面，要以社会发展和市场需求为导向，科学定位，依据市场供求规律，精准对接，更好地引导大学生积极思考自身的角色。外部世界对于大学生情况的反馈也在不断地促进大学生的发展。在当代信息化社会背景下，大学生通过互联网可以获得海量的就业资讯，学校通过组织各级各类招聘会和双选会，为大学生提供实习、就业的机会，除此之外，通过就业咨询和职业生涯规划课程，各种类型的实习分享会、就业分享会，大学生可以在学习期间的任何阶段寻求到适合的方式解决有关就业的困惑，同时，还可以多接触社会，在真正走向社会前有充分的试错的渠道和空间。

四、结语

好的行为习惯不仅可以让个体更加高效和完善，而且还能促进其人生目标的实现。高校是培养人才的基地，大学生在接受专业教育的同时也要接受养成教育。养成教育的实施不仅促进大学生养成自觉遵守社会主义道德的行为和习惯，而且还能培养出具有专业技能、具备良好行为习惯、具备完整人格、全面发展的优秀人才，为经济和社会发展贡献更大力量。

第五编

服务教学新亮点

打造一支懂教育的教育教学管理与服务队伍*

袁 伟 李 楠

“虽然我们不是教育家，也许我们永远也不可能成为教育家，但是我们要学一点教育，学一些教育，学更多教育。勤学习，善思考；能发力，会发声。打造一支懂教育的教育教学管理与服务队伍。”山东大学（威海）教务处处长王湘云经常这样说。

教务处是高校人才培养模式的“设计者”和“参与者”，是学科建设的“稳定器”和“压舱石”，教务处教学管理与服务水平直接影响着高校教学工作的质量，进而影响高校的根本任务——人才培养。山东大学（威海）教务处深入贯彻落实党的十九大和十九届历次全会精神，始终坚持“为党育人，为国育才”初心，坚持“以学生成长为中心”，以“工作有边界，服务无止境”为指导思想，以“制度化管理，人性化服务”为工作宗旨，以“做好常规工作，完成规定动作，做好世界一流大学建设的‘稳定器’和‘压舱石’”为工作的出发点和落脚点，不断提升本科教育教学质量，持续打造校区本科教育教学新亮点。

近年来，威海校区教务处团队“以改革求突破，以创新谋发展”，落实“制度化管理，人性化服务”工作理念，真抓实干，厚积薄发，及时总结和积极推广管理与服务新理念、新经验，在推进校区高质量发展，着力建设世界“双一流”大学，培养中国最优秀的本科生的创新工作中，取得了突出成绩。“勤学习，善思考；能发力，会发声”，致力于打造一支懂教育的教育教学管理与服务队伍，威海校区教务处在路上。

一、勤学习——学习明理，砥砺深耕

学习是一种精神、一种责任、一种追求、一种境界。威海校区教务处团队以与

* 本文为2021年山东省本科教学改革研究项目重点项目“新时代 新格局 多场域 大外语——大学外语教育教学综合改革研究”（项目编号：Z2021222）和山东大学（威海）2021年度教学研究与教学改革项目重点项目“山东大学（威海）新文科人才培养模式管理与推广机制研究”（项目编号：Z2021017）的阶段性成果。

时俱进、时不我待的紧迫感，切实将学习当作一项政治任务和历史责任，全处干部职工主动学，真正学，刻苦学，学习政治理论，学习高教新理念，学习新知识，在实践中学习，用学习助力队伍建设。通过学习，提高理论素养和政策敏感性，进一步坚定理想信念，练就过硬的基本功，塑造成学校需要的高素质、高标准教育教学管理服务队伍。

1.党建领航，扎实开展政治理论学习教育

读原著、学原文、悟原理。教务处按照学校党委和校区党工委的要求，认真组织党员政治学习，2021 年，为全体员工统一配发《习近平新时代中国特色社会主义思想学习问答》《中国共产党简史》等书籍并组织进行系统学习，带头筑牢信仰之基，砥砺政治品格，汲取谋事创业的不竭动力。

邀专家、开党课、强认识。定期开展校区分管领导讲党课、党支部书记讲党课和行业专家讲党课等活动，促使党员队伍提升觉悟，增强认识。

深研讨，强业务，促结合。扎实开展政治学习的同时，深入开展业务研讨，做好党建与业务“结合文章”，通过分享心得体会，探讨工作思路，以学促用，学以致用，将文件精神“内化于心，外化于行”。

树榜样，带好头，强队伍。以“归口管理，党员带头；科长负责，分管推进”为工作机制，发挥党员和领导干部模范带头作用，“冲在前”“干在先”；强化干部队伍建设，“影响一批，带动一批，成长一批，发展一批，用好一批”，适时发展入党积极分子，壮大党员队伍，稳固政治生态。

2.博学不穷，积极开展高教方针政策学习

高度重视高等教育理论学习，提升政策的敏感性、决策的前瞻性。教务处每年主动搜集整理教育部、教育厅、学校等各级教育教学管理相关文件，编纂印制《本科教育教学文件汇编》，组织全处人员集中系统学习，并分发至教学院部，号召教学管理人员加强政策理论学习。2021 年，教务处印制了《本科教育教学文件汇编(2018～2021)》(上、中、下三册)，帮助全处干部职工夯实理论功底和知识根基。通过学习各级教育教学文件、制度，加强队伍建设理论武装，为教育教学管理注入新动能，提升专业素养和能力，进而守正创新，创造性地开展工作。

3.敦本务实，深入开展调研学习

通过深入教学一线、走访调研教学院部，主动作为、强化担当，了解实际需求，解决具体问题，解放思想，凝聚共识，构建和凝聚“本科教育教学共同体”。落实学校一体化发展战略和“强院兴校”行动，组织处内多名科级干部异地挂职、学院挂职，通过挂职锻炼，加强学习，促进校区间交流与教育教学资源共建共享，促进工作换位思考，精准把握学院需求，畅通校院沟通渠道，助力“本科教育教学共同体”构建。经常组织干部职工赴兄弟院校调研考察，通过实地走访和座谈交流，学习借鉴先进经验和做法。定期开展全处干部职工集中学习、研讨交流活动，深思真悟，分享心得，统一认识，做到“思想上合心，工作上合力，行动上合拍”。

二、善思考——大道行思，取则行远

工作中勤于思考，善于研究，不断发现新问题，总结新经验，在工作实践中提高分析问题、解决问题的能力。威海校区教务处引领全处干部职工真正把自己作为教学管理服务的主人翁，干一行，爱一行，钻一行，悟一行，精一行，锻造过硬本领，切实提高工作能力，成为既精通业务工作、又擅长理论研究的复合型人才，成为教学管理与服务的行家里手。

1.登高望远，思考谋划教育教学改革

教学管理工作中，加强顶层设计，做好系统谋划。2021年，教务处出台了《山东大学(威海)2021年新文科建设工作方案》，力争新文科建设再上新台阶，实现新突破，保持校区新文科建设继续“走在前列”。大力推进大学外语改革，发布《山东大学(威海)关于大学外语教育教学综合改革的指导意见(试行)》，致力于培养具有国际视野，通晓国际规则，富有家国情怀，“学好世界语言，讲好中国故事，传好中国声音，树好中国形象”，适应新时代国际传播需要的高质量国际化人才。发力新工科建设，研究制定了《山东大学(威海)新工科建设工作方案(2021～2022)》，顺应新一轮科技革命和产业变革的新趋势，围绕国家战略和区域发展需要，加快校区新工科建设和发展工作，探索形成校区亮点、山大特色、一流水平的高等工程教育体系。

2.建章立制，建立健全工作体系

以制度体系的创新与完善不断推动管理服务水平迈上新台阶，开创一流本科教育创新发展的新局面。建立健全教育教学荣誉体系，推动校区高质量发展。2019年教务处推出“1＋N方案”，即《山东大学(威海)办好一流本科教育行动方案》及《山东大学(威海)教学名师和教学能手评选办法(试行)》等方案。狠抓课程“新基建”，构建完善的一流课程建设体系。2021年制定了《山东大学(威海)一流本科课程建设工作方案(试行)》，创造性地提出了“四性一度”课程建设标准，即“思想性、高阶性、创新性、实践性和挑战度”。建立“跨校区本科教学资源共建共享年终考核评价指标体系”，促进跨校区共建共享工作由“项目引导”向“成果评价”转变，深入开展跨校区本科教学资源共建共享2.0工作，促进校院联手，一校三地资源整合，优势互补，一体发展。

3.钩深索隐，坚持以研究促发展

威海校区教务处高度重视教育教学改革与研究，坚持以立项促教改，以教改促创新，以创新促内涵提升，引导各教学院部转变思维，主动作为，创新性地自主开展教改项目立项工作，同时鼓励处内干部职工结合岗位职责积极申报教育教学研究立项，聚力本科教学研究与教学改革。

近年来，教务处干部职工主持各级教学研究与教学改革项目20余项，项目选题主要围绕“新文科、新工科研究与改革实践”“实践教学研究”“教师教学能力提升”“招生拓展工作研究”“教务管理与教学服务研究”等，聚焦制约人才培养能力和质量建设的关键领域和薄弱环节，以项目研究助力创办一流本科教育。结合立项深入开展教育教学研究，探索有利于人才培养的新理论、新模式、新方法，强化教学成果培育，对推进校区教育教学改革与创新发挥了重要推动作用。2021年，教务处处长王湘云主持申报的《新时代　新格局　多场域　大外语——大学外语教育教学综合改革研究》获批山东省教育教学改革研究立项重点项目。

三、能发力——踔厉奋发，笃行不怠

坚持学用结合，知行统一，把落脚点放在“行”上。“审大小而图之，酌缓急而布之”，从学习和思考中积淀分析解决问题的能力，从陈旧的工作思维方式中解放和创新，从纷繁复杂的业务工作中抓住主要矛盾，敢于大胆创新，敢于付诸行动。

1.为师生办实事，践行初心使命

教务处团队用行动践行初心，用实干担当使命，扎实开展“我为师生办实事”实践活动。走基层、听民声、解难题、办实事，聚焦师生所需所盼，从最现实的师生利益出发，立足于解决实际问题，用心用情解决师生困难。2021年，建成校区课程制作室，制定《山东大学(威海)课程制作室管理办法(试行)》，助力校区在线开放课程建设；规划建设一校三地全息教室项目，完成机房与标准化考场等的设备更新，升级改造文学楼阶梯教室，信息化建设不断取得进展；上线运行“教务服务平台”系统，开启“线上调停课”服务，做到“数据多跑路，师生少跑腿”；开发建设“校区教育教学改革与研究项目管理系统”，推动校区教育教学改革与研究项目制度化、规范化管理，提高办事效率，提升服务效能。

2.守正创新，干事创业开新局

工作中坚持解放思想和实事求是相统一、培元固本和守正创新相统一，做到“常规工作不常规，规定动作有发挥”，开辟干事创业新境界。专业建设方面，以“交叉融合再创新”为指导思想，以“瘦身长高变强”为目标导向，以“新增一批，整合一批，撤并一批，优化一批”为工作原则，抓好人才培养“新基建”中的“基本单元”，持续推进专业升级改造工作。截至目前，校区国家级一流本科专业建设点为 22 个，占校区招生专业的 61.8%，省级一流专业建设点为 3 个，占招生专业的 8%。实践教学方面，以理论升华实践，以实践助推创新，建设智能技术与控制创新教育平台等 7 个校区创新平台，让学生“走出去”“动起来”；谋划组织高级别实践赛事，促使学生“练出来”“活起来”。

3.强化服务理念，提升服务效能

“服务是认识，服务是定位，服务是承诺，服务是践行，服务是共情，服务是艺术。”威海校区教务处团队在管理服务中始终坚持“工作有边界，服务无止境”，强化责任担当，全力做好本职工作。转变思维，赋能学院，服务学院，积极开展走访调研，及时为院部提供政策解读和问题解决途径，以“强院”助“兴校”，共同致力于校区本科人才培养事业；加强跨部门协调，跨学院协调，跨科室协调，从实际出发，不断创新工作手段，做好常规工作，力求特色增值，协同机关职能部门和各教学单位，构建和凝聚“本科教育教学共同体”；定期召开师生座谈会，听取建议，回应关切，从等问题到找问题，从找问题到解决问题，从解决问题到改革发展创新提高。2021 年，组织多场线上线下国家级一流课程申报指导培训会议，为校区申报团队予以全面指导，提升校区课程申报竞争力，在第二批国家级、省级一流课程申报中，最终校区 9 门课程进入国家级一流课程评审阶段，6 门课程获评省级一流课程。每年组织 10 余次专题教学培训和各级各类教学荣誉评选和比赛，探索先进教学方式方法，促进校区教师教学发展。

四、会发声——厚积薄发，示范引领

及时总结成功经验和做法，积极推广管理服务新理念，是打造懂教育的本科教育教学管理与服务队伍的必经之路。教务处团队在工作中坚持系统思考，注重提升，不断总结和推广好的经验和做法，培育和树立典型，发挥示范带动作用。发表通讯报道，发表教研论文，凝练和推广教学成果，出版教育教学研究类著作……这些成果成为团队前期工作的“里程碑”，今后工作的“助推器”，校区工作的“展示台”。

1.打造亮点，加强宣传

近年来，教务处团队在课程思政建设、新文科建设、教学管理和督导、本科招生拓展、教学保障建设等各方面，不断完善制度，果断作为，及时总结经验，适时对外交流。教务处同仁在《齐鲁晚报》发表教学管理与服务类整版报道 9 篇：《立德树人，回归本来；守渠种田，遍地花开——山东大学(威海)课程思政建设工作纪实》(《齐鲁晚报》2021年11月23日)全面总结推广校区课程思政高质量建设成果；《新时代　新使命　新变化　新成就——山东大学(威海)新文科建设改革与实践》(《齐鲁晚报》2021年3月23日)展示了威海校区新文科建设取得的成就，同时该报道于新华社发表，浏览量达108万；《立足服务根本　加快教学改革　推进教育拓展　促进质量提升——山东大学(威海)招生改革新举措》(《齐鲁晚报》2020年4月24日)，总结山东新高考改革和新冠肺炎疫情防控双重影响下威海校区招生拓展方面的探索与实践；《坚守初心使命　推进质量提升——山东大学(威海)疫情防控期间本科线上教学工作纪实》(《齐鲁晚报》2020年4月6日)，宣传推广新冠肺炎疫情防控形势下威海校区线上教学先进经验和做法；《优化教学督导　促进教师发展　把握学习需求　保障教学质量——山东大学(威海)在线教学督导与教师发展工作纪实》(《齐鲁晚报》2020年7月3日)，总结和推广疫情防控期间校区教学督导和教师发展工作经验；《凝心聚力　砥砺前行——山东大学(威海)全国硕士研究生招生考试工作纪实》(《齐鲁晚报》2021年3月5日)和《使命放在心上　责任抗在肩上——山东大学(威海)全国大学英语四、六级考试工作纪实》(《齐鲁晚报》2020年8月14日)，分别介绍了校区在国家级考试工作中的成功举措，同时，教务处代表校区先后两次在全省CET考试安全及考务会议上作典型发言，介绍成熟经验，推广先进做法；《改善教学环境　提升教学体验　助力教学改革——山东大学(威海)智慧教室二期全面投入使用》(《齐鲁晚报》2021年11月24日)，宣传介绍了校区智慧教室建设情况；《以理论升华实践　以实践助推创新——山东大学(威海)本科实践教学工作纪实》(《齐鲁晚报》2022年1月21日)全面总结了校区本科实践教学的成功经验和先进做法。

2.凝练成果，深化教研

鼓励全处干部职工结合工作实践开展教育教学管理研究，近年来，教务处同仁于各级各类期刊发表教育教学研究类论文30余篇，以研究助推工作创新，以创新提升管理服务水平。在研究基础上，不断凝练总结，形成了丰硕的教育教学成果。2021年，教务处作为主要完成人申报的《立足新时代，办好新文科；夯实新基建，引领新发展——山东大学(威海)新文科建设与实践》《疫情防控常态化下一流本科教育教学管理体系建设》2项成果分别获得校区教学成果奖一等奖、二等奖，其中《立足新时代，办好新文科；夯实新基建，引领新发展——山东大学(威海)新文科建设与实践》同时荣获山东大学教学成果奖一等奖、山东省第九届教学成果奖一等奖。此外，《厚植齐鲁　深化改革　创新发展　彰显特色——山东大学(威海)本科人才招生培养探索与实践》荣获山东省教育厅"深化高考改革　提升育人质量"优秀成果一等奖。

3.善于总结，系统出版

工作中注重系统谋划，突出特色，强化示范带动。近年来威海校区教务处出版教育教学研究类编著作 6 部，涵盖新文科建设、教学改革、招生改革、线上教学和学术报告等多个主题。分别是：《新时代　新使命　新内涵　新路径——山东大学(威海)新文科教育教学改革与实践》(山东大学出版社 2020 年版)、《高等学校教学改革与教学管理论丛》(山东大学出版社 2020 年版)、《以梦为马　相约山大——为你讲述山东大学(威海)的故事》(山东大学出版社 2020 年版)、《相约云端　同屏共振——山东大学(威海)线上教学纪实》(山东大学出版社 2020 年版)、《萃他山之石　润己玉之泽——山东大学(威海)学术报告集锦》第 1 卷(山东大学出版社 2021 年版)、《萃他山之石，润己玉之泽——山东大学(威海)学术报告集锦》第 2 卷(山东大学出版社，2021 年 10 月)。这些著作集中展示了校区在教育教学改革和本科人才培养方面取得的成效，受到了兄弟院校的高度好评，为校区赢得了荣誉。

同舟共济扬帆起，乘风破浪万里航。威海校区教务处将继续加强队伍建设，促进干部职工思想觉悟提升、工作能力提升，致力于打造一支站位高、有情怀、有担当的懂教育的教育教学管理服务队伍，为校区本科教育教学质量的提升提供动力支撑。笃行致远求突破，精耕细作争一流。在未来的教育教学管理服务工作中，不断提高"政策的敏感性、决策的前瞻性、行动的迅捷性、步调的一致性、方式方法的创新性"，以担当谋发展，以实干促创新，立足"山大模式"，打造"威海样板"，为山东大学建设世界一流大学做出威海贡献。

(原文载于 2022 年 3 月 16 日《山东大学报》，收录时有较大改动)

立德树人，回归本来；守渠种田，遍地花开

——山东大学（威海）课程思政建设工作纪实*

王湘云　袁　伟

山东大学（威海）围绕落实立德树人根本任务，“以学生成长发展为中心”，立足中国国情，扎根中国大地，充分发挥哲学社会科学育人功能，以文化人，以德润心，回归教育本来，全面推进课程思政高质量建设，在完善课程思政工作体系、聚焦课程思政理论研究、创新思政教学方式、强化示范引领等方面进行了积极探索和有效实践。

一、全面规划，加强顶层设计，完善课程思政工作体系

威海校区积极贯彻全国高校思想政治工作会议精神和教育部《高等学校课程思政建设指导纲要》文件精神，深入落实《山东大学课程思政建设实施方案（2020～2022）》，坚持把思想政治教育贯穿教育教学全过程，大力推进课程思政建设，不断完善课程思政工作体系，完善全员全过程全方位育人机制，为培养最优秀本科生，造就能够担当民族复兴大任的民族精英和社会中坚提供了坚强保障。

1.以培养方案修订为契机，全面落实课程思政建设，将思想政治教育融入教育教学、人才培养全过程

全面落实中国特色社会主义和中国梦教育、社会主义核心价值观教育、法治教育、劳动教育、心理健康教育、中华优秀传统文化教育，使课程思政建设覆盖思政教育、通识教育、专业教育、实验实习等各类课程和环节；加强课内课外协同，将社会实践、社团活动、文体活动纳入思政教育体系。形成全面覆盖、类型丰富、层次递

* 本文为2021年山东省本科教学改革研究项目重点项目“新时代　新格局　多场域　大外语——大学外语教育教学综合改革研究”（项目编号：Z2021222）和山东大学（威海）2021年度教学研究与教学改革项目重点项目“山东大学（威海）新文科人才培养模式管理与推广机制研究”（项目编号：Z2021017）的阶段性成果。

进、相互支撑的课程思政教育体系。

2.积极组织课程思政教学培训，引领广大教师树立课程思政理念

将师德师风教育和课程思政能力提升纳入教师培训，全面提升教师政治素质和课程思政建设能力。教务处教学促进与教师发展中心组织开展多场课程思政教学设计专题培训活动，同时，依托国家级教师教学发展中心——山东大学教学促进与教师发展中心组织校区教师参加校本部各类课程思政培训，让更多教师领会、掌握课程思政理念，致力于课程思政与专业课程的有机融合。

3.以课程思政为首要指标，推动校区教师荣誉体系建设和评选活动

2019 年，威海校区制定了包含教学团队、教学名师和教学能手、优秀教案等在内的教学荣誉体系“1＋N 方案”。在各项评选方案中，突出教师师德师风和课程思政建设效果，将课程思政建设情况列为首要评价指标，统领所有评选活动。以此引导教师树立课程思政意识，以课程思政理念引领教学和研究，全面践行教书育人职责，形成了课程思政建设的浓厚氛围。

4.以课程思政建设为抓手，健全教学质量监控机制

校区积极研究将教学质量监控体系建设与课程思政有效融合，完善课程评价标准，将课程思政教学效果作为学生评教、督导评教和校领导听课评价的重要指标，引导广大教师贯彻落实课程思政。同时，将学院推进课程思政建设的情况纳入年终绩效考核，建立健全课程思政建设质量评价体系和激励机制，不断提高教师开展课程思政建设的积极性和主动性，引导课程思政工作的全面落实。

二、项目引领，以研促教，聚焦课程思政理论研究

校区深化教育教学改革，以立项促教改、以教改促创新、以创新促内涵提升，采用项目立项的形式，开展课程思政理论研究，提升学校课程思政理论和实践研究水平，全面带动“双一流”和“双万计划”建设，全面提升课程建设水平和育人成效。

1.依托校级教育教学改革研究立项，积极开展课程思政专题立项研究

聚焦思政教育的理论性和价值性，强调跨学科和融学科，加强课程思政建设理论与实践研究，提升学校课程思政研究和建设水平。2021 年，校区教务处指导各教学单位开展课程思政教改立项，在校区教学研究与教学改革立项工作中，设立重点项目和一般项目两大类。其中，在重点项目类，设立“课程思政教学改革研究综合类项目”；在一般项目类，设立“课程思政示范课程建设项目”，支持教师开展课程思政研究，推动课程思政教学改革。近三年，在校区教学研究与教学改革立项中，共有 30 余项教改项目以课程思政为研究要素立项。

2.建立课程思政教学、研究、课程建设一体化机制,提升课程思政建设成效

校区积极支持广大教师持续性开展课程思政研究和课程建设工作。支持获得课程思政优秀教学案例一等奖的教师进行教改立项,持续深入推动课程思政研究;积极推荐获得课程立项的教师申报教育部、山东省教育厅课程思政示范项目。校区《〈国际投资学〉课程思政建设研究》《〈产业经济学〉课程思政建设》《物理化学课程思政示范课》获 2020 年度山东大学课程思政示范建设项目立项;《〈遗传学〉课程思政建设》《〈概率论与数理统计〉课程思政建设》《课程思政与思政课程同向同行提升路径研究》获 2021 年度山东大学课程思政示范建设项目立项。强化示范引领,充分发挥优秀典型的示范作用,深入推进校区课程思政建设工作,通过一体化机制,不断提升教师思政育人能力和水平。这些举措,彰显了校区对课程思政教学和研究的高度重视,也提升了课程思政的育人成效。

3.着力打造"思政课外围课程",推进课程思政与"思政课程"无缝对接

思政课外围课程旨在架设"思政课程"与"课程思政"的创新性桥梁,实现由"思政课程"向课程思政的柔性融合过渡,是思政课程与课程思政无缝对接的创新性尝试。校区目前已开发出面向全体本科生的 8 门"思政课外围课程"(见表 1),主要由马克思主义学院(威海)和文化传播学院开设,此类课程既不同于本科人才培养方案中要求的通识教育必修课,亦不同于专业课,而是思政课教师在培养方案要求之外讲授的全新课程。课程授课形式活泼,教师授课方式灵活,课程内容价值性和知识性有机融合,潜移默化,润物无声,深受学生欢迎。

表 1 "课程思政外围课程"名单

序号	课程名称	开课单位
1	中古文明与宋词	马克思主义学院
2	《诗经》的世界	文化传播学院
3	《庄子》释要	文化传播学院
4	儒家思想导论	马克思主义学院
5	老子辩证思维与人生智慧	文化传播学院
6	儒家文化	文化传播学院
7	人学与人生	马克思主义学院
8	国家记忆(1931~1945)	马克思主义学院

4.凝练总结山大特色的课程思政改革建设经验，培育省级、国家级课程思政建设成果，提升校区课程思政建设水平和影响力

《学生中心、因材施教：高校思政课课堂实践教学设计》《思政小课堂同社会大课堂结合理念下的思想政治理论课实践教学模式构建与强化》获得山东大学2019年度教学成果奖；在2021年度校级教学成果奖评选中，《从课程到课程群，从教师到教师共同体——由点及面的课程思政体系建设模式探索与实践》《立足新时代，办好新文科；夯实新基建，引领新发展——山东大学（威海）新文科建设与实践》《坚守为国育贤初心，践行守正创新使命——中国语言文学专业新文科和课程思政探索与实践》等多项成果对特色课程思政改革建设经验进行了凝练。

三、"实地型、互动式"铸魂育人，创新思政教学方式

校区"以学生成长成才为中心"，积极引领，明确目标，进一步深化思政教育教学改革，基于课堂授课等常规教育方式，深度拓展思政教育实践基地，丰富思政教育主题竞赛，以"实地型、互动式"的教学方式开展铸魂育人。

1.拓展思政教育实践基地，积极搭建多方共同参与的"三全"育人模式，全面营造思政教育氛围

校区依托威海国防重要战略地位的地缘优势和齐鲁文化积淀深厚的资源优势，深度建设思政教育实践基地，建立了包括刘公岛、定远舰等爱国主义教育基地在内的15家完善、稳定的思政教育社会实践基地。连续十年，每年组织全体新生到刘公岛爱国主义基地参观并宣誓，上好开学第一课，统筹发挥校内外红色资源育人功能，凝聚了立德树人的同向同行合力。

2.开展各类校园活动，丰富思政教育主题竞赛，使红色基因根植于心，内化于行

为帮助学生提升理论联系实践的水平，从内心深处提高思想觉悟，提升道德水准、文化品位、人文素养，树立正确的人生观、价值观和世界观，校区围绕思政教育主题，举办学生竞赛、建立学习联盟、指导学生社团，积极开发红色文化特色思政教育资源，丰富课程思政内容体系。

一方面，马克思主义学院（威海）成立了"山东大学（威海）红色社团联盟"，组织各类学习，让信仰之火熊熊不息，让红色基因融入血脉，让红色精神激发力量。"联盟"充分发挥红色社团助手作用，搭建好师生间的交流桥梁，推动思政课堂教学发展；结合国家政策规划，开办创新特色活动，以文化人，以文育人。2019年，中央电视台《新闻联播》"让青春在新时代绽放"栏目，对"联盟"进行了特别报道。

另一方面，每年春秋学期交替举办四次全校性的学生思政竞赛活动，包括“大学生思想政治风采大赛”“正能量歌曲演唱大赛”“‘刘公岛杯’征文比赛”“中华经典诵读大赛”等4项思政类品牌竞赛活动，参与学生众多，至今已连续举办10年。校区的思政课教学创新了家国情怀的涵养培育方式，使学生得到了从课堂到课外、从知识到趣味、从情感到理性的全面引导，国家意识、社会责任意识得到了有效的强化。2019年，山东卫视《山东新闻联播》以“将红色基因注入血脉，凝聚接续奋斗磅礴力量”为题，头条报道威海校区思政课建设成果。

2018年9月，校区的诵读作品《蜀道难》获“‘读中国’山东省大学生诗文诵读大赛”二等奖，《岳阳楼记》获得优秀奖，校区荣获大赛优秀组织奖。2020年校区作品《悼武侯》获“2020年山东省中华经典诵读系列活动”二等奖。2019年，在第三届全国高校“我心中的思政课”微电影大赛中，校区作品《我是新闻人》和《信仰的力量》获优秀奖；2020年，在第四届微电影大赛中，校区作品《苔花开》获优秀奖。

四、选树典型，示范引领，课程思政遍地花开

威海校区大力开展课程思政建设与研究，实现课程思政全覆盖。同时，积极打造课程思政新亮点，抓典型、树标杆、推经验，选树典型，发挥传帮带作用，发挥优质课程示范引领性。

1.挖掘优秀课程思政教学案例，充分挖掘各类课程思想政治资源

2019～2020年，校区8门课程在山大课程思政优秀教学案例评选活动中荣获一等奖，多门课程荣获二等奖和三等奖。通过评选活动，鼓励教师在教育教学实践中深入挖掘课程中的思想政治教育元素，努力打造育人效果显著的精品专业课程和课程思政示范课堂，发挥好每一门课程的育人作用，全面提高人才培养质量。通过选树典型，充分发挥获奖课程及优秀教师的辐射带动作用，推进课程思政建设的全覆盖和创新发展，加快形成“院院有精品、门门有思政、课课有特色、人人重育人”的良好局面。

2.选树课程思政建设示范课程和教师，示范带动校区课程思政建设整体水平

2021年，校区两门本科教育类课程获评“山东省普通本科教育课程思政示范课程”，分别为《概率论与数理统计》与《国际投资学》。《概率论与数理统计》由国家“万人计划”教学名师总体规划，以团队自主开发的国家精品在线开放课程为载体，以与慕课配套的新形态国家规划教材为主讲教材，适时融入思政元素，引导学生用随机现象的统计规律性，科学合理地分析问题，在潜移默化中坚定学生的理想信念，厚植爱国主义情怀，培养学生科学的思维方法和正确的科学伦理以及探索未

知、追求真理、勇攀科学高峰的责任感和使命感。《国际投资学》课程从培育学生的职业素养、大局观和国际化视野、人类命运共同体理念三个方面聚焦课程思政的建设目标，优化课程思政供给内容，构建了集“融”“选”“动”“拓”“评”“五位一体”的课程思政案例教学模式。倡导和积极推动的基于“教师共同体”的课程思政建设模式产生了广泛辐射效应，团队多次在校际交流和培训会议上分享改革成果，目前已有哈工大（威海）、青海大学等多所院校借鉴应用该成果的经验，并取得良好效果。

另外，《传播学概论》课程在首届“智慧树杯”课程思政示范教学大赛中荣获卓越奖。该课程曾获评首批国家级线上线下混合式一流课程，以此为积淀，经过不断理解和挖掘课程的思政元素，找出课程思政融入点，突出课程重点内容，形成了“知识与思政融合，学术与技术统一，理论与实践并重”的鲜明特色。

3.依托“山东大学课程思政教学研究中心”，强化资源共享

2021 年，“山东大学课程思政教学研究中心”获评国家级、省级普通高等教育课程思政教学研究示范中心。中心聚焦课程思政教学实践和理论研究，积极创新课程思政建设方法和路径，不断丰富课程思政优质资源，并开展推广共享，多次组织课程思政建设教师交流、观摩和培训活动，汇聚专业课和思政课教师合力，推动教师课程思政建设能力的整体提高。

守好一段渠、种好责任田。每位教师都承担好育人责任，每门课程都讲好课程思政，把立德铸魂“基因式”地融入所有课程，最大限度地发挥课堂教学的育人主渠道作用，牢牢把握意识形态主阵地，构建全员、全程、全方位育人大格局，让立德树人“润物无声”，让思政教育“遍地花开”。

（原文发表于 2021 年 11 月 23 日《齐鲁晚报》，收录时有改动）

一体发展　共商共建　资源整合　共享共赢

——山东大学(威海)本科教育教学资源共建共享工作新路径*

王湘云　宋　嵩　李　楠　袁　伟

1984年,山东大学与威海市政府联合共建威海校区,我国名校异地办学即发轫于此。历经百廿变迁,几代山大人薪火相传,山东大学已逐步形成了一校三地(济南、威海、青岛)的办学格局,于2017年,步入世界一流大学建设高校(A类)之列。2021年,作为山东大学的重要组成部分之一,为进一步抓重点、强举措、补短板、强弱项,提升威海校区话语力度,加速校区"新亮点"建设,促进一校三地资源优化整合,共同培养最优秀的本科生,威海校区在山东大学一体发展战略下,与校本部一脉相承,紧密配合,于百廿校庆之年,深入延展学校本科教学共建共享1.0工作,全面铺开共建共享2.0工作,努力建设"异地办学的示范性校区、坚持特色发展的高水平校区、加强国际合作的开放式校区",致力于一校三地,携手共进,相倚为强,以"强院"助"兴校",以"强校"助"兴国",为山东大学加快实现"由大到强"历史性转变,建设"双一流"大学贡献合力。

一、提高思想认识,坚持党建领航

威海校区本科教学资源共建共享2.0工作,在前期工作的深厚基础和良好铺垫之下,全面贯彻党的十九届历次全会精神和2021年全国教育工作会议精神,学习与借鉴了国务院《新时代的中国国际发展合作》白皮书、教育部《推进共建"一带一路"教育行动》《教育部2021年工作要点》等文件中相关合作办学主旨。通过对国家政策和战略方针的深入学习和深刻领会,威海校区进一步提高了政治站位,加

* 本文为2021年山东省本科教学改革研究项目重点项目"新时代　新格局　多场域　大外语——大学外语教育教学综合改革研究"(项目编号:Z2021222)和山东大学(威海)2021年度教学研究与教学改革项目重点项目"山东大学(威海)新文科人才培养模式管理与推广机制研究"(项目编号:Z2021017)的阶段性成果。

强了顶层设计,深入落实《中共山东大学委员会关于实施强院兴校行动的意见》《山东大学本科专业建设与发展行动计划(2018～2020)》和《山东大学(威海)落实一体发展战略推进高质量发展三年行动方案(2020～2022年)》要求;改革并推进了山东大学《关于建立教育教学资源共享机制提高学生培养质量的意见》和《跨校区本科教学资源共建共享实施方案》举措;为实现《山东大学本科教育教学十四五规划》目标,进一步优化资源配置、发挥综合优势、形成育人合力,促进一校三地一体发展及威海校区本科教学内涵发展,彰显威海校区本科教学新特色,成为山东大学创建世界一流大学新亮点付出了新努力,取得了新成绩。

二、前期顶层设计,推动一体发展

在校领导的引领指导下,自2017年开始,威海校区与校本部密切协同,转变思维,更新理念,建立联席会议制度,出台共建共享工作方案,开展共建共享立项,多措并举,多管齐下,不断创新教育教学管理运行模式,切实发挥资源集聚效应,促进学生成长成才。

(一)加强工作协同,建立联席会议制度

为促进本科教育教学资源的共建共享和优势互补,学校专门建立了由校领导牵头,本科生院和威海校区教务处直接负责,多部门和学院集体研究、联合工作的"跨校区本科教学资源共建共享联席会议制度"。

据不完全统计,2017年以来,学校共召开济南校本部与威海校区本科教学"6+5"院－院共建共享工作会议、山东大学教育教学资源共建共享推进会、山东大学教育教学资源共建共享工作研讨会、一校三地一体发展调研座谈会和威海校区教育教学资源共建共享工作座谈会等10余次校级层面共建共享工作会议,其中7次在威海校区召开。一校三地对口学院与对口专业之间,通过现场会议、线上会议等方式定期举办共建共享专题研讨会,就培养方案统一修订、一流专业建设、课程共建共享、拔尖人才选拔与培养、学术交流等问题开展积极有效的讨论与研究,切实拿出解决或实施方案。

各级共建共享会议的"制度化、常态化、系统化和规律性"召开,充分证明了各级领导对共建共享工作的重视程度和做好该项工作的坚决态度;充分发挥了组织领导的统筹力、政策方针的引导力、基层单位的执行力和工作人员的合力,对促进本科教学各层级资源的共建共享工作起到了切实有效的统筹设计和督导落实作用。

(二)出台"1+N方案",开展共建共享试点工作

2017年9月12日,面对一校三地八校区教育教学资源配置不够均衡的问题和建设世界一流大学与一流本科教育的办学目标,学校"以问题为导向,以目标为引领",加强顶层设计,加强统筹布局,努力适应一校三地办学新格局的教育教学需要,印发了《关于建立教育教学资源共享机制 提高学生培养质量的意见》〔2017〕,并制定了6个资源共享优势互补方案(简称"1+N方案"),要求全校各单位"坚持改革创新""加强统筹协调""突出工作重点""把握需求导向,坚持试点先行、总结经验,以点带面,分步实施",逐步实现思想政治教育资源、本科教学资源、文化资源、教师教学发展资源、美育和体育教育资源等的共享与优势互补,并夯实教学资源共享的信息化支撑。

经系统设计和统筹协调,学校找准问题,突破重点,决定率先以济南校本部6个学院和威海校区5个学院为试点,从专业建设、课程建设和教师交流与教学能力提升等方面开展跨校区本科教学资源共建共享工作。

(三)以立项为抓手,落实共建共享试点工作

2017年9月30日,学校发布了《山东大学关于开展跨校区本科教学资源共建共享立项工作的通知》〔2017〕,计划从共建专业、共建共享课堂教学和跨校区暑期学校项目等方面开展跨校区本科教学资源共建共享工作,以此积极探索建立一校三地跨校区一体统筹、资源共享、优势互补的本科教育教学管理模式,实现本科教育教学一体化发展。

2018年3月27日,学校印发了《山东大学关于公布跨校区本科教学资源共建共享立项项目的通知》〔2018〕,最终确定了10个山东大学首批跨校区本科教学资源共建共享立项建设项目,以校本部8个学院为牵头学院,威海校区4个学院为共建学院,开展8个共建专业项目和2个共建共享课堂教学项目,累计共建共享了71门课程。学校加强了经费支持和条件建设,实行动态管理的淘汰与激励机制,督导各项目建设单位将"共建共享举措落地,工作落细,效果落实","力争形成多元有效的跨校区教学资源共建共享模式"。

自2017年学校开展跨校区本科教学资源共建共享试点工作以来,威海校区在专业建设、课程建设、学术交流、教师发展、教学团队建设、暑期学校项目、信息化教学水平等多个方面均取得了长足发展,受益颇丰。

三、坚持守正创新,升级共建共享

2021年,在继续前期相关工作的基础上,为进一步增强校区共建共享工作的

辐射面和普惠性，加大力度激发学院和教师参与共建共享的内生动力，夯实以“共商”为前提，以“共建”为路径，以“共享”为目标，以“共赢”为成果的有效工作体系，威海校区研究决定，在校区全面开展本科教学资源共建共享2.0工作，将工作模式由“项目引导”向“成果评价”转变，由以“引进来为主”向“引进来、传出去并重”转变，力争与校本部并肩偕行，实现一校三地优势互补、资源整合。

（一）开展分类调研，准确研判工作走向

2021年3～5月，教务处牵头，以共建共享和教研改革等为主要议题，深入校区各学院走访调研，再一次激活了共建共享工作的“校院联动”机制。经分单位座谈研讨并统一召开春季教学工作会议，各单位进一步解放了思想，凝聚了共识，充分认识到与校本部同心同向，互学互鉴的重大意义，将本科教学资源共建共享工作推向新阶段。

同时，为了解前期工作成效，厘清下一步工作思路，校区借助调研平台，对校区三大群体，即本科生、教师和学院领导班子进行了线上问卷调查和数据收集工作。

本次调研累计收取有效问卷2788份，有效回收率为99.5%，通过问卷数据分析和总结，出具了《山东大学（威海）一校三地本科教学资源共建共享2.0调研报告》。调查结果显示：(1)校区对于一校三地本科教学资源共建共享工作呈现支持和欢迎态度；(2)三大群体在本科教学资源共建共享的机制和各层面建设的意见和态度基本一致；(3)在对于共建共享机制的了解程度方面，学院领导班子的认知水平最高，教师的认知水平则有较大差距；(4)一校三地教师交流互动的频率尚有更大空间。各群体还就共建共享工作提出了多项建设性意见和建议，为下一步工作提供了有效民意和思路支撑。

（二）创新工作模式，制定年终考核体系

坚持学院办学主体地位，推进管理重心下移，根据学校强院兴校行动意见和综合预算改革试点精神，结合事权充分向学院下放人权、财权、物权，建立健全激励考核机制，以激励为核心，以奖励为手段，以“成果评价”为导向，建立了“山东大学（威海）本科教学资源共建共享年终单项考核评价体系”，鼓励各教学院部与校本部对口学院（所）、专业之间加强沟通，互学互鉴，统分结合，共商共建，共享共赢，形成育人合力，完善“系统化、常态化、制度化、团队化”合作机制。主要从以下层面对各教学院部工作制定考核指标。(1)实行院长（主任）、书记双负责人制，一校三地对口学院建立本科教育教学联合工作机制，定期召开联席工作会议，着力落实共商共建各项工作，有效达成共享共赢具体目标。学年初制定规划，学年中中期检查，学年末提交年度报告。(2)严格按照《山东大学关于修订本科人才培养方案的指导意见

(2020)》,一校三地统一标准、统一步伐、规范管理、狠抓落实,统一制定2021级本科人才培养方案。(3)一校三地共商共建共享各类本科课程,共同打造高品质“金课”,增加学生受益面。(4)升级现有或开发建设五年制双学士学位班、辅修学士学位班、微专业、各类菁英班、实验班、特色班,实现一校三地联合招生、联合培养。(5)加强交流,突破壁垒,校区互通,教研相长,牵头开展或深入参与校本部校级/省级教研项目申报和建设以及校级/省级/国家级教学成果奖申报。(6)与校本部联合编著、使用和推广新时代、高水平本科教材。(7)扩大开放,学术强校,加强一校三地学术交流,牵头组织或深入参与一校三地学术会议;积极引进来,邀请跨校区专家讲座;主动走出去,交流校区学术成果。(8)共商共建跨学院、跨专业、跨校区创新平台和实践基地,提高学生交叉复合创新实践能力。(9)结合教学院(部)办学特色和实际情况,开发其他可共商共建,共享共赢项目。

(三)严格考核评审,提供有效参考借鉴

2021年11～12月,由教务处牵头负责,组织各教学院部开展了威海校区2021年度跨校区本科教学资源共建共享年终考核工作。根据“山东大学(威海)本科教学资源共建共享年终单项考核评价体系”,结合各教学院部提交的《学院(部)2021年度本科教学资源共建共享工作总结报告》和《学院(部)2021年度本科教学资源共建共享数据统计表》,校区对各教学院部的年度工作进行了严格审核评议和公示,并根据经公示无异议后的考核结果给予了分级经费划拨。进而,印发《山东大学(威海)本科教学资源共建共享2.0工作总结报告汇编》,及时总结和积极推广各院部共商共建新举措、共享共赢新成果以及校区共建共享管理服务新理念、新经验,在加强各教学院部互学互鉴与交流提升的同时,也增强了院部和师生的认同感、荣誉感和凝聚力。

四、更新管理观念,做好增值服务

进一步解放思想,更新观念,完善共建共享统筹协调机制,落实优质特色增值服务,为各教学院部共建共享工作注入新动能,不断提高工作实效。

2021年3月,威海校区主动作为,积极组织,由教务处率队赴本科生院举行本科教育教学一体发展交流座谈会,双方就一校三地一体化招生和本科人才一体化培养等各层面问题进行了重点探讨,就实现一校三地招生统一、教务系统统一、培养方案统一、专业课程共享等问题达成了一致意见。4月,特邀校本部工科认证专家赴威海校区海洋学院进行工程教育认证报告与研讨,为海洋资源开发技术专业进行专业教育认证提供了明晰的方向,推进了海洋学院专业认证工作。10月,协同校本部举办第8届高校教学发展网络年会。11月，协同校本部组织召开山东大学一流专业申报交流会议。在招生拓展、拔尖人才选拔、各级教研项目和教学成果奖申报、暑期学校项目建设、教师教学能力培训、教学信息化建设等方面也在逐步实现常规性、一体化交流与合作。

从本科教学资源共建共享工作的试点先行到2.0工作的创新性、全方位拓展，威海校区始终坚持“同一目标、同一标准、同一精神家园”，勇担共同责任，始于共商共建，旨在共享共赢，志在为山东大学“双一流”建设提供威海支撑，为一校三地多校区管理的办学模式改革打造威海样板，逐步把威海校区建设成为山东大学创建世界一流大学的“新亮点”，传百廿风华，展浩然之气，与济南、青岛校区共同打造健全一校三地“本科教育教学共同体”。

（原文发表于2022年3月4日《齐鲁晚报》，收录时有改动）

以理论升华实践　以实践助推创新

——山东大学(威海)本科实践教学探索与实践*

韩秀峰　赵　梅

近年来,山东大学(威海)紧密围绕办学定位,不断深化本科教育教学改革,以增强学生实践能力和创新精神为目标,以学科竞赛为抓手,以创新平台为依托,革新课程实践教学内容,规范实践教学环节的过程管理,找不足补短板,确保"早实践、多实践、反复实践"的教学理念贯穿于本科人才培养全过程,促进了实践教学工作有序开展,实践教学改革稳步推进,应用型人才培养质量不断提高。2021年校区在各类学科竞赛中斩获多项大奖,获国家级奖64项、省部级奖637项,一大批勇于实践富有创新精神的青年学子脱颖而出,诠释了山东大学卓有成效的育人模式,打造了威海样板,社会声誉日益攀升,为山东大学双一流建设做出了突出贡献。

一、以赛促教,以赛促学

学科竞赛对于培养大学生的动手能力、抽象思维能力和科研能力具有重要的作用,通过文献资料查阅、竞赛方案设计、实验结果分析归纳,可以让学生得到多角度、多层次的实践锻炼,能开阔视野、拓宽思路、增强实干,有效提升科研能力;同时,以竞赛为契机,引领校区教师紧随时代教育的新态势,主动开展教学改革,助推实践教学内容创新,对于建设出一支专业水平高、业务能力强、有创新精神的教师队伍,全面提升实践教学的内涵质量都起到了积极的催化作用。正是认识到学科竞赛带来的正面效应,校区通过以下扎实稳健的做法确保竞赛工作落实到位。

* 本文为2021年山东省本科教学改革研究项目重点项目"新时代　新格局　多场域　大外语——大学外语教育教学综合改革研究"(项目编号:Z2021222)和山东大学(威海)2021年度教学研究与教学改革项目重点项目"山东大学(威海)新文科人才培养模式管理与推广机制研究"(项目编号:Z2021017)的阶段性成果。

1.认真做好备赛和校级选拔评审,广泛营造竞赛氛围,充分调动校区学子的参赛热情

每项赛事都设立竞赛工作组,指定竞赛负责人和组织单位,提供培训场地、仪器、设备及其他必要条件。竞赛负责人对赛事工作全面负责,包括组织发动、宣传报道、竞赛指导教师及辅助人员的选聘,训练方案及培训计划的制订、参赛学生的选拔和培训、竞赛指导和赛后总结等;竞赛通知发布后,组织单位通过多种渠道对学生进行宣传发动,积极组织赛前辅导、队长交流会、模拟答辩等活动,并邀请一些资深专家就答辩技巧、展板设计等细节进行有针对性的强化培训活动,提升项目质量;设立校赛选拔机制,聘请校内外专家、评委进行评审,优中择优,进入更高级别赛事的团队,通过分享往届获奖团队的比赛经验,进一步提升作品质量。

2.科学统筹参赛项目和经费资助,保证经费专款专用,促进学科竞赛蓬勃发展

每年末,校区都组织所有学院报送新年度拟参加的学科竞赛及经费预算。教务处根据申报情况统筹全校参赛项目及经费预算,其中对教育部主办的全国大学生电子设计竞赛等 14 项赛事给予优先资助,对全国普通高校学科竞赛排行榜赛事重点资助,在同等条件下兼顾学科和专业的均衡性和普及面,旨在鼓励更多的学生参与学科竞赛。

3.组织进行本科生学科竞赛赛事分级,发挥竞赛在创新人才培养中的引领作用

校区构建了学科竞赛分级体系,划分成国内外顶级 A 类赛事、国内外重要 B 类赛事、省部级一般 C 类赛事、校级 D 类赛事、院级 E 类赛事等五级赛事。例如,教育部、共青团中央等国家部委主办或者在国际国内产生重大影响,对于本科生成长具有重大意义的,列为国内外顶级 A 类赛事。通过赛事分级,保证每个学院都有与其专业特色高度契合的学科竞赛可以参加,每个专业的本科学生都能得到系统的科研训练,有效助力专业素养和专业能力的提升。

4.健全指导教师和获奖学生奖励机制,认定教研业绩和创新学分,充分调动广大师生参加各类学科竞赛的积极性、主动性和创造性

学生参加学校认定的竞赛获奖者,可申请获得创新学分,置换通识教育核心课程中创新创业模块学分和通识教育选修课程学分;学生获国家级、省级等奖项还会给予 5000 元不等的奖励;获奖项目的指导教师可参与校区优秀学科竞赛指导教师评选活动,指导的获奖项目计入工作量及教研业绩。

“种下的是希望,收获的是硕果”,充足的资金支持,正确的政策效应,师生参赛热情高涨,有力地促进了竞赛各项工作的良性开展,也为校区带来不菲成战绩。

2021年校区在全国大学生智能车大赛、挑战杯、中国国际“互联网+”大学生创新创业大赛、节能减排社会实践与科技竞赛、软件创新大赛、工程实践与创新能力竞赛以及ICPC国际大学生程序设计竞赛亚洲区域赛等七项重大赛事中均取得历史最好参赛成绩。例如，智能车代表队在全国决赛中获一等奖6项、二等奖6项，在获历史最好成绩的同时，连续两年在国赛中总成绩位列全国第一；全国大学生软件创新大赛在全国决赛中获奖数量首次进入全国前三；ICPC国际大学生程序设计竞赛亚洲区域赛在银川站和济南站连获两枚金牌，打破校区10多年来最高奖项为银牌的纪录；“挑战杯”全国大学生课外学术科技作品竞赛再次实现满额6件作品入围国赛，红色专项赛中获得国家级特等奖，实现了校区在“挑战杯”系列竞赛中获奖层次的新突破；工程实践与创新能力竞赛为校区初次组队参赛，首次亮相就取得不俗成绩，在该项赛事中获山东大学唯一1项国家级金奖。此外，在全国大学生数学建模竞赛中，校区获国家级一等奖1项、二等奖9项，成绩优异。

二、整合资源，搭建平台

校区通过开放各学院的科研和教学实验室，形成层级完整、功能多样的创新平台，为学生的创新创业活动提供了有力的支撑。设立创新创业课程，吸引了一大批优秀导师的加入，指导学生开展各类科研活动，为学生实践创新能力的培养提供了永不枯竭的源泉。2020～2021学年，校区本科学生发表学术论文及作品46篇，获准专利16项，获职业资格证书29人次，创新教育成效明显。

1.组织创新平台立项，发挥平台的创新引领作用，营造创新创业教育的良好氛围

为响应政府“大众创业、万众创新”的号召，进一步深化创新创业教育改革，完善双创服务体系，校区2021年首批立项建设了7个创新教育平台。平台负责人均为本专业技术领域有一定影响力的专家，拥有副高级及以上专业技术职称，有三年以上的学科竞赛指导经验，学科竞赛指导成绩突出。平台主要开展与各专业紧密相关的创新实践与创意交流，组织学科竞赛集训，组织创新创业讲座与论坛，开展校企校际合作创新项目研究，举办创新创业兴趣社团和协会活动等。同时各创新平台都具有支撑创新创业的完备设施和设备资源，学生在创新创业过程中遇到任何困难和问题，都可以向创新平台寻求支持和帮助。

2.依托平台开设创新创业课程，加强创新方法课程和创新训练项目的建设，强化本科学生创新能力培养

目前已开设20余门创新创业课程，如智能技术与控制创新教育平台开设了

“电子设计创新与实践”和“工程创新基础与实践”课程，算法实践与智能应用创新平台开设了“综合创新基础与实践”“创新设计导航”和“软件实训”课程，智能制造创新教育平台开设了“大学生创新能力培养与实践”和“创新工程实践”课程，企业经营模拟创新平台开设了“创业管理”“创新创业与企业运营管理”和“创业基础”课程。2020～2021 学年，校区有 2928 名本科学生参与了创新创业训练课程和项目，极大地提高了学生的动手能力，培养了创新精神，此类课程广受学生欢迎。

3.组织遴选优秀创新创业导师，集聚优质创新创业导师资源，切实发挥导师的引导和帮扶作用

根据山东省教育厅《关于组建山东省高等学校创新创业教育导师库的通知》要求，校区共推荐 58 名导师入选了山东省高等学校创新创业教育导师库，14 人为校外导师，由各行各业优秀创新创业人才、具有较高理论水平和实践经验的专家学者组成，他们了解和熟悉大学生创新创业基本需求，积极参与辅导和支持了校区本科学生的创业实践活动。校内导师由精通专业的教师组成，他们聚焦创新创业教育，在授课中将专业教育与创新创业教育相融合，在教学实践和科研训练中启迪学生创新创业思维，深入开展有校区特色的创新创业教育研究与实践，提高了创新创业教育的针对性、实效性。2020～2021 学年，校区在校学生创业项目达到 30 项，参与学生数 90 余人。

三、学思结合，知行统一

校区把实践教学作为提高人才培养质量的切入点和突破口，强化实践育人意识，强调学思结合，注重知行合一。校区积极采取鼓励教师开展实践教学改革，提高实验教学质量，规范实习和毕业论文过程管理，发挥思想政治教育实践性教学育人功能等举措，培养学生的实践创新能力。

1.鼓励教师积极开展实践教学改革，创新实践教学方法，充分利用现代教育技术手段，推广运用虚拟、仿真等技术，提高实践教学效果

修订各专业培养方案，增加实践教学学分比重，保证实践教学各环节总学分的比例，人文社科类本科专业应不少于总学分的 15%，理工类本科专业不少于 25%，每位本科生在学期间参加社会实践活动的时间累计不少于 4 周。同时加强了实践教学体系建设、实践课师资队伍建设、实验教学示范中心和校内外实训基地建设、实践教学研究项目（含教育部产学研项目）建设。目前校区已有 26 个项目获教育部产学合作协同育人项目立项，在 2021 年度校区教学研究与教学改革立项项目中，实践教学研究项目立项数达 34 个，有力地促进了教师实践教学研究质量的提升。

2.切实提高实验教学质量，着重培养本科学生动手能力、分析解决问题的能力和创新能力

校区各教学单位认真制定《实验教学大纲》，科学安排演示性、验证性实验，增加综合性、设计性实验，确保有综合性和设计性实验的课程占实验课程总数的80％以上；创新实验教学方法，充分利用现代化实验教学手段辅助实验教学，提高学生实验兴趣和实验教学效果；规范实验教学环节，增加学生独立操作和实际动手机会，切实提高学生实验动手能力；加大实验室开放力度，最大限度地发挥实验教学资源的利用率。空间科学与物理实验室率先建立了物理实验教学综合管理平台网上预约系统，实现实验室全面开放。机电与信息工程学院鼓励各类实验室积极接纳本科学生从事实验研究，以科研促进教学。2020～2021 学年，校区共开设实验课程 455 门次，课时数达 10972 自然学时，满足了学生的实验需求。

3.规范实习过程管理，探索协同育人机制，改善实习教学条件，保证实习教学效果

各教学单位制定科学合理的《实习教学大纲》，选派责任心强、有指导实习经验的教师担任实习指导教师，精心组织，规范管理；积极推进校企合作、产学结合，探索协同育人机制，聘请企业导师对学生实习实训进行现场指导，构建基于“双赢”格局的校企深度合作办学模式。截至 2021 年，校区各专业共建立相对稳定的优质校外实习基地 130 个，为实习实训的有效运行提供了保障。

4.强化本科生毕业设计(论文)的规范管理和质量监控，实现学术不端行为检测全覆盖

毕业设计(论文)对培养本科学生科学思考、缜密分析、设计研究、综合运用能力具有重要的意义，校区狠抓毕业设计(论文)的选题、答辩、成绩评定等主要环节的管理，注意提高毕业设计(论文)选题与教师的科研项目相结合、与社会需求和工程实际相结合的比例，并根据教育部《本科毕业论文(设计)抽检办法》要求，加强大学生学风和学术道德建设，加大对毕业设计(论文)的选题意义、写作安排、逻辑构建、专业能力以及学术规范的监督管理。自 2021 届毕业生启用同方知网的毕业设计(论文)管理系统，实行了从拟题报题、选题、任务书、开题管理、中期管理、查重、答辩、成绩评阅、推优至最终归档的全流程管理。校区 2021 届毕业设计(论文)参与指导教师 616 人，含双学位和留学生共计毕业生 3940 名，一次查重检测通过率达到了 99.97％，毕业设计(论文)内涵质量显著提升。

5.立足驻地红色教育资源，发挥思想政治教育实践性教学育人功能

对修读“中国现代史纲要”和“道德与法律”课程的本科生举办“唱响主旋律，传

扬正能量”红歌大赛，陶冶学生爱党、爱国、爱校的高尚情操，引导树立正确的世界观、人生观、价值观；对修读“中国化马克思主义概论”和“马克思主义原理概论”课程的本科生举办“诵红色经典做时代新人”大学生中华经典诵读大赛，激发学生对中华优秀传统文化的学习热情，承担起传承和创新中华优秀传统文化的历史重任；对修读“马克思主义基本原理概论”“中国化马克思主义概论”“中国近现代史纲要”三门课程的本科生举办“刘公岛杯”大学生思想政治风采大赛，参观刘公岛红色教育基地，促进校区大学生永铸忧患意识，深入了解百年来中国共产党为实现中华民族伟大复兴而不懈奋斗的革命历程，引导学生传承红色基因，赓续共产党人精神血脉。

青春不负，未来可期，山东大学（威海）将继续以立德树人为根本任务，以改革创新为持续动力，聚势谋远、砥砺前行，全面开创实践教学新局面！

（原文发表于 2022 年 1 月 21 日《齐鲁晚报》，收录时有改动）

共担风雨　共享阳光　守正创新　平安考试

——山东大学(威海)2021 年考试工作纪实*

王湘云　边　婧　祝　君　谷凌燕　马泽中

秉持“唯不安者可以安”的信念，以“治险于未有”的防范能力，以“处危而不乱”的驾驭能力，以“守正且创新”的发展能力，在学校领导的带领下，山东大学(威海)教务处坚持把各级各类考试的“基础工作做细，重点工作做好，考务工作做严，防疫工作做实”，在新冠肺炎疫情防控常态化背景下历经重重考验，顺利地完成了大学英语四六级考试、研究生招生考试、韩国语能力测试等 10 次大型考试考务工作，获评 2021 年度威海市教育招生考试工作优秀考点。同时，再一次在省内进行 CET 考务工作经验交流，是唯一一个两次典型发言的考点，为不平凡的 2021 年画上了圆满的句号。

一、加强部门联动机制、健全组织保障制度

作为负责具体工作组织与实施的部门，教务处通过考前协调会、保障工作报告会等方式，统一思想，提高认识，凝心聚力，齐抓共管，对新冠肺炎疫情防控、安保规范、考生服务、考试宣传、后勤保障、校园考试环境布置、网络信息及舆情监控等方面进行规划，各部门协同一致，拧成“一股绳”，部署“一张网”，同下“一盘棋”，共同研究制定新冠肺炎疫情防控常态化形势下考务工作方案。

首先，成立由分管教学副校长任组长，教务处、纪监审办公室、宣传统战部、学生工作处、保卫处、后勤管理处及相关学院负责人为主的考试工作领导小组，全面负责考试组织和疫情防控工作的组织领导、协调实施及应急处置。

---

* 本文为 2021 年山东省本科教学改革研究项目重点项目“新时代　新格局　多场域　大外语——大学外语教育教学综合改革研究”(项目编号：Z2021222)和山东大学(威海)2021 年度教学研究与教学改革项目重点项目“山东大学(威海)新文科人才培养模式管理与推广机制研究”(项目编号：Z2021017)的阶段性成果。

其次，考前全面排查工作环节上的“风险点”，牢牢把握考试工作的“主动权”，立足于有问题“早发现，早化解”，妥善处置考试过程中各类安全隐患。考前一个月，联合后勤管理处对所有考区开展桌椅、供暖、水电排查，同时密切关注天气变化，做好雨雪降温等极端天气应对预案；考前两周，联合保卫处做好安全警戒线、考试专用通道、周边交通设置及考区布设规划，提升工作效率，确保考生按时入场参加考试。

最后，注重工作流程规范化，考后进行全面总结，制作每次考试的“流程图”和各类物品准备的“清单表”。通过制度或规范使隐性知识显性化，通过流程的优化提高工作效率和资源配置合理程度，实现各岗位、各科室、各部门间的“无缝对接”和“流水操作”。重视工作成效信息化，及时通过媒体发布考试新闻，做到“能发力，会发声”。

二、严格组考防疫措施、强调决策的前瞻性

以“安全第一，生命至上”为原则，把广大考生和考务工作人员以及校区师生的生命安全和身体健康放在第一位，严格落实疫情防控要求，切实做好试前培训演练，试中及时反应，真真正正把“工作放在心上，把责任扛在肩上”，切切实实把各级各类“考试工作暨防控工作方案”落到实处、做到细处。

首先，严格组考防疫措施，备齐消杀防疫物资。增设一名新冠肺炎疫情防控专职副主考，设置防疫医疗小组，由 1 名卫健防疫人员、2 名医护人员组成，并配备一辆救护车，具体负责涉疫常规工作和突发医疗事件的处置。为考试工作人员配备口罩，并为考生准备一定数量的备用口罩。配备速干手消毒剂、含氯消毒剂，为所有备用隔离考场，额外配备工作服、一次性工作帽和手套、防护服、N95 口罩、防护面屏、工作鞋等。考前和考后，由后勤管理处指定专人进行考试楼宇内教室及其他公共区域的保洁和消杀。

其次，开展防疫专项培训，建立应急处理机制。按照省教育招生考试院的偶发事件应急处置预案，制定各级各类考试防控工作应急处置预案，提高应对突发事件能力，切实做好各项应急工作。建立畅通的信息传输渠道和高效的信息上报机制，做到统一指挥，有效控制，迅速处置。邀请威海市立医院医生就新冠肺炎疫情防控规程，对监考人员和考务人员进行考前专题培训，包括防疫知识的讲解和基本技能训练，确保全体监考、考务人员熟练掌握防疫基本技能和考点内处置流程。

最后，做好考前应急演练，强化防疫秩序管理。按照入场安检、体温检测、防疫消杀等工作环节，开展考前“全过程”模拟演练，进一步加深工作人员对疫情防控应

急处置流程的认识，提高疫情防控应急处置能力和水平，全面做好疫情防护和考务工作，确保考试公平公正、平稳有序进行。考试当天，在考试楼区入口处设置考生专用通道和搭有凉棚通道的体温监测点，配备大量无接触体温检测设备，要求所有人“佩戴口罩，有序排队，间隔测温”；设置临时留观点，供初次体温检测不合格人员短暂休息调整使用；考试结束后统一指挥，“分批退场，错层离场”。

三、细化娴熟考务流程、环环紧扣精准实施

遵循“公平公正，科学合理，安全高效”的原则，制订考务工作方案，周密组织实施。对考务组织、考场安排等工作任务进行了细化分解，抓紧抓实各项举措，确保“响应政策不变样，严格要求不走样”。

首先，重视考前培训。考前，分别对监考人员、考务人员、考务组长、保卫人员进行培训，这种全员、全方位、全覆盖的培训方式使全体工作人员熟练掌握岗位职责、考场座位分布、考生须知和考场规则等各项细节，有力地保证了考试的平稳进行。

其次，落实组长负责制。设置保密组、后勤组、保卫组、信号组、办公室、宣传组、考务组等七大职能组，各职能组设组长一名，对每组的职能和任务进行详细分工，确保考试的每一环节、每一岗位均有“专人负责，专人监管”，做到“责任到岗，任务到人”。其中，考务组又根据考区不同，划出考区分组，各分组设考务组长、副组长、防疫联络员各一人，各考务分组组长负责相关考区的试卷发收、流动监考、信息统计、问题上报及处理等具体工作，重大问题及时与考务负责人联系处理。考试期间，流动监考人员在其责任区域坚守岗位，认真执勤，随时与监考人员对接，确保信息流的畅通。

最后，建立环节精准制。制订《山东大学(威海)大学英语考务管理工作手册》，内容包括新冠肺炎疫情防控工作方案、应急处置预案等10多项内容。分解、细化考务各环节，以“无缝对接，无缝衔接”为工作目标，确保“环环相扣，精准实施，十拿十稳”。

四、创新工作方式方法、做好考试服务保障

教务处始终坚持“制度化管理，人性化服务”的工作原则，以“服务是认识，服务是定位，服务是承诺，服务是践行，服务是共情，服务是艺术”为认识论，周密部署，确保各类考试“应考尽考”，实现“平安考试、健康考试、暖心考试”。

首先，“应考尽考”。坚持“应考尽考”原则，细化各类考试应急预案，做到“一试

一案”;对“红/黄码”或被隔离等异常情况考生,做到“一人一案”;设置“隔离备用考场”,配备“隔离考场直通车”。2021年开考的韩国语能力测试、硕士研究生招生考试均面向社会报名,事关广大考生的切身利益,涉及面广,影响大,责任重,每年都有大量的考生参加,并且考生绝大多数为校外人员。在新冠肺炎疫情防控常态化的背景下进行,非同寻常,比较特殊。为发挥服务社会功能,践行高校责任担当,满足考生需求,教务处高度重视,主动承接起组织本次考试的任务,充分体现了“敢作为,有担当”的胆识和“越是艰难,越向前”的斗志,考生们的付出没有被新冠肺炎疫情阻挡,正所谓“一个人的梦想被一群人共同守护,每一份努力都不被辜负”,实现“应考尽考”。

其次,“平安考试”。考前,通过校区网站、校园广播、宣传栏等渠道广泛宣传“考场规则”“考试注意事项”,公布举报电话,在校区考点营造严肃且健康的考试环境和氛围。同时,联合学生工作处对广大考生进行诚信教育,积极倡导学生树立良好的道德纪律观念,端正学习态度,严肃考风考纪,发扬优良的考风和学风。进一步加强风险排查,确保试卷运送、保管、发放、回收及保存等关键环节不出任何问题。严格考场纪律,把好考场入口关,与考试无关的物品一律不准带入考区;每个考场配备无线信号探测器、金属探测器等设备,加强考生入场身份核验;楼层流动监考配备身份证阅读机和对讲机,坚决防范和严厉打击替考、有组织的集体舞弊等各种违纪舞弊行为,把安全防护网络进一步织细织密,确保考试公平公正,实现“平安考试”。

再次,“健康考试”。在考前14天、3天、2天,根据省招生考试院反馈数据,分别对考生健康通行码进行筛查,主动与“红/黄码”等异常情况考生进行“一对一”核实,确保“考生情况清晰、轨迹清楚、信息准确”。考前、考后统一组织核酸检测,联合后勤管理处对考区所用教室、周边环境进行全面消杀,全力做好防疫物资储备。联合保卫处设置安全护栏,做好出入人员信息审核,区分校内考生与校外考生、考生与非考生,尽可能地避免人员交叉接触,确保考生和考试工作人员生命安全和身体健康,确保不因考试造成疫情传播,实现“健康考试”。

最后,“暖心考试”。为更好地服务考生,教务处在考前开通服务热线电话,安排专人值班,及时解决考生诉求,为考生参加考试提供合理便利。考试期间,在各楼区设置“物品存放处”、规划“考生候考室”“考生休息区”,联合保卫处为考生设置“爱心车”,将行动不便考生直接送达考试楼区,对有校外考生参与的考试设置志愿者,配合安保人员维持考点秩序,耐心细致地引导服务,并在考场内为考生准备热水、一次性纸杯、考试文具、暖宝宝等,不断优化服务,做到“齐心协力共准备,服务考生全方位”,实现“暖心考试”。

作为考试工作的牵头组织部门,教务处将进一步提高政治站位,筑牢安全防线,协同校区各有关部门,“审大小而图,酌缓急而布”,“连上下而通,衡内外而施”,按照新冠肺炎疫情防控和考务工作要求,将考试工作各环节抓细抓好,多措并举,做到“常规工作不常规,规定动作有发挥”,守正创新,为广大考生提供安全、规范的考务服务,确保各级各类考试平稳、顺利进行,为服务地方经济发展、校区事业发展和新冠肺炎疫情防控做出更大贡献。

(原文发表于 2022 年 4 月 8 日《齐鲁晚报》,收录时有改动)

凝心聚力　砥砺前行

——山东大学(威海)全国硕士研究生招生考试工作纪实*

薛　峰　边　婧　徐　越　戚伟良

山东大学(威海)深入贯彻党的十九届五中全会精神和中共中央、国务院印发的《深化新时代教育评价改革总体方案》,深刻认识2021年研究生招生考试工作面临的严峻形势,坚持底线思维,紧盯关键环节,切实把考试安全工作措施落到实处,顺利完成了2021年全国硕士研究生招生考试工作。

2021年全国硕士研究生招生考试于2020年12月26～27日举行,在威海校区考点安排考生3622人。校区可用于研究生招生考试的标准化考场144个。根据各楼区考场容量、备用隔离考场设置,在充分考虑试题安全和方便考务组织的情况下,校区共使用标准化考场121个。

为保障此次考试的顺利进行,校区严格按照上级教育主管部门的考务流程和防疫要求,校领导亲自挂帅,狠抓关键环节。主要领导多次听取考试准备工作汇报,多次召开考试组织工作和防疫工作专题会议,不断完善工作方案和应急预案,在此过程中多次进行现场考察或检查。在此基础上,为确保广大考生及工作人员的身体健康和生命安全,根据上级有关文件精神,校区各职能部门及各教学单位各司其职,密切协同,强化新冠肺炎疫情防控,优化考场安排,加强防疫培训教育和应急演练。同时得到了威海市教育局、卫健委、疾控中心、市立医院、供电局、无线电委员会、驻地派出所等部门的大力支持,共同保障了本次全国硕士研究生招生考试工作的顺利完成。

* 本文为2021年山东省本科教学改革研究项目重点项目“新时代　新格局　多场域　大外语——大学外语教育教学综合改革研究”(项目编号:Z2021222)和山东大学(威海)2021年度教学研究与教学改革项目重点项目“山东大学(威海)新文科人才培养模式管理与推广机制研究”(项目编号:Z2021017)的阶段性成果。

一、严格措施,优化方案

2020 年 12 月 2 日,山东大学召开了新冠肺炎疫情防控专班会议,确定了本次考试的基本工作原则。首先,"安全第一,生命至上",要求把广大考生和考务工作人员以及校区师生的生命安全和身体健康放在第一位,严格落实疫情防控要求,切实做好考试过程中的疫情防控工作。其次,"公平公正,科学规范",要求加强统筹谋划,建立健全各项规章制度和工作方案,做到信息公开、程序规范、监督机制健全,依法维护考生的合法权益。最后,"协调联动,严格落实",要求加强与校区相关职能部门的协调配合,明确岗位职责,严格责任落实,确保考试工作平稳实施,维护考点、学校和社会稳定。

2020 年 12 月 4 日,威海校区召开了新冠肺炎疫情防控专班工作会,会后根据会议精神和校区领导的要求,威海校区重点从疫情防控和考务安全管理两个方面落实了以下三个方面的工作:首先,加强组织领导。威海校区成立由分管教学副校长任组长,相关职能部门负责人组成的考试工作领导小组,全面负责考试组织和疫情防控工作的组织领导、协调实施、应急处置。校区教务处负责具体工作的组织实施,全面贯彻落实各项职责要求。其次,建立联动机制。加强校区职能部门间的协同配合,相关部门各司其职、相互配合、齐抓共管,共同研究制订疫情常态化防控下考务工作方案,采取多种措施,切实维护考试的公平性和公信力,确保考试期间所有考生和工作人员的生命安全和身体健康。最后,建立应急处理机制。建立健全突发和偶发事件应急机制,按照省教育招生考试院的偶发事件应急处置预案执行,及时上报威海市招办,提高应对突发事件的能力,切实做好各项防范工作。建立畅通的信息传输渠道和严格的信息上报机制,做到统一指挥,有效控制,迅速处置。

在多次讨论、完善,校区考点于 2020 年 12 月 17 日制订了《2021 年全国硕士研究生招生考试山东大学(威海)考点考试工作暨疫情防控工作方案》,全面指导本次考试的新冠肺炎疫情防控工作。2020 年 12 月 18 日,校区考点制订了《2021 年全国硕士研究生招生考试山东大学(威海)考点疫情防控应急预案》,对考试中可能出现的疫情应对措施,进行了具体的指导和要求。2020 年 12 月 21 日,校区印发了《关于成立山东大学(威海)全国硕士研究生招生考试工作领导小组的通知》,要求切实加强考试工作的组织领导,严肃考风考纪,严格考务管理。2020 年 12 月 21 日,校区考点制订了《山东大学(威海)2021 年全国硕士研究生招生考试突发事件应急处置预案》,对研究生招生考试过程中出现各类突发事件时,如何确保考试工作平稳实施,维护考点、考场和社会稳定,进行了详细的指导和要求。

二、强化责任，狠抓落实

2020年12月18日，在教务处组织下，校区宣传统战部、学生工作处、后勤管理处、保卫处等相关职能部门主要负责人参加了考前协调会，会议对考生进校、新冠肺炎疫情防控、安保规范、考生服务、考试宣传、后勤保障、交通规划、校园考试环境布置等进行了商讨与安排。2020年12月21日，威海校区考点下发了《2021年全国硕士研究生招生考试山东大学(威海)考点考试工作人员防疫要求》，对所有考试工作人员的个人防疫进行了严格要求和规范。2020年12月21日，威海校区考点发布了《关于明确全国硕士研究生招生考试期间校园安保有关事项的通知》，提前向广大考生和考试工作人员告知考试期间校园封闭、交通路线、考生安检等安排和要求。

2020年12月24日，威海校区党工委书记、常务副校长、分管新冠肺炎疫情防控副校长、分管教学副校长等校区领导对本次考试的疫情防控工作和考试管理工作的准备情况进行了现场检查和督查，教务处组织人员组织了疫情防控和二次安检的现场演练，经过全面、细致的检查，校领导对考试准备工作表示满意，对不足之处也进行了指导和要求。2020年12月25日，省考试院检查组到威海校区考点现场检查研究生考试疫情防控组织准备情况和考试组织筹备情况，检查组经过仔细的实地检查并听取了考点的详细汇报后，对威海校区考点的各项准备工作表示肯定。

在校区全国硕士研究生招生考试工作领导小组的领导下，遵循公平公正、科学合理、安全高效的原则，统筹协调相关职能部门，明确工作职责，科学制订考务工作方案，周密组织实施。本次考试威海校区考点设置了监察组、保密组、考务组、防疫组、信号组、保卫组、后勤组、宣传组、值班办公室等职能组，每个职能组设组长、副组长和防疫联络员，并对各组的职能和任务进行了详细分工，确保了考务工作的各个环节规范、严谨。选聘身体健康、品行端正、工作认真、责任心强、无直系亲属或者利害关系人在编在职人员参加本次考试的监考和考务工作，在校学生从事引导员工作，所有人员持证上岗。根据教育部考试中心和省教育招生考试院提出的考务工作要求，全面排查工作环节上的薄弱点和风险点，切实将考务工作做实做细，确保整个考试的每一个环节、每一个岗位都有人负责、有人监管，做到责任落实到岗、落实到人。充分做好考试预案工作，提高应急处置能力，牢牢把握考试工作的主动权，立足于有问题早发现，早化解，妥善地处置考试过程中各类安全隐患。

三、严密配合，全力防控

严格组考防疫措施。在校区新冠肺炎疫情防控专班领导下，做好新冠肺炎疫情防控常态化下的考务工作。校区考点增设一名疫情防控专职副主考，设置防疫医疗小组，具体负责涉疫常规工作和突发事件的处置。完善考点内、考场内防疫工作流程和处置流程，明确各岗位工作职责，严格执行考务防疫要求。

2020 年 12 月 24 日，教务处分别对监考人员和考务工作人员进行了考前疫情防控制度、考试工作流程的专题培训，并邀请防疫专家现场进行了防疫知识的辅导和基本技能的培训，确保广大监考人员和考务人员熟练掌握防护知识和工作技能，组织开展考试全流程综合实战演练，并对发现的问题进行了及时整改。

强化考区秩序管理，入场时要求所有人员佩戴口罩、有序排队、相互间隔，依次开展体温测量；考试结束后做到统一指挥，考生分批、逐次退场。严格考务工作人员防疫要求。除保卫人员、考生用品存放工作人员、标准化考场技术保障人员外，选聘的考务工作人员原则上须为本校正式工作人员，所有工作人员均须按要求填写《全国硕士研究生招生考试山东大学（威海）考点考务人员安全考试承诺书》，于考试第一场时交给考务办。考试当日，考务工作人员凭本人校园卡、监考牌和《承诺书》方可进入考点。

设置防疫医疗小组。防疫医疗小组于考试两天在考点留观室值班待命，由防疫副主考兼任组长。防疫医疗小组成员由 1 名卫健防疫人员、2 名医疗人员和 2 名护士组成，配备救护车 1 辆。按防疫要求在考场入口处设立核验点、临时留观点。防疫备用考场设置防疫专用通道，配备速干手消毒剂、个人防护用品。考试开始前、两场考试间和结束后由专人做好考区清洁消毒、通风工作。做好防疫物资保障与物品配备。

考场体温检测点的设置。在考生和考试工作人员进入考试封闭楼区的入口处设置搭有凉棚通道的体温检测点，对所有进入考点人员进行体温测量。考试楼区设置考生专用测温通道，同时设置一个临时留观点，供检测不合格人员短暂休息调整使用。

自 2020 年 12 月 25 日晚 22 时起，校区内所涉及楼宇全部封闭，后勤管理处组织人员进行考试楼宇内教室、公共区域的保洁、消杀等工作。

四、换位思考，人文服务

2020 年 12 月 18 日，校区考点通过威海校区网站、微信公众号和威海市招办网站发布了《2021 年全国硕士研究生招生考试山东大学(威海)考点考生公告》，从考生重要提醒、考前材料准备、防疫要求、入场检查要求、考生服务等方面对考生进行了提示和告知，为考试的顺利开展做好了铺垫。

考前通过校区网站、校园广播、新媒体平台等渠道广泛宣传“考场规则”“考试注意事项”“国家考试违规处理办法”及《刑法修正案(九)》、最高人民法院和最高人民检察院《关于办理组织考试作弊等刑事案件适用法律若干问题的解释》等法律法规，做好考生的宣传教育工作。同时温馨提醒考生：(1)按规定做好考前防疫准备。要详细了解考点相关防疫要求，如体温监测、核酸证明等，提前按规定做好各项准备。同时，尽量减少不必要的外出和聚会活动。(2)提前做好考试准备。要按照考务要求，提前准备好考试所需有关证件以及必备的考试用具。仔细核实确认考试时间、地点和科目。充分考虑体温检测等因素，合理安排考试期间出行时间和路线，预留足够赴考时间。(3)严格遵守考场纪律。要提高法律意识，自觉学法知法、遵纪守法，诚信参加考试，不携带手机等各类无线通信工具及其他违禁物品进入考场，不心存侥幸替他人或者让他人代替自己参加考试，不参与涉考违法犯罪活动。(4)不信谣、不传谣，安心备考。要保持良好的心态和身体状态，积极备考、沉着应考。不听信非官方网络媒体发布的招生考试信息，如有疑问请直接向当地教育考试部门咨询。

竭力做好考生服务，考前公布咨询服务电话，安排专人接听，耐心地答复考生提出的问题。妥善地处理考试过程中的各种问题，及时回应考生质疑，将问题解决在考场之中。设置考点指示牌，提供引导、咨询等方面的服务便利，给考生提供一个既严肃又温馨的考试环境。

本次全国硕士研究生招生考试是新冠肺炎疫情期间威海校区组织的首场有大量校外考生参加的大型国家教育统一考试，是一次人流密集、交叉的集体性活动，疫情防控工作情况复杂且任务繁重。校区各职能部门、教学单位凝心聚力，砥砺前行，分工协作，顺利完成了疫情防控形势下的考试任务。考试期间，山东省教育招生考试院、威海市教育局、威海市招生办公室派出巡视人员对校区考试组织情况和疫情防控工作进行了现场监督检查，对威海校区考点的方案制订、考试准备、组织安排、保障措施等工作给予了高度评价。

(原文发表于 2021 年 3 月 5 日《齐鲁晚报》，收录时有改动)

改善教学环境 提升教学体验 助力教学改革

——山东大学(威海)智慧教室二期全面投入使用*

姜学思 刘立山 袁胜忠

经过近一个半月的紧张施工,作为2020年山东大学(威海)服务师生十件实事之一的智慧教室二期工程已完成建设,并顺利投入使用。一流人才培养需要模式创新、理念更新和方法革新。教室是教学的主阵地,是培才育贤的主要场所,优秀人才培养需要良好的育人环境,尤其是一流的授课环境。先进的教学环境可提升教学体验,可在“器”的层面促推人才培养体系改革等“道”的层面的实现。在后疫情时代,强化互联网和信息技术服务教学的能力,教室的信息化和智能化是重要的切入点。智慧教室以互联网、云储存和数据可视化等现代化信息技术服务日常教学,彻底改变传统教室教学的方式和形态。作为校区民生工程,智慧教室二期工程从建设项目规划到执行方案确定,从密集施工到工程验收,从操作培训到系统优化,从紧急事项处理到日常化服务保障等各个环节,皆受到师生的关注。威海校区高度重视智慧教室建设工作,在新冠肺炎疫情防控形势下,克服困难,保障安全,有序建设,按期交付。项目的顺利推动和按时启用,有利于改善校区教学条件,提升教学体验,助推教育教学改革,释放教学活力,提高教学生产力。

一、精心准备 系统筹划

(一)高度重视智慧教室二期工程建设工作

为顺利推进项目建设,校区成立了以分管副校长为组长、教务处为牵头单位的建设协调小组。早在2020年3月,教务处协同信息化工作办公室等单位即开展相

* 本文为2021年山东省本科教学改革研究项目重点项目“新时代 新格局 多场域 大外语——大学外语教育教学综合改革研究”(项目编号:Z2021222)和山东大学(威海)2021年度教学研究与教学改革项目重点项目“山东大学(威海)新文科人才培养模式管理与推广机制研究”(项目编号:Z2021017)的阶段性成果。

关准备工作，高频次考查各个供应商和设备品牌，详细了解核心参数，多维度收集分析用户反馈。2020 年 4 月，组织供应商入校搭建设备“样板间”，实地查看设备的运转情况，全方位测评各品牌的主要功能。以校区实际教学需求为核心，以一校三地同步教学为指向，以使用的便捷智能为目标，以设备运行安全稳定为保障，设计多种规划方案。在项目准备和筹划阶段，分管校领导和牵头单位主要负责人多次召开建设协调会、项目启动会和工程推进会，召集专家论证项目，推敲细节，微调参数，改进流程，促进项目落地实施。

（二）克服实际困难，不断调整优化工作方案

智慧教室是以互联网为核心和基础的物联网平台，是新信息技术在教育教学层面的全方面运用，在规划、设计和建设阶段，校区存在技术、经验和保障等多方面的困难。在学校的大力支持下，教务处协同信息化工作办公室联合多个职能部门，克服在政策、资金和技术以及人员保障等多方面困难，以线上线下同步教学与一校三地同时授课为出发点和落脚点，制定契合多校区教育教学资源共建共享的建设方案。建设协调小组多次召开项目推进会，经过反复研讨和系统协商，并与校本部积极接洽沟通，不断调整设计方案，优化项目建设指标，力求不同品牌、不同批次、不同校区、不同教学区域的设备兼容与信息共享，真正实现一校三地同步授课、同步测试、即时互动、教情收集、数据共享等，在教学空间和教学设备层面进一步推动教育教学资源共建共享。根据学校工作部署，确定最终建设方案，智慧教室二期工程在暑期开始施工，并于 9 月开学前完成建设，并投入使用。

二、规范流程　科学施工

（一）全面考查论证，严格规范招标

按照山东大学的招投标工作要求，威海校区制定严格规范的招标流程。为了满足多样化、自主化和智能化教学需求，校区组织十余家供应商搭建 15 间包括多个品牌的设备“样板间”，涉及常态化录播智慧教室、互动型智慧教室、研讨型智慧教室、自主微课制作室及可视化控制中心等。施工建设协调小组委托招标公司组织专家评委实地检测设备运转稳定性和教学需求满足情况。厂家技术人员全面介绍设备参数与核心功能，实时回答评委提问。评委专项评价与综合考查相结合，个人打分与集体会商相统一，以设备的稳定性与使用的便捷性以及智能交互的完成度为主要衡量标准，全方位系统评价各个智慧教室的核心功能。考查测试评分过程，由校区纪检部门及招标公司人员全程监督、全程录像，保证招标流程的公开、公平、公正。

（二）积极推进项目施工，全力保障工程质量

智慧教室二期工程涉及文学楼、图东教学楼和东北亚学院等多个教学楼区，包括常态化录播智慧教室、研讨型智慧教室、自主微课制作室和可视化控制中心等共90间教室。施工区域大，技术难度高，类别需求多样，指标参数严格。根据建设规划，所有项目在2020年9月秋季学期开学前施工完毕，并投入使用。智慧教室建设是一项系统化工程，涵盖教室内部装修、教室门窗更换、网络升级改造、标准化考场重新布线、教学设备安装、软件及系统安装调试等工作。据统计，因工作内容不同，一间智慧教室的施工单位超过6家。项目工程的系统性和复杂性为工程推进带来压力和挑战。为保障顺利施工和建设质量，项目实行使用方全程跟进的工作机制，教务处电教中心和信息化工作办公室工作人员全程进驻施工现场，参与建设施工的各个环节，科学研判，灵活调整，随时汇报，现场解决问题。教务处协同信息化工作办公室与各职能部门一道，科学分工、密切配合、有序入驻、同步改造，避免重复建设、重复用工，在保障施工质量的前提下，实行信息共享，提高工作效率，加快工程进度，全方位地推进智慧教室工程建设。

（三）切实加强新冠肺炎疫情防控，确保项目建设安全

智慧教室二期工程的可行性论证、项目招标、施工建设皆在新冠肺炎疫情防控期间进行。2020年7月，全国上下新冠肺炎疫情防控取得阶段性成效，复工复产有序推进。工程施工前，教务处积极联络各施工方负责人，制订疫情防控方案和应急预案，要求各施工单位必须严格遵守学校各项疫情防控规定，定时对施工场所进行消杀，全力做好疫情防控工作，确保施工安全和人员健康。施工前，各施工单位工作人员进入校园前需提供核酸检测证明；施工时，人员在指定区域工作，不得出入非施工区域，最大限度地降低人员流动风险。此外，施工人员每天至少测量三次体温，并定时上报，发现体温异常者即时启动应急预案。

（四）不为目的而手段，只为方法而方法，全力打造金牌质量工程

新冠肺炎疫情防控期间，密集施工，时间紧，任务重，节奏快，风险高。校区领导多次调研施工现场，查看建设进度，慰问工作人员，提出建设要求。建设协调小组多次召开项目施工推进会，形成目标导向和结果导向相统一、施工进度与工程质量两手抓的工作思路。教务处和信息化工作办公室工作人员分工包干，各司其职，压实责任，督促各施工单位严格执行施工进度表，倒排工期，确保质量。经过各方共同努力，智慧教室二期工程在2020年秋季学期开学前完工，完成设备测试和系统优化，满足启用要求。

三、系统培训　强化认同

(一)系统培训教职员工,引导教师转变教学理念,提高信息技术素养

作为新型人才培养场域和教学媒介,智慧教室的典型特征是信息化、智能化、自主化。全新的空间布局与教学设施构建全新的教学形态,因此,在智慧教室正式启用前,对教师进行系统培训是不可缺少的工作环节。2020 年秋季学期开学之初,教务处协同信息化工作办公室召集供应商对任课教师与教学单位教学管理服务人员进行了集中培训。第一部分是常态化录播智慧教室的使用方法。首先,介绍智慧教室的工作机制和运行方式,明确与传统多媒体教室在建设、使用和维护等方面的区别,深化教师对信息化教学的理解。其次,重点讲授桌面云的下载安装使用方式方法。桌面云是学校信息化建设的重要组成部分,在日常教学扮演着重要角色。桌面云可理解为云端个人计算机,只需输入账号和密码,可实现居家、办公室和教室同步使用。最后,供应商讲解智慧大屏的使用方式方法,着重介绍基于人机交互的电子屏板书操作。第二部分是研讨型智慧教室的使用方法。研讨型教室不同于常态化录播智慧教室,其主要功能是实现教与学的交互,学生学习小组利用分屏实现师生交互、生生交互。研讨型智慧教室可提高师生共同参与教学的活跃度,有利于启发式、研讨式和互动式教学的功能实现和效果测量。第三部分是建立日常使用答疑 QQ 工作群。正式开学后,智慧教室需进一步改进和优化,以便更加贴合学校日常教学要求。教师在教学过程中遇到的各种问题,可以在 QQ 群中提问和咨询。教务处、信息化工作办公室和驻校工程师全方位地落实服务教师就是服务教学的工作要求,及时回应教师关切,耐心细心地记录汇总教师授课时遇到的技术障碍,系统地梳理解决共性问题,即接即办化解个性化难题,帮助教师快速掌握智慧教室的操作,提升信息技术带来的全新教学体验。

(二)提高认识,改进教学方式,强化对信息化教学方式的认同

教职员工,尤其是任课教师对智慧教室的存在是一个由认识到认知、由认知到认同的过程,操作和运用层面亦是从生疏到熟练的顺时过渡。智慧教室取消传统黑板,代之电子白板和智慧屏,无粉尘飞散,界面切换准,书写速度快,可大幅度地提高授课效率。从传统的粉笔书写转换为电子屏书写,对于需要大量板书的教师来说,是认识深化、观念革新的过程。经过一段时间的摸索和适应,大部分教师习惯并认同电子板书写。相较于传统黑板,电子屏亮度高,画面演示多样,公式运用便捷,深受师生欢迎。

四、智慧共享 助力教学

(一)即时呼叫,最大限度地降低教学延误

与传统多媒体教室不同,智慧教室是基于互联网的新型教学终端,摆脱了物理空间的限制,可实现教学过程同步录制、课程视频回放、线上线下互动等功能。基于数据的可视化,教师上课遇到设备问题,可随时按讲桌上的“CALL”键,一键呼叫,直接与控制室对话,寻求技术人员的帮助。技术人员可远程查看设备运行状态,在线调试设备,快速排除故障。

(二)扩容服务器,重新设计课程平台

根据前期设计,服务器预留扩容空间,可保障5000人同时在线学习,并可依据教学需要,继续扩容。经过稳定性测试和阶段性试运行,智慧教室课程平台正式版已正式上线。通过师生需求调研,教务处协同信息化工作办公室制定边使用边改进的工作方案,根据一校三地同步教学的实际需要,进一步优化系统平台,使智慧教室的调度和使用更加快捷准确,最大限度地提高智慧教室的使用效率,通过高频次使用、长时段运行,对设备及系统的稳定性进行压力测试,发现问题,及时改进。同时,提倡教师最广泛地使用智慧教室,熟悉操作流程,提出使用过程中的意见与建议,真正实现校区日常教学的信息化和智能化。

(三)课程同传共享,日常教学打破时空限制

智慧教室课程平台可同步在线直播和线下教学,其中,在线直播分“老师画面”和“电脑画面”双流选择,可自主切换。截至目前,课程平台上已上线899门课程,观看直播或点播超过56000人/次。因新冠肺炎疫情防控形势未返校以及其他原因不能按时线下上课的同学,可通过观看课程平台的直播或点播,完成课堂学习。对教师而言,可通过观看自己或他人的授课视频,分析教情学情,改进教学方式方法。此外,平台课程视频以数据库的形式存储,在经过授权或不侵犯他人权益的前提下,可作为在线课程或者线上线下混合式课程建设的素材。

(四)自主录课,因“课”制宜,实现个性化制作

自主微课制作室正在进行最后的设备调试和系统优化工作,即将投入使用。教师可以通过微课自主制作室建设MOOC、SPOC及线上线下混合式课程。所有课程音视频可一键录制完成,将有效改善教师录课难的问题。

智慧教室二期工程的建成并投入使用,极大地改善了校区教学环境,优化了教学空间的智能化和信息化布局。截至目前,电子信息楼、图西教学楼、图东教学楼、文学楼和东北亚学院楼五个教学楼区皆已改造为智慧教室,二期工程建设的完工,

标志着校区三分之二的教室实现智慧化和信息化改造。一流的教学设施是提高教学水平的有力保障,现代化的新型硬件设备可大幅度地提高教学效能。日常教学的信息化和智慧化,可促使师生转变教学理念,深化教育教学改革,进一步提高教育教学质量,助力学校一流本科教育。

(原文发表于 2020 年 11 月 24 日《齐鲁晚报》,收录时有改动)

大数据在高校教务管理工作中的应用研究

薛　峰

中国特色社会主义进入新时代，实现中华民族伟大复兴的中国梦开启新征程。数字技术与教育的创新融合，是深化教育改革、促进教育公平、推动教育均衡发展、建设高质量教育体系的重要支撑。党中央决定实施国家大数据战略，吹响了加快发展数字经济、建设数字中国的号角。习近平总书记在党的十九届中共中央政治局第二次集体学习时的重要讲话中指出，“大数据是信息化发展的新阶段”，并作出了“推动大数据技术产业创新发展、构建以数据为关键要素的数字经济、运用大数据提升国家治理现代化水平、运用大数据促进保障和改善民生、切实保障国家数据安全”的战略部署，为我国构筑大数据时代国家综合竞争新优势指明了方向。①

信息技术及其在经济社会发展方方面面的应用（即信息化），推动数据（信息）成为继物质、能源之后的又一种重要战略资源。② “大数据”指的是所涉及的资料量巨大，在合理时间内达到采集、管理、处理、分析并整理成为可帮助管理部门的有益资讯。

一、大数据在高校教务管理中应用的意义

高等院校的教务管理工作在学校的工作中处在核心位置，实现教务管理工作的规范、科学、创新是保证教学秩序正常进行的基础，是确保教学质量和工作效率的有效手段。加快教务管理工作的信息化进程，推动教务管理规范化和公开化，支持教务管理与服务流程不断优化，提高管理的效率与决策水平，并时刻保持与时俱进的创新状态，不断提高办学效益，方能有效支撑学校的“双一流”建设。

随着信息技术的快速发展，高校的教务管理工作也开始进入信息化背景下的

---

① 参见《习近平在中共中央政治局第二次集体学习时强调：审时度势精心谋划超前布局力争主动　实施国家大数据战略加快建设数字中国》，《人民日报》2017 年 12 月 10 日。

② 参见梅宏：《建设数字中国：把握信息化发展新阶段的机遇》，《人民日报》2018 年 8 月 19 日。

大数据时代。2015年国务院印发的《促进大数据发展行动纲要》，2018年教育部印发的《高等学校人工智能创新行动计划》和《教育信息化2.0行动计划》，2019年中共中央、国务院印发的《中国教育现代化2035》等文件的陆续出台，促进了我国高校大数据技术的发展和应用，也推动了高校信息化管理和服务的积极变革。

数据的多样性、海量性、准确性和时效性是大数据应用最为重要的四个特点。高校的教务管理工作承担着学籍管理、排课选课、考试管理、成绩管理、毕业审核、学位授予、实践教学、创新创业、教学研究、质量监控、各类招生、师资培训、学术报告、教材管理、教室调配等工作的管理、监督和信息的传递、收集及反馈等职能，结合MOOC、SPOC、微课、网课、智慧教室、人脸识别门禁等在教学中的应用，工作中产生的数据种类多、数量大，涉及广泛。大数据的应用给高校的教务管理工作带来了巨大挑战的同时，也带来了难得的机遇。如何充分利用高校体量庞大、类型丰富的教学数据资源，发挥大数据在高校教学管理决策制定上的支撑作用，大力推动基于大数据技术的学校教学方法变革和学校管理方式改革，已经成为高校教务管理部门和信息化服务部门面临的重要任务。过去传统的教务管理方式已经不能完全满足高校现阶段的管理要求和服务需求，科学、规范且符合技术潮流的管理方式才能满足高校现阶段的建设需求和未来的发展目标。

大数据技术在高校教务管理中的应用意义不在于收集海量的教学类数据信息，而在于对这些含有实际意义的数据信息进行专业化的处理。如果把大数据应用比作一个工厂，那么这个工厂实现盈利的关键，就在于提高对数据的“加工能力”，通过“加工”实现数据的有效“增值”。从技术层面看，大数据在高校教务管理中应用的主要意义就在于对教育教学中产生的海量数据进行有效的数据挖掘，然后依据分析结果来为学校的教学管理决策提供支撑，同时提高我们教务工作的管理水平和服务质量。

二、高校教务管理信息化的现状及问题

以互联网、大数据、人工智能为代表的新一代信息技术日新月异，网络化、数字化、智能化是时代的主要潮流。在技术流的引领下，国内高校及相关软件公司也陆续推出了多种不同的教务管理系统，与之相关的在线学习平台、学工管理系统、人事管理系统、科研管理系统、智慧教室管理系统等也在同步进行技术升级和更新换代。高校以教务管理系统为代表的各类教育教学管理系统的信息化，推动了各项工作质量和效率的快速提升，但也存在着一些问题。

首先，工作人员缺乏大数据的工作理念。大数据既是一个客观的存在，也是一

种技术,还是一种价值观、方法论。[①] 教学管理是高校最基本、最核心的管理工作,大数据背景下做好高校教学管理信息化建设工作,实际上是对高校教学管理理念的一次革新。[②]

首先,从文化意义上看,大数据以技术形态展现,事实上却潜移默化地影响着高校的思维与行为方式,最终转化为一种高校管理文化的价值观,即大数据观。在高校教务管理工作中,人员是最主要的因素,如果管理者没有较高的素质和先进的理念,也就无法对庞大的教学数据进行有效的挖掘和利用。因此,高校教务管理人员必须要树立起大数据应用的工作理念,不能局限于使用计算机处理数据的层面,要将先进的技术与日常管理工作进行良好的结合,提炼出全新的管理机制,从而推动教育教学管理的全面发展和提高。

其次,信息孤岛问题普遍存在。2021 年 4 月 20 日,在第二届 MEET 教育科技峰会上,国家教育行政学院联合腾讯研究院发布的《迈向更好的教育:未来教育的技术发展空间报告》中提到:"当前我国的区域教育主管部门和学校,大部分都已基本建成教育信息化平台,但 64.2%的高校和 47.1%的中小学依旧认为信息孤岛普遍存在。"信息孤岛主要是指在功能上未关联、信息未共享、数据未互用、流程未融合的软件系统。高校信息化建设发展到一定阶段,各个部处都拥有各自管理的软件系统和数据库,部处的数据往往都各自存储、各自定义,每个部处的数据就像一个个孤岛,无法或者很难与校内其他部门的数据进行连通和互动。

最后,高校经费和人员投入不足。经费和人员投入是信息化建设的基本保障,目前高校在信息化方面的投入缺乏持续性,人员配备也缺乏专业性,数量也不足。信息化建设需要充足的资金保障,也需要相适应的工作人员做好相关的管理和保障工作,这就需要学校进行一定的投入。同时,大数据技术在高等教育中的深入应用,还需要定期对管理人员和广大教师进行大数据技术有关的工作培训,以提高他们的理解能力、技术能力和创新能力。通过培训学习,提升高校管理者、教育者对于大数据本质性的认知,充分理解并准确把握教育大数据在推动高等院校内涵式发展过程中所具有的支持性、服务性、变革性作用,重视其在高校科学管理中推进精准教学、精准管理、精准评价、精准决策的多元潜能,从而形成在高校管理实践中重视大数据应用的意识,并转化为行动上的自觉。[③]

---

① 参见《寻找通往未来的钥匙》,《人民日报》2013 年 2 月 1 日。

② 李冲:《大数据背景下高校教学管理信息化建设的问题与路径》,《教师》2020 年第 5 期。

③ 参见韦法云:《用好教育大数据助力新时代高校科学管理》,《光明日报》2018 年 11 月 22 日。

三、大数据在高校教务管理工作中应用的路径分析

大数据下的教务管理是指通过对教务管理平台的数据库中的数据进行分析、整理和加工，发现其内在的、隐藏的、有意义的内容为目标来对高等院校未来的教务管理趋势和走向进行有效的预测。①

目前高校教务管理的数据利用主要是通过对数据的统计、分析实现的，而这些海量数据信息中深层次的要点没有被挖掘出来。随着高等院校教务管理要求的提高和信息技术的深入应用，需要对这些海量的教务管理数据进行整理、加工、分析、提炼从而获取有用的信息，为学校的教育教学提供服务和支持。未来大数据技术及应用的发展需要立足于各类用户的个性化需求：一是要立足于教师的个性化需求，结合教师对技术的诉求以及个性化教学需求进行系统平台开发；二是要立足于管理者的个性化需求，通过打通信息孤岛，精准服务教师与学生，切实提高使用者的体验感；三是要立足于学生的个性化需求，在提高课程学习水平的基本需求之外，深入挖掘学生的兴趣和特长，帮助学生更加全面地发展。

（一）大数据促进教育教学决策更加科学化

对教育大数据的全面收集、准确分析、合理利用，已成为教育决策创新的重要驱动力。美国国家教育统计中心通过应用大数据技术，创建了学生学习分析系统。借助这一系统，政府能够对各类学校的学生学习行为、学业成就、生源规划、家庭背景等海量信息进行深度挖掘，以此作为美国联邦政府及各州衡量教育发展、分配教育资源、促进教育改革的重要依据。②

传统的教育教学决策者往往依据有限的调研和理解，凭感觉和经验甚至来制定政策。当这种决策传达到基层一线落实后，有时会发现所定政策并不符合实际情况，甚至会带来很大的负面作用，使得决策执行处于进退两难的尴尬境地。大数据应用能通过海量的实际数据掌握教育教学的真实情况，可以通过预警、预测和评估来有效地辅助决策。高校的决策者们可以利用海量的教学数据，进行分析和挖掘，发现教育教学数据中的隐藏信息，找到教育过程中存在的问题和关键点。借此，高校管理者可以得到决策的重要参考和依据，促使教育管理决策更加精确、科学、高效，从而推动教育管理决策从粗放型、经验型、大众型向智能化、精细化、个性

---

① 参见陈小倩：《大数据时代高等院校教务管理研究》，《湖北开放职业学院学报》2019 年第 6 期。

② 参见吴砥、余丽芹：《大数据推进教育深度变革》，《中国教育报》2017 年 9 月 21 日。

化转变，达到优化和提升教育教学管理水平的目标。

（二）大数据助力教育教务管理更注重细节

“大数据具有预警性、预测性、差异性、共享性、动态性等特点，势必会对教育管理产生深远影响”①。未来高校的教育教学将从多媒体化、数字化向基于大数据、人工智能技术的智慧教育方向发展。高校教务管理者和广大教师将在大数据技术的支撑下，进行智慧化的管理与教学，通过大数据对海量教学数据的分析和挖掘来抓住关键特征，教务管理者和教师可以利用大数据来分析学生的出勤率变化，对学生的上课效果进行分析，对学生的学业成绩进行预警，对教师的教学效果进行评估等等。教务管理和教学本身将会更加开放、多元和高效，可以关注到管理细节，能够根据更多的个体特征照顾到个性化发展需求，教学活动参与者之间的沟通将更加通畅和主动，互动将更加频繁和深入。

首先，大数据可以对学生在课堂学习过程中的各种行为表现、学习态度、学习数据等进行全方位分析，比如这个学生课堂注意力如何、哪些章节知识点学得轻松、在各个知识点学习上耗费的时间、取得的学习效果、进而得出这个学生学业的优缺点和对待学业的态度等。有了这些信息，教师就可以有的放矢地改进教学策略，为学生提供有针对性的指导和帮助。

其次，运用大数据可以促进家校合作质量的有效提升。传统的家校合作一般都是以某个学生为中心的单线沟通，而大数据技术能为高校、家长和学生三方提供一个全方位的智能服务平台，使家校合作由单纯的事务沟通型向高校、家长和学生实时互联、信息共享型转变。由此，教师、家长和学生能够更方便地获得每一个学生在校学习、生活的真实数据和分析结果，有效减少高校管理者的工作量，提高工作效率，更重要的是家长可以更及时地了解自己孩子在高校的学习和生活状况，有助于提升家校沟通机制的整体运行效果。

最后，大数据的应用可以让高校教务管理者及时掌握教学管理的综合情况，进行动态的监管和及时的调整。对教育大数据进行深入挖掘和分析，将数据分析的结果融入学校的日常管理与服务之中，是为师生提供精细化与智能化服务的基础。大数据应用可以通过对数据的深度挖掘帮助教师分析教学方法和手段的有效性，便于学院和教师及时调整教学计划和教学方法，有助于学校目标明确地组织教师培训、研学和技能训练，从而有针对性地提升教师的教学基本功、教学技能和学科素养，最终达到提高教育教学质量的目标。

① 周湘林：《大数据时代的教育管理变革》，《中国教育学刊》2014 年第 10 期。

（三）大数据可实现学生发展的个性化需求

小班化教学让高校的个性化培养在一定程度上得以实现，但个性化教育难以完全实现的难点仍在于高校、教师和家长都无法准确掌握每个学生学习的程度，不能动态跟踪学生学习的真实情况，也不能根据每个学生的情况及时调整施教方案。大数据刚好可以去关注每一个学生的细节表现，比如课堂表现、作业情况、考勤情况、心理状态、学习难点、课程成绩、是否偏科等。在此基础上，大数据还可以通过对学生生活状态数据的分析，发现不同类别学生的生活习惯对学习效果的影响，从而建立生活数据与学习数据的关联，通过大数据挖掘分析其中的差异，研究出各种情况下解决问题或予以干预的方案和办法。大数据对学习、生活数据的分析使高校可以真正以学生为中心进行管理和服务，在学生专业选择、通识教育、兴趣培养、升学深造、职业生涯规划等方面予以个性化指导和帮助，同时也能促进教育者和学习者思维方式的改变，从而真正实现高等教育的个性化培养。

未来的高等教育，仅靠先进信息技术的应用是无法实现的。政策制定者、教育研究者、技术开发者和教学一线的管理者、教师与学生的积极配合，深度参与和不断改进，才能有效地推动高等教育的高质量发展。

基于知网山东大学(威海)毕业论文管理系统的应用实践

赵　梅　韩秀峰

毕业论文是高等教育本科人才培养计划的重要组成部分,是培养本科生运用专业知识分析问题、解决问题,考察其基本的科研能力的必要教学环节,是高等学校培养有实践能力和创新素养人才的重要途径。在高校大力深化教育教学改革的今天,本科毕业论文凸显出的诸多问题促使高等教育管理服务部门和广大师生集体思考进一步改进和优化毕业论文管理模式,积极探索提高毕业论文质量的有效举措,这是当前高校教学改革研究工作中的亟待之需。

一、传统毕业论文管理工作中存在的问题

(一)缺乏有效的管理和监控

目前各个高校都有专门针对毕业论文制订的规章制度,但由于毕业论文管理工作是一项复杂系统的工作,包括课题申报、选题、开题、指导、中期检查、查重、答辩、成绩评定、数据统计、存档等诸多环节,时间跨越半年之久,其中的影响因素有指导教师的责任心、科研能力,有学生的专业知识、实践能力和自律性,有学院和校方的管理督导水平高低。一纸条文无法涵盖方方面面,没有具体的、执行性较强的操作规程,难以对师生从课题申报到成绩评定诸环节的全面跟踪。显然,传统毕业论文篇理工作缺少能够把教务处、院系管理部门、指导教师和学生之间相互紧密关联的参与者全方位展示出来的媒介或平台。粗放型管理之下,毕业论文过程规范很难落到实处,毕业论文质量良莠不齐的现象也就会长期存在。

(二)信息化程度较低,统计数据错误率高

由于毕业论文工作环节多,参与人员多、复杂程度高、操作难度大,学校管理统计工作面临巨大的挑战。2020 年之前,威海校区采用的是人工报送方式,即指导教师报送自己的课题信息至教学秘书处,教学秘书汇总录入全院师生信息,教务处再汇集全校 11 个学院的信息。由于信息中含有近 4000 名学生个人信息、答辩成

绩、指导成绩和总成绩以及700多名指导教师的姓名、工号、毕业论文的课题来源和课题性质等，不仅工作量大、录入失误、多易出错，而且调取数据耗时费力，便捷性差、工作效率低下。

（三）毕业论文排版乱、备份存储难度较高

每年毕业论文工作结束需要由学院集中把学生的开题报告、任务书、中期检查报告、成绩评定表、答辩记录以及指导教师过程记录、论文正稿装订在一起存档。虽然学校有明确的内容和排版格式要求，但打印出来的学生论文字体、字号、行距排版不一的情况普遍存在。纸质论文的保存占地大，学院库房不能满足需求，只能过若干年后进行销毁处理，因此毕业生很难再查找到自己当年的论文原稿。

（四）学术诚信易缺失

学生一般将毕业论文写作时间安排在第七学期末和第八学期。在此期间，学生忙于找工作、实习、考研，用来写论文的时间、精力有限，过多地依赖网上的文献资料，没有对获取的资料和数据进行认真分析、处理，没有提炼出自己的观点和意见，仅仅盲目照搬文字或进行堆砌，东拼西凑交上的毕业论文在查重检测时难免存在抄袭雷同的现象。采取某种有效的管控措施能够审核毕业论文的真实性和原创性，从而促使学生自觉恪守学术道德和学术规范，杜绝学术不端行为，培养学术诚信的品格，营造全校严谨治学的氛围。

（五）新冠肺炎疫情影响

由于新冠肺炎疫情影响，师生无法正常返校，无论是查资料、与导师沟通、与同学交流都变得更加困难，影响毕业论文的有序开展，无法按时完成毕业论文也成为摆在高校面前的大难题。

二、毕业论文管理系统的开发与实践

针对上述出现的毕业论文方面的问题，在革新传统的毕业论文管理模式，规范毕业论文过程管理，有效监控毕业论文内涵质量，提升教务管理信息化水平的理念引领下，2021年初，教务处与中国知网合作，就山东大学（威海）毕业论文管理的具体规定开发定制出了本校的毕业论文管理系统。

中国知网具有自主开发技术，建有世界上全文信息量规模最大的数字图书馆，能够为全社会知识资源高效共享提供最丰富的知识信息资源和最有效的知识传播与数字化学习平台。中国知网收录了“中国学术文献网络出版总库”“中国高等教育文献总库”“中国报刊文艺文化作品全文数据库”“中国社会与经济发展综合信息库”“中国工具书总库”等国际著名科技文献数据库以及互联网资源等。由知网开发的权威性较高的毕业论文管理系统，是针对毕业论文教学环节的相关需求开发出的云服务平台和标准化管理工具，它基于网络的信息管理系统，可以一站式贯穿管理服务、在线沟通、备份存储、数据统计、检测查重等功能的全部流程，能够充分满足规范化管理毕业论文和论文检测查重工作的需要。经过2021届、2022届两届指导教师和毕业生的应用，在大家的共同努力下，毕业论文管理系统实施状况良好。主要表现在以下四个方面：

（一）实现了精细化管理，提升了信息化管理水平

自2021年初采用系统以来，我们要求全校各学院毕业论文所有环节包括课题申报、选题、开题、指导、中期检查、查重、答辩、成绩评定等环节都在系统中进行，每一环节都有明确、具体的时间节点，清晰的人员分工和系统操作流程。由学校教务处批量导入全校师生和专业信息，发布通知，在其统一组织下，学院教务秘书具体传达信息和通知要求，在系统中开展对师生的动态管理。每位指导教师设有账号和密码，能够登录系统完成课题申报、下达任务书、审核开题报告、指导学生论文、指导过程记录、答辩参与、成绩录入等工作。学生设有账号和密码，登录系统后完成选题、提交开题报告、中期检查、上传查重论文等指令，方便教务处、学院跟踪和抽查，方便指导教师在系统中随时了解和检查学生毕业论文进展及完成情况，解决实际出现的问题，同时也方便学生接收指导教师的批改意见，及时对论文内容作出修改。如此一来摆脱了传统的面谈、电话、电子邮件沟通方式，信息化管理水平显著提高。

（二）管理部门可实现工作流程的全程监控

由于毕业论文的所有环节都在系统中进行，作为学校管理部门的教务处管理员便可实现各个工作流程的全程监控和督导。前期可抽查学生的开题报告撰写内容是否符合要求，指导教师审批情况，包括更改、删除的历史记录；中期可检查学生提交中期检查报告的数量和进度，根据系统筛选出未完成的学生名单，督促学生按时提交；后期可查看答辩小组的安排事宜，包括师生参加答辩的人员名单、时间和地点安排、记录员提交的答辩记录等。为加强学术诚信，杜绝抄袭等学术不端现象的发生，学生需要上传毕业论文初稿进行查重，系统可很快出具文献重复比和校内互检重复比结果，管理部门通过查询检测不合格的学生名单，督促提醒教师指导学生进行修改。毕业论文管理系统为学生提供了两次查重的机会，检测文字复制比小于25％即为合格，经过学生用心修改后的论文再次上传，多数都能顺利达标，有效地提高了全校毕业论文的质量。

（三）实现了选题的科学性

选题作为毕业论文的初始环节，必然成为论文质量的关键控制点。毕业论文管理系统依托中国知网海量数据库和技术优势，提供了选题分析的功能，能够帮助指导教师和学生通过登录系统，在“选题分析”页面，通过对“关键词”“历史题目”“创新点”等要素的分析，为师生提供紧跟行业动态的选题分析服务，助力教师所指导的毕业论文题目保持更新、贴近实际和前沿趋势；帮助学生选题具创新性，减少简单模仿。

（四）实现了统计数据精准便捷，能够极大地减轻工作强度

毕业论文管理系统使管理人员摆脱了传统人工化、纸质化的办公模式，实现了网络化、信息化、自动化的智慧教务管理，有效地提高了管理人员的工作效率。现在登录系统后，可以通过下载的模板对数据进行导入，快速检出错误数据，并分析错误原因，管理人员纠错之后再次导入系统。学校总管理员、学院教务秘书、学生本人都可以把学生论文定稿整套材料以 Word 文档的形式导出打印。毕业论文工作后期可以统计出指导教师指导学生论文的工作量、成绩分析和论文查重检测结果分析等，十分简便。每年教育部《高等教育质量监测国家数据平台》数据填报工作中有较多关于毕业论文数据的内容需要进行统计，过去费时耗力错误多，现在依靠系统，可以充分应用其强大的统计功能，快速查找相关数据，及时完成统计任务。更重要的是，系统能保存历年文档数据，保留存储实现了无纸化，也就不再有占据空间之忧。

（五）实现了教师和学生的在线沟通和远程参与

基于网络的毕业论文管理系统可以保证学生在减少与指导教师接触的状况下，在任意地点、任意时间进行选题、论文提交等一系列工作，为学校、学院、指导老师和学生完成毕业论文指导和交流工作提供了便利的平台，有助于老师与学生实现信息互动，解决了今后因特殊原因下师生无法远程传递信息的难题。

（六）实现了毕业论文查重检测的权威性

管理系统内嵌学术不端检测功能，能够根据需要对学生提交的毕业论文进行检测，即传即测，并能够提供除去个人文献的复制比和校内互检复制比检测结果及报告单，有效预防学术不端行为，促使学生在写作过程中自觉加强学术诚信，减少抄袭行为，提升了毕业论文的质量。

三、毕业论文管理系统运行过程中存在的问题和难点

虽然毕业论文管理系统存在着以上诸多优势，得到了绝大多数教务管理人员

和指导教师的认可和肯定，但通过两届毕业生的实际应用，也发现和一些需要解决的问题。

一方面是系统因素。任何一个系统在开发出来后，用户在运行使用过程中，都会存在进一步优化完善性能的空间，甚至经过若干年的磨合改进，系统功能才能渐趋完善，并慢慢为用户所接受。毕业论文管理系统同样存在着这种情况，例如，学生提交《开题报告》后需要指导教师和系主任分别审核，较为繁琐；毕业论文撰写到一定阶段，少数学生因为选题过大或科研能力不够，无法正常进展下去，只能修改题目，这样就会涉及过程文档的修改，需要重新填写的内容较多；还有教师审核完毕学生的开题报告等过程文档后，系统不会即时显示“审核通过”，目前没有完全实现即审即更新的功能。

另一方面是人为因素。主要表现在部分指导教师习惯于传统的线下指导方式，认为线下方式不拘泥于形式，与学生沟通交流更加畅通，因而对使用系统产生抵触情绪。尤其在碰到系统性能需要优化，有些环节过于繁琐时，抵触情绪尤为强烈。学院教务秘书需要协调组织系主任、指导教师、学生、答辩录入员等四方面人员在规定的时间之内通力合作、步调一致，共同完成各个阶段的工作任务，任何一方出现懈怠或拖延问题，都会导致后期的工作无法正常进行。教学秘书打电话、发信息催促师生按时完成进度成为常态，工作负荷比较重，难免疲惫。

四、完善毕业论文管理系统的具体做法

倡导智慧教务管理，提升信息化管理水平如今已在各高校达成共识，关键是如何运用好这一系统。在系统运行的一年中，我们收集指导教师们在工作一线反映的问题，不断在实践中进行思考和总结，主要做了如下改进工作：

（一）进一步优化完善系统性能，提高操作使用的便利性

我们与知网工程师探讨进一步简化环节的可能性，尽最大可能方便指导教师操作。关于减少修改题目步骤（含修改其中的过程文档）的问题，在源头上做好充分扎实的准备工作。我们要求指导教师在进行课题申报时，先线下与学生取得联系，师生就申报的课题内容、特色、实现目标等进行深入的沟通和探讨，摸清学生的科研能力、写作倾向，避免出现选题过宽或过窄，学生无兴趣写不下去的现象；指导教师在进入系统进行课题申报时采取指定学生模式，这种模式可以实现指导教师、学生和题目一一对应的关系，教师录入系统后系主任直接审核通过就可自动实现师生双选，环节少比较易于师生接受，也就减少了修改题目的几率；如果确需修改题目，系统开启允许指导教师自行修改已审核通过的题目模式，无须进行审核等其

他限制，并在所有的过程文档（如开题报告、任务书、中期检查等）中自动实现题目修改。

（二）加强对指导教师毕业论文管理系统的培训和指导，减少畏难情绪

邀请知网专家利用腾讯会议对全校教师进行使用培训，通过视频演示，并现场录播，将录像挂在教务网站，方便指导教师们随时下载观看研究学习；培训一线教务秘书们学习系统知识，由知网客服随时解答教师们提出的各种疑问。知网客服的专业回答，提高了教学秘书们快速解决问题的效率，也加深了他们对系统的了解。

（三）理顺毕业论文各环节的工作重点和难点，提前做好准备

将毕业论文部署时间适当提前，在第七学期的10月中旬开始启动工作，鼓励建议指导教师先在线下与学生确定好题目，将指导教师、学生和题目三者关系提前确定好，进入系统采用指定学生的模式进行课题申报，经过系主任审核通过后自动达成师生双选。学生有了充足的思想准备，提前进行规划，根据指导教师下达的《任务书》，在第七学期末完成《开题报告》，为利用好寒假时间搜集文献资料、撰写论文奠定良好的基础，也避免了论文工作都积压到第八学期与就业、实习等产生的冲突。

课题申报环节是毕业论文工作中的难点，也是毕业论文工作的基础和开端，既要调动全校指导教师有积极性参与指导，保证有均衡的指导量，又必须要求申报的各专业毕业论文课题数大于学生数，我们没有采取多数高校一刀切的做法，而是提供往年各学院师生比及指导学生平均数，要求各学院教学秘书在系统后台根据实际设置本学院教师可以申报课题的题目数和指导学生数，充分满足各学院教师申报课题的需求。作为教务处系统总管理员，及时根据系统统计数据，提供给各个学院教学秘书准确的教师课题申报情况统计，学生选题情况统计，为他们及时把握师生动态，有针对性、有重点地开展工作提供了方向。

五、结语

基于中国知网的山东大学（威海）大学生毕业论文管理系统的应用实现了全流程、数字化的操作管理，有效地推进了我校毕业论文环节的创新改革，下一步需要继续稳妥、扎实地推进系统在各环节的应用，助力学生毕业论文内涵质量再上台阶，这对培养、强化学生的创新实践能力具有深远意义。

“强院兴校”背景下学院教务员在院校两级教学管理中的职责研究

陈　茜　车路刚　李　丹

“强院兴校”是指高校通过将事权、人权、财权、物权放给学院，树立学院的主体责任意识，进一步强化学院在学校改革创新中的主体地位，使学院真正成为学校的管理重心和发展引擎。“强院”是“兴校”的关键，更是“兴校”的路径，学院强，学校才能强。

本科生人才培养是学院办学的重要职能之一，人才培养的质量很大程度上取决于学院教学管理的水平。学院教务员是教学管理工作的具体执行者和实践者，因此要强院兴校就需要学院教务员转变职责，积极探索新的教学管理思路和方法。

一、目前校院两级教学管理的现状

我国高校管理主要表现为大学办学院，即学校一级支配与主导各二级学院。大学对学院的管理基本上参照政府部门上级对下级的管理方式，“标准化”“一刀切”“齐步走”的现象比较突出，有时候很少考虑、也很难兼顾各学院在教学、科研、社会服务、文化传承、国际交流与合作等方面的办学特色。这种大学与学院的关系模式，极大地制约了学院改革发展的积极性、主动性与创造性，影响了整个大学的办学活力。[①]

目前，国内很多高校在推进校院两级管理体制改革中，积极探索实施校院两级教学管理模式，逐步下移教学管理的重心，落实学院的教学管理主体地位，积极推动“学校办大学”向“学院办大学”的转变。但改革还过多停留在形式上，不少高校的校院两级管理仍沿袭多年以来形成的集中式教学管理模式，权力高度集中于校

① 参见石中英：《大学办学院还是“学院办大学”》，《光明日报》2016年5月10日。

部,职能部门权力过大。[①] 虽然学校和学院两级都处在教学管理层级上,但学院的教学管理仍受制于学校的集中管理,主动性和积极性尚未得到充分发挥。

二、强院兴校行动的提出对校院两级教学管理改革的推动作用

2020 年 2 月 24 日,《中共山东大学委员会关于实施强院兴校行动的意见》(以下简称《意见》)正式印发。《意见》明确了实施强院兴校行动的指导思想、基本原则和行动目标,提出了强院兴校行动的实施路径和保障措施。

在某种意义上来说,强院兴校行动为校院两级教学管理制度改革提供了一个最有效的解决途径,那就是以"强院"带动"兴校"。在本科教育教学中,将教学管理的重心从学校教务处转移到教学单位,以学院能力的提升带动学校整体办学水平的提升。

(一)强院兴校行动促使院校两级教学管理制度进一步完善

学院教学管理是学校教学管理的支撑和根本,需要依靠制度管理来形成相对稳定的教学秩序。目前各高校围绕教学改革和建设、教学运行与学籍学位管理、实践教学管理、教学质量监控与管理进行制度改革,已形成相对完善的教学管理制度体系,依据此制度体系来规范和指导大学内部的各项教学管理活动,从而为人才培养活动创造一个相对和谐稳定的制度环境。[②] 学院作为以上各项事务的主体运行单位,在学校各种教学管理制度的基础之上,补充完善形成具有学院特色和特点的教学管理制度,而不只是摘取学校制度中的几个方面作为执行依据。只有不断完善院校两级各项教学管理制度,才能保障教学活动有效实施,有的放矢,为推动强院兴校行动助力。

(二)强院兴校行动促使院校两级教学管理责权进一步明确

目前,很多高校教学管理的决策权在学校教务处,学院的教学管理工作主要是配合教务处完成各项教学任务,其教学管理的主体地位不清晰,在教学管理过程中很难依据自身优势与特色进行创新性工作。强院兴校行动进一步明确了院校两级教学管理组织的职责与分工,强调了学院是学校办学的主体,是学校一切改革发展工作的落脚点。学院应对教学管理中教学运行、实践教学、教学改革、教学环境建

---

① 参见陈流汀、杜惠平、安世全:《大学教学管理改革:困境与突围》,高等教育出版社 2008 年版,第 209 页。

② 参见李枭鹰、何文栋:《论大学教学管理之制度依赖的内在逻辑》,《现代教育管理》2021 年第 3 期。

设、人才培养和教学质量评价等各个方面拥有绝对话语权,充分发挥学院主动性和创新性。而教务处作为学校教学管理的职能部门,对学院教学管理的各个环节进行宏观管理、质量监控和服务保障。

(三)强院兴校行动促使院教务员岗位意识进一步更新

学院教务员是执行教学管理工作的具体实践者,在教务处与学院、学院领导与任课教师、教师与学生、教师与教师、学院与学院之间进行教务信息的有效沟通。在学院教务管理体系中,教务员承担着协助者、研究者、服务者、教育者、基层管理者等多重角色,发挥着关键的"螺丝"作用。[①] 在任何一项改革行动中,人是最关键的因素。教务员作为最基层的工作人员,必须理解工作内涵,更新岗位意识,积极面对强院兴校行动赋予其的工作职责及使命。

三、强院兴校行动中教务员的职责转变

强院兴校行动对多年来形成的权力高度集中于校部的集中式教学管理模式提出了新的要求,要求学院要充分发挥主动性和积极性,对在学院从事教学管理工作的具体实践者,即教务员,提出了从"要我做"到"我要做"的职责转换。因此在新的形势下,教务员必须在工作中理顺关系、正确定位、认清职责,并在实践中不断地摸索,总结经验,积极学习,与时俱进,不断提升各方面素养,探索新的教学管理思路和方法。

(一)教务员的工作内容及特点

学院教务员的工作内容呈现出既复杂又重要、既繁琐又专业的特点。主要工作内容包括日常教学管理、教学计划管理、学籍异动管理、考务工作管理、学生实践科研管理等。

(二)教务员职责的动态转变

教务员的职责范围很广,涵盖管理与服务等多种性质的工作。但在目前的校院两级管理模式下,院级教务员的工作主要是以日常教学管理中的教学过程为主线,被动地接收工作指令,缺乏创新性及主动性,这种工作方式远远不符合强院兴校行动的要求。因此,教务工作必须从被动的、静态的传统管理模式,转变为更规范的、更科学的动态的管理模式[②],这也要求教务员要更加明确自身职责,大胆探

① 参见王世波、杨丽等:《基于人本管理理念的高职院校二级学院教务管理创新探究》,课程教学与管理云论坛(贵阳分会场)论文集,贵阳,2020年,第234~238页。

② 参见施爱平、姜银方:《新形势下高校教务管理工作浅析》,《江苏高教》2003年第2期。

索，主动参与，从"要我发展"向"我要发展"转变。

1.树立以人为本的工作理念

高校教学管理的最终目标是提升人才培养质量。教务员工作的特殊性，决定了他们在处理教师、学生与学校之间的教学事务中，要及时切换管理者、教育者、服务者、研究者、协助者的身份，[①]做好上传下达，时刻以"以人为本"的理念提醒自己。

2.贯彻立德树人的根本任务

立德树人是中国教育的根本任务，也是中国特色社会主义教育事业的核心所在。高校是立德树人的主阵地，立德树人不仅是教师在课堂上的教学目标，也是从事教育一线的教务管理人员要切实加强与落实的工作目标。和教师在教学过程中的直接育人行为不同，教务员在教务工作中通过管理和服务行为对学生发挥着间接育人的作用。如在处理学籍异动、学分认定、考试协调、成绩查询、开具证明材料等具体性事务中，教务员通过认真的工作态度、较高的工作效率、规范并严谨的工作流程、积极的个人精神面貌，以身教的形式潜移默化地引导着学生，[②]间接做到了立德树人。

3.培养创新服务的工作意识

教务工作事无巨细，尤其是2020年以来，随着新冠肺炎疫情在国内的发展，诸多高校开始探索"云教学"和"云办公"，保证高校的教学管理和服务工作不间断，为教务员在工作中寻求创新路径提供了新参考。

首先，教务员要树立创新意识。在遵守校级各项规章制度的基础上，教务员要将创新意识与日常工作相结合，学习新的教学管理政策、教育理念和教学管理经验，将理论与实际工作相结合，充分发挥主观能动性，提高工作效率。其次，教务员要掌握创新工具。随着大数据在教务管理中的应用，教务员要善于利用各种新兴媒介和互联网载体，熟练使用教学管理系统，清楚掌握办事流程和要求，在教务管理手段、方法和组织形式上，采用科学又行之有效的现代化管理理念，提高管理的质量和效率。最后，教务员要开拓创新思路。教务员要学会利用学校学院已有条件，立足本职工作，勤于思考，善于挖掘管理过程中潜在的创新点，敢于打破传统教

---

① 参见吴晓晓:《高职院校二级教学管理运行机制下教务员作用的发挥》,《当代教育实践与教学研究》2020年第5期。

② 参见晁永鹏:《管理育人　服务育人——做好教务管理育人的几点认识》,《成才》2021年第3期。

条的束缚和行政层级关系的约束[①]，在执行完工作任务后，需要对教学管理过程进行总结和思考，从而进一步改进工作方法、提升工作效率。

四、建设以教务员为主力的学院教学管理队伍

高校必须明确学校教务处与教学单位的相互职责与权限，避免因职责不分而降低管理效能，进一步落实教学单位在教学管理工作中的主体地位和自主地位，从而达到"管理重心下移，管理权限下放"的目标，让"放管服"落到实处。

(一)解决教务员工作中的难题与困境

虽然教务员在教学管理工作中的地位不可或缺，但是一直以来，教务员队伍仍面临以下困境：工作内容杂、突发任务多、承担责任大、缺少培训机会、缺少创新动力、自身发展空间有限、不受重视等。

新形势下，除去原来的工作困境外，教务员队伍还面临不少新问题。第一，随着强院兴校行动的提出以及"放管服"工作的开展，学校的教学管理部门及教务处只下放了事务，不下放相对应的权力，导致工作职责边界扩大，任务难度增加。第二，随着学校对"双一流"建设、"新文科"建设、质量工作、技能竞赛、创强项目等非日常教学管理内容的增加，没有对教务员进行相关新理念、新制度、新内容的系统培训，导致教务员经常在一知半解中工作，边工作边自行摸索经验，"事倍功半"。第三，学院教务员配备人数偏少，常常身担数职，分身乏术，仅能维持日常教学管理秩序，无法深入研究教学管理规律，教学管理创新的动力不足。

要解决教务员在工作中遇到的困境，则需要学校层面、教学管理服务职能部门层面、学院层面、教务员个人层面共同努力，不管是人事政策还是晋升政策，都要向基层教务人员倾斜。

第一，对教务员队伍要有专门的激励和考核制度，将考评结果与教务员的薪资待遇、职称评聘等进行挂钩，充分激发教务人员的工作热情。第二，打通优秀教务员职业上升通道，提供一个能够与普通教师、机关管理者公平竞争的机会，为事业发展创造良好的机遇。第三，增加培训机会，定期开展学习考察交流，帮助教务员队伍在学习后有一个综合水平的提升。

(二)培养教务员成为教学管理中的中坚力量

强院兴校行动给予了学院教务员更多的自主权与选择权，教务员可以更多地

---

① 参见韩文静、丁莫元、吉庆丰：《新形势下高校教务管理人员的岗位意识》，《教育教学论坛》2020年第12期。

参与到教学管理计划制订等规范化管理中来，结合学院自身情况，制定学院自身的教学管理制度，优化教学工作流程，完善教学管理各个环节的运作，逐步提高教学管理水平，在工作中锻炼计划力、决策力和独立处理突发问题的能力。稳定规范的日常教学管理能为学校创新和持续发展提供扎实的基础，建设一支素质过硬、务实高效、学习型的教务员队伍，对日常教学管理乃至整个教学管理，都是非常必要的。[①] 而成为学院教学管理中坚力量的教务员队伍，则会助力学院的教学管理水平更上一个台阶。

（三）提升教务员管理专业化水平

所谓的专业化，是指教务员专项业务能力的体现，专业化能力的提升，可以带动整个基层教学管理队伍水平，继而迁移到其他管理业务能力中。目前的现状是，由于教务员不被重视，队伍人数稀缺，常常身担数职，同时接收多个部门的工作指令，只能保证工作的完成度，并不能保证完成工作的高质量。因此需要加强教务人员队伍建设，增派人手，增加“点对点”的专项业务对接，齐头并进，确保教务队伍的专业化程度。

在推进教务员队伍专业化的过程中，还要更多地关注教务员队伍参与教研、科研的能力培养，让教务员参与到教学管理、课程建设、课题实践中，可以使教务员对岗位中遇到的问题进行反思和探索，进而转化为对自身专业化的应用，这样既可以加强教务员队伍的专业化建设，又可以实现教务管理工作的创新发展。[②]

强院兴校是一种新的办学理念，强院兴校行动的提出，本质上是确立学院的办学主体地位，赋予学院更多自主权。[③] 在强院兴校行动的具体实施中，教学管理是重中之重，因此要调动教务员的积极性和主观能动性，充分发挥其领导决策的参谋员、服务师生的勤务员、教学过程的协调员作用，为建设一支高效、专业、稳定的学院教学管理队伍，为强院兴校提供有力保障。

---

① 参见李劲珊：《高职院校教务处院系二级教学管理框架下教务员队伍专业化建设探索》，《教育现代化》2019 年第 48 期。

② 参见何嘉静、张绍合：《浅谈加强高校教务员队伍专业化建设的思考》，《改革与开放》2018 年第 1 期。

③ 参见汪全胜、杨娟：《强院兴校背景下校院两级权力清单的设置》，《高教探索》2021 年第 2 期。

教务工作助力高校新文科建设的几点思考

钟玉珍

2018年，教育部提出全面推进“新工科、新医科、新农科、新文科”建设，高校教育创新发展迎来了新契机。在“新文科”建设的驱动下，山东大学（威海）法学院从2018级本科生开始，通过法学与数学、法学与新闻、法学与英语、法学与日语、法学与社会工作以及法学与行政管理的交叉与融合，开设了计算法学班、党内法规与监察法学班、法学与英语双学位班、新闻法学班、日语背景法学班、司法社工班以及法学与行政管理班。在培养模式的改革中，班级规模由过去60人以上的大班改为20～25人的小班，任课教师由单一的法学院教师授课改为法学院、数学院、翻译学院、文化传播学院等多学院教师联合授课，学生由单一的专业学习改为综合性的跨学科学习。跨学科、跨专业新兴交叉课程的开设，对任课教师和教学服务人员都提出了新的要求。要适应新文科改革创新发展，教学服务人员要在做好本职工作的基础上，不断改进工作方法，优化教学服务。

教务员属于整个教务管理人员中最基层的工作者，是领导决策的参谋员、服务师生的勤务员、教学过程的协调员，工作内容繁琐，工作量大，工作要求精准细致，因此，对于教务员工作素养及工作能力的要求是比较高的。随着与时俱进的新文科改革，教务员如何在新文科建设当中做好本职工作，提高工作效率，紧跟学校新文科建设改革创新的步伐，是每一位教务员必须认真对待和思考的事情。

一、优化工作方法，合理布局

跨学科跨专业教学逐渐增多，小班化的教学模式，多学科融合的培养模式，对培养方案的制定、排课、安排考试等日常的教务工作提出了更高的要求。教务员如果能够做到优化工作方法，合理布局则能收到事半功倍的效果。

（一）明确工作的目的和要求

目的和要求是工作的指向灯，方向明确了，既能节省工作时间，又能保证工作的正确性。例如，在培养方案制订过程中，为了合理安排专业课程的内容及进程，要求学生在毕业时应该修满的各种类型课程的学分，满足应具备的知识、能力和素质，明确目的和要求之后，就能设计出清晰明了的培养方案，学生也能通过培养方案确定学习和努力的方向。

（二）制订出具有可行性及操作性的工作计划

工作计划是对工作的事先安排，既能指导工作，又能对工作起着推动作用，制订工作计划是建立工作秩序、提高工作效率的重要手段。拟订工作计划需要切合工作实际，具有可行性及可操作性。需要根据工作任务的轻重缓急进行优先排序，合理安排设计出最简洁有效的执行方案。

自 2018 年法学院进行教学改革以来，由原来的三个专业三个教学班变为现在的三个专业八个教学班，而且每个教学班都具有自己的特色，因此，培养方案的制订由原来的三个培养方案变为了现在的八个培养方案，培养方案数量的增加对各项教务工作都是挑战。在执行培养方案时，由于各专业的课程之间存在交集，且任课老师由多院系老师承担，情况变得更为复杂。如果在课程安排之前不把诸多因素考虑进去，设计出合理的操作步骤，极易出现由于课程安排的时间冲突而工作计划无法完成的情况。

笔者结合工作经验认为，在课程安排时间的选定上，先安排多班合上的课程，再安排小班单独上课的课程；先安排其他院系任课老师的课程，再安排本院系任课老师的课程，这种先大后小、先外后内的安排课程的方法，大大提高了工作效率。

（三）严格执行工作计划

执行工作计划是完成工作的具体过程，是实施工作的具体环节，因此要严格按照计划去操作，做到细致认真。例如，在每学期的课程考核中，因为不同的考试课程有不同的考试时间，参加考试的学生不同，所要求学生携带的考试工具也不相同，教务员均严格按照考试安排进行考试，不可以临时更改考试课程、考试时间、考试地点，甚至监考老师。如果临时更改考试信息，则会让不能及时得到通知的学生错过考试，造成教学事故。

（四）抓住工作中的重要环节

期终考试是检验学生学业情况的方式，因此，安排考试的工作尤为重要。考试时间和考试地点的安排，是考试安排的主要因素，而提取选课名单是重要环节，能为安排考试提供依据。

选课名单中包含了选择课程的学生学号和姓名、学生数、重修学生数、延期毕业的学生数、各专业各班级学生数、各年级学生数以及跨院系跨专业学生数等信息。学生的学号和姓名等信息，可以帮助学生查找考试所在的教室，避免同名同姓的学生走错考场;学生数是确定安排考场大小和每个考场人数的依据;结合各专业各年级各班级学生数、跨院系跨专业修读学生数以及重修学生数等信息,确定考试时间,避免出现同一学生要在同一时间参加2门以上的课程考试。学校集中考试的时间安排一般是10天左右,每天上下午均安排考试最多也只能安排20场次,而我们需要安排考试的课程门数远远超过这个场次数,所以同一时间安排2～3门课程的考试很常见。提取选课名单这一工作环节,是考试安排的重要前提,可以为安排考试的准确性提供保障。

(五)定期进行工作总结

教务工作非常繁杂,时常需要加班,繁忙的工作之余要及时进行总结。工作总结是对一个阶段的工作进行分析和研究,总结成功的经验,发现存在的不足,明确下一阶段的工作努力方向,扬长避短。这样,通过总结不断摸索出好的工作方法,可以极大地提高工作效率。

二、提升服务意识,营造和谐氛围

教务是服务广大师生的窗口,提升服务意识,有利于营造良好的工作氛围,减少不必要的麻烦,提高工作效率。在教务工作中坚持"人性化服务",可以更好地服务于师生。作为教务员,应做好以下两个方面:一方面,耐心处事,微笑待人。当前大学生普遍缺乏挫折教育,心理承受能力较差,遇事容易急躁。特别是交叉学科、专业的设置,增加了学生学习的难度,学习的内容有时文理兼容,学生除完成专业知识学习之外,还要参加各类社团活动、技能比赛、资格证考试以及实践活动,学生普遍存在焦虑感。同时,新文科的创新改革为教师带来了更多挑战,且多数教师科研任务繁多,工作压力较大。如果教务员在服务工作中缺乏耐心,则不利于问题的解决。工作中坚持人文关怀,微笑待人,谦逊待人,有利于营造和谐的工作氛围。教务员应多站在师生的角度去思考问题,心态保持平和,这样才能高效快捷地为师生解决问题,为工作带来便利,提高工作效率。另一方面,建立有效的沟通渠道。平时学生遇到问题多是由学习委员集中反馈到教务员,导致问题不能得以及时解答;在教务员八小时工作时间里,学生可能由于有课无法进行咨询或反映问题。为解决沟通难、解决问题不及时等问题,可以尝试为学生建立专门的沟通渠道,例如建立网络平台或QQ群、微信群、工作邮件等。通过这些渠道,学生们可以利用空余时间随时反映问题,教务员可以随时为学生答疑解惑。师生之间有效沟通渠道的建立,可以帮助教务员及时有效地解决教学中存在的问题。

三、注重知识学习，提高自身素质

新文科建设对教学服务提出了新命题和新要求，教务员也应顺应时代发展，与时俱进，提高自身素质。教务员应从以下四个方面提高自身能力：

（一）熟悉各种办公软件的运用，提高操作能力

随时信息化的发展，高校教学方式方法从传统课堂单一面授形式转变为面授与网络平台直播、录像课等多种远程教学方式并用的模式。例如，雨课堂、慕课、录像课、智慧教室直播课、QQ 群直播、微信群直播等网络远程课。网络课程平台的运行，带来了不少新问题的出现，要求教务员要熟练掌握各种平台或者程序的运用，一旦出现问题，能立即找出原因，及时解决问题，确保课堂教学顺利有序进行。

（二）熟悉各个工作环节，提高应变能力

应变能力也是教务员应该具备的能力，良好的应变能力能审时度势，随机应变，沉着解决问题。这需要教务员对教务工作的每个环节及每个环节中涉及的诸多影响因素都了如指掌，做到心中有数，遇事才不乱，保障教务工作顺利进行。

（三）提高适应能力，应对紧急突发情况

良好的适应能力，能克服各种困难，面对各种环境和各种人群不畏惧，积极主动地解决问题。2020 年，突如其来的新冠肺炎疫情，改变了各行各业的工作状态，很长一段时间人们需要居家办公。新冠肺炎疫情期间，在无法增加人手且没有学生助理帮忙的情况下，教务员居家办公的工作状态是在电脑前连轴转，没有了上下班之分，晚上在家也常常会接到工作任务。此时须调整好心态，保持平常心，才能不骄不躁、冷静思考，适应忙碌的工作状态，确保教学工作正常有序进行。

（四）拓展知识领域，提高表达能力

教务员扮演着教学工作正常运转的神经中枢角色，承担着上传下达的任务，需要有良好的语言表达能力、文字表达能力、数字表达能力、图示表达能力等。良好的语言表达能力和文字表达能力能确保工作的准确性，良好的数字表达能力和图示表达能力能彰显工作的鲜明性和生动性。这些能力的培养需要靠教务员不断学习、锻炼，这要求我们要做到工作不停、学习不止。只有不断学习知识，提高自身素质，才能更好地完成工作。

在教务工作中，要主动适应新形势，适应社会发展的新要求，以学校的改革发展为动力，在工作中不断进行探索和创新，优化每个工作环节，助力学校教育事业的发展。